KB135729

무정 武亭評傳
평전

무정 평전

武亭評傳

안문석 지음

비운의
혁명가
무정의 삶
그리고
생각

일조각

이 저서는 2014년 정부(교육부)의 재원으로
한국연구재단의 지원을 받아 수행된 연구임(NRF-2014S1A6A4024502).

머리말

대학 1학년이던 1984년 어느 날 밤, 잠을 청하며 하숙방의 불을 껐다. 옆에는 그 방을 공유하던 선배가 누워 있었다. 어두운 방에서 이런저런 얘기가 오고 갔다. 북한 얘기도 했다. "해방 후 북한에는 유명한 사람도 많았어. 김일성보다 더 유명한 사람도 있었지. 무정 장군 같은⋯." 그 밤 그 선배한테서 처음 무정이란 이름을 들었다. "이름도 참 이상하다. 무정." 이런 생각을 하며 잠이 들었다. 이후 북한현대사나 한국현대사 관련 책을 보다가 무정을 만나면 그때 하숙방 선배를 떠올리곤 했다.

이후 북한을 깊이 공부하면서 무정에 대해 더 관심을 갖게 되었다. 그러다가 어느 순간 평전을 써 봐야겠다는 생각을 했다. 이유는 두 가지이다.

첫째, 해방 후 북한에서 그렇게 유명하고 "무정 장군 만세"라는 외침도 수없이 들었던 그가 왜 권력 투쟁에서 졌을까 하는 궁금증을 풀기 위해서였다. 물론 소련의 지원이 김일성 쪽이었다는 것이 중요한 변수이긴 했지만, 김일성과의 경쟁 과정, 그의 정치 행태, 그 속에서 그가 추구한 이상, 결정적 패퇴의 원인, 함께 중국에서 독립운동을 한 연안파 내에서의 그의 입지 등이 알고 싶었다. 이러한 것들은 해방 직후 북한에서 있었던 국가 건설의 방향을 둘러싼 계파 간의 경쟁과 직접적으로 연결된 것이기도 하다.

둘째, 독립운동의 발자취가 뚜렷한데도 무정에 대해서는 조명이 제대로 되지 않았다는 것이다. 김구, 여운형, 윤봉길, 김일성 등등 독립운동사에 빛나는 많은 인물들이 있다. 무정의 독립운동은 이들의 것에 결코 못 미치지 않는다. 하지만 그에 대한 연구서는 없고, 논문도 빈약하기 이를 데 없다. 그는 권력 투쟁에서 패배한 공산주의자였다. 김일성은 북한의 최고 권력자가 됐기 때문에 싫든 좋든 연구 대상이 되었다. 하지만 무정은 김일성과의 경쟁에서 졌고 북한역사에서 사라졌다. 권력에서 철저히 밀려난 공산주의자인 데다 남긴 자료도 거의 없으니 남쪽에서도 조명의 대상이 되지 못했다.

무정을 관찰하다 보면 박헌영이 겹쳐 보인다. 무정은 중국공산당군에서 백발백중 포격술로 이름을 얻어 포병단장에까지 이르고, 조선의용군 사령관으로 일본군과 싸웠다. 해방 후 북한에 들어가서도 국가 건설의 주요 축을 담당하고 싶어 했다. 하지만 김일성에게 숙청당하고 말았다. 박헌영은 일제강점기 엄혹한 상황에서 꿋꿋하게 국내 좌익운동의 명맥을 이어 갔고 해방 후 조선공산당을 재건해 정국을 주도했다. 하지만 미군정의 이념과 박헌영은 어울리는 관계가 아니었다. 결국 그는 북한으로 넘어가 역시 김일성에게 숙청당했다. 이런 비극적 삶을 공유하고 있는 둘은 지금 똑같이 남한에서도 외면당하고 있다.

무정의 삶은 우리가 지금 살고 있는 대한민국과는 크게 엇박자를 낸다. 공산주의를 신봉했고, 북한정권에 가담했다. 하지만 그가 2만 5천 리 대장정에 뛰어들어 신산을 겪고, 옥수수죽에 산나물 한 쪽으로 연명하면서 항일 전쟁에 나선 것은 공산주의를 위해서가 아니었다. 독립을 위해서였다. 해방 후 김일성과 맞선 것은 소련을 등에 지고 권력을 얻으려는 행태에 대한 저항이었다. 그래서 그는 소련도 싫어했다. 권력을 얻는 것보다는 완전한 해방을 외치다 가겠다는 생각이었을 것이다. 그가 무엇을 추구했고, 그것을 위해 어떤 삶을 영위했는지가 이 책의 주요 초점이다.

북한정치사의 다양한 인물들에 대한 관찰은 남과 북을 이어 주는 끈이 될 수 있다. 북한현대사의 여러 측면, 여러 인물들을 이해하는 것은 북한을 우리와 연결시키는 데 크게 기여할 수 있다. 무정의 삶을 거슬러 올라가면 북한, 그가 독립운동을 했던 중국, 청년운동을 했던 서울, 그가 어린 시절을 보냈던 고향 함북 경성으로 이어진다. 북한·중국에서 공산주의자였지만, 서울에서는 일제를 못 견뎌 하는 청년운동가였다. 그의 고민의 출발점은 어떤 이념을 추구할 것인가가 아니라 어떻게 하면 민족을 일제의 속박에서 완전히 벗어나게 할까였다. 이러한 그의 고민은 '어떻게 하면 한반도가 주변 강대국으로부터 자유로우면서 사람 살 만한 곳이 될 수 있을까' 하는 목하 한반도의 고민과 그대로 맞닿아 있다.

우리가 북한의 다양한 인물, 다양한 측면을 더 깊이 관찰해야 하는 이유가 여기에 있다. 물론 북한도 '남한은 미국의 식민지'라는 틀에서 벗어나 우리의 다양한 측면을 관찰하고 연구해야 할 것이다. 그래야 서로에 대한 이해의 폭이 넓어진다. 그렇다고 북한을 보고 "우리는 너희들을 연구하는데 왜 너희들은 우리를 제대로 보려고 노력하지 않냐"라고 말할 필요도 없다. 우리가 할 수 있는 일, 해야 할 바를 하면 된다. 그것이 길게 보면 남북한이 서로를 이해하고 동질성을 회복해 갈 수 있는 길이 된다. 이 책은 남북한이 모두 그런 길로 가기를 바라는 마음에서 나온 작은 결실이다.

매번 그렇지만 이 책이 나온 것도 많은 분들의 도움 덕분이다. 무엇보다 가정사에 소홀해도 늘 꾹 참아 주는 아내 정선희, 마음으로 항상 응원해 주는 아들 주헌, 쌍둥이 딸 우영, 승영에게 고마움을 전한다. 많은 시간 같은 생활 공간에서 지내면서 격려를 잊지 않고 계시는 전북대 정치외교학과 선후배 교수님들에게도 고마움을 표하고 싶다. 연로하신데도 불구하고 기꺼이 인터뷰 요청에 응해 귀중한 증언을 해 주신 북한군 출신 중국 동포 어르신들에게도 마음 깊은 곳의 감사를 전한다. 자료를 찾는 데에는 베이징대학교 역사학과의 김동길 교수님, 미美 국립문서기록보관청(NARA)의 아키비스트 에릭 슬랜더Eric Van Slander, 하버드대학교 옌칭도서관 사서 강미경 선생님, 미美 의회도서관의 사서 소냐 리Sonya Lee 등 많은 분들이 도움을 주셨다. 한국연구재단은 연구비 지원을 해 주었고, 일조각의 김시연 사장님은 상업성 떨어지는 저술의 출판을 선뜻 맡아 주셨다. 안경순 선생님은 꼼꼼한 교정으로 책의 질을 훨씬 높여 주셨다. 모든 분들께 다시 한 번 고개숙여 감사드릴 따름이다. 그리고 신세를 갚는 길은 계속 연구에 정진하는 것이라고 새삼 마음을 다져 본다.

2019. 1.
전북대 연구실에서
안문석

무정(1904~1951). 함경북도 경성 출신의 독립운동가. 조선의용군 총
사령으로 중국에서 항일투쟁에 앞장서고, 해방 후 북한 지역에서 활동
한 연안파의 대표적 인물이다. 6·25전쟁 기간 중 김일성 세력에 밀려
숙청당한 후 병사하였다.

一九三八年十月十日 朝鮮義勇隊成立紀念

조선의용대 창설(1938. 10. 10.). 조선의용대는 조선의용대 화북지대를 거쳐 무정이 지휘하는 조선의용군으로 발전하였다. (사진: 독립기념관 제공)

조선의용군의 선전 활동. 일본군 점령 지역에 침투해 사찰 담장에 "중국과 한국 양 민족이 연합하여 일본 강도를 타도하자"는 항일 표어를 쓰고 있다. (사진: 독립기념관 제공)

해방 후 지린성吉林省에서 창설된 조선의용군 제7지대. 무정이 지휘하던 조선의용군이 확대 개편된 만주 지역의 조선의용군은 중국공산당군에 소속되었다가 1949년 7월에서 1950년 사이 대거 입북해 인민군의 주력부대가 되었다. (사진: 독립기념관 제공)

◀

1941년의 무정. 화북조선청년연합회 회장 당시의 모습이다.

조선독립동맹 지도부(1945. 12.). 앞줄 오른쪽 두 번째가 무정, 세 번째가 김두봉이다.
(출처: 한국민족문화대백과)
▼

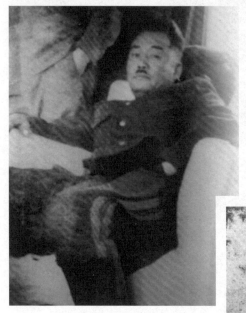

1948년의 무정. 무정은 북조선인민
집단군 포병 부사령관을 맡고 있다가
1948년 2월 8일 조선인민군(인민군)
이 공식 창설되면서 인민군 포병 부
사령관이 되었다. 사진은 북조선인민
집단군 포병 부사령관 당시의 모습으
로 보인다. (출처: 『(비록) 조선민주주
의인민공화국』, 중앙일보사, 1992)

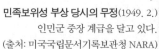

민족보위성 부상 당시의 무정(1949. 2.)
인민군 중장 계급을 달고 있다.
(출처: 미국국립문서기록보관청 NARA)

북한정부 수립(1948. 9. 9.) 당시의 내각. 앞줄 왼쪽에서 세 번째와 네 번째가 김책과 김일성이고,
그 사이 뒤쪽에 무정이 서 있다. (출처: 『김일성의 비서실장 — 고봉기의 유서』, 천마, 1989)

무정의 친필 평정서와 명령서. 왼쪽의 평정서는 민족
보위성 직속 인민군 제17포병연대 연대장 강병찬을 평
가한 것으로 친필로 작성된 것이며, 오른쪽의 명령서
는 제2군단장 당시인 1950년 7월 29일에 명령을 따르
지 않고 경계를 소홀히 한 장교를 재판에 회부하는 내
용으로 군단 참모부에서 작성한 것으로 보인다. 제4장
228~229, 248~249쪽에 전문을 실었다.
(출처: 미국국립문서기록보관청 NARA)

애국열사릉의 묘비. 1994년 복권된 무정은 평양 소재
국립묘지인 애국열사릉에 묻히게 되었다. 1951년 11월
에 사망했다는 증언이 있으나, 묘비에는 8월 9일로 되
어 있다. 제4장 276, 285~286쪽에 상술하였다.

차례

제2장 연안파의 분열

제3장   김일성과 무정

제4장 숙청

제5장 숙청의 원인과 영향

제6장 무정의 정치 노선

일러두기

1. 맞춤법과 띄어쓰기는 현행「한글맞춤법」에 따르는 것을 원칙으로 하되, 단체명이나 용어, 관용적 문구 등은 이해의 편의를 위해 예외로 하였다.
2. 한자 표기는 최초 1회 병기를 원칙으로 하였다. 단, 이해를 돕기 위해 필요한 경우 다시 병기하였다.
3. 중국의 지명과 인명은 현행「외래어표기법」에 따라 중국어 발음으로 적고, 오랫동안 우리 한자음을 사용해 온 것은 굳어진 대로 표기하였다.
   - 동일한 명칭도 경우에 따라 중국어 발음이나 한국어 한자음으로 달리 표기하였다.
     (예)延安: 연안파, 옌안 시절)
   - 규정에 따른 표기가 동일한 경우 중국 발음에 더욱 가까운 음으로 다르게 표기하여 구별이 쉽도록 하였다. (예)산시성: 산시성山西省, 샨시성陝西省)
   - 그밖에 문맥상 어울리도록 중국어 발음과 한국어 한자음을 혼용하였다.
4. 북한의 인물은「한글맞춤법」에 따라 두음법칙을 적용하여 표기하되, 북한의 문서나 논문 등을 그대로 인용한 경우 예외를 두었다. (예) 이권무/리권무, 강양욱/강량욱 등)
5. 인용문은 맞춤법과 표준어에 어긋난 표현도 원문 그대로 수록하고 판독이 어려운 부분은 □로 표시하였다. 이해에 어려움이 있는 내용은 [ ] 속에 표기를 바로잡거나 보충 설명을 추가하였다.

문제 제기

북한을 보는 시각은 크게 두 가지로 갈려 왔다. 하나는 북한을 동북아의 균형을 깨려는 현상변경국가revisionist state로 인식하고, 제재와 압박을 앞세워 대응해야 한다는 의견이다. 다른 하나는 북한이 간헐적으로 보여 온 도발은 생존survival이라는 국가 목표에 봉사하는 수단적 성격으로 보아야 하고, 북한을 대화의 상대로 대우하면서, 정상적인 국제사회의 일원이 될 수 있도록 유도해야 한다는 견해이다. 그런데 북한의 행위와 정책에 대한 대부분의 분석은 최근의 행동을 중심으로 한 피상적인 검토에 불과할 뿐, 북한의 깊은 속내에 대한 심층 분석은 드물다. 깊은 역사적 연구의 바탕을 갖지 못한 채 일정한 주장을 반복하는 경우도 많다. 이념적 지향에 따라 입장을 정해 놓고 그에 맞는 논거만을 모아 놓은 연구들도 적지 않다. 보고 싶은 대로 북한을 볼 뿐, 있는 그대로의 북한을 보려는 노력은 부족한 것이다.

　문제는 어떻게 북한의 정치·경제·사회적 상황과 북한 핵심 지도부의 인식을 정밀하게 분석할 수 있느냐 하는 것일 텐데, 이를 위해서는 역사적 접근이 매우 중요하다. 해방 이후 북한의 흐름에 대한 연구가 더욱 풍성해져야 한다. 해방 직후의 수많은 이념과 노선의 경쟁, 이를 둘러싼 정치적 경쟁과 갈등, 사회·경제적 모순의 발현과 그에 대한 대응 등은 이후 북한체제에 지대한 영향을 미쳐 왔고, 현재의 북한체제도 이로부터 자유로울 수 없다. 1945~1947년의 정치적 상황이 1948년 남북한에 다른 정부를 세우게 했고, 이렇게 이루어진 1948년 체제가 1950년 6·25전쟁을 있게 했으며, 6·25전쟁의 깊은 상흔이 지금도 한반도 상황에 지대한 영향을 미치고 있다. 그런만큼 해방 이후부터 6·25전쟁이 휴전될 때까지에 대한 연구는 더 깊이 진행될 필요가 있다.

냉전 당시 북한 연구는 주로 '소비에트화론'에 기울어 있었다. 소련이 공산주의를 이식해 괴뢰정권을 수립했다는 주장이었다. 하지만 1980년대에 들어서면서 이런 주장의 허점을 지적하며 북한체제의 동유럽체제와의 차별성과 독자적 성격을 강조하는 연구들이 등장했다. 소련의 기획이 모든 것을 결정했다는 소비에트화론으로는 북한체제의 형성 과정을 제대로 설명하기 어렵다고 보고 이에 수정을 가하는 '내부요인론'이 연구의 주요 흐름으로 나타나게 된 것이다. 소련이라는 외부 조건이 존재했지만, 동시에 유교적 전통과 일제의 식민지배, 일제하의 사회주의 운동, 남북분단 상황 등과 같은 내부적 조건들이 엄존했고, 이러한 것들이 북한체제의 성격을 규정하는 데 중요한 영향을 미쳤다는 것이다. 말하자면 외부적 조건이 걸러지지 않은 채 북한에 곧바로 전이된 것이 아니라 북한의 특수한 상황과 만나면서 내화internalization되는 과정을 겪었다는 것이다. 국내외에서 북한의 내부 상황을 파악할 수 있는 자료들이 공개되면서 1990년대 이후에는 내부요인론이 보다 힘을 얻게 되었다. 보다 다양한 자료들이 공개되어 가면서 이러한 경향의 연구는 더욱 내용을 심화하는 과정 속에 있다.

무정에 관한 이 책도 큰 틀에서 내부요인론의 입장을 취하면서 해방 직후 북한의 정치 상황과 당시의 노선 경쟁, 그리고 이것들이 북한체제 형성에 미친 영향 등을 중심으로 분석을 진행했다.[1] 해방 직후 38선 이남과 이북에서는 민족의 미래를 두고 많은 정치적 노선들이 경합했다. 이남에서는 박헌영을 중심으로 한 좌익 세력, 김구·이승만을 중심으로 한 우익 세력, 여운형·김규식을 중심으로 한 좌우합작 세력이 국가 건설과 통일을 위한 방안을 두고 다투었다. 이북에서도 좌우익 세력이 해방 정국의 혼돈을 극복하고 새로운 국가를 건설하기 위한 다양한 노선과 전략을 펼치고 있었다. 북한 지역에서 지도자로 부상한 인물 가운데에는 조만식과 현준혁, 오기섭, 김일성, 무정, 김두봉 등이 두드러졌다. 조기에 암살당한 현준혁을 제외한 이들 인물들이 초기 북한 국가 건설 과정에서 나름의 이념과 노선으로 경쟁·갈등을 거듭하는 과정을 거쳐 북한체제는 성립했다. 따라서 이들은 북한체제 성립의 역사나 남북한 현대정치사를 설명하는 데 있어서 빼놓을 수 없는 각자의 위치와 역할을 가지고 있다. 하지만 이들 가운데에서 오기섭이나 무정에 대해서는 그간 연구와 조명이 매우 미흡했다.

　특히 무정은 해방 직후 북한 지역 주민들 사이에서 높은 인지도를 가지고 있었고, 김일성도 무정을 강력한 경쟁자로 여겼다. 그래서 숙청 이후에는 보다 철저하게 북한사회에서 지워졌다. 해방과 함께 북으로 들어간 인물이었기 때문에 남측에서도 그의 독립운동은 오랫동안 제대로 조명받지 못했다. 해방 이후 활동에 대한 조명도 매우 미흡한 상태에 머물러 왔다. 무정에 대해 지금까지 알려지지 않은 부분을 밝혀내고, 이러한 부분이 북한정권 형성과 성격 변화에 미친 영향을 분석하는 것은 북한현대정치사 연구에서 매우 의미 있는 작업이 아닐 수 없을 것이다.

1　김무정, 최무정 등으로 불리기도 했는데, 가장 널리 사용된 이름은 무정이다. 이 책에서도 널리
　　사용되어 온 무정이라는 이름을 쓰기로 한다.

많지는 않지만 무정에 대한 그동안의 연구들은 1930년대에서 1940년대 초에 이르는 중국공산당 내에서의 대일본 항전 활동과 1941년 1월 10일 화북조선청년연합회 결성 이후 조선독립동맹, 조선의용군 활동으로 이어지는 독립운동에 대한 조명에 초점이 맞추어져 왔다. '뛰어난 포병술을 가진 군사전략가', '무력투쟁 노선의 독립운동가'에만 주목해 온 것이다. 해방 직후 북한 지역에서의 무정의 활동, 그의 이념과 노선, 숙청의 원인·과정과 그에 대한 무정의 대응, 김일성 유일체제 형성 과정에서 무정의 활동과 숙청이 가지는 의미 등에 대해서는 연구가 매우 미진한 상태로 머물러 왔다.

이 책은 이처럼 더 세밀한 설명이 필요한 부분에 대해 다양한 자료와 분석을 통해 규명하는 데 초점을 맞추었다. 구체적으로는 해방 직후 북한 지역에서 김일성에 버금가는 명성을 지녔던 무정이 왜 김일성과의 경쟁에서 패배했는지, 연안파 내부의 갈등은 어떤 양상이었는지, 무정의 숙청은 어떤 단계를 거쳐 진행되었는지, 중국은 왜 무정의 숙청에 대해 수수방관했는지 등이 연구의 주요 초점이 되었다. 특히 초기 연안파가 비교적 강한 세력이었음에도 불구하고 무정과 연안파가 만주파와의 경쟁에서 조직적 대응을 보이지 못한 이유, 마오쩌둥毛澤東·펑더화이彭德懷 등 중국 최고지도부가 무정과는 혁명을 함께한 동지였음에도 불구하고 이들이 숙청 과정에서 무정을 돕지 않은 이유 등이 집중 조명 대상이 되었다.

이와 아울러 북한군의 초기 조직인 보안간부훈련소를 중심으로 한 그의 활동이 북한군 창설 과정에서 어떤 의미를 지니는 것인지도 관찰의 주요 포인트였다. 특히 미美군정 문서가 그를 초대 보안간부훈련소장으로 기술하고 있는 점으로 미루어 북한군 창설 과정에서 지금까지 알려진 것보다 무정이 훨씬 중요한 역할을 했을 가능성이 높다. 그런 점에서 최용건과의 역학 관계, 조선의용군 출신들과 무정의 관계 등을 중심으로 무정의 북한군 창설에서의 역할은 집중 조명이 필요한 부분이라 하겠다.

요컨대 이러한 작업들을 통해 무정의 활동과 그에 대한 숙청이 북한체제 형성과 그 성격의 변화에 어떤 방향으로 어떻게 영향을 준 것인지를 조명하는 것이 이 책의 핵심 목표이다.

앞선 연구들

무정에 대한 연구는 우선 연구 자체가 드물다. 그에 대한 독립적인 연구성 과물은 찾아보기 어렵고, 조선독립동맹이나 조선의용군 연구에 하나의 부분으로 포함되어 온 정도이다. 한국현대정치사와 북한정치사에서 그가 갖는 의미에 비하면 특이할 만큼 연구 대상에서 멀리 떨어져 존재해 왔다. 그나마 존재하는 무정 관련 연구들은 해방 이전의 활동에 대한 분석에 한정되어 있고, 그것도 대부분 단편적인 것들에 불과하다. 이처럼 무정이 연구 대상에서 제외되어 온 첫째 이유는 자료의 제한성 때문이다. 무정에 대한 자료는 일제의 사찰 자료와 중국 자료, 조선의용군 대원들의 증언 등으로 제한되어 있고, 해방 직전의 정보를 넘어서기 어려운 것이 현실이다. 둘째 이유는 무정이 북한에서 조기에 숙청당했다는 것이다. 그 때문에 북한 자료에서 그에 대한 기록을 찾아보기 어렵고, 그나마 존재하는 자료는 대부분 그를 비난하고 질책하는 내용들이다. 이러한 환경에서 무정에 대한 연구는 미진할 수밖에 없었다.

무정에 대한 독립적인 연구는 아니지만 그런 가운데서도 몇몇 연구는 무정의 활동과 숙청의 배경, 연안파의 분열 원인 등에 대해 의미 있는 정보를 제공하고 있다. 이종석의 연구[2]는 무정이 해방 직후 연안파 세력을 공고하

---

2 이종석, 『새로 쓴 현대북한의 이해』, 역사비평사, 2000. 연안파에 대한 설명은 406~411쪽에 집중되어 있다.

게 결집시키지 못한 이유를 일정 부분 설명해 주고 있다. 연안 시절 최창익·박일우 등과의 갈등, 조선의용군에 대한 관리 소홀 등이 무정이 해방 후 연안파의 적극적인 지지를 받지 못하는 이유가 되었다는 설명이다. 이종석의 또 다른 연구[3]는 6·25전쟁 당시 중국군의 개입과 김일성-무정 사이의 역학 관계에 대한 분석을 제시한다. 중국군이 개입하고 조중연합사령부가 구성되어 북한군에 대한 작전권이 중국군으로 이전된 것이 오히려 김일성으로 하여금 내정에 관심을 쏟을 수 있는 여유를 갖게 해 무정, 허가이, 박헌영을 숙청할 수 있었다는 것이다.

중앙일보특별취재반이 중국과 러시아에 살아 있는 북한의 주요 인물들을 면담해서 정리한 성과물[4]은 무정에 대해 새로운 사실들을 상당히 밝혀 주었다. 특히 입국 과정에서의 무정과 조선의용군 대원 사이의 일화, 조선공산당 북부조선분국의 간부부장으로 일할 당시 무정의 인사 행태 등과 관련한 증언은 이후 무정이 연안파 내에서 지도자로 부상하지 못한 이유를 어느 정도 설명해 주는 것으로 평가된다. 기광서의 연구[5]는 해방 직후 김일성의 경쟁자들에 대해 분석하면서 소련군정이 무정을 한편으로는 긍정적으로, 다른 한편으로는 부정적으로 평가했다는 내용 등 당시 북한정치의 주요 행위자였던 소련군의 무정에 대한 적나라한 인식을 제시해 주고 있다.

스칼라피노·이정식의 저술과 김준엽·김창순의 연구는[6] 한국 공산주의 운동의 형성과 발전의 전체적인 맥락 속에서 무정이 중국관내(산하이관山海關 남쪽)에서 한국 독립운동의 중심 지도자로 부상하는 과정, 해방 직후 무정이 만주파와의 경쟁에서 뒤지고 사라져 가는 과정을 어느 정도 밝혀 주고

---

3 이종석, "한국전쟁 중 중·조연합사령부의 성립과 그 영향", 『군사』 제44호, 2001.
4 중앙일보특별취재반, 『(비록) 조선민주주의인민공화국』, 중앙일보사, 1992.
5 기광서, "해방 후 김일성의 정치적 부상과 집권과정", 『역사와 현실』 48, 2003.
6 스칼라피노·이정식 저, 한홍구 역, 『한국공산주의운동사』 1·2, 돌베개, 1986; 김준엽·김창순, 『한국공산주의운동사』 5, 청계연구소, 1986.

있다. 김창순의 해방 정국 관찰기[7]는 무정과 주변 인물들에 대한 직접적인 관찰과 경험을 중심으로 한 기술로 중요한 정보들을 전해 주고 있다. 다만 저자의 주관이 개입된 기술이 많고, '1945년 11월 중순 조선공산당 북부조선분국 제1비서 김일성, 제2비서 무정·오기섭' 등 일부 잘못된 부분도 포함하고 있다. 11월이 아니라 10월이었으며, 당시 제1비서는 김용범, 제2비서는 오기섭이었다. 무정은 12월에 간부부장이 되었다. 한재덕의 저술도[8] 무정과 김일성의 경쟁 관계 양상을 비교적 소상히 전해 주지만 주관적인 설명을 많이 포함하고 있는 점은 지적되지 않을 수 없다.

무정에 대한 직접적인 연구는 아니지만 연안파에 대한 연구들은 무정에 대한 간접적인 이해를 돕는 역할을 해 왔다. 김용현의 연구[9]는 북한의 인민군이 만주파 주도로 형성되었다는 기존의 인식에 대해 비판적으로 접근하면서 인민군 창설에서의 연안파의 주요 역할을 새롭게 조명하는 기능을 했다. 정병일의 연구[10]는 연안파가 조선신민당을 창당하고 북조선공산당과 합당해서 민족통일전선을 구축함으로써 토지개혁과 사회개혁 등에 실질적으로 참여해 북한의 국가 건설 과정에서 주요 역할을 수행한 것으로 분석하고 있다. 심지연의 저술[11]은 독립동맹을 중심으로 한 연안파의 항일투쟁, 해방 후 조선신민당의 건설 과정, 그들의 이념 및 활동 등에 대한 분석을 통해 조선신민당에 대해 남북한을 통괄한 유일한 정당으로 의미를 부여하면서, 조선신민당은 남북한을 모두 포괄하려는 의도에서 민족주의 색채가 강한 공산주의를 지향했다고 주장한다.

---

7 김창순, 『역사의 증인』, 한국아세아반공연맹, 1956; 김창순, 『북한15년사』, 지문각, 1961.
8 한재덕, 『김일성을 고발한다』, 내외문화사, 1965.
9 김용현, "북한 인민군대의 형성과정에 관한 연구 — 만주사변~한국전쟁 이전을 중심으로", 동국대학교 대학원 정치학과 석사학위논문, 1994.
10 정병일, 『북조선 체제 성립과 연안파 역할』, 선인, 2012.
11 심지연, 『조선신민당 연구』, 동녘, 1988.

역시 무정의 역할에 대한 집중 조명은 아니지만 무정이 주로 관여한 북한군의 형성과 조직에 대한 연구도 무정 이해에 간접적 도움을 준다. 장준익의 연구[12]는 전 인민군 작전국장 유성철, 전 인민군 부총참모장 이상조 등에 대한 직접 면담을 통해 평양학원과 중앙보안간부학교, 보안간부훈련대 대부 설립·운영 등 초기 인민군의 형성 과정과 6·25전쟁 직전의 작전 계획 수립 과정 등에 대해 소상히 밝혀 군 내에서의 만주파와 연안파 사이의 역학 관계 등에 대한 이해를 넓혀 주었다. 서동만의 북한체제 형성 과정에 대한 방대한 저서[13]는 북한군의 형성 과정을 주요 부분으로 다루면서 군이 당과 인민위원회에 종속된 존재가 아니라 자율적인 기관으로 발전했다고 주장해 군과 당과의 관계에 대해 새로운 시각을 제시했다. 김일성의 권력 획득 과정과 그 요인에 대한 연구도 무정을 이해하는 데 도움을 주는데, 서대숙의 연구[14]는 김일성의 독립운동, 권력 장악 과정을 면밀히 밝혀 주면서, 특히 만주파가 다른 세력과의 경쟁에서 승리할 수 있었던 요인과 관련해 연안파, 국내파, 소련파보다 훨씬 강한 응집력과 조직력을 가졌기 때문으로 분석하고 있다.

일제강점기 독립운동에 관한 연구 가운데에도 무정의 활동과 관련되어 있는 것들이 존재한다. 한홍구는 연구가 미진했던 조선독립동맹에 대한 집중적 연구로 '단일적 대중조직 형태의 지역통일전선'으로서의 독립동맹의 성격을 규명하고, 그 핵심 세력이 공산주의자들이었지만 민족주의자들과도 독립을 위한 협력을 모색했음을 보여 주었다.[15] 한홍구와 이정식이 펴낸

---

12 장준익, 『북한인민군대사』, 서문당, 1991.
13 서동만, 『북조선사회주의체제성립사 1945~1961』, 선인, 2005. 북한군 형성사는 250~279쪽에 집중되어 있다.
14 서대숙 저, 서주석 역, 『북한의 지도자 김일성』, 청계연구소, 1989; 서대숙 저, 현대사연구회 역, 『한국 공산주의 운동사 연구』, 화다출판사, 1985.
15 한홍구, "화북조선독립동맹의 조직과 활동", 서울대학교 대학원 석사학위논문, 1988

『항전별곡』은 무정이 중국 타이항산太行山 일대에서 조선의용군의 총사령으로 활동할 당시의 활약상을 비교적 소상히 전하고 있다.

이러한 연구들은 그 이전의 우익적 민족주의 중심의 독립운동사와 한국현대정치사 연구에 대해 어느 정도 균형추 역할을 해 왔다. 그럼에도 불구하고 이들 연구는 무정에 대한 종합적인 연구가 되지 못할뿐더러 연안파 내부 갈등의 구체적인 내용, 무정 숙청의 세밀한 과정, 무정의 북한군 형성 과정에서의 역할, 무정의 활동과 숙청이 북한체제 형성에 미친 영향 등을 체계적으로 분석하지는 못하고 있다. 이 책은 그러한 연구 미진과 공백의 영역을 일정 부분 채우면서 북한체제형성사와 남북한 현대정치사 연구에 일정한 기여를 하려는 데 중점을 두었다.

연구의 방법과 범위

이 책은 소련의 영향에 의한 북한체제 성립을 주장하는 소비에트화론보다는 북한 내부의 정치·경제·사회적 요인에 주목하는 내부요인론의 연구 경향을 취하면서 구체적인 연구방법론으로는 질적 연구qualitative research의 방법을 활용했다. 질적 연구는 개념화·계량화·이론화 이전의 상태 그대로를 파악하려는 연구 방법이다. 무엇보다 사실을 찾는 데 주안점을 두는 것이다. 아이작 도이처Isaac Deutcher가 말한 것처럼[16] 역사 연구에 있어서 추론보다 앞서야 할 것은 실제로 무엇이 일어났고 무엇이 일어나고 있는지를 이해하는 것이 되어야 할 것이다. 이 책은 그런 관점을 따르면서 질적 연구방법을 통해 무정의 활동과 북한체제 형성에 대한 영향을 파악하려 했다.

---

16 Isaac Deutscher, *Marxism, Wars and Revolutions: Essays from Four Decades*, London: Verso, 1984, p.72.

보다 구체적으로는 문헌조사document survey와 반구조적 인터뷰semi-structured interview를 방법론으로 이용했다. 그 가운데서도 문헌조사가 저술을 위한 주요 연구 방법론인데, 문헌조사를 통해 무정의 해방 전후의 활동, 김일성과의 갈등, 숙청 과정 등을 상세히 전해 주는 내용을 찾아내고, 이 문헌들에 대한 보다 깊이 있는 검토를 통해 무정과 그의 숙청이 이후 북한 체제에 어떤 영향을 주었는지를 분석해 내려 했다.

해방 전 무정의 활동과 연안 시절의 내부 갈등을 파악하기 위해서는 연안파 출신 인물들의 회고와 증언, 연안파의 활동상을 전하기 위해 발간한 자료들을 면밀하게 검토했다. 마오쩌둥毛澤東, 펑더화이彭德懷 등 중국혁명 지도자들의 활동을 기록해 놓은 자료들도 자세히 살폈다. 미美문서기록보관청(NARA)이 보존하고 있는 6·25전쟁 당시 북한의 노획문서(Record Group 242)도 무정과 직간접적으로 관련한 정보를 상당히 포함하고 있어 이에 대한 탐구도 진행했다.

해방 후 무정의 활동과 숙청 과정을 보다 다각적으로 살피기 위해 미군정의 정보보고서도 활용되었다. 북한정보는 1945년 12월 1일부터 1947년 12월 5일까지는 주한미군 사령부(Headquarters, United States Army Forces in Korea)의 정보참모부(G-2)가 작성한 북한정보요약Intelligence Summary Northern Korea에, 그리고 1947년 12월 26일부터 1948년 11월 26일까지는 주한미군 사령부 정보참모부가 작성한 주간정보요약Weekly Summary의 Part II에 집중되어 있다. 또, 1945년 9월 9일부터 1949년 6월 17일까지 주한미군 사령부 정보참모부가 매일 작성한 정기보고서G-2 Periodic Report도 북한정보를 포함하고 있다. 이런 부분들을 중심으로 무정의 활동과 무정을 둘러싼 북한 내부의 움직임을 살폈다.

『정로』와 『로동신문』, 『근로자』 등 당 기관지, 『조선중앙년감』, 『김일성선집』, 『김일성저작집』, 『김일성 전집』, 『세기와 더불어』 등도 중요한 자료로 활용되었다. 이들 자료는 김일성 세력과 무정과의 관계 변화를 파악하는 데 중요한 단서를 제공하는 경우가 많았다. 무정 숙청에 대한 중국의 대응을 파악하기 위해서는 6·25전쟁에 참여한 중국 측 인물들의 회고록 등을 참고했다.

반구조적 인터뷰 방법은 무정의 북한 행적과 관련한 증언을 청취하는 데 활용되었다. 인터뷰 대상은 중국 옌볜延邊 지방에 살고 있는 동북조선의용군 출신 생존자들이었다. 해방 직후 무정이 지휘하던 조선의용군은 국내 진입 길이 막히자 중국의 동북지역에 몇 개의 조직으로 분산되어 중공군 산하에서 활동했다. 이들이 동북조선의용군이다. 동북조선의용군으로 중국에서 활동하다 6·25전쟁에 조선인민군으로 참여한 뒤 다시 옌볜으로 돌아가 살고 있는 인물들인데, 고령이지만 몇 분이 인터뷰가 가능했다. 이들로부터 무정의 사망 시점과 상황, 북한군에서의 입지와 역할 등에 대한 소중한 증언을 들을 수 있었다. 이 증언들은 문헌들과 대조, 비교하는 방법으로 활용되었다. 요컨대 현상 본래의 모습에 접근하려는 질적 연구의 틀을 바탕으로, 다양한 자료와 입체적인 방법을 활용해 무정의 활동과 초기 북한체제의 형성 과정을 분석한 것이다.

결국 이 책은 사회과학의 고전적 연구 방법론인 귀납적 방법을 따라, 사실의 검토와 분석을 통해 답을 찾아내면서 종합적인 흐름을 정리한 것이다. 동시에 이 책은 역사적 접근 방법을 취했다. 사실의 축적 자체가 부족한 북한 연구에서 역사적 접근은 이론화 이전에 집중되어야 할 부분이라고 할 수 있다. 이 책은 사실의 탐구와 복원에 일차적인 목적을 두면서도, 단순한 사실의 복원에 그치는 것이 아니라 사실들을 유기적으로 연계 지어 북한현대사의 구체적인 부분을 조명하고, 그 이후에 대한 영향까지 탐구하려 했다. 그런 점에서 이 책의 접근 방식은 포괄적 시각의 역사적 접근이라 할 수 있겠다.

분석의 수준과 관련해서는 세 층위, 즉 개인 수준, 국내적 수준, 국제적 수준에서 연구가 진행되었다. 개인 수준에서는 중국공산당에서의 활동, 독립운동, 김일성과의 경쟁, 북한군 창설 과정에서의 역할, 숙청에 대한 대응 등 무정이라는 인물의 활동에 중점을 둔 분석이 이루어졌다. 국내적 수준과 관련해서는 해방 직후 북한의 국내정치, 사회적 갈등, 남북분단 등의 문제가 무정과 연계되어 분석되었다. 그뿐만 아니라 중국혁명, 중국과 일본의 전쟁, 중국과 소련의 관계 등 국제적 층위도 무정에 대한 종합적인 연구에서 빠뜨릴 수 없었다. 그의 활동이 이러한 부분과 직·간접적으로 관련되어 있기 때문이다. 이러한 세 수준에서의 분석이 포괄적으로 진행됨으로써 연구가 보다 심층화되었다고 하겠다.

이 책의 연구 범위는 무정이 출생한 1900년대 초반부터 무정이 사망한 1950년대 초반까지이다. 이는 크게 세 부분으로 나뉘어 서술되었다.

첫째는 무정이 출생한 1904년부터 해방 후 귀국하는 1945년 12월까지이다. 이 시기와 관련해서는 서울에서의 청년운동, 중국공산당 활동, 독립운동 등에 초점이 맞추어졌다. 무정이 어떤 과정을 통해 중국공산당군에서 명망을 얻게 되었는지, 이를 독립운동에 어떻게 활용하고 독립운동의 과정에서 통일전선 구축에 어떤 노력을 기울였는지 등이 이 시기 저술의 중심이 되었다.

둘째는 1945년 12월부터 1948년 3월 북조선노동당 제2차 당대회 직전까지이다. 이북의 주민들로부터 만세를 받던 무정이 김일성과 어떻게 경쟁하고, 조선공산당 북부조선분국에서는 어떤 활동을 보였으며, 조선인민군을 창설하는 과정에서는 어떤 역할을 했는지 등이 이 시기 저술의 주안점이었다.

셋째는 1948년 3월부터 무정이 사망하는 1951년 8월까지이다. 무정은 북로당 제2차 당대회에서 토지개혁 당시 철저하게 지도하지 못했다고 비판받는 것을 시작으로 1948년 8월 초대 최고인민회의 대의원에서 탈락하는 등 1948년부터는 김일성 세력의 직접적 견제를 받게 된다. 6·25전쟁 당시에는 전선사령부 구성에서도 빠졌다. 그러다가 6·25전쟁 초기 제2군단의 작전 실패 이후 김광협의 후임으로 인민군 제2군단장이 되고, 대대적 후퇴의 국면에서 평양방어사령관에 임명된다. 이후 평양 방어에 실패했다는 이유 등으로 숙청된다. 이 시기에 대한 저술은 숙청의 실제 이유, 무정과 중국의 대응, 무정 숙청이 이후 북한체제 형성에 미친 영향, 그리고 무정이 추구했던 정치 노선 등에 초점이 맞춰졌다. 이 책은 특히 세 번째 시기에 보다 많은 중점을 두면서 기존 연구의 공백을 메우고 북한현대정치사 연구의 지평을 넓히는 데 기여하려 했다.

제 1 장

독립운동의 거두

서울에서 옌안까지

1. 15살에 3·1운동 참여

무정武亭의 본명은 김병희金炳禧이다.[1] 한동안 본명이 김무정으로 알려져
있었다.[2] 하지만 중국 지린성吉林省 룽징龍井에 사는 무정의 8촌 조카 김하
수金河壽가 무정의 본명을 김병희로 얘기하면서 비로소 본명이 알려졌다.

---

1 박충걸, "비운의 혁명가 무정의 일생", 『신동아』, 1993. 3., 509쪽. 무정의 본명, 가족 관계, 출생
지, 생일 등에 대해서는 이 자료를 참고했다. 그밖에 무정의 성장 과정과 젊은 시절 활동상에 대
해서는 다음의 자료들을 참고했다. 림선옥, "전설적 영웅 무정 장군", 김호웅·강순화, 『중국에
서 활동한 조선−한국 명인 연구』, 옌지: 연변인민출판사, 2007; 김창순, "무정 장군의 최후와 연
안파의 몰락", 『북한』 195호, 1988; 김순기, "무정 장군에 대한 이야기", 조선의용군발자취 집
필조, 『중국의 광활한 대지 우에서』, 옌지: 연변인민출판사, 1987; 김준엽·김창순, 『한국공산
주의운동사』 5, 청계연구소, 1986; 서병곤, "무정 장군 일대기−조선의용군 총사령", 『신천지』,
1946. 3.; 김순기, "조선의용군 사령 무정 장군", 김양 주편, 『항일투쟁 반세기』, 선양: 료녕민족
출판사, 1995; 『倭政時代人物史料』 2, 국회도서관, 1983; 이항숙, "무정의 중·한연대 항일혁명
활동에 관한 연구", 한국근현대사학회 월례발표회, 2007. 5. 12., 서울.
2 1948년 무렵 시인 이경남이 평양사범대학을 다닐 때 무정의 조카와 함께 하숙을 했다. 그 조카
이름이 김의식이었다(조규하 외, 『남북의 대화』, 고려원, 1987, 173쪽). 그러니 무정의 본래 성
은 김이다. 그래서 김씨 성에다가 무정을 붙여 김무정으로 본명을 추정했던 것으로 보인다.

1924년 중국에서 군관학교에 다닐 때 실제 전투에 참가해서 적을 격퇴시켰는데, 이를 기특하게 여긴 그의 상관이 군인을 뜻하는 '무武' 자를 넣어 지어준 이름이 무정이다.[3] 그래서 특이한 이름 '무정'을 갖게 되었다. 한자로는 武丁, 武靜 등으로 쓰다가 나중에는 武亭으로 썼다. 무정이 스스로 쓴 팔로군 간부이력표가 중국 중앙당안관(정부기록보관소)에 보관되어 있는데, 거기에 자신의 이름을 武亭으로 써 놓았다.[4] 이 이력표에 33세로 되어 있고 무정이 1904년생이니까 1937년에 작성된 것이다. 이로써 1937년부터는 분명히 武亭으로 썼음을 알 수 있다. 정확한 생일은 5월 16일. 김하수는 아버지가 김기준金基俊이고 3형제 중 장남이라고 증언했지만, 조선총독부가 작성한 자료에는 아버지가 김현극金鉉極, 어머니는 종산宗山으로 되어 있다.[5]

태어난 곳은 함경북도 경성군 용성면 근동리이다.[6] 청진시 초동리에서 출생했다는 얘기도 있다. 경성군은 1977년 청진직할시로 편입되었다가 1985년 청진이 다시 일반 시가 되면서 함경북도의 하위 행정단위가 되었다. 이런 사정 때문에 청진 출생이라는 기록이 나타나는 것으로 보인다. 어쨌든 무정이 태어날 때나 지금이나 경성은 함북이고, 거기서 무정은 태어났다.

경성읍에 있던 나남공립보통학교에 들어가 1919년 3·1운동에 참가했다. 당시 15살이었다. 1920년 이 학교를 졸업하고 서울의 중앙고보로 진학했다. 서울에서 학교를 다닐 때 형편이 어려워 학비를 못 내고 학교에서 쫓겨난 것이 한두 번이 아니었다는 얘기도 있지만,[7] 형편이 그리 나쁘지는 않았던 것으로 보인다. 일제 총독부가 무정에 대해 조사, 기록해 놓은 자료는

3 박충걸, "비운의 혁명가 무정의 일생", 509쪽.
4 幹部履歷表(武亭), 중국 중앙당안관 자료, 연도 미상, 1쪽.
5 『倭政時代人物史料』 2, 98쪽.
6 박충걸, "비운의 혁명가 무정의 일생", 509쪽.
7 김순기, "무정 장군에 대한 이야기", 1쪽.

"부동산 1만 3천 엔 정도 있고 생활에 지장이 없음"이라고 되어 있다.[8] 또 김하수의 증언도 무정의 할아버지가 매달 생활비를 보내 주었고, 중국 망명 이후에는 추후 교육비로 사용하기 위해 사과나무 과수원을 마련했다고 한다.[9] 함경북도 경성에 터전을 잡고 있던 무정의 부모들은 자기 땅을 가지고 농사를 지었던 것으로 보인다. '부동산 1만 3천 엔 정도'는 무정 부모의 부동산을 이르는 것으로 볼 수 있을 텐데, 일제강점기 1엔은 지금 2천 원 정도 되니까 2천6백만 원에 상당하는 땅을 가지고 있었다고 봐야 할 것이다. 함경북도임을 고려하면 수천 평 정도의 땅은 가지고 있었다는 얘기가 된다.

1922년 3월 무정은 중앙고보를 퇴학했다. 일제 총독부 자료는 이유를 '병'으로 기록하고 있다.[10] 그런데 그다음 달 바로 경성기독청년회관에 입학했다. 따라서 '병' 때문에 중앙고보를 그만둔 것은 아닌 것으로 보인다. 당시 서울의 상황은 3·1운동 이후 학생운동이 활성화되고 있었다. 1921년 7월에는 중앙고보와 보성전문학교 등 7개 학교 교장들이 회의를 열고 전문학교 학생 이상만 학생운동을 허용한다고 결의했다. 이에 따라 고보학생들은 운동 조직에서 탈퇴해야 했다. 무정은 이 과정에서 학교와 갈등을 겪게 되었고, 이 때문에 퇴학했을 것으로 추정된다. 1923년 4월 경성기독청년회관을 졸업하고 경성여자강습학교에서 교사 생활을 했다.

---

8 『倭政時代人物史料』 2, 98쪽.
9 박충걸, "비운의 혁명가 무정의 일생", 516쪽.
10 『倭政時代人物史料』 2, 98쪽.

2. 서울에서 청년운동

무정은 경성기독청년회관을 졸업하기 전부터 사회주의 활동을 시작했다. 1923년 2월 서울청년회에 가입했다. 이 단체는 1921년 1월 출범했는데, 초기에는 사회주의와 민족주의 계열이 모두 참여했다. 사회주의 계열로는 이영과 김사국 등이, 민족주의 계열에서는 장덕수와 이득년 등이 참여했다. 1922년 4월에 서울청년회는 민족주의 계열을 축출하고 사회주의 단체로 개편되었다. 무정이 가입한 것은 이 단체가 사회주의화된 이후였다. 여기서 활동하면서 무정은 강택진, 김영만, 장일환, 이영, 김유인, 현칠종 등과 같은 공산주의자들과 친분을 맺게 되었다.

서울청년회에서 중국으로 망명하기 전까지 8개월 정도 무정은 사회운동에 정열을 쏟았다.[11] 우선 조선의 청년단체가 모두 참여하는 '전조선청년당대회'를 준비하는 활동을 전개했다. 서울청년회가 주도하는 이 활동에 무정도 참여했다. 1923년 3월 24일 중앙기독교청년회관에서 '전조선청년당대회'가 열렸다. 민족주의운동 단체와 노동단체, 교육운동 단체 등 74개 단체에서 134명의 대표가 참가했다. 3개 분과로 나뉘어 토론회를 진행했다. 사회주의 성격이 강한 대회를 일제가 그냥 두고 보지 않았다. 29일 일제 경찰에 의해 해산되었다. 20여 명이 구속되었다. 다음 날 분과 대표들이 비밀리에 만나 사안별 결의안을 채택, 발표했다. 이 대회는 그다음 달 '조선청년총동맹' 결성의 주요 기반이 되었다.

무정은 이와 함께 청년단체의 연합체인 조선청년연합회와 동아일보에 대한 반대 운동도 했다. 이유는 '자산층 옹호에만 주력'한다는 것이었다. 무정은 현칠종 등과 함께 이들 단체에 반대하는 성토 강연 등을 전개하고, 동아

---

11 무정의 서울에서의 사회운동 부분은 주로 이향숙, "무정의 중·한연대 항일혁명 활동에 관한 연구", 5~7쪽을 참조했다.

일보에 대해서는 불매 운동도 벌였다. 1923년 4월 6일에는 무정과 현칠종이 주도하는 그룹과 조선청년연합회 회원·동아일보 사원 등으로 구성된 그룹 사이에 무력 충돌이 발생하기도 했다. 여기에 관련된 사람들은 일제 경찰에 의해 구속되었다.

이 무렵 무정은 '조선노농대회'를 조직하는 일에도 참여했다. 1923년 3월 전조선청년당대회가 끝난 뒤 무정은 강택진, 최창익 등과 함께 조선노농대회를 준비했다. 노동자와 농민들의 단결을 도모하고, 이들을 중심으로 계급투쟁을 전개해 나가기 위해서였다. 9월 28일 준비회가 조직되어 본격 준비 단계에 들어갔다. 하지만 이 대회는 열리기도 전인 10월 5일 주요 관련자들이 일제 경찰에 검거되었다. 대회가 열리기 전이었기 때문에 검거된 사람들은 10월 말에 큰 처벌 없이 모두 풀려났고, 다시 준비에 들어가 이듬해 4월 15일 대회가 개최되었다. 82개 단체가 참가한 큰 규모의 대회였고, 이 대회는 일제강점기 노동자와 농민 운동의 중요한 전기가 되었다.

무정은 나중에 팔로군 포병여단장으로 있으면서 자신의 이력표에 조선에서 청년운동을 하다가 세 번 옥살이를 했다고 썼다.

나는 조선에서 청년운동과 노동운동에 참가하다 일제에 체포되어 세 번 옥살이를 했다. 여러 가지 혹형을 받다가 도망쳐 중국으로 망명했다. 중국에 온 후 대혁명에 참가했고 사업의 실패로 두 차례 옥살이를 하고, 만기 석방된 후 홍군[12]에 들어갔다. 1930년부터 지금까지 홍군에 참가하여 여러 가지 투쟁을 진행해 왔다.[13]

---

12 중국공산당의 군대. 노농홍군인데, 줄여서 홍군이라고 칭했다. 제2차 국공합작(1937. 9. 22.) 논의 진전에 따라 중공군이 팔로군과 신사군의 체제로 바뀔 때까지 이 용어를 사용했다.
13 幹部履歷表(武亭), 2쪽.

이 세 번의 옥살이가 위에서 설명한 세 가지 운동을 할 당시인 것으로 보인다. 첫 번째는 전조선청년당대회를 준비하면서, 두 번째는 조선청년연합회와 동아일보에 대한 반대운동 과정에서 충돌이 발생하여, 세 번째는 조선노농대회를 준비할 때 체포, 구금된 것으로 여겨진다.

3. 중국 망명

무정이 중국으로 간 것은 1923년 10월 말쯤이다. 조선노농대회를 준비하다 체포된 후 석방되었을 때 만주로 망명한 것으로 보인다. 서울에서 여운형을 알게 되었는데, 그의 영향이 컸던 것으로 추정된다.[14] 당시 19살이었다. 함경북도 경성의 부모들은 중국 망명을 한동안 몰랐다. 무정이 장손이어서 할아버지가 특히 신경을 많이 썼는데, 할아버지가 보낸 생활비가 반송된 뒤에야 무정이 중국으로 떠난 것을 알게 되었다.[15]

만주에서 곧 베이징으로 옮겼다. 거기서 문화대학文化大學에 다녔다고 하는데, 문화대학의 정체는 정확히 밝혀지지 않고 있다. 중국어를 가르치는 학습기관 정도로 보인다. 중국어를 익힌 무정은 1924년 바오딩保定에 있는 바오딩군관학교 포병과에 입학해 같은 해 졸업했다.[16] 바오딩은 베이징의 남서쪽에 있는데, 당시 허베이성河北省의 성도였다(지금은 스자좡石家莊으로 성도가 옮겨감). 바오딩군관학교는 1902년 북양 대신 위안스카이袁世凱가 설립한 장교 양성 학교였다. 보병과와 기병과, 포병과, 공병과, 치중병과輜重兵科(운송병과를 뜻함)의 5개 분과가 개설되어 있었는데, 무정은 그 가운데

14 림선옥, "전설적 영웅 무정 장군", 517쪽.
15 박충걸, "비운의 혁명가 무정의 일생", 516쪽.
16 김순기, "무정 장군에 대한 이야기," 1쪽.

에서 포병과를 졸업했다. 중국공산당군에서 포병 장교로 이름을 떨치는 데 중요한 기반을 이때 마련한 것이다. 바오딩군관학교는 20여 년간 1만여 명을 졸업시켰고, 그 가운데 1천여 명이 장군이 되었다. 장제스蔣介石는 1906년 이 학교에 입학했다가 이듬해 일본으로 유학을 갔다. 일제강점기 초반 독립운동에 뜻을 품고 중국으로 향한 한인 청년들 중 상당수가 이 학교에서 교육을 받았다.

바오딩군관학교는 바오딩시의 웨이성루衛生路 북쪽에 있었다. 지금은 당시의 건물은 없어지고 그 자리에 바오딩군관학교 기념관이 세워져 있다. 기념관 부지로 들어가면 정면에 상무당尙武堂이 있다. 이 상무당의 뒷벽에는 군관학교 1기부터 9기까지의 졸업생 명단이 있다. 그런데 여기에 무정의 이름은 없다. 두 가지 가능성을 생각해 볼 수 있다. 하나는 무정이 이름을 바꿔 학교를 다녔을 가능성이다. 다른 하나는 무정이 군관학교를 다니던 1924년에 군벌 사이의 무력 충돌이 한층 격화되었는데, 그 바람에 관련 자료가 제대로 정리, 보존되지 못했을 가능성이다.

이렇게 학적이 분명하지 못하다 보니 무정이 산시성山西省에 있는 북방군관학교 포병과를 졸업했다는 설도 있다.[17] 하지만 바오딩군관학교를 졸업한 것이 맞는 것으로 보인다. 첫째, 무정이 사령관이었던 조선의용군 대원 출신 김순기가 '바오딩군관학교 졸업'이라고 기록하고 있다. 둘째, 무정이 팔로군 포병여단장을 맡았을 때 정치부주임이 중국인 웬큉袁光이었는데, 이 웬큉이 무정은 바오딩군관학교 출신이라고 증언한 적이 있다.[18] 셋째, 무정이 1924년에 군관학교에 다니고 이듬해 공산당에 입당했는데, 입당한 곳이 허베이성 장자커우張家口이다. 그러니 허베이성에서 군관학교를 졸업하고 허베이성의 장자커우에서 입당했을 가능성이 높다. 산시성에서 군관학

17 서병곤, "무정 장군 일대기―조선의용군 총사령", 238쪽.
18 김성룡, 『불멸의 발자취』, 베이징: 민족출판사, 2005, 416쪽.

교를 졸업하고 멀리 떨어져 있는 허베이성 장자커우까지 와서 입당했다고
보기는 어렵다.

무정이 1925년 6월에 중국공산당에 가입할 때 두 사람이 추천을 해 줬는
데, 문창빈文昌彬과 명덕건明德件이다.[19] 여운형의 도움도 있었다. 여운형은
1914년부터 1929년 일제에 의해 체포될 때까지 조선과 중국을 오가며 활
동했다. 청년들과 교류가 많았고, 무정이 중국공산당에 가입할 때에도 소개
를 해 줬다.[20] 여운형은 마오쩌둥을 만나기도 했고, 1927년 중국공산당 총
서기에 올랐던 취추바이瞿秋白 등과 친분을 유지하고 있었다. 중국공산당
이 1921년 창당된 지 4년 정도밖에 되지 않은 상황이어서 외국인이 공산당
에 가입하는 것이 쉽지는 않았을 것이다. 그런데 주변의 도움으로 가입하게
된 것이다.

공산당에 가입한 뒤 무정은 1926년 난커우南口 전투에 국민당군으로 참
가했다. 당시는 제1차 국공합작(1924. 1.~1927. 7.) 시기였다. 국민당군이 펑
텐奉天 군벌 장쭤린張作霖 부대와 맞선 것이 난커우 전투였다. 이후 산시성
山西省 군벌인 옌시산閻錫山 부대에 들어가 포병 소위로 근무했고, 1927년
중위가 되었다. 하지만 곧 군벌 간 다툼에 회의를 느끼고 국민당 정부가 있
던 후베이성湖北省 우한武漢으로 가 공산당 활동에 본격 참여하게 되었다.
우한에서 열린 '반일대동맹회의'에 조선 대표로 참가하기도 했다.

1927년 4월 12일 장제스가 국민당의 좌파 정부를 무너뜨리는 쿠데타를
일으키고 공산당원들에 대한 검거에 나섰다. 이로써 제1차 국공합작은 무
너지게 되었다. 이후 장제스는 북쪽 군벌에 대한 북벌을 본격화했다. 그런
데 북벌군의 점령 지역에서는 농민운동과 노동운동이 매우 활성화되고 있

---

19 幹部履歷表(武亭), 1쪽.
20 신한청, "무정 장군", 『중국관내 조선인민 항일구국운동과 조선의용군』, 1992, 945쪽, 이향숙,
    "무정의 중·한연대 항일혁명 활동에 관한 연구", 9쪽 재인용.

었다. 군벌이 물러나면서 농민·노동자들의 자의식과 민족주의 의식이 노현되기 시작한 것이다. 특히 허난성과 후베이성, 장시성에서 활발했다. 그들은 외국군의 철수, 외국과의 불평등 조약 철폐, 영국·일본 등 제국주의 국가들과의 경제교류 중단, 조계지 회수 등을 주장하며 시위를 벌였다.

이러한 활동에 무정도 적극 참여했다. 그러다 장제스 정부의 대대적 검거선풍이 시작되어 체포, 투옥되었다. 장제스의 무차별 검거는 우한 지역의 농민, 노동자, 대학생 등 1만여 명의 대규모 항의 시위를 불러왔다. 이들은 검거된 공산당원들의 즉각 석방을 요구했다. 그 바람에 무정도 석방되었다. 1946년 3월 서울에서 발행된 월간 『신천지』에 실린 "무정 장군 일대기"에는 1만 명의 중국 학생들이 무정 석방을 요구하며 치열한 시위를 벌여 결국 석방되었다고 적고 있는데, 이는 당시 우한 지역에서 발생한 공산당원 석방 시위를 좀 과장해서 표현한 것으로 보인다.

석방 이후 곧바로 무정을 포함한 공산당원들을 죽이는 것이 장제스 정부의 음모였다. 그런데 마침 우한 법원에 공산당원이 있어 이 소식을 미리 무정 등에게 전해 주었다. 무정은 몰래 우한 지역을 벗어나 상하이로 들어갔다.[21]

4. 상하이에서 독립운동

상하이에서 무정은 중국공산당 장쑤성江蘇省위원회 파난法南 지부 소속의 조선인 지부에서 활동했다. 조선인 지부는 1928년 여름에 출범했는데, 조봉암이 지부 서기를 맡았고, 여운형이 부서기였다. 무정은 최창익, 오명, 홍

---

21 서병곤, "무정 장군 일대기―조선의용군 총사령", 240쪽.

남표, 김원식, 구연흠, 김희원, 홍경천, 유준현 등과 함께 지부위원이었다. 1925년 서울에서 조선공산당이 창당되어 상하이에도 지부가 설립되어 있었는데, 코민테른의 일국 일당의 원칙에 따라 중국공산당의 하부 조직으로 통일이 된 것이었다.

그런데 조선공산당 상하이 지부는 서울의 화요회 중심 조직이었다. 화요회는 1924년 사회주의 사상 연구를 위해 결성된 사상 단체였다. 마르크스의 생일이 화요일인 데에서 유래했다. 홍명희, 김재봉, 김찬, 박헌영 등 초기 공산주의의 핵심 인물들이 참여하고 있었다. 1925년 조선공산당 창당에 주도적인 역할을 했고, 창당 이후에도 주요 파벌로 당의 활동을 주도했다. 조선공산당 상하이 지부도 화요파가 세운 조직인데, 이 조직이 해체되고 중국공산당 내에 조직이 형성된 것이다. 결국 중국공산당 상하이 조선인 지부는 화요회 조직이 해체되어 다시 결성된 조직이었다.[22] 상하이에서 무정과 가깝게 지냈던 김명시와 안병진, 그리고 무정과 상하이에서 함께 활동했던 것으로 보이는 여운형 등도 화요파 인물들이었다. 따라서 이들과 함께 활동한 무정도 범화요파로 볼 수 있다.

무정은 상하이에서 중국공산당 조직 활동과 함께 한인 세력을 규합하는 활동도 했는데, 오명, 허추열 등과 함께 '중국본부 조선청년동맹 상해 지부'를 결성해 집행위원 겸 재정부장으로 일했다. 중국본부 조선청년동맹은 중국 본토와 만주 지역의 한인청년조직을 총망라하는 단일전선 형성을 위해 김기진과 이관수, 정태희, 엄항섭 등의 주도로 1927년 11월 창설된 한인애국청년단체였다. 그 조직의 상하이 지부 결성에 무정도 주도적으로 참여한 것이다.

상하이의 좌파 세력을 한데 모으는 일에도 무정은 참여했다. 1926년 중

---

22 김준엽·김창순, 『한국공산주의운동사』 5, 88쪽.

국관내 독립운동단체들의 좌우파 연합 운동이 전개되어 베이징과 상하이, 광둥, 우한, 난징에 '한국독립유일당 촉성회'가 구성되었다. 1927년 11월 9일에는 상하이에서 이들 지역별 촉성회가 '한국독립당 관내 촉성회 연합회'를 구성했다. 하지만 1928년에 들어서서 내분이 발생하면서 연합회는 무너지기 시작했다. 1929년 10월 '한국독립유일당 상해 촉성회'도 해체되었다. 이후 좌파 세력은 1929년 10월 26일 '유호留滬(상하이)한국독립운동자동맹'을 결성했다. 무원칙한 분열 대립을 극복하고 투쟁 역량을 충분히 발휘하기 위해 좌익의 단체를 구성한다고 밝히면서 활동을 시작했다. 무정도 맹원 53명 가운데 하나로 참여했다.

이와 함께 무정은 반제국주의 국제 연대 활동도 전개했다. '중국본부 조선청년동맹 상해 지부'는 상해반제동맹과 상해청년반제동맹에 적극 참여했는데, 이 단체들은 중국과 한국, 대만의 연대를 통한 반제국주의 운동을 펼치고 있었다. 1929년 7월에는 '동방피압박민족 반제동맹대회'를 개최해 아시아 지역 약소 민족의 단결과 중국혁명에 대한 적극 참가를 결의했다.

상하이에서 활동하던 시절 무정은 '사꾸라 몽둥이櫻棒子'라는 별명으로 통했다. 이런 우스꽝스러운 별명을 얻게 된 데는 사연이 있었다. 당시 상하이에는 조선인학교인 인성학교가 있었다. 매년 운동회가 열렸는데, 이때에는 상하이에 사는 대부분의 한인들이 모여 명절을 쇠듯 했다. 한인들 사이에는 우파도 있고, 좌파도 있었다. 그래서 이런 큰 모임이 열릴 때면 서로 논쟁을 하는 경우도 많았다. 한번은 어떤 이가 무정을 보고 공산주의자라고 비방했다. 무정은 그 자리에서 사꾸라 몽둥이로 그 사람을 쳤다. 그 바람에 모두들 혼비백산하게 되었다. 이 일이 있은 후 무정의 별명이 사꾸라 몽둥이가 되었다.

무정은 키가 작으면서도 성질이 급하고 과격했다. 동북조선의용군 출신으로 조선인민군 제7사단 공병대대에서 상사로 근무했던 김장규(1930년생)

의 증언에 의하면 무정은 키가 작은 편이라고 한다. 김 씨는 6·25전쟁 당시 1950년 7월 중순쯤 경상북도 안동의 산악지대에서 무정을 만났다. 당시 무정은 2군단장이었다. 항일투쟁 당시부터 무정의 명성을 들어 왔기 때문에 키가 클 것으로 생각했는데 실제로는 작은 키였다고 한다.[23] 조선의용군 대원이었던 김순기도 그렇게 기록하고 있다. 그는 무정이 "뚱뚱한 사람"이었다고 적고 있다.[24] 실제로 일제 총독부가 작성한 자료에도 무정은 키가 5척 3촌, 얼굴은 각진 형태에 피부는 까맣고, 코는 크고 높으며 비만형이라고 되어 있다.[25] 5척 3촌이면 160.6cm 정도밖에 안 된다. 키는 작았지만 성격은 과격한 면이 있었다. 해방 직후 북한에서 활동할 때에는 김일성의 독재와 횡포를 미워하면서 술을 마시고 가까운 사람들에게 김일성 욕을 마구 해 대는 경우도 많았다고 한다.[26] 옌안延安에서 활동할 당시에도 중국공산당 간부들이 무정의 성격이 급하고 과격하다는 것을 알고 있었다. 하지만 당시 그의 탁월한 포격 능력을 높이 사 크게 문제 삼지는 않았다.

1929년 무렵에는 중국공산당 내에서 리리싼李立三의 좌익모험주의가 크게 세를 얻었다. 그의 주도로 공산당원들은 곳곳에서 도시 폭동을 일으켰다. 이때 무정도 유호한국독립운동자동맹에서 같이 활동하고 있던 박인환, 이민달, 황훈 등과 함께 상하이에서 '한인규찰대'라는 조직을 결성해 폭동에 적극 참여했다. 그러다가 영국의 조계지에서 체포돼 두 달 동안 감옥살이를 했다. 1929년 12월 석방 후 장제스 세력의 테러를 피하기 위해 홍콩으로 몸을 숨겼다. 1929년 무정이 중공군과 국민당군의 전투 와중에 전사했

23 김장규(1930년생. 조선인민군 제7사단 공병대대 위생소 소장, 상사) 인터뷰, 2015년 1월 10일, 중국 옌지.
24 김순기, "조선의용군 사령 무정 장군", 454쪽.
25 『倭政時代人物史料』 2, 98쪽.
26 조규하 외, 『남북의 대화』, 173쪽.

다는 소문이 한인들 사이에 퍼졌는데,[27] 감옥에 갇혔다가 홍콩으로 피신하는 바람에 그런 소문이 있었던 것으로 보인다. 어쨌든 당시 무정 전사 소식에 한인들이 그를 추도하며 슬퍼했다고 한다. 이때 이미 무정의 이름이 중국의 한인사회에서 상당히 알려져 있었던 것이다.

5. 중공군 포병 장교가 되다

1930년 초 무정은 홍콩에서 나와 중국공산당 조직의 소개로 장시성江西省 중공소비에트 지역으로 들어갔다. 중공소비에트는 1930년대 들어 13개의 성으로 확대되어 있었다. 마오쩌둥이 소련공산당의 지원을 받아 장시성 루이진瑞金에 공식적으로 장시소비에트를 세운 것은 1931년 11월이지만 1930년에 이미 넓은 지역에 소비에트가 형성되어 있었다. 각지에서 국민당군에 쫓겨 온 공산주의자들로 인해 조기에 규모가 확대된 것이다. 스스로 중앙은행을 조직해 화폐와 우표를 발행하고, 토지 재분배와 지주 탄압, 농민 보호 등을 주요 정책으로 제시해 일대 농민의 지지를 얻었다. 장시소비에트는 1934년 10월 국민당군에 쫓겨 대장정에 오를 때까지 유지되었다. 무정도 소비에트 지역에서 지주들의 토지를 빼앗아 가난한 사람들에게 나누어 주는 토지혁명 투쟁에 참가했다.

무정은 1930년 6월 상하이에서 열린 소비에트 지역대표대회에도 참가했다. 행사 중에 홍군 제5군 정치위원인 등대원滕代遠과 친하게 되었다. 등대원의 소개로 제5군 군장 펑더화이彭德懷를 만나게 되었다. 당시 후베이성湖北省 양신陽新에 있던 펑더화이를 만난 것이다. 무정의 팔로군 간부이력표

27 "일본군하의 비밀활약 조선독립동맹의 여장군 김명시 여사 담", 『中央新聞』, 1945. 12. 10.

에는 이 부분이 이렇게 기록되어 있다.

> 1930년 상하이 당중앙으로부터 파견되어 후베이성 양신에 왔고, 제5종대에
> 참가해 지금에 이르고 있다.[28]

양신에 온 지 한 달쯤 된 1930년 7월 홍군 제5군은 3군단으로 확대 개편
되었는데, 같은 달 후난성湖南省 웨저우嶽州에서 큰 전투가 벌어졌다. 웨저
우를 두고 둥팅洞庭호에서 벌어진 홍군과 미국·영국·일본 연합함대 사이
의 전투였다. 미영일 연합군은 국민당군을 돕고 있었다. 홍군이 웨저우를
점령했는데, 연합함대가 이를 탈환하기 위해 공격을 가해 온 것이다. 연합
함대가 웨저우 쪽으로 공격하며 다가오자 홍군은 숨어 있다가 적이 가까이
왔을 때 일제히 포격을 가했다. 당시 홍군은 국민당군과의 전투에서 노획한
75밀리 야포野砲 4문과 산포山砲 2문을 가지고 있었다. 야포는 작고 가벼워
야전군과 함께 이동하면서 다양한 환경에서 활용되는 대포, 산포는 산악 작
전에 쓰이는 작은 화포인데, 무정은 이 대포들을 쏘는 법을 익혀 두었다.

무정의 지휘로 포격에 나선 홍군은 연합함대의 군함을 정확히 맞추기 시
작했고, 그러자 적선들에 불이 붙어 달아나기 시작했다. 일부는 침몰했다.
20여 발을 쏘아서 10여 척의 적함을 물리쳤으니까 거의 대부분 목표 지점
을 맞추었던 것 같다. 이 전투를 계기로 무정이라는 이름은 전 홍군에 알려
지게 되었다.[29] 홍군들은 귀신같은 포술을 가졌다고 해서 그를 '신포수神砲
手'라고 불렀다. 이때부터 무정은 능력을 크게 인정받아 중공군에서 승승장
구하게 된다. 당시 대포는 홍군이 가진 유일한 중화기였고, 홍군에서 대포
를 쏠 줄 아는 사람은 단 두 사람, 무정과 펑더화이뿐이었다. 펑더화이는 자

---

28 幹部履歷表(武亭), 1쪽.
29 김순기, "조선의용군 사령 무정 장군", 451쪽.

50

서전에서 이렇게 쓰고 있다.

　우리가 웨저우를 점령한 후 영국, 미국, 일본의 군함들이 포격을 가해 왔다. 우리는 몰래 대포를 걸어 놓았다. 당시 나와 조선 동지인 무정만이 대포를 사용할 줄 알았다. 적의 군함이 가까이 오자 반격을 가했는데 약 10여 발의 포탄이 적함에 명중했다. 이때로부터 적들은 감히 포격을 하지 못했다. … 홍군 전사들은 웨저우에서 우리가 쏜 포탄이 적의 군함에 명중하자 모두 환성을 올렸다. "제국주의를 타도하자"라고 크게 외쳤다.[30]

　이러한 활약 덕분에 무정은 빠르게 승진했다. 1930년 7월 홍군은 허난성河南省 핑장平江에서 처음으로 산포대대를 편성했는데, 무정은 그해 말 이 대대의 세 번째 대대장이 되었다. 공식적으로 중국공산당 홍군의 포병 지휘관이 된 것이다. 1931년 5월에는 홍군 중앙군사위원회 직속 포병연대가 장시성江西省 뻬이토우陂頭에서 창설되었는데, 무정은 이 포병연대의 두 번째 연대장이 되었다. 1930년 말부터 1933년 말까지 장제스군이 공산당 소비에트에 대해 대대적인 공격을 가하던 시기였다. 4차례나 포위작전을 벌였다. 이 기간 동안 무정은 펑더화이 군단에서 여러 차례 승리를 거두면서 홍군에서 자신의 이름값을 더욱 높였다.
　이후 무정은 중국공산당 군사위원회 위원이 되었다. 중국공산당은 장교 양성을 위해 1931년 11월 세운 중앙군사정치학교를 개편해 1932년 봄 중국공농홍군학교(홍군학교)를 출범시켰다. 1933년 10월에는 홍군학교가 홍군대학과 1·2보병학교, 홍군특과학교(기관총과·포병과·공병과)로 나누어졌다. 홍군특과학교 학생은 1,800명 정도였다. 무정은 여기서 포병과 주임을

30　彭德懷, 『彭德懷自述』, 北京: 解放軍文藝出版社, 2002, 156쪽.

맡았다. 그리고 곧 특과학교의 제2대 교장이 되었다. 이 학교는 '강의는 적게 활동은 많이, 교실수업은 적게 야외수업은 많이(少講多做, 少課堂多野外)'라는 교수 원칙을 가지고 있었다. 실전 위주의 교육을 지향한 것이다. 무정은 홍군의 포병과 공병의 실전 교육을 책임지는 이 학교의 교장 자리를 대장정 직전까지 맡았다.

6. 2만 5천 리 대장정의 사투

중국공산당은 국민당군의 제5차 포위공격을 견디지 못하고 1934년 10월 15일 장시소비에트의 중심 루이진을 출발해 대장정의 길에 올랐다. 무정도 여기에 참여했다. 10,000km, 2만 5천 리를 행군하는 그야말로 목숨을 건 사투였다. 10개의 성省을 지나고, 산맥을 18개 넘고, 강을 24개 건넜다. 장제스의 국민당군이 뒤에서 쫓아오는 가운데 무시무시한 늪과 독충들이 길을 막고, 기아와 겨울 추위, 여름 더위가 목숨을 넘보는 상황에서 계속된 기나긴 행군이었다. 여기에 참가한 한인은 30여 명. 그 가운데 1935년 10월 19일 샨시성陝西省 북부의 우치吳起에 도착, 대장정을 마무리할 때까지 살아남은 사람은 딱 두 명이었다(이후 1936년 7월에 중화소비에트의 수도는 우치에서 바오안保安으로 옮겼다가 1937년 1월에 다시 바오안에서 옌안으로 옮겼다). 한 사람은 물론 무정이었다. 무정은 대장정 당시 제1야전종대 제3제대 대장 겸 정치위원이었다. 제3제대는 포병대대와 공병대대, 수송대대, 부속병원 등 홍군의 기술부대로 구성되어 있었다. 그림 1-1에서 보는 것처럼 당시 홍군은 2개의 야전종대 아래 모두 8개의 제대를 갖고 있었는데, 그중 하나를 무정이 맡은 것이다.

다른 한 명의 한인 생존자는 양림楊林이었다. 양림은 1898년 평안북도에

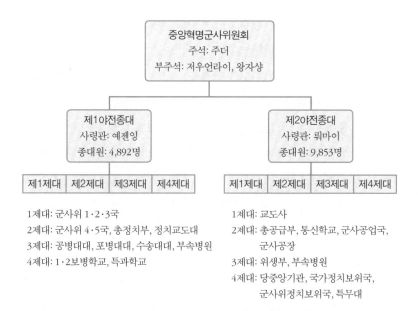

```
              중앙혁명군사위원회
                  주석: 주더
            부주석: 저우언라이, 왕자샹

        ┌──────────────────┴──────────────────┐
     제1야전종대                         제2야전종대
     사령관: 예젠잉                        사령관: 뤄마이
     종대원: 4,892명                      종대원: 9,853명
  ┌────┬────┬────┬────┐          ┌────┬────┬────┬────┐
 제1제대 제2제대 제3제대 제4제대        제1제대 제2제대 제3제대 제4제대
```

1제대: 군사위 1·2·3국   1제대: 교도사
2제대: 군사위 4·5국, 총정치부, 정치교도대   2제대: 총공급부, 통신학교, 군사공업국,
3제대: 공병대대, 포병대대, 수송대대, 부속병원   군사공장
4제대: 1·2보병학교, 특과학교   3제대: 위생부, 부속병원
                                                      4제대: 당중앙기관, 국가정치보위국,
                                                       군사위정치보위국, 특무대

* 출처: 이항숙, "무정의 중·한연대 항일혁명 활동에 관한 연구", 한국근현대사학회 월례발표회,
     2007. 5. 12., 16쪽.

그림 1-1 대장정 초기 중공군 조직

서 출생해 3·1운동에 참가했다. 아버지와 함께 참가했는데, 아버지가 시위 도중 사망했다. 3·1운동 후 중국으로 가 지린성의 신흥무관학교를 졸업했다. 1921년 윈난육군학교雲南陸軍講武堂에 입학했다. 이때 필사적으로 항일운동을 하겠다는 의미로 '필사적'의 중국어 발음 '삐스더'와 비슷하게 삐스디畢士梯라는 중국 이름을 지어서 가졌다. 졸업 후 황푸黃埔군관학교의 교관이 되었다. 이후 중국공산당에 가입하고 1928년 소련으로 유학해 모스크바 보병학교에서 수학했다. 1930년 다시 중국으로 돌아가 중국공산당 만주성위원회 군사위원회 서기직을 맡아 항일투쟁을 주도했다. 1932년 장시성江西省 중공소비에트 구역으로 옮겨 1934년 10월 대장정 당시에는 중앙군사위원회 간부단 참모장이 되었다. 중국공산당 중앙지도부를 경호하는

중책이었다. 대장정에서 무정과 함께 무사히 살아남았다.

양림은 1936년 2월 15군단 75사(사단) 참모장이 되었는데, 참모장이 된 지 얼마 안 돼 진행된 황허강 도강 작전을 지휘하게 되었다. 강의 반대쪽은 산시성의 군벌 옌시산閻錫山이 막고 있었다. 이 작전에서 무정은 양림의 참모 역할을 했다.[31] 사단의 참모장 양림은 대대 규모의 병력을 직접 거느리고 도하에 나섰다. 목선 5척을 구했다. 큰 것은 80명, 작은 것은 20명이 탈 수 있는 배였다. 수영을 잘하는 40명을 선발대로 도하를 시작했다. 선발대가 강을 건너 적을 제압하고 후속 부대가 잇따라 강을 건넜다. 남은 적들은 도주했다. 양림은 전장을 점검하면서 후속 부대가 계속 도하하기를 기다렸다. 그러다가 양림은 보루에 숨어 있던 적의 총탄에 복부를 맞았다. 사단의 의료진이 동원돼 치료했지만 결국 숨지고 말았다. 양림은 마오쩌둥이 이미 황허강을 건너 전투를 지휘하고 있다는 소식을 듣고 비로소 안도의 한숨을 쉬며 눈을 감았다고 한다.[32] 그때 불과 38살이었다. 홍군이 그를 묻어 주었지만 묏자리는 아직 찾지를 못하고 있다.

무정과 함께 중국공산당의 고위 간부로 있던 한인으로 장태준과 양영이 있었는데, 이들도 대장정에 참가했다. 하지만 장태준은 푸젠성福建省에서, 양영은 양쯔강 연안에서 국민당군의 총탄에 맞아 사망했다. 결국 옌안에 도착한 한인은 무정이 유일했다.

대장정의 와중에서 무정은 수많은 전투에 직접 참전해 국민당군과 싸웠다. 전투가 있을 때는 항상 무정의 포병단이 핵심 부대로 나가 싸웠다. 특히 1934년 12월 후난성 샹강湘江(양쯔강의 지류) 유역에서 치러진 샹강 전투에서 무정은 포병대대를 이끌고 참전해 많은 전과를 올렸다. 대장정의 과정에서 가장 치열한 전투였다. 당시 무정의 참전 상황이 루웬파羅元發의 회고록

---

31 김순기, "조선의용군 사령 무정 장군", 453쪽.
32 김성룡, 『불멸의 발자취』, 519~520쪽.

(『羅元發回憶錄』)에 묘사되어 있다. 루웬파는 당시 홍군 제3군단 5사의 연대 장급 간부였다. 장정 초기 야전종대 체제였던 홍군은 군단 체제로 바뀌어 제1군단장은 린뱌오林彪가, 제3군단장은 펑더화이가 맡고 있었다.

> 장정을 시작한 후 가장 치열했던 샹강 전투가 시작되었다. 우리 5사는 펑더화이 군단장의 명령을 받아 주야로 강행군을 하여 샹강 나루터를 점령하도록 되어 있었다. … 지휘부에서는 군사위원회 포병대대 무정 동지가 포병대대를 이끌고 화력 지원을 해 줄 것이라고 알려 주었다.[33]

당시 전투에서 무정의 포병대대는 전투에 임하는 각 부대에 중요한 지원 화력이었고, 그래서 각 부대들이 무정의 부대에 의지하는 바가 아주 컸음을 잘 알 수 있다. 이 전투에서 국민당군은 샹강 동쪽에 대규모 병력을 배치해 놓고 비행기를 동원해 홍군에 대한 맹공격을 가했다. 무기와 병력에서 국민 당군에 중과부적이었던 홍군은 엄청난 피해를 입을 수밖에 없었다. 전투가 끝난 뒤 홍군은 8만 6천 명에서 3만 명으로 줄어 있었다. 무정이 포병대대를 이끌고 종횡무진 활약했지만 국민당의 화력에는 미치지 못했다.

이러한 대장정의 험난한 과정에서 무정은 중국공산당 수뇌부의 신임을 더 얻게 되었다. 무정의 무게를 높여 준 많은 일화 가운데 하나가 장궈타오張國燾 사건과 관련된 것이다. 장시성 출신의 장궈타오는 베이징대학을 졸업한 중국공산당의 엘리트 가운데 한 사람이었다. 1921년에 중국공산당 조직부장, 1931년에는 장시소비에트 임시정부의 부주석을 맡았다. 대장정 당시 그는 홍군 제4방면군 사령관이었다. 1935년 마오얼가이毛兒蓋회의에서 북상항일방침에 반대하며 마오쩌둥과 맞섰다. 결국 이 일로 마오쩌둥과 결

---

33 羅元發,『羅元發回憶錄』, 김성룡, "홍군 장정에 참가한 조선혁명가들 ①", http://cafe.naver. com/ xczhongxue/673 재인용.

별했다. 그러면서 제4방면군 산하 군단들이 갖고 있는 비밀전신부호책을 수거해 갔다. 제4방면군 산하 3군단과 다른 군단 사이의 무전을 차단하기 위해서였다. 3군단은 새로운 전신부호책을 만들어 길잡이를 하고 있는 1군단에 전해 주어야 했다.

하지만 이것이 여간 어려운 일이 아니었다. 린뱌오가 이끄는 1군단이 어디에 있는지 전혀 모르는 상황이어서 찾아내기 위해서는 온갖 어려움을 혼자서 이겨 내야 했다. 펑더화이는 누구를 보낼까 고민하다가 무정을 보냈다. 중국공산당의 운명이 걸린 문제를 중국인이 아닌 조선인 무정에게 맡긴 것이다. 무정은 십 리를 걸어도 사람 하나 나타나지 않고 누구 하나 물어볼 사람이 없는 초원 지대를 나침반 하나 들고 북쪽으로 걷고 걸었다. 결국 1군단을 찾아냈다. 1군단의 린뱌오와 녜룽전聶榮臻에게 전신부호책을 전해 주면서 마오쩌둥의 긴급 전보도 전했다. "린뱌오! 녜룽전! 행동방침에 변동이 있다. 군단은 제자리에서 대기하라"는 전보였다. 이렇게 해서 군단 간 연락이 가능해졌고, 대장정이 성공할 수 있었다. 이 일로 펑더화이를 비롯한 중국공산당 수뇌부의 무정에 대한 신뢰는 한층 높아졌다. 한편 장궈타오는 중국공산당을 등지고 1938년 국민당 진영으로 들어갔다. 중국공산당이 국민당과의 내전에서 승리하자 홍콩으로 건너갔다가 1968년 캐나다로 이주하여 1979년 사망했다.

7. 팔로군 포병단장

대장정을 끝내고 옌안에 도착했지만 무정은 심한 위장병을 얻었다. 먹을 것이 모자라는 상황을 오래 견디다 얻은 병이었다. 휴식 기간을 얻었다. 외국인으로는 유일하게 살아남은 무정에 대해 펑더화이가 '더 이상 외국 혁명

동지가 희생되어서는 안 된다'는 생각으로 휴식을 하도록 했다. 그동안 그는 공부를 했다. 홍군은 대장정 이후 이전에 있던 홍군대학을 1936년 6월 1일 '중국인민항일홍군대학'으로 확대 개편했다. 교장은 린뱌오, 정치위원은 마오쩌둥, 교육장은 뤄루이칭羅瑞卿이었다. 마오쩌둥을 비롯해 저우언라이, 예젠잉葉劍英, 장원톈張聞天 등이 직접 교수로 나섰다. 개교 한 달 후 이 학교는 '중국인민항일군정대학'으로 이름을 바꿨다. 옌안시 얼따오지에二道街에 있었는데, 지금은 당시 건물이 사라지고 그 자리에 백화점 창고가 들어서 있다.

무정은 이 학교의 고급간부과 제1기로 입학했다. 홍군의 간부들이 입학하는 코스였다. 8년 이상의 혁명 경력이 있는 사람 중 세 번 이상 부상을 겪은 사람들이 선발되었다. 제1기로 교육을 받은 학생은 모두 36명이었다. 여기서 무정은 정치경제학, 철학, 소련공산당사, 군사전략 등을 배웠다. 때때로 군에서의 경험을 바탕으로 실전 전략에 대한 강의를 해 주기도 했다. 팔로군 간부이력표에 무정이 기록해 놓은 지식 정도는 "보고 쓸 수 있다(能看寫)"지만,[34] 이는 겸손한 표현이고 항일군정대학 시절에 철학과 역사, 정치, 군사 부문에 상당한 정도의 지식을 쌓았을 것으로 생각된다.

1938~1939년 사이 많은 한인들이 이 학교에서 교육을 받았다. 1938년 제4기로 장진광, 이명이 입학했고, 1939년 제5기로 한청, 이상조, 노민, 김웅, 서휘(이휘), 윤공흠, 이극, 이근산, 이유민, 한경, 한락산, 허금산, 홍림, 이철중 등이 이 학교에 입학해 공부했다. 해방 후 귀국해서 무정의 부인이 되는 김영숙도 제5기로 이 학교에서 학습했다. 이 학교는 1945년 일본이 물러간 뒤 동북으로 이동해 '동북군정대학'이 되었다. 1949년 중화인민공화국이 건국되면서는 북경으로 옮겨 '중국인민해방군 군정대학'으로 바뀌었다.

---

34 幹部履歷表(武亭), 1쪽.

혁명의 노정 가운데서도 무정은 두 가지 취미를 가지고 있었는데, 사냥과 사진 촬영이었다. 옌안에 도착해 병을 다스리면서 교육을 받던 기간에 이런 취미를 갖게 된 것으로 추정된다. 몸이 지쳐 자리에 누워 있다가도 사냥 총성만 들리면 자리에서 벌떡 일어났다고 한다. 총 한 자루를 들고 혼자서 산야를 헤매기도 했다. 날씨가 맑은 날에는 카메라를 들고 주로 좋은 경치를 찾아 촬영을 하기도 했다.[35] 무골 무정도 어느 정도 서정적인 측면을 가지고 있었던 것이다.

1937년 8월 국공합작이 이루어져 감에 따라(실제 국공합작은 9월 22일) 당시까지 노농홍군 또는 줄여서 홍군으로 불려 오던 중공군은 중국국민혁명군의 제8로군과 신편제4군의 이원적 편제로 바뀌었다. 일반적으로 팔로군八路軍과 신사군新四軍으로 칭했다. 화북지방은 팔로군, 화중지방은 신사군이 맡아서 항일전쟁을 전개했다. 항일전쟁이 끝난 뒤 1947년 팔로군과 신사군은 인민해방군이라는 이름으로 통합되었다.

무정은 팔로군 사령부의 초대 작전과장 겸 포병주임을 맡았다. 마오쩌둥은 곧 "포병이 없으면 승리는 없다"며 무정에게 정식 포병단을 창설할 것을 지시했다.[36] 그래서 1938년 1월에는 팔로군의 포병단(연대 또는 여단 규모)이 창단되고 무정이 초대 단장에 임명되었다. 당시 포병단 규모는 6개 중대 1천 명 정도였다. 그가 포병 장교로 인정받고 포병단장까지 된 것은 포격에 관한 그의 놀라운 기술 덕분이었다. 무정은 계산 능력이 뛰어난 것은 아니지만 타고난 감과 실전을 통한 풍부한 경험으로 정확한 포사격 능력을 갖추고 있었다.

해방 후의 일이지만, 무정이 소련군 앞에서 포격 시범을 보인 적이 있다

---

35 김오성, 『지도자군상』, 대성출판사, 1946, 77~78쪽.
36 魏國英·郝雪廷·李東光, 『抗戰辭典』, 八路軍紀念館, 이향숙, "무정의 중·한연대 항일혁명 활동에 관한 연구", 19쪽 재인용.

고 한다. 압록강 아래 용암포 앞바다에서 시범을 보였는데, 백발백중의 솜씨를 보고 소련군의 군사고문관이 "스탈린그라드 작전에 무정 같은 장군이 있었다면 제2차 세계대전이 조금은 빨리 끝났을 것"이라고 말했다 한다.[37] 실제로 스탈린이 1941년 7월 무정에게 대독일 전투에 참가해 줄 것을 요청했다고 한다. 조선의용군 출신 한청의 증언인데, 당시 팔로군 보위과장한테서 들은 얘기라고 한다. "41년 독소전쟁 발발 후 7개월쯤 스탈린이 특별기를 옌안에 보내 무정을 소련으로 초청했습니다. 중국공산당이 동의해 수속을 밟게 됐습니다. 그런데 장제스의 국민당이 반대했습니다. 중국공산당으로서는 당시 국민당과의 관계를 고려해 가지 말 것을 종용했습니다"라고 한청은 말했다.[38] 결국 독소전에 참전은 하지 않았지만 당시 포병의 대가로서의 무정의 명성이 어느 정도였는지를 잘 보여 주는 일화가 아닐 수 없다.

6·25전쟁 전 무정이 인민군 포병사령관을 할 때 가끔 일선부대 시찰을 나갔는데, 시찰 중에도 포격 시범을 보일 때가 있었다고 한다. 한번은 인민군 제5사단 제10연대를 시찰했다. 무정은 "전쟁 중에는 측정할 시간이 없어"라면서 손가락으로 방향과 거리를 대략 측정하고 그 방향으로 포를 쏘게 했다. 명중이었다. 몇 발을 더 해 봤는데 모두 명중이었다. 병사들은 "역시 무정 장군은 포술의 신(砲神)이다"라며 탄성을 터트렸다.[39]

팔로군 내에서 승승장구한 것으로 미루어, 훌륭한 포술 외에도 군에서 필요로 하는 통솔 능력도 뛰어났고, 중국공산당 지도부 핵심 인물들과 친근한 관계도 계속 유지하고 있었던 것으로 보인다. 포병단의 창단식은 1938년 1월 28일 산시성山西省 린펀臨汾에서 열렸다. 팔로군과 지역의 지도자들이 모여 축하했다. 중국공산당 북방국 서기 양상쿤楊尙昆이 참석해 축사를 했

37 김성동, 『현대사 아리랑─꽃다발도 무덤도 없는 혁명가들』, 녹색평론사, 2010, 241쪽.
38 중앙일보특별취재반, 『(비록) 조선민주주의인민공화국』, 중앙일보사, 1992, 140쪽.
39 김상배(동북조선의용군·조선인민군 출신)의 증언, 베이징대 한반도연구센터 소장 자료.

다. 무정은 창립대회 직후 포병단의 창설을 팔로군 전체에 전보를 통해 알렸는데, 이것이 문제가 되었다. 전보가 일본군에도 들어갔고, 그래서 일본군이 더 경계를 강화하게 된 것이다. 이 일로 무정은 팔로군 사령부로부터 질책을 받았다. 하지만 사령부도 더 이상 문제 삼지는 않았다.

창단 한 달 후 부대 시찰에 나선 저우언라이周恩來와 펑더화이로부터 칭찬을 듣기도 했다. 훈련과 정돈이 잘된 포병단을 보고 이들이 '짧은 기간에 큰 성과를 거두었다'고 칭찬을 한 것이다. 창단 1주년을 기념해서는 마오쩌둥이 '포병단이 항일전쟁의 주력이며 팔로군의 모범이 되어야 한다'는 내용의 제사題辭를 써 주기도 했다.

팔로군 초대 작전과장을 맡을 무렵 작성한 것으로 보이는 무정의 이력표에는 당시 정세에 대한 무정의 생각이 표현되어 있다.

당의 절대 정확한 영도하에서, 자기의 임무에 노력을 다하며, 항일운동의 모든 임무를 적극적으로 진행하고, 스파이와 각양각색의 매국노에 대해 단호히 대항하여, 통일전선을 발전시키고 승리를 이룰 것입니다.[40]

항일투쟁에 대한 단호한 의지와 자신감이 엿보인다. 팔로군에서 활약하면서 많은 성과를 내고 그 이름이 높아지면서 활기에 차 있는 무정의 모습이 이 간단한 문장 속에 잘 표현되어 있다.

무정이 팔로군에서 활동할 당시 님 웨일즈Nym Wales가 쓴 자서전 형식의 전기 『아리랑』의 주인공 김산(장지락)도 옌안에서 활동했다. 중국공산당의 요청으로 항일군정대학에서 수학과 물리학, 일본어, 한국어를 가르쳤다. 광저우의 중산대학 경제학과를 나온 김산은 혁명투쟁의 와중에서도 책

---

40 幹部履歷表(武亭), 1쪽.

을 놓지 않은 지식인이었다. 김산도 당시 무정의 존재를 알고 있었다. 하지만 무정은 주로 전선에 나가 있었기 때문에 깊은 교류는 없었던 것으로 보인다. 『아리랑』에 관련 대목이 나온다. 1937년 7월의 상황을 묘사한 부분이다.

작년[1936년] 8월 나는 조선민족해방동맹[41]과 조선공산당에 의하여 서북에 있는 중화소비에트 지구에 파견될 대표로 선출되었다. 중국공산당이 나를 위해 연락을 해 주어서 나는 중국인으로 가장하고 단신으로 위험한 여행길에 올랐다.

그 무렵 중화소비에트의 수도는 샨시성陝西省 북단에 있는 촌락인 바오안保安에 있었다. 아직도 내전과 소비에트에 대한 봉쇄가 적극적이었으므로 전선을 뚫고 숨어들어 가려고 시도하는 것은 위험하기 짝이 없었다. 나는 잠시 시안에서 기다렸다. 이윽고 홍군 밀사가 만주군 출신인 장쉐량의 둥베이군東北軍이 장악하고 있는 옌안까지 통과할 수 있도록 배려해 주었다. 옌안에서 바오안까지 식량도 없고 숙소도 없이 험한 산길을 숨어서 걸어가야만 했다. 이 일로 나는 허약해졌고 결핵균이 다시 활동하게 되었다. 그래서 도중에서 중병이 들어 여행을 계속할 수 있는 기력을 거의 상실해 버렸다. 바오안에 도착하는 데는 여러 날이 걸렸다. 그리고 바오안에 도착하자마자 쓰러져서 두 달 동안이나 침상에서 일어나지 못했다. 다시 일어난다는 것은 기대도 할 수 없을 정도로 거의 죽어가고 있었던 것이다.

내가 도착하기 몇 주 전에 에드거 스노Edgar Snow가 소비에트 지구에 들어와 바오안에 있었지만, 나는 병으로 만나지 못했다. 서북 봉쇄선을 뚫고 지나간 외국인은 그 사람이 최초의 인물이었으며 내가 그다음이었다.

---

41 김산을 비롯해 김성숙과 박건웅 등이 함께 1936년 상하이에서 조직한 독립운동단체. 사회주의 계열이었으며, 1937년 조선민족전선연맹에 참여했다.

시안사변 이후, 12월, 홍군이 옌안을 탈취하여 수도를 바오안에서 옌안으로 옮겼다. 나는 아직도 병 때문에 허약했지만 다른 사람들과 함께 옌안으로 옮겨 갔다.

내 건강이 좋아지자마자 군사위원회의 간부 특별학급에서 강의를 해 달라는 요청을 받았다.

지금 옌안에는 조선인이 나하고 이李라는 어린 학생 단 두 사람뿐이다. 이 친구는 장개석이 린퉁臨潼(시안시 린퉁구)에서 체포되었을 당시에 그 부대에 소속해 있었는데 시안사변 이후에 군정대학軍政大學에서 공부하기 위하여 옌안으로 왔던 것이다. 전선에는 무정武亭이라는 조선 사람이 펑더화이彭德懷의 참모장으로 있다.[42]

무정도 항일군정대학에서 교육을 받았지만 김산이 여기서 가르치기 전에 졸업을 한 것으로 보인다. 무정은 옌안에 도착하자 바로 교육을 받기 시작했고, 그 시기에 김산은 결핵 치료를 받고 있었다. 이李라는 어린 학생은 이휘라고 불리던 서휘이다. 당시 서휘는 21살, 김산은 무정보다 한 살 적은 32살이었다. 서휘는 장쉐량張學良 군대에 있다가 항일에 소극적인 장제스를 체포하는 시안사변(1936. 12.) 이후 1937년 1월 옌안으로 넘어왔다. 서휘는 조선의용군으로 활동하다 북한에 들어가 조선인민군 총정치국 부국장, 조선직업총동맹 위원장 등을 지내다 연안파 숙청 사건인 1956년 8월 종파사건에 연루되어 중국으로 망명했다. 시안에서 살다가 1993년 사망했다.

김산은 중국공산당으로부터 일본 스파이로 오해를 받아 1938년 10월 항일군정대학 강의 도중 체포되어 총살당했다. 하지만 중국에 사는 그의 외동아들 고영광이 중국공산당 조직부에 김산의 명예 회복을 요청해 1984년

---

42 님 웨일즈·김산 저, 송영인 역, 『아리랑』, 동녘, 2005, 462~463쪽.

"김산의 처형은 특수한 역사 상황 아래서 발생한 잘못된 조치였다"는 결정을 받아 냈다. 무정은 1938년 4~5월 황하를 건너서, 이듬해 2월에는 진둥난晉東南으로 진출해서 전투를 벌이는 등 수시로 일본군과 치열하게 싸웠다. 그 속에서 군인으로서의 그의 이름이 점점 높아졌다. 1940년 백단대전百團大戰이라고 불리는 큰 전투가 벌어졌는데 무정은 여기서도 승리했다.

무정은 팔로군으로 일본과의 전투를 전개하면서 1930년대 후반부터는 한인항일단체를 조직하는 일에도 관심을 갖게 된다. 1937년 1월 옌안에 오게 된 서휘와 만나 화북지역의 조선 청년들을 한데 집결시키고 나아가서는 조선에 있는 뜻있는 청년들도 옌안으로 불러들여야 한다는 데 의견을 모으기도 했다. 1939년 1월 1일 무정은 섬북조선청년연명편지의 작성과 발표를 주도해 관내 한인들에게 항일전선 동참을 호소했다. 이를 계기로 많은 한인 청년들이 중국인민항일군정대학에 지원해 정치와 군사 교육을 받게 되었다.

백단대전 이후 무정은 한인투쟁단체 조직에 본격적으로 나섰다. 진둥난 지역을 중심으로 관내 한인항일단체 구성을 적극 추진한 것이다. 한인단체를 조직해 중국공산당과의 유기적 연계 속에서 대일투쟁력을 강화하려는 중국공산당의 전략에 따른 것이기도 했다. 1940년 5월부터 이 작업이 더욱 활성화되어 1941년 1월 화북조선청년연합회가 창립되었다.

제2절
중국공산당 수뇌부와 무정

1. 중공 최고지도부와 친교

무정은 대장정과 오랜 기간의 항일투쟁 과정에서 중국공산당의 최고위층과 친밀한 사이가 되었다. 물론 그의 뛰어난 포병 능력이 중국공산당 최고위층의 신뢰를 얻고 이들과 친밀한 관계를 유지하는 바탕이 되었다. 마오쩌둥으로부터도 인정받았고, 특히 팔로군 사령관 주더朱德, 부사령관 펑더화이, 항일군정대학 정치위원 뤄루이칭羅瑞卿과 친하게 지냈다.

옌안에서 무정과 함께 투쟁 활동을 했던 여류혁명가 김명시의 증언에 의하면, 마오쩌둥은 "중국 군인 몇백 명보다 무정 장군 같은 군인 한 사람이 더 귀하다"고 말하기도 했다.[43] 팔로군 사령관 주더도 무정을 신뢰했다. 무정이 성격이 급하고 과격했음에도 그를 믿었다.[44] 무정은 아침잠이 많았다. 그래서 중요한 자리에 늦는 경우가 많았던 모양이다. 이를 알게 된 이후로

---

43 김성동, 『현대사 아리랑—꽃다발도 무덤도 없는 혁명가들』, 247쪽.
44 김순기, "무정 장군에 대한 이야기", 8쪽.

는 중요회의가 있을 때는 주더가 친히 무정한테 들렀다. "이제 시간이 되었으니 일어나시오" 하면서 무정을 깨워 주었다. 무정은 그다지 미안해하지도 않으면서 함께 회의장으로 가곤 했다.[45] 무정은 주더와 이렇게 가깝게 지내면서 의형제를 맺었다는 얘기도 있다.[46] 뤄루이칭과는 숙식을 함께하기도 했다. 체구가 우람한 뤄루이칭은 조선인에 대한 이해가 깊었고 조선인들과 친하게 지내면서 자신이 공산당에 입당할 때 입당보증서도 조선인한테서 받았다.[47] 저우언라이周恩來도 무정에게 친근한 사람이었다.

1938년 1월 포병단이 창단되었을 당시 포병이 필요로 하는 대포, 기타 기자재는 턱없이 부족했다. 군벌 옌시산閻錫山의 부대가 일본과의 전투에서 패전하면서 물속에 던진 대포 11문을 건져서 쓸 지경이었다. 대포를 운반하는 데 필요한 노새와 말, 마차 등도 일본과의 전투에서 노획한 것을 사용했다. 특히 적의 정세를 정확히 살피고 정밀하게 공격 목표를 확인하기 위한 망원경은 당시 포병단이 시급히 확보해야 하는 장비였다. 하지만 쉽게 구할 수 없는 것들이었다. 이때 저우언라이가 나서 주었다. 저우언라이는 우한武漢에 있는 팔로군 사무소에 지시해 이런 기자재를 구입해 주도록 했다.[48] 무정이 저우언라이와 가까운 관계를 유지하고 있었기 때문에 가능한 일이었다.

무정은 포병단의 설비를 갖추는 문제와 함께 훈련에도 정열을 쏟았다. 직접 포를 조종하는 방법과 사격의 원리 등에 대해 가르치는 등 포병단을 정예화하는 데 최선을 다했다. 중국혁명이 성공하고 1949년 중화인민공화국이 성립된 이후 인민해방군에서 포병의 주요 지휘관을 맡은 사람들은 대부

---

45 김오성, 『지도자군상』, 77쪽.
46 김남식, 『남로당연구』, 돌베개, 1984, 171쪽.
47 김순기, "무정 장군에 대한 이야기", 9쪽.
48 김순기, "조선의용군 사령 무정 장군", 457쪽.

분 무정으로부터 교육을 받은 인물들이었다.

무정은 덩샤오핑鄧小平과도 각별한 인연을 갖고 있었다. 1940년대 조선 의용군이 허베이성 허난디엔전河南店鎭의 난장춘南莊村 지역에서 항일투쟁을 계속할 때 덩샤오핑은 인근의 허난디엔전 츠안춘赤岸村에 있었다. 팔로 군 129사가 츠안춘에 주둔하고 있었는데, 덩샤오핑이 129사의 정치위원이 었다. 이 당시 무정 사령관 지도하의 조선의용군은 모든 것을 자급자족으로 해결하고 있었다. 먹는 것, 입는 것, 자는 것을 비롯해 생활에 필요한 물품들을 모두 스스로 만들어 해결하고 있었다. 덩샤오핑은 여기에 매우 감동해 "조선 동지들의 이런 자력갱생 정신은 참 훌륭하오. 우리는 그들을 잘 보살펴 줘야 하오. 그들에게 말해 주오. 경비는 의연히 팔로군에서 몽땅 지불해 줄 테니 생산에서 남은 돈을 그들의 생활 개선에 돌리도록 하오. 신체에 주의하도록 말이요. 몸은 자본이니까. 그들은 또 조선혁명의 자본이란 말이오"라고 격려했다.[49] 이러한 인연이 있었기 때문에 무정은 덩샤오핑과도 어느 정도 친숙한 관계를 유지했다고 보아야 할 것이다.

2. 중국공산당 수뇌부의 중매

무정은 옌안 시절인 1938년 결혼했다. 중매는 펑더화이가 섰다.[50] 펑더화이는 의지가 굳고 강직한 성격이었다. 허리가 좀 굽어 있었는데, 살림이 어려워 여남은 살 때부터 무거운 짐을 져서 그렇게 되었다고 한다. 부대 시찰을 할 때는 말을 타고 경호원 한 명만을 데리고 다니던 소탈한 인물이기도 했다. 그래서 팔로군의 군인들은 펑더화이를 존경하고 따랐다.

49 림선옥, "전설적 영웅 무정 장군", 532쪽.
50 김순기, "조선의용군 사령 무정 장군", 456쪽.

이 펑더화이가 무정을 위해 중매를 선 것이다. 상대는 포병여단 직할대 소속의 지도원 텅치藤綺였다. 텅치는 팔로군 사령관 주더朱德의 동생이라는 얘기가 있다. 필자가 중국 옌지延吉에서 만난 동북조선의용군(해방 후 만주 지방에 남은 조선의용군) 출신으로 북한군에서 장교로 근무했던 사람들이 대부분 그렇게 알고 있었다.[51] 문서 자료로 확인되는 것은 없지만 동북조선의용군 출신 북한 군인들 사이에서는 그렇게 알려져 있었던 것이다. 하지만 무정의 부인이 주씨는 아니었기 때문에 주더의 친동생은 아니라고 보아야 할 것이고, 다만 외사촌이나 고종사촌 동생이었을 가능성은 있는 것으로 보인다.

어쨌든 텅치는 펑더화이가 신뢰할 만한 열렬한 여성 공산주의자였다. 마오쩌둥이 직접 소개를 했다는 얘기도 있다. 미군정 자료가 그렇게 밝히고 있다.[52] 마오쩌둥이 무정을 두고 중국 군인 몇백 명보다 더 귀한 사람이라고 평가했다는 증언도 있기 때문에 마오쩌둥이 중매했을 가능성도 없지는 않다. 한편으로는 당시 중국 전국인민대표대회 상무위 부위원장 웨이궈칭韋國淸이 중매했다는 설도 있다.[53] 하지만 펑더화이 중매설이 더 신빙성이 높아 보인다. 조선의용군 출신 김순기가 직접 '펑더화이가 중매를 했다'고 증언한 데다 무정이 펑더화이와 유난히 가깝게 지냈기 때문이다. 펑더화이와는 1930년부터 함께 혁명운동을 했고, 특히 대장정에 무정과 함께 참여했던 조선인 양림이 1936년 2월 사망한 이후 펑더화이는 무정을 더욱 가까이 했다. 중국해방 전투에 참가하고 있는 외국의 혁명가들을 보호해야 한다고 당중앙에 건의하기도 했다.[54]

51 이종호(1926년생. 동북조선의용군 제5지대 대원, 인민군 제6사단 대위, 인민군 7군단 112호병원 과장) 인터뷰, 2015년 1월 9일, 중국 옌지.
52 「G-2 Weekly Summary」, HQ, USAFIK, 6 August 1948 – 13 August 1948, p. 28.
53 박충걸, "비운의 혁명가 무정의 일생", 513쪽.
54 중앙일보특별취재반, 『(비록) 조선민주주의인민공화국』, 138쪽.

어쨌든 중국공산당의 최고지도층이 무정의 중매를 선 것은 분명해 보인다. 결혼 문제까지 상의할 만큼 무정과 중국공산당 수뇌부는 가까웠던 것이다. 무정은 텅치와 결혼해 1남 1녀를 두었다. 딸(1943년생)은 1990년대까지 베이징에 살고 있었고, 한 살 어린 아들은 1970년 결장암으로 사망했다. 무정이 북한으로 들어간 이후 주더 장군이 텅치와 그의 자녀를 돌봐 주었다고 한다.

중국이 무정을 지원하지 않은 이유를 설명하는 장에서 상설하겠지만, 이 중매는 나중에 무정과 중국 사이를 멀어지게 하는 하나의 원인이 되었다. 해방 직후 무정은 북한으로 들어가기 직전에 텅치와 이혼을 하게 된다. 김영숙과 결혼을 하기 위해서였다. 중국인 아내를 버린 무정에 대해 중국 지도부가 불만스럽게 생각하게 되고, 이는 김일성과의 경쟁 과정에서 무정을 지원하지 않은 하나의 원인이 된 것으로 보인다. 물론 이것이 중국이 무정을 지원하지 않게 된 중대 요인이 될 수는 없겠지만, 여러 가지 요인 가운데 하나가 된 것으로 여겨진다.

3. 신민주주의와 통일전선

팔로군 간부로서 활동하는 과정, 중국인민항일군정대학에서 공부하는 과정 등을 통해 무정은 중국공산당의 이론을 체득했다. 실제로 팔로군 간부들은 『마오쩌둥전집』, 『스탈린전집』 등을 숙독하고 있었고, 이밖에도 『소련공산당사』, 『레닌주의의 기초』, 『정풍문헌』 등을 필독서로 여기면서 늘 읽고 있었다. 팔로군의 고위간부였던 무정도 물론 이러한 자료들을 통해 공산주의 이론과 마오쩌둥의 사상을 깊이 공부했을 것으로 보인다. 중국공산당도 옌안의 한인들을 소중하게 여기면서 이들에 대한 사상 공작을 게을리하지 않았다. 따라서 무정뿐만 아니라 대부분의 연안파는 마오쩌둥 사상에 대한 학습을 충분히 했을 것으로 여겨진다.

마오쩌둥의 사상은 마르크스-레닌주의의 이론에 기반을 두면서도 중국적 현실을 반영한 중국혁명 실행론이다. 공식적으로 정리된 것은 1945년 4월 23일부터 6월 11일까지 중국공산당 제7차 전국대표대회에서였다. 이 대회에서 마오쩌둥의 사상, 즉 '인민의 힘을 강화해 당의 지도하에 일본을 타도하며 인민을 해방하고 신민주주의를 실현한다'는 노선을 당의 공식 노선으로 채택했다.

이 대회가 열린 곳은 옌안시에서 3km 서북쪽에 떨어져 있는 양지아링楊家嶺이다. 1938년 11월부터 1947년 3월까지 중국공산당의 중앙본부가 여기 있었다. 지금은 사적지로 보존되어 있다. 넓은 정원 한쪽에 있는 2층 건물이 중앙대례당인데, 여기서 제7차 전국대표대회가 열렸다. 중앙대례당 오른쪽으로 돌계단을 따라 올라가면 토굴 3개로 이루어진 움집이 있는데, 이것이 마오쩌둥이 살던 곳이다. 가운데 토굴은 사무실, 왼쪽 토굴은 침실, 오른쪽 토굴은 비서실이었다. 이 작은 토굴집에서 마오쩌둥은 일본이 물러가고 국민당과의 전투도 사실상 마무리될 때까지 지냈다.

제7차 전국대표대회에 한인 대표로는 박일우와 서휘가 참가했다. 최창익과 박효삼은 대회를 방청했다. 무정은 당시 타이항산太行山(허베이성과 산시성 경계에 위치한 타이항산맥을 통상 타이항산이라고 부른다)에서 대일항쟁을 하고 있었기 때문에 참석하지 못했다. 조선독립동맹을 대표한 축사는 박일우가 했다. 박일우는 중국공산당과의 혁명과정에서 양림, 이철부, 주문빈 등이 희생되었음을 상기시켜 중국과 조선 혁명가들의 동지적 연대를 호소했다. 이와 함께 박일우는 당시 옌안에서 활동하던 한인들이 마오쩌둥의 이론을 학습하고 이를 따랐음을 분명히 밝혔다. "중국공산당 25년의 영웅적 투쟁의 풍부한 경험, 특히 중국공산당의 영수 마오쩌둥 동지의 탁월한 저작인『신민주주의론』의 영명한 지도 방식은 우리 조선민족해방운동의 나침반이다. 중국공산당은 중국인민해방의 구원의 별일 뿐만 아니라 동방 피압박민족 해방의 구원의 별이다"라고 말한 것이다.[55]

제7차 전국대표대회에서 공식적으로 채택된 신민주주의 노선을 좀 더 깊이 보자. 마오쩌둥의 고민의 핵심은 어떤 과정을 통해 중국을 보다 평등한 사회로 만들 것인가 하는 것이었다. 그는 중국을 사회주의화하기 위해서는 두 단계를 거쳐야 한다고 보았다. 1단계로 독립된 민주주의 사회로 만들어야 하고, 2단계로 사회주의 혁명을 이루어야 한다고 생각한 것이다. 1단계가 바로 신민주주의 단계인데, 모든 정당과 단체의 인민 대표들이 모여서 연합정부를 이루는 것을 말하는 것이다. 자본가의 혁명성도 무시할 것이 아니라 그 가운데 민족자본가는 협력의 대상으로 삼아 반제, 반봉건, 반군벌의 통일전선을 이루는 것이 옳다는 것이다. 이런 내용을 마오쩌둥은 1940년 1월 산간닝변구陝甘寧邊區[56] 문화협회 제1차 대표대회에서 발표했다.

여기서 그는 "중국의 민족자산계급은 식민지·반식민지적 국가의 자산계급이며 제국주의의 억압을 받고 있기 때문에, 비록 제국주의 시대에 처하여 있기는 하지만 일정한 시기 및 일정한 정도에서는 의연히 외래 제국주의 및 자국의 관료군벌정부를 반대하는 혁명성을 가지고 있으며, 무산계급, 소자산계급과 연합하여 자기들이 반대하려는 적을 반대할 수 있는 것이다"라면서 "중국에 있어서 무산계급의 임무는 민족자산계급의 이러한 혁명성을 홀시하지 말고 그들과 더불어 제국주의를 반대하고 관료군벌정부를 반대하는 통일전선을 결성하는 것이다"라고 강조했다.[57]

마오쩌둥은 국가 체제를 계급적 성격에 따라 세 가지로 구분했다. 자산계

---

55 『解放日報』, 1945. 5. 11.
56 陝甘寧邊區란 산시陝西, 간쑤甘肅, 닝샤寧夏 일부 지역의 공산당 자치 군정 지구를 말한다.
57 마오쩌둥, "신민주주의론(1940년 1월)", 『모택동선집』, 베이징: 민족출판사, 1992, 849~850쪽.

급 독재 공화국, 무산계급 독재 공화국, 혁명적 계급의 연합독재가 그것이다. 자산계급 독재 공화국은 자본가들이 사회적 지배 세력으로 존재하고 있는 서구의 민주국가들을 말한다. 무산계급 독재 공화국은 노동자와 농민 등 프롤레타리아 세력이 독재를 하는 형태로 소련이 여기에 해당하는 것이었다. 혁명적 계급의 연합독재는 제국주의를 반대하는 몇 개의 계급들이 연합해서 공동으로 독재하는 형태를 말한다. 마오쩌둥은 혁명적 계급의 연합독재를 신민주주의라 부르고 중국의 지향점으로 삼았다.[58]

다시 말해 신민주주의 정권은 인민 대중의 반제·반봉건적 정권이고, 그 인민 대중에는 노동계급, 농민계급, 도시소자산계급, 민족자산계급(제국주의와 국민당 정권, 관료자산계급, 지주계급 등으로부터 억압받고 있는 민족적 자본가) 등이 포함되는 것이다. 이 인민 대중이 자신의 국가인 중화인민공화국을 건설하고, 국가를 대표하는 중화인민공화국 중앙정부를 구성하며, 노동계급은 자신의 선봉대인 중국공산당을 통해 국가와 정부를 지도하는 프로그램을 가진 것이 신민주주의론이다. 마오쩌둥의 신민주주의론에서 국가 수립의 주체로서 인정받지 못하면서 인민 대중의 적으로 간주되는 세력은 외국의 제국주의 세력과 관료자산계급, 지주계급이다. 그리고 관료자산계급과 지주계급을 대표하는 세력이 국민당으로 상정되어 있었던 것이다.[59]

경제적 측면에서 신민주주의 경제는 완전한 사회주의는 아니면서도 사회주의적 성격을 가진다. 대은행과 대공업, 대상업은 국가 소유로 하면서도 사유재산을 몰수하지 않고 인정하는 형태이다. 토지 문제와 관련해서는 지주의 토지를 몰수한 뒤 이를 땅이 없거나 적은 농민에게 분배해 '토지는

---

58 위의 글, 852쪽.
59 마오쩌둥, "현하 당 정책 중의 몇 가지 중요한 문제에 대하여(1948년 1월 18일)", 『모택동선집』, 베이징: 민족출판사, 1992, 1603~1604쪽.

밭갈이하는 자에게'라는 구호를 실현하려는 것이 신민주주의 경제의 핵심이다.[60]

여러 계급이 연합하는 형태의 신민주주의는 연합정부론 또는 통일전선론과 같은 것이다. 중국은 서구나 소련과는 다른 역사적 과정을 겪고 있기 때문에 중국 나름의 정치 노선이 필요한데, 이것이 곧 부르주아 독재도 아니고 프롤레타리아 독재도 아닌 몇몇 혁명계급의 연합독재라는 것이 마오쩌둥의 주장이었다. 한마디로 말해 신민주주의는 프롤레타리아가 주도하되 제국주의를 반대하는 몇 개의 계급이 연합하여 공동으로 독재를 실시하는 통일전선의 형태를 추구한 것이다.

이러한 내용을 중심으로 한 마오쩌둥 사상을 중국공산당 생활을 통해서 무정도 충분히 학습했다. 무정의 통일전선 노선은 이러한 배경 속에서 형성된 것으로 보아야 할 것이다. 무정은 중국공산당과 오랫동안 함께 투쟁한 경력을 가지고 있으면서도 공산주의를 먼저 내세우기보다는 여러 세력이 하나로 모여 민주적 국가를 건설하는 것이 우선이라고 주장했다. 한인들이 이념에 따라 분열되지 않고 하나로 뭉칠 때 비로소 독립도 가능하고 민주국가 건설도 가능하다는 생각이었다.

---

60 마오쩌둥, "신민주주의론(1940년 1월)", 855~856쪽.

제3절

화북조선청년연합회 창립

1. 화북조선청년연합회 창립

무정은 1937년 7월 중일전쟁이 시작되기 전부터 한인단체 조직을 추진하고 있었던 것으로 보인다. 조선의용군 출신 한청은 "무정이 중국화된 것으로 생각했는데 의외였습니다. 무정은 37년 항일전쟁이 터지기 전에도 은밀히 조선인을 모아 왔습니다. 그러다 항일전쟁이 터지는 바람에 무산됐지요. 무정은 공산당이 아니라도 조선인만의 독립기구를 만들어야 한다는 것이었습니다. 그래서 결국은 무정이 한때 '조선혁명연합회'라는 것을 만들었지만 당시 옌안에 들어와 있던 최창익 등의 반대로 해산시켰습니다"[61]라고 무정의 한인단체 준비 상황을 설명했다. 조선혁명연합회가 어느 정도 실체가있는 조직이었는지는 다른 자료를 통해 더 확인이 되어야 하겠지만, 무정이화북조선청년연합회 구성 훨씬 이전에 한인단체를 만들기 위해 구체적으

---

61 중앙일보특별취재반, 『(비록) 조선민주주의인민공화국』, 141쪽.

로 준비를 했던 것은 분명해 보인다.

그러한 준비의 결실이 화북조선청년연합회였다. 1941년 1월 10일 타이항산 항일 근거지 안에 있는 진둥난에서 창립대회를 가졌다. 팔로군 전선총사령부도 진둥난에 있었다. 창립대회에는 무정을 비롯해 이유민, 진광화, 장진광 등이 참석했다. 화북조선청년연합회는 당시 다양한 세력들의 연합체 성격을 가지고 있었다. 중국 각지에서 항일투쟁을 해 오던 한인 청년들, 중국공산당의 군사교육기관인 중국인민항일군정대학 출신의 조선인들, 모스크바에서 교육을 받거나 공산주의 활동을 하다가 옌안으로 온 동만주 유격대 출신자 등이 연합회를 형성한 것이다.

연합회 창립 과정에서 무정은 중국공산당과 긴밀히 협의했다. 1940년 5월 무정은 팔로군 부사령관 펑더화이로부터 연합회 결성에 대한 동의를 얻었다. 중국공산당과 연합회 준비조직 사이의 협의를 통해 14개 사항에 대한 합의도 이루어졌다.[62] 한인 측이 제시한 조건은 ① 중국공산당은 조선독립을 지원한다, ② 조선청년당이 중국공산당의 지도를 받지만 당정방침에 대해서는 중공이 바꿀 수 없다 등이었다. 중공의 요구는 ① 조선이 독립되면 조선의 정치에 중공의 의견을 수용해야 한다, ② 대일항전과 관련해서 상호원조를 철저히 실행한다 등이었다. 이런 조건을 서로 주고받으며 중국공산당은 연합회 성립을 지원했다.

중국 화북지방에 있는 한인들을 결속시켜 하나의 항일전선을 형성하는 것이 가장 중요한 목적이었던 만큼 화북조선청년연합회 창립선언도 항일정신과 한인들의 단결을 호소하는 내용이 주를 이루었다. 창립선언을 보자.

우리는 위대한 조선민족이다.

---

62 鐸木昌之, "잊혀진 공산주의자들—화북조선독립동맹을 중심으로", 이정식·한홍구 엮음, 『(조선독립동맹 자료 I) 항전별곡』, 거름, 1986, 72쪽.

일본제국주의의 엄중한 압박에도 불구하고 과거 30년래의 영웅적 투쟁을 진행하여 왔다. 1919년의 3·1운동, 그리하여 민족해방의 침로針路와 투쟁의 기초를 확정하였다.

그 3·1운동 이래 항일투쟁은 계속되어 순국의 투사는 줄을 이었다. 안중근, 이재명, 윤봉길 선생과 같은 인과 의에 강한 선배를 생각할 때에 참으로 비분 강개함을 금할 길 없다.

이 위대한 희생은 조선민족해방투쟁사 상에 불멸의 찬란한 1페이지를 장식하고 있다. 이 때문에 적은 간담이 서늘해졌고 정신을 잃었다. 우리의 위대한 조선민족해방운동은 분명히 앞으로 전진하고 있음을 보여 주었다.

우리는 전력을 다하여 일본제국주의의 통치를 타도할 것이며 그리하여 조선민족의 해방, 독립, 자유를 되찾고야 말 것이다.

과거의 투쟁에서 우리 민족은 많은 고귀한 피의 희생을 당했다. 우리는 결코 이 위대한 선배들의 순국정신과 선혈을 헛되게 하지 않을 것이다.

바야흐로 국내외를 막론하고 각지에서 유혈의 투쟁을 전개하고 있는 조선민족해방운동은 위대한 혁명 선배의 유훈과 전통을 계승하고 발족한 것이기 때문에 아무것도 주저할 것이 없다. 우리 조선 인민은 존망의 중대한 시국에 처해 있다. 모름지기 과감한 투쟁을 속행하여 일제를 타도하고 해방되어야 한다. 바닷물이 마르는 한이 있을지언정 이 결의는 변하지 않을 것이다.

오늘 본회 성립에 즈음하여 새로운 감격과 신념으로써 한 몸을 조국 광복의 위대한 사업에 바치게 되는 것을 삼천만 동포에게 고하는 동시에 세계 각국의 정의 인사에게 고하는 바이다.

현재의 국제정세는 중대한 변화 속에 있다. 극동에서도 이러한 변화는 적에 의하여 잘 드러나고 있는바, 그것은 날이 갈수록 적이 더욱 고립되어 그들의 곤란이 더욱 증가되고 있는 사실을 말한다.

위대한 중화민족의 항전은 벌써 3년 6개월에 이르고 있다. 적은 더욱 구렁

텅이로 빠져들어 가고 있다.

태평양을 둘러싼 영·미와 적과의 모순은 더욱 확대되었고 소련 또한 강대한 국력을 가지고 피압박민족의 해방투쟁을 원조, 격려할 방침이다. 이 모든 것이 적에게 유형·무형의 일대 타격이 되었다. 따라서 현재의 시국은 적을 구축하는 데에 절호의 기회이다. 더욱 분발하여 조국 부흥의 위대한 목적 달성을 위해 매진하여야 한다. 우리는 중화민족의 항일투쟁을 잘 이해하고 있다.

이 전쟁은 우리 조선민족해방운동과는 불가분의 밀접한 연계를 가지고 있다. 중국이 항전에 의하여 승리를 획득하게 되는 날이면 조선민족이 희구하는 해방도 획득되는 것이다. 조선민족해방운동의 진전은 중국의 항전에 커다란 기여를 하게 되는 것이다. 이와 같이 조선과 중국은 생사를 함께하고 영욕을 같이하며 환난을 같이하게 된다.

우리는 전 화북 내지 전 중국에 산재하는 조선 동포에 호소하여 힘을 모아 중국의 항전을 원조하고, 중국 동포와 어깨를 나란히 하여 공동전선에 임함으로써 승리를 얻을 수 있다. 전쟁에 이겼던 일본제국주의의 주요 조건은 다름 아닌 민족 단결과 통일에 있음을 우리는 알고 있다. 우리는 중국의 민족 단결과 통일에 참가하여 서로 돕고 서로 배워 중국의 모범이 되며 조선 항일민족통일전선을 결성하지 않으면 안 된다.

우리는 우리가 찬동하는 중국 각지의 조선혁명단체의 주장에 대해서는 계급과 당파를 막론하고 성별의 여하 및 종교 신앙의 여하를 불문하고 일치단결하여, 일본제국주의를 반대하고 투쟁으로 민족해방을 전취할 것이다.

우리는 대한민국임시정부, 동북청년의용군, 한국독립당, 조선민족혁명당, 조선민족해방투쟁동맹, 재 미국 조선 각 혁명단체 등의 영웅적 투쟁에 대하여 무한한 경의를 표한다. 특히 열망하고 희구해 마지않는 것은 각 단체가 상호 연대하여 조선 전 민족의 단결과 통일을 촉진하지 않으면 안 된다. 지금까지 30년래의 투쟁은 각자의 국부적 투쟁에 지나지 않았다. 그러나 지금은 조국을 사랑하고 통일을 원하는 열정이 전 민족사회에 가득 차 있다.

우리가 원하고 구하는 목적은 가까운 장래에 반드시 실현될 것을 확신한다. 화북 각지에 산재하는 우리의 조선 청년은 숫자상으로 보더라도 결코 경시할 수 없다. 그러나 악독한 적의 압박 밑에서 윤락의 처참을 겪고 있는 조선 청년의 수도 적지 않다. 이들 청년을 동원하여 일치단결로써 위대한 민족해방운동에 참가시켜 투쟁하게 하는 것은 본회의 의무이며 절대로 물러날 수 없는 책임이다. 중국에 거주하는 청년 동포의 정처 없는 방랑의 고난과 망국의 비애를 벗어나게 하고 적의 압박 밑에서 우마와도 같은 노예적 비인도적 생활을 타파하여 그렇지 않은 것으로 보장하고, 그리하여 우리 조선 청년 동포에게 정치와 경제, 문화의 이익을 향수하게 하려는 것이 곧 본회의 의무와 책임이다. 조선 청년은 개인적 이익을 버리고 민족해방의 사업을 위하여 각자는 민족투쟁의 세포가 되어 건투할 것을 간절히 바라는 바이다.

화북에 거주하는 조선 청년은 우리의 대오에 모두 참가하라! 그리하여 세계 각지 조선 인민의 혁명운동과 밀접한 조직적 합작으로 광대한 조선 청년의 역량과 능력을 발휘하고 적극적인 행동으로써 조선의 항일민족통일전선을 촉진하자! 적국 내에서조차 인민의 반전혁명운동은 날이 갈수록 성장하고 있지 않은가?

제반의 사정을 종합하여 보건대 모든 것이 조선민족의 해방운동에 유리한 조건으로 되어 가고 있다.

3천만 조선동포여! 30년간의 와신상담, 그동안에 우리의 민족 영웅은 무수히 단두대의 이슬로 사라졌다. 유혈과 죽음으로써 조국의 독립과 자유를 위해 몸을 바쳤다. 가까운 장래에 조선민족의 해방투쟁을 발동하여야 한다.

우리 조선민족의 앞에는 위대한 장래가 약속되어 있다. 혁명적 역사의 행정에서 조선인민은 우리 청년들에게 특별한 책임을 과하고 있다. 우리는 삼가 무한한 열정을 가지고 3천만 동포의 열망에 보답하고자 영원히 단결하여 반일의 기치를 높이 들고 민족해방전쟁을 수행하자! 다가오는 전쟁의 그날이야말로 최후의 승리의 날로 될 것이다. 삼가 이에 선언하는 바이다.[63]

이러한 창립선언을 바탕으로 한 화북조선청년연합회의 행동강령은 6가지였다.

1. 전 화북의 유망流亡 조선 청년을 단결하여 조국 광복의 대업에 참가시킬 것. 일본제국주의하에 있는 조선 통치를 전복하고 독립·자유로운 조선민족의 공화국을 건설할 것.
2. 조선 전 민족의 반일전선을 옹호하고, 전 조선 민족해방전쟁을 발동할 것.
3. 공동으로 노력하여 화북 각지 조선 인민을 보호하고 특히 청년에게 정치, 경제, 문화 등의 이익을 부여할 것.
4. 폭적暴敵의 점령하에 있는 중국 각지에서 압박과 박해로 신음하고 윤락의 늪에 빠져 있는 조선 인민, 특히 조선 청년을 보호하고 생활의 안정을 꾀하는 공작을 수행할 것.
5. 일본제국주의의 중국 침략에 반대하여 중국의 항일전쟁에 적극적으로 참가할 것.
6. 대만 민족해방운동을 찬조하고 일본 인민의 반전운동을 찬성하며, 그로써 조선·대만·일본 인민의 반일연합전선을 결성할 것.[64]

이 여섯 가지의 기본 목표를 이루기 위해 타이항산에서 한인들이 모여 항일연합단체를 설립한 것이다. 대회는 3일간 계속되었다. 둘째 날에는 팔로군의 부사령관 펑더화이가 와서 축사를 해 주었다. 한인 동지들이 광범위

63　金正明 編, 『朝鮮獨立運動』 5, 東京: 原書房, 1967, 995~997쪽.
64　위의 책, 994쪽.

한 항일통일전선을 형성해 일본에 대한 전투를 잘해 줄 것을 당부했다. 대회 마지막 날 지도부를 구성했는데, 무정이 회장을 맡고, 부회장에는 진광화, 조직부장에는 이유민, 선전부장에는 장진광,[65] 경제부장에는 한득지(김창만)가[66] 선출되었다. 최창익 등은 위원을 맡았다. 무정은 팔로군 포병단장 일로 바빴기 때문에 실제 연합회를 운영하는 일은 진광화가 맡아서 했다.[67]

창립대회 이후 무정은 노민과 이극, 왕극강 등 청년 대표들을 뤄양洛陽과 충칭重慶 등지에 파견해 조선의용대의 북상을 지도하도록 했다. 뤄양에는 조선의용대 제2구분대가 주둔하고 있었는데, 여기에 노민을 파견했다. 노민은 광둥대학을 다니다 황푸군관학교로 옮겨 군사교육을 받은 인물로, 샨시성 출신과 광둥성 출신이 말이 안 통할 때 통역을 해 줄 만큼 중국어에 능통한 인물이었다. 화북조선청년연합회 구성 소식을 노민으로부터 전해 들은 조선의용대 대원들은 새로운 용기를 갖게 되었고, 노민의 지도를 받으며 타이항산으로 이동했다.

연합회는 1941년 7월 8일 조선간부학교를 설립해 한인 인재 양성에도 나섰다. 1941년 9월 21일에는 옌안의 군인클럽에서 아시아 여러 민족 대표들의 좌담회가 열렸는데, 연합회 회장 무정이 여기에 참가했다. 당시 『해방일보』에 무정의 소감이 실려 있다.

내가 중국에서 이런 좌담회에 참가하기는 이번이 두 번째이다. 첫 번째는 대혁명 시기에 무한에서 연 반일대동맹회의였다. 그러나 이 회의는 얼마 안

---

65 장진광은 원래는 하와이에서 한인2세로 태어난 미술가였다. 홀어머니를 따라 상하이로 이주해 의열단의 일원으로 운동자금을 마련하는 일을 했다. 그러다 강도 혐의로 붙잡혀 일본 나가사키 형무소에서 7년 복역하고 출옥해 조선의용대에 가입했다.

66 김창만은 조선민족해방투쟁동맹의 후난湖南 지부 책임자로 화북조선청년연합회 경제부장을 맡았는데 당시 한득지라는 이름을 썼다. 鐸木昌之, "잊혀진 공산주의자들―화북조선독립동맹을 중심으로", 76쪽.

67 김성룡, 『불멸의 발자취』, 487쪽.

지나서 대혁명의 실패와 더불어 열렸던지 말았던지 모를 지경으로 그 성과가 유야무야 말살당하고 말았다. 그러나 오늘은 여기 항일민족근거지에서 더 많은 민족의 벗들이 모여 일본파쑈를 반대하는 모임을 가졌다. 나는 동방의 여러 민족이 친밀히 단결하여 왜놈들을 종국적으로 쳐부시고 여러 민족의 독립과 해방을 쟁취할 수 있다고 굳게 믿는다.[68]

중국공산당에서 항일운동을 하면서도 최종적으로는 여러 민족의 힘을 합쳐 조선의 독립과 해방을 이루고자 했음을 무정은 분명히 말하고 있는 것이다. 1941년 10월 26~30일에는 '아시아 각 민족 반파쇼 대표대회'가 역시 옌안 산간닝변구 참의원 강당에서 열렸다. 지금의 옌안시 난관지에南關街에 그 강당이 있다. 지금 있는 강당은 옛날 그대로는 아니다. 1947년 국민당의 폭격으로 파괴된 것을 1949년에 보수한 것이다. 강당 규모는 1,200명을 수용할 정도이다.

이 대회에는 베트남, 필리핀, 태국, 인도, 일본, 몽골 등에서 대표가 참가했는데, 무정은 조선의 대표로 참석해 대회 주석단의 일원이 되었다. 무정은 대회 집행위원이 되고, 13인 상무위원으로도 선출되었다. 참석한 대표들은 항일의용군종대를 조직해 화북지방으로 보내서 항일투쟁에 동참시킬 것을 결의했다. 반파쇼대동맹을 구성해 본부를 옌안에 두고 여러 곳에 지부를 설치할 것도 결정했다. 화북조선청년연합회 회장 자격으로 참가한 무정은 중국 대표로 참가한 주더 등과 함께 반파쇼대동맹의 지도부에도 선출되었다. 대회 3일째 무정은 조선의 입장에 대한 연설을 했다. 조선의 정치, 경제, 문화를 설명하고, 조선은 결국 스스로의 조선이 될 것임을 강조했다. 다시 한 번 독립의 의지를 많은 나라 대표들 앞에서 강조한 것이다. 대회 마

---

68 『解放日報』, 1941. 9. 22.; 림선옥, "전설적 영웅 무정 장군", 540쪽.

지막 날에 무정은 폐막사도 했다. 이렇게 무정은 팔로군 활동을 하면서도 1941년을 기점으로 조선의 독립운동과 이를 위한 국제 연대 활동을 훨씬 적극적으로 전개하게 되었다.

2. 조선의용대 화북지대 출범

조선의용대는 중국관내에서는 처음으로 조직된 한인항일무장투쟁조직이다. 한커우漢口에서 1938년 10월 10일 결성되었다. 김원봉의 조선민족혁명당, 김성숙의 조선민족해방동맹, 유자명의 조선혁명자연맹, 최창익의 조선혁명청년연맹 등 중국에서 활동하던 4개의 좌파단체가 만든 조선민족전선연맹의 군사조직이 바로 조선의용대이다. 결성식에는 중국공산당을 대표해서 저우언라이가 참석해 정치 보고를 했다. 대장은 김원봉이었고, 처음에는 2개의 지대로 시작해 1940년 5월 3개 지대로 확대되었다. 조선의용대는 주로 후난성湖南省과 후베이성湖北省 일대에서 항일 전투를 전개했다. 당시는 제2차 국공합작 시기(1937. 9.~ 1945. 8.)였는데, 조선의용대는 국민당군에 소속되어 일본군과 싸웠다.

1940년 10월에 이르러 조선의용대 각 지대는 팔로군 근거지인 타이항산으로 가도록 해 달라고 조선의용대 본부에 요구했다. 본부는 국민당 정부가 있는 충칭에 자리하고 있었다. 항일 전투보다는 세력의 유지와 확대에 더 관심을 두고 있던 국민당군에 실망해 팔로군에 합류하려 한 것이다. 우한을 잃은 국민당은 공산당에 대한 경계와 반공작전을 전개하다가 1939년 1월 중앙위원회 제5기 제5차 전원회의를 열고 반공 노선과 일본에 대한 소극적 항전 방침을 확정했다. 이에 따라 1939년 이후 국민당은 항일보다는 반공에 더 초점을 두게 되었다.

화북 이동의 원인은 여러 가지로 설명될 수 있지만, 나중에 나오는 자체 분석으로는 크게 두 가지였다. 첫째는 국민당과의 이념적 차이였다. "조의 대[조선의용대]와 중국 국민당과의 관계는 정당한 정치적 혁명적 관계라기보다 오히려 협애한 이용적 성질을 띠었고 사상상으로도 삼민주의 사상의 통일을 간접 직접으로 요구하였고 행동상으로도 불소不少한 제재가 있었다. 이것은 대오본신 발전에 일부 조애阻礙였다"라고 총결보고서는 밝히고 있다. 둘째는 국공합작의 약화였다. 1937년 이루어진 국공합작은 1941년 무림茂林 지구에서 발생한 국민당과 공산당군 사이의 충돌(무림사변)을 계기로 약화되었다. 총결보고서는 "지대적으로 보아 화중, 화남 일대는 적구敵區[일본군 점령 지구] 조선 동포를 대상으로 혁명 활동을 전개하는 데 불리하였다. … 더욱 무림사변 후 중국 국내 형편의 변화는 그 현실을 촉성促成한 조건이었다"라고 설명하고 있다.[69]

게다가 조선의용대 대원들은 국민당군의 장교들이 술과 고기에 묻혀 사는 모습에 실망했다. 나중의 일이지만 조선의용대원들은 팔로군과 합류했을 때 중공군 장교들이 사병들과 다르지 않은 소박한 식사를 하는 모습을 보고 놀라기도 한다. 이념적 차이, 국공합작 약화에 따른 화중·화남에서의 활동 기반 약화, 국민당군 장교들의 행동 양태에 대한 실망 등이 종합적으로 작용해 조선의용대 대원들이 국민당군 활동 지역을 벗어나 공산당 장악 지역인 화북으로 이동하기로 결정한 것이다.

조선의용대의 옌안 이동 요구는 저우언라이에게도 전해졌다. 그는 당시 국민당-공산당 사이의 협력을 위해 충칭에 파견되어 있었다. 저우언라이는 조선의용대가 옌안으로 이동할 수 있도록 도왔다. 김원봉은 조선의용대가 화북으로 이동하더라도 자신이 계속 지도력을 행사할 수 있을 것으로 여

69 「조선의용군 화북지대 총결(1942년): 조선의용대 화북지대 공작총결보고」, 『북한관계사료집』 26, 국사편찬위원회, 1997, 61쪽.

기고 이동에 동의했다. 옌안의 공산당학교 출신으로 충칭에서 김원봉의 비서로 있던 쓰마루司馬路는 김원봉의 승인하에 국민당 정부를 속이고 조선의용대를 화북으로 이동시키는 데 중요한 역할을 하기도 했다. 하지만 화북 이동 이후 김원봉의 영향력은 급격히 약화되었다. 이에 김원봉은 스스로 화북으로 가겠다고 나섰지만 저우언라이가 이를 거절했다. 충칭에서도 혁명적 활동은 할 수 있다는 명분을 내세웠지만, 실제로는 저우언라이와 중국공산당이 김원봉을 신뢰하지 않고 있었다. 중국공산당은 그를 "소자산계급적 기회주의자", "개인영웅주의자"로 보고 있었다.[70] 이동 과정에서 무정은 평더화이의 협조를 얻어 길잡이를 파견해 조선의용대의 화북 이동을 직접 도왔다.[71] 노민 등을 파견해 조선의용대가 타이항산에 무사히 도착할 수 있도록 한 것이다.

전체적으로 보면 조선의용대의 화북 이동은 조선의용대의 국민당군 내 활동에 대한 회의와 국민당과의 관계 악화에서 시작되었다. 보다 많은 한인들 사이에서 혁명운동을 전개하려는 조선의용대의 욕구도 이동의 원인으로 작용했다. 당시 일본의 화북지대 점령 확대에 따라 일본군을 따라온 하급관리, 상인, 밀정 등 한인들이 화북지대에 증가하고 있었다. 이러한 원인에 따라 시작된 화북 이동은 중국공산당의 적극적인 도움으로 성공할 수 있었다고 할 수 있다.

조선의용대 본부는 충칭에 남고, 1940년 말에서 1941년 초 사이에 나머지 지대들은 뤄양에 집결했다. 집결 과정에서 몇몇은 시안西安에 있는 광복군으로 도망치기도 했다. 1941년 7월 10일 뤄양 인근의 린시엔林縣에서 박효삼, 김창만, 윤세주 등이 중심이 되어 '조선의용대 화북지대'를 결성했다. 박효삼이 지대장이 되고, 부지대장은 이익성, 정치지도원은 김학무였다. 3개

70 스칼라피노·이정식 저, 한홍구 역, 『한국공산주의운동사』 1, 돌베개, 1986, 243쪽.
71 김학철, "항전별곡", 이정식·한홍구 엮음, 『(조선독립동맹 자료 I) 항전별곡』, 거름, 1986. 151쪽.

의 지대가 있었는데, 제1대장은 이익성, 제2대장은 김세광, 제3대장은 왕자인이 맡았다. 이때까지만 해도 조선의용대 화북지대는 충칭에 있는 조선의용대 본부의 지도를 받고 있었다.[72]

이런 과정을 거쳐 1942년 5월 본부와 화북지대는 결별한다. 이때 조선의용대 본부가 임시정부의 광복군 제1지대로 편입되면서 서로 다른 길을 가게 된 것이다. 결국 김원봉이 이끄는 조선의용대 본부는 민족주의 진영에, 나머지는 좌익 진영에 서게 되었다. 1941년 말 무렵 조선의용대 화북지대 구성원 가운데 신분이 파악되는 사람은 84명이다. 구체적으로 보면 표 1-1과 같다.

표 1-1 조선의용대 화북지대 구성원(1941년 말)

번호	이름	소속	직책	나이	출신지	학력·경력	이전 소속단체
1	박효삼	본부	지대장	38	함남	황푸군관학교 4기	조선민족혁명당(민혁당)
2	이익성	〃	부지대장	30	함북 경성	난징중앙군관학교	조선청년전위동맹(전위동맹)
3	김학무	〃	정치지도원	30	함북 온성	뤄양군관학교 성자분교(성자분교)	전위동맹
4	여운길	〃	본부대원	37			민혁당
5	최창익	〃	〃	45	함북 온성	와세다대, 조선공산당 재건운동	전위동맹
6	왕지연	〃	〃	37	연해주	조선공산당 재건운동	민혁당
7	장진광	〃	〃	29	하와이	황푸군관학교, 성자분교	
8	최 손	〃	〃	27	황해 신천	조선혁명간부학교	
9	마춘식	〃	〃	32	서울	조선혁명간부학교, 성자분교	전위동맹
10	이경민	〃	〃	27	전남 보성	동제대학, 조선혁명간부학교, 성자분교	전위동맹

---

72 염인호, 『조선의용군의 독립운동』, 나남, 2001, 105쪽.

11	양민산	본부	본부대원	30		화북대학	민혁당
12	이 달	〃	〃	26	평북 정주	평민대학, 성자분교	전위동맹
13	이대성	〃	〃	27	경북 대구	성자분교	민혁당
14	이철준	〃	〃				
15	박성호	〃	〃				
16	김 평	〃	〃				
17	촌 상	〃	〃				
18	신태식	〃	〃				
19	호일화	〃	〃	28	경남 동래	중산대학, 성자분교	전위동맹
20	정 강	〃	〃				
21	주 연	〃	〃	22		성자분교	민혁당
22	장지복	〃	〃	27		성자분교	민혁당
23	문정원	〃	〃				
24	장수연	〃	〃	22			민혁당
25	조명숙	〃	〃				
26	권 혁	〃	〃				
27	이익성	제1대	대장	30	함북 경성	난징중앙군관학교	전위동맹
28	진한중	〃	정치지도원	28		성자분교	민혁당
29	하진동	〃	제1분대장	27	평북 벽동	성자분교	민혁당
30	이지강	〃	제2분대장	27	황해 봉산	난징중앙군관학교	민혁당
31	최지남	〃	분대원				
32	이문호	〃	〃				
33	이한중	〃	〃				
34	김기억	〃	〃				
35	윤치중	〃	〃				
36	장중진	〃	〃	27		성자분교	전위동맹
37	한철익	〃	〃				전위동맹
38	최봉원	〃	〃				
39	유상곤	〃	〃				
40	김성만	〃	〃				
41	오주승	〃	〃				
42	왕자인	〃	〃	30	평북	난징중앙군관학교 10기	전위동맹
43	신용철	〃	〃				민혁당
44	관 건	〃	〃	31	중국 길림성	성자분교	

45	최아립	제1대	분대원				
46	왕 휘	〃	〃				
47	하의당	〃	〃				
48	민주호	〃	〃				
49	김세광	제2대	대장	31	평북 용천	중앙군관학교 특훈반	민혁당
50	풍중천	〃	정치지도원	29		성자분교	〃
51	조열광	〃	제1분대장	28	경기	성자분교	〃
52	최계원	〃	제1분대원	29	전북	중산대학, 성자분교	〃
53	유 신	〃	〃	26	함경도	성자분교	〃
54	최봉록	〃	〃		평북 신의주		〃
55	장예신	〃	〃				
56	고상철	〃	〃				
57	허금산	〃	〃	28	평북 정주	조선혁명간부학교, 성자분교	민혁당
58	봉오식	〃	〃				
59	한청도	〃	〃	26	충남 대전	성자분교	전위동맹
60	김 흠	〃	〃	24		성자분교	민혁당
61	신용순	〃	〃				
62	김 강	〃	〃	21		난징중앙군관학교	
63	손일봉	〃	제2분대장	29	평북 의주	중앙군관학교 광동분교	전위동맹
64	김학철	〃	제2분대원	26	함남 원산	성자분교	민혁당
65	박철동	〃	〃	26	서울	뤄양군관학교	〃
66	왕현순	〃	〃	24	평북 벽동	조선혁명간부학교, 성자분교	〃
67	조소경	〃	〃	25	서울	성자분교	〃
68	문명철	〃	〃	29	전남 담양	조선혁명간부학교, 성자분교	〃
69	송은산	〃	〃	29	평북 의주	조선혁명간부학교	
70	김성국	〃	〃				
71	곽동서	〃	〃				
72	조 관	〃	〃				
73	왕자인	제3대	대장	30	평북	난징중앙군관학교 10기	전위동맹
74	박 무	〃	정치지도원	27	황해 해주	성자분교	전위동맹

75	한 경	제3대	제1분대장	24	충남 부여	뤄양군관학교	
76	관 건	〃	제2분대장	31	중국 길림성	성자분교	
77	김운국	〃	분대원				
78	강자생	〃	〃	28			민혁당
79	신 억	〃	〃	29	경남 거창	뤄양군관학교, 조선혁명간부학교	〃
80	장평산	〃	〃	25	평북 신의주	조선혁명간부학교, 뤄양군관학교, 성자분교	〃
81	김 화	〃	〃	31	함남	성자분교	〃
82	이동호	〃	〃			성자분교	〃
83	진국화	〃	〃	22	평안도	성자분교	〃
84	주문파	〃	〃				
85	이종철	〃	〃	28			민혁당
86	양 계	〃	〃	25	평북		
87	이화림	〃	〃	35	평남 평양	중산대학	민혁당

* 출처: 김광재, "조선의용군과 한국광복군의 비교연구", 『사학연구』 84, 2006, 203~205쪽 참조.

　이익성과 왕자인, 관건은 소속이 두 군데여서 두 번 나오는 것이고, 인원으로 보면 모두 84명이다. 일부 간부들을 제외하고는 대부분 20대의 청년들이었다. 출신지역이 확인된 사람 가운데 평안도가 13명으로 가장 많은데, 이는 평안도 지역에서는 철도로 중국으로 이동하는 것이 비교적 쉬웠기 때문으로 보인다. 실제로도 화북지역에 거주하는 한인 가운데도 평안도 출신들이 많았다. 함경도 출신은 7명, 서울·경기가 4명으로 확인되고 있다.

　『신천지』 1946년 3월호에 실린 "무정 장군 일대기―조선의용군 총사령"에는 1941년 8월 조선의용군 결성식이 거행된 것으로 되어 있지만,[73] 이는 조선의용대 화북지대 결성과 혼동한 것이고, 조선의용대 화북지대도 정확히 말하면 1941년 7월 10일 만들어졌다.

73　서병곤, "무정 장군 일대기―조선의용군 총사령", 199쪽.

3. 조선인 혁명 세력의 실체 과시

조선의용대 화북지대가 치른 전투 가운데 유명한 것이 후자좡胡家莊 전투이다. 1941년 12월 화북지역 후자좡 마을에서 치러진 전투로, 이 마을은 수隋나라 때부터 후胡씨들이 살던 곳이라 그런 이름이 붙었다. 지금도 200여 세대가 살고 있는데 모두 후씨이다. 옥수수를 주로 길러 먹기도 하고 팔기도 하며 생계를 잇고 있다. 당시 이 마을에서 선전 활동을 하던 조선의용대 대원 29명이 일본군 5백여 명에게 포위되었다. 공격하는 일본군 사이로 대원들은 탈출을 시도했다. 이 과정에서 5명이 전사했다. 손일봉은 수류탄을 들고 일본 소대장을 덮쳐 폭사했다. 일본군 7~8명도 함께 죽었다. 박철동은 백병전을 벌이다 일본군의 총검에 찔려 숨졌다. 엄호를 맡고 있던 한청도도 전사했다. 이정순, 최철호도 함께 목숨을 잃었다.

이 전투에서 다리에 총상을 입은 김학철은 일본군 포로가 되어 나가사키長崎로 끌려가 옥살이를 했다. 감옥생활을 하면서 총상을 입은 한쪽 다리는 자를 수밖에 없었다. 해방과 함께 서울로 귀국해 사회주의 활동을 하다가 1946년 월북했다. 노동신문사 등에서 기자로 일했는데, 김일성 정권에 실망해 1950년 중국으로 망명했다. 이후 자신의 경험을 바탕으로 왕성하게 소설을 쓰다가 문화대혁명 기간에는 반혁명작가로 몰려 다시 감옥생활을 했다. 1980년대 초 복권되어 다시 문학활동을 하다가 2001년 사망했다. 중국, 일본, 한국, 북한을 거친 그의 생은 독립운동과 남북한의 이념 갈등을 모두 경험하면서 번민하던 20세기 조선 지식인의 고민과 고통을 함축하고 있다.

어쨌든 이들의 희생으로 대부분 대원들은 탈출에 성공했다. 마을의 뒤쪽으로 나 있는 오솔길로 퇴각해 대부분 살아날 수 있었다. 1942년 5월 일본의 대규모 소탕전에 대항한 전투는 이보다 훨씬 큰 싸움이었다. 의용대와 팔로군 4천여 명이 일본군 6만여 명에게 포위되었다. 의용대는 이때 일본이 점령하고 있는 산을 공격해 의용대와 팔로군 병사들을 구출하는 등 크게 활약했다.

이러한 전투의 과정에서 팔로군과의 연대는 점점 강화되어 의용대의 부대 형태는 팔로군 형의 부대로 변화했다. 조선의용대는 창설 직후에는 국민당 군대에 배속되어 2년 반 이상 활동했다. 국민당의 중앙육군군관학교 특별훈련반 출신들이 많았고, 그래서 국민당군의 성격을 가지게 된 것이다. 하지만 조선의용대 화북지대는 팔로군과의 활동을 통해 국민당군의 체제를 벗어나 팔로군 형이 되어 갔다.

부대 편제상으로도 1942년 4월부터는 조선의용대 화북지대를 팔로군의 편제로 이동시키는 작업이 진행되었다. 팔로군 제129사 정치부 주임으로 있던 채수번 등은 1942년 4월 12일 자 문서에서 화북조선청년연합회와 조선의용대 화북지대 인원들을 팔로군 정규 편제로 끌어들일 것을 지시했다.[74] 이후 1942년 5월 충칭의 조선의용대 본부와의 관계는 단절되고, 팔로군에 편입되는 과정을 겪는다.[75]

실제 전투와 함께 조선의용대 화북지대는 나름의 교육과 훈련도 실시했다. 1941년 8월 16일 간부훈련반을 개설해 군사 훈련은 물론이고 정치 교육도 함께 했다. 교장은 조선의용대 화북지대장 박효삼이 겸임했다. 크게 4분야로 나뉘어 교육·훈련이 실시되었는데, 조선 문제는 윤세주(석정), 정치 상식은 최창익, 시사 문제는 김학무, 군사 훈련은 박효삼이 각각 맡았다.[76] 군사 훈련뿐만 아니라 조선 문제와 정치 정세에 대한 지식의 확대를 통해

---

74 염인호, 『조선의용대·조선의용군』, 독립기념관 한국독립운동사연구소, 2009, 131쪽.
75 염인호, 『조선의용군의 독립운동』, 218쪽.
76 「조선의용군 화북지대 총결(1942년): 조선의용대 화북지대 공작총결보고」, 『북한관계사료집』 26, 66쪽.

대원들의 항일투쟁에 대한 의식을 공고히 하는 데에도 주력한 것이다. 이 간부훈련반은 이후 설립되는 교육기관들, 즉 타이항산의 화북조선청년혁명학교, 옌안의 조선혁명군정학교, 산둥에 세워지는 조선혁명군정학교 산둥분교, 화중지방의 항일군정대학 화중분교 조선인반 등에 대해 선구적인 역할을 했다고 할 수 있다.

조선의용대 화북지대는 1941년 7월부터 1942년 7월까지 1년간 활동했는데, 다음 두 가지 점에서 화북지대 독립운동 역사에서 기억될 만한 족적을 남겼다. 첫째, 일제의 대대적 소탕전에 맞서는 전쟁에 참전함으로써 연안파의 존재감을 화북지대 조선인들에게 분명하게 심어 주었다. 둘째, 1941년 6월 독소전쟁이 시작되고, 12월 태평양전쟁이 시작되는 국제정세의 소용돌이 속에서 조선의용대 화북지대도 일본에 대한 전투에 직접 참여함으로써 중공과 국제사회에 조선인 혁명 세력의 실체를 보다 분명하게 보여 줄 수 있었다.[77]

---

77 염인호, 『조선의용대·조선의용군』, 99~101쪽 참조.

제4절

조선의용군 사령관

1. 화북조선독립동맹 창설

화북조선청년연합회는 창립 1년 반 만에 화북조선독립동맹으로 개편되었다. 1942년 7월 10~14일 열린 제2차 대표대회에서였다. 이 대회는 타이항산을 감아 흐르는 칭장하淸璋河 기슭, 허베이성 세시엔涉縣의 치위안춘曲原村에서 열렸다. 치위안춘은 세시엔 소재지에서 4km 떨어져 있는 마을이다. 지금 인구는 1,000명 정도 된다. 실제 대회가 열린 장소는 치위안춘 62번지의 2층 건물 아니면 인근에 있는 원정보사元定寶寺라는 절이다. 당시 상황을 보았던 마을 주민들이 어떤 사람은 62번지 건물에서 열렸다 하고, 어떤 사람은 원정보사에서 열렸다고 증언을 해서 확실하지가 않다.[78]

어쨌든 당시 회의에 참가했던 연합회 회원들은 62번지 집에 머물렀다. 팔로군 포병단장이던 무정도 물론 여기서 유숙했다. 이 집은 커다란 사합원

---

78 김성룡, 『불멸의 발자취』, 461~462쪽.

(중국 화북지방의 건축 양식으로 가운데 마당을 두고 본채와 사랑채 등 4개 건물로 둘러싼 ㅁ자 형태의 구조로 되어 있다) 형태인데, 정면에 2층짜리 낡은 흙집이 있다. 수십 명이 머물 수 있는 건물이다. 원정보사는 마을 뒤쪽의 언덕 위에 지금은 쓰러져 가는 모습으로 앉아 있다.

화북조선청년연합회 제2차 대표대회 당시 구성된 지도부는 다음과 같았다.

주석: 김두봉

6인 중앙상임위원: **무정**, 최창익, 이유민, 김학무, 박효삼, 김창만

15인 중앙집행위원: **무정**, 최창익, 채국번, 이유민, 왕지연, 이익성, 김학무,
            김두봉, 석성재, 박효삼, 이춘암, 양민산, 김창만, 진한중,
            장진광[79]

부서 책임자: 서기부―최창익, 조직부―이유민, 선전부―김학무,
        군사부―박효삼, 경제위원회–김창만,
        윤함구淪陷區[일본 점령 지역] 공작위원회–**무정**[80]

김두봉은 조선의용대 본부가 광복군에 편입되는 것에 반대하다 충칭에서 타이항산으로 옮겼다. 1941년 가을에 충칭을 출발해 이듬해 4월 도착했다. 김두봉은 의용대 본부가 광복군에 편입되는 것을 반대했지만, 김원봉과 매우 친밀한 사이였기 때문에 김원봉과 관계가 악화되지는 않은 것으로 보인다. 김두봉이 타이항산으로 이동한 데 대해 조선의용대에 대한 지도력을 확보하려는 김원봉의 의도가 작용했다고 보는 입장도 있다.[81] 하지만 김두봉

---

79 日本內務省,『外事月報』1944. 3., 88~90쪽, 김준엽·김창순,『한국공산주의운동사』 5, 128쪽 재인용.
80 심지연,『조선신민당연구』, 동녘, 1988, 38~39쪽.
81 염인호,『조선의용군의 독립운동』, 221~222쪽.

의 도착 이전부터 조선의용대 화북지대는 독립적으로 조직을 강화해 나갔다. 조선의용대 화북지대에 대한 장악이 어려워지자 김원봉은 1942년 5월 조선의용대 본부를 광복군에 편입시켰다. 그리고 7월 조선의용대 화북지대는 조선의용군으로 이름을 바꾸고 본부로부터 완전 독립하게 되었다.

조선의용군은 1943년 1월 팔로군에 편입되었다. 이후 무정과 독립동맹의 관계는 소원해져 갔다. 하지만 중국의 언론들은 꽤 오랫동안 무정을 독립동맹의 핵심 지도자로 보고 있었다. 1944년 8월과 9월의 『진찰기일보』의 기사들은 무정에 대해 "조선독립동맹 총동맹 책임자", "조선독립동맹의 영도자"로 소개하고 있었다.[82] 무정은 당시 중국공산당 측 언론의 주목을 받던 유일한 한국인이었고, 옌안의 중국공산주의자들도 무정을 한인 혁명가 가운데 핵심 인물로 여기고 있었다.[83] 독립동맹과의 관계가 소원해지고 있던 것과는 무관하게 중공 측은 여전히 무정을 높이 평가하고 있었던 것이다.

결성 당시부터 김두봉이 주석이 된 것은 독립동맹 안에 있는 공산주의자와 민족주의자 사이의 통합을 위한 것이었다. 김두봉은 1889년 경남 동래군에서 태어나 서울에서 기호학교(중앙고보의 전신)와 배재학교를 다녔다. 1913년 배재학교를 중퇴하고 최남선이 주도하는 조선광문회에 가입, 소년잡지 『청춘』을 편집하는 일을 했다. 이후 주시경 문하에서 조선어연구에 매진해 27살에 『조선어문전』 편찬에 참여했고, 보성·휘문·중앙고보에서 강의했다. 1919년 3·1운동에 참여한 뒤 상하이로 건너가 『신대한신문』에서 일했고, 1921년 상해파 고려공산당에 가입했다. 대한독립촉성회에도 관여했으며 1935년 민족혁명당에 가입해 중앙상무위원을 지냈다. 1937년 김원봉이 결성한 조선민족혁명당에 참여했고, 1939년 조선민족혁명당이 충칭

---

82 『진찰기일보』 1944. 8. 8., 1944. 9. 8., 우병국 외, 『북한체제 형성과 발전과정 문헌자료─중국·미국·일본』, 선인, 2006, 74·76쪽 재인용.
83 스칼라피노·이정식 저, 한홍구 역, 『한국공산주의운동사』 1, 244쪽.

으로 옮겨가면서 함께 갔다가 1942년 4월 옌안으로 이동한 뒤 화북조선독립동맹이 결성될 때 주석에 추대된 것이다.

화북조선독립동맹의 기본 노선은 민족적 항일애국의 독립운동이었고, 17개의 강령을 갖고 있었다. 강령은 다음과 같다.

1. 본 동맹은 일본제국주의의 조선에서의 지배를 전복하고 독립·자유의 조선 민주공화국을 건립함을 목적으로 하며, 아래의 임무를 실현하기 위하여 싸운다.

   (1) 전 국민의 보통선거에 의한 민주 정권의 건립.

   (2) 언론, 출판, 집회, 결사, 신앙, 사상, 파업의 자유 확보.

   (3) 국민 인권 존중의 사회 제도를 실현함.

   (4) 법률상, 사회생활상의 남녀평등 실현.

   (5) 자주 원칙 아래 세계 각국 및 각 민족과 우호 관계를 건립함.

   (6) 일본제국주의자의 조선에서의 일체의 자산 및 토지를 몰수하고 일본제국주의와 밀접한 관계를 가진 대기업을 국영으로 귀속시키고 토지 분배를 실행함.

   (7) 8시간 노동제를 실시하고 사회노동보험을 실시함.

   (8) 인민에 대한 부역 및 잡세를 폐지하고 통일누진세 제도를 수립함.

   (9) 국민의 의무교육 제도를 실시하고 그 경비는 국가가 부담하는 것으로 함.

   (10) 조선문화를 연구하고 국민문화를 보급함.

2. 본 동맹은 조선 독립을 쟁취하기 위한 하나의 지방단체로서 조선혁명운동에 적극 참가하고, 아래 기술한 임무를 위하여 분투한다.

   (1) 대중의 생활 개선과 혁명 세력을 증가시키기 위해서 대중의 일상 투쟁에 적극적으로 참가하고, 이를 영도한다.

(2) 대중혁명을 위해서 훈련과 조직의 발전에 노력한다.

(3) 중국, 특히 화북 각지의 조선 동포를 위해서 정치, 경제 면에서 분투한다.

(4) 전 조선민족의 반일통일전선을 확대, 강화시키기 위해서 노력한다.

(5) 전 조선민중의 반일투쟁을 전개시키기 위하여 혁명무장대의 건립에 노력한다.

(6) 일본 파시스트의 중국 침략에 반대하고 중국의 항일전쟁에 적극적으로 참가한다.

(7) 동방 각 피압박민족운동 및 일본 인민의 반전운동을 찬조하고, 세계의 파시스트에 반대하는 정의의 전쟁을 지지한다.[84]

반일통일전선을 구축해 조선의 독립을 쟁취하고 종국에는 민주공화국을 건설한다는 것이 독립동맹 강령의 골격이었다. 독립을 위해 중국공산당과 공동전선을 형성하고 한인 사이의 항일 민족통일전선도 확대한다는 내용을 담고 있었다. 독립동맹 결성의 핵심 역할을 한 무정, 최창익, 한빈 등은 모두 공산주의자였지만, 강령에 공산주의를 담지는 않았다. 항일 통일전선을 위해서는 김구의 임시정부 세력을 비롯한 우익과도 협력해야 하는 상황이었기 때문에 이러한 환경을 고려한 것으로 보인다. 실제로 독립동맹은 '조선 독립을 쟁취하기 위한 하나의 지방단체'로 스스로를 규정하면서 통일전선 구축 의지를 분명히 했다. 또 자신에 대한 지지 기반으로 "일본제국주의에 반대하는 일체의 농민, 노동자, 군대, 학생, 지주, 기업가, 상업가, 부녀 등"을 상정함으로써[85] 일본과 협력하지 않은 한인 세력 모두를 하나의 힘으로 엮어 내려는 방침을 분명히 했다.

이러한 기본 방침에 따라 독립동맹에는 다양한 세력이 참여했다. 참여 인

---

84 『解放日報』, 1942. 8. 29.
85 鐸木昌之, "잊혀진 공산주의자들—화북조선독립동맹을 중심으로", 82쪽.

물들은 크게 네 부류로 나누어진다. 첫째는 중국공산당 소속의 한인들이다. 무정과 박일우, 이유민, 서휘, 정율성, 진광화 등이었다. 그 가운데 무정이 중심 인물이었는데, 무정은 1937년 중일전쟁 직후 중앙당학교와 항일군정대학에 다니고 있는 한인 20여 명을 모아 하나의 그룹을 결성했다. 이 그룹이 화북조선청년연합회 창설에 주도적인 역할을 하게 된다.

둘째는 만주 출신으로 모스크바 동방노동자공산대학을 거쳐 옌안에 온 인물들이다. 방호산과 이권무, 진반수, 주덕해, 임해(주춘길), 이림 등 10여 명이 여기에 속했다.

셋째는 조선의용대 출신이다. 박효삼, 김학무, 김창만, 호철명, 이익성, 이철중, 왕자인, 문정일, 주혁, 윤공흠, 강진세 등 50여 명이 그들이다. 이들 가운데 상당수는 민족주의자들이었는데 점차 공산주의에 동화되어 갔다. 박효삼은 1903년 함경남도 출생으로 21살에 중국으로 건너가 황푸군관학교를 졸업하고 장제스군대에서 장교 생활을 했다. 1936년 민족혁명당에 참여해 중앙상무위원이 되었다.

넷째는 조선공산당 출신들이다. 최창익과 한빈, 허정숙, 김명시, 이화림, 안병진 등 20여 명이 여기에 해당된다. 최창익은 1896년 함북 온성에서 출생해 서울과 모스크바, 만주를 오가며 공산주 활동을 했고, 1928년 서울에서 체포되어 형을 마치고 1936년 중국으로 망명했다. 난징에서 김원봉이 조직한 조선민족혁명당에 참여했다가 탈당하고 조선청년전위동맹을 결성했다. 1938년 10월 국민당 정부가 있던 우한이 일본군에 함락되자 위기의식이 고조된 국민당군은 공산당에 대해 공격을 가했는데, 이때 최창익은 우한에서 옌안으로 이동했다. 한빈은 1901년 함경북도 경원에서 출생해 어릴 적부터 블라디보스토크에서 살았다. 1920년 소련공산청년동맹에 가입했고, 1923년 모스크바 동방노동자공산대학에서 공부했다. 만주에서 공산당 조직 활동을 하다가 국내에 들어와 1926년 레닌주의동맹을 결성했다.

1930년 부산에서 검거되어 6년간 감옥생활을 했고, 출옥 후 중국으로 건너가 민족혁명당에 참가한 뒤 조선의용대에 가입해 옌안으로 왔다. 해방 후 북한 주둔 소련군 사령관 슈티코프Terenti Fomitch Stykov 대장이 연회석상에서 한빈의 러시아 말을 듣고 마치 고향친구를 만난 것 같다고 말할 정도로 러시아말을 잘한 것으로 유명하다. 어쨌든 조선독립동맹은 네 개의 세력들이 모여 하나의 한인항일운동단체를 형성하고 있었다.

옌안 인근에서 새로 모집된 인원도 80여 명 되어 가족들까지 합하면 옌안에 머물던 조선독립동맹 관련자는 200여 명 되었다. 여기에다 각지로 파견되어 활동하던 사람들이 약 300명. 그래서 모두 500여 명이 독립동맹에서 활동하고 있었다.[86] 1945년 3월에 작성된 미美 전략정보국의 보고서는 독립동맹의 규모를 이보다 훨씬 적게 보고 있었다. 주요 구성원이 100명 정도였는데, 50명 정도는 옌안에서, 30명 정도는 타이항산 지역에서 활동했고, 나머지 20명 정도는 다른 팔로군 점령 지역으로 파견되어 활동했다고 기록하고 있다. 당시 독립동맹의 주요 인물들이 대부분 20살에서 35살 사이의 젊은이들이었고, 50살 이상은 3명뿐이었다고 파악하고 있었다.[87]

조선독립동맹 중앙상무위원회는 서기부와 조직부, 선전부, 군사부, 경제위원회, 윤함구공작위원회 등 6개의 부서를 두고 있었다. 서기부는 최창익이 책임지고 있었고, 그 밑에 문정일이 선전원으로 일했다. 조직부는 이유민이 책임자, 이근산과 김창만이 간사로 있었다. 선전부는 김학무가 책임자로 있다가 1943년 5월 전사하면서 김홍엽이 책임자 대리를 맡게 되었고, 장진광이 간사였다. 선전부 산하에는 인쇄물 제작을 위한 인쇄국이 있었다.

---

86 조동걸, "조선의용군 유적지 태항산·연안을 찾아서", 『역사비평』 20, 1992, 401~402쪽.

87 「Current Information from the Korean Independence League」, National Archives and Records Administration, RG 226, Records of Major Offices and Bases of Operation 1940-49, Washington Registry SI Intelligence, Field Files, Entry 108, Wash-Reg-Int-36, Box 163.

군사부의 책임은 박효삼이 맡고 있었다. 경제위원회는 김창만이 책임자, 윤신영과 이종철이 위원으로 활동했다. 그 산하에 연락조와 특별산부, 토지생산부, 이발관부, 사진관부, 병원부, 합작사부 등 7개 부서를 두어 의식주 등 생활에 필요한 것들을 생산하고 조달하는 활동을 하도록 했다. 윤함구공작위원회는 무정이 책임자, 연락책임은 김창만, 연락원은 이명선, 문정일, 장립청, 유신, 왕자인이었다. 공작원을 일본 점령 지역에 파견하면서 정보수집과 지하공작 임무를 수행했다. 산하에 제1구, 제2구, 제3구 공작위원회를 두고 있었고, 윤함구경제공작원, 만주·봉천 방면 공작원까지 관할했다.

1945년 해방을 맞아 귀국할 당시에는 독립동맹의 지도부는 다음과 같은 체제를 갖추고 있었다.

주석: 김두봉
부주석: 최창익, 한빈
집행위원: **무정**, 허정숙, 이유민, 박효삼, 박일우, 김창만, 양민산, 주춘길,
　　　　방우용, 김한중, 하앙천, 이춘암, 장진광, 김호[88]

주석은 그대로 김두봉이었고, 그 아래 최창익과 한빈이 중요한 역할을 맡고 있었다. 허정숙과 박일우, 주춘길, 하앙천, 김호 등이 새롭게 집행위원이 되어 독립동맹의 중심 인물로 활약하고 있었다.

88　서병곤, "무정 장군 일대기—조선의용군 총사령", 201쪽.

2. 무력투쟁의 첨병 조선의용군

1942년 7월 출범한 조선의용군(원래는 '화북조선의용군'이지만 줄여서 '조선의용군'으로 칭했다)은 조선독립동맹의 군사조직이었다. 독립운동단체와 군사조직이 동시에 출범하면서 옌안의 조선독립운동조직은 훨씬 체계화된 모습을 갖추게 되었다. 조선의용군의 출범식 자리에는 중국공산당을 대표해 펑더화이가 참석해 독립동맹과 조선의용군에 대한 세 가지 희망을 피력했다. 첫째는 반파시스트 통일전선을 견지할 것, 둘째는 대중을 동원해 내고 대중을 단결시켜 승리를 가져올 것, 셋째는 실제의 투쟁 속에서 혁명 간부를 육성할 것이었다.[89] 항일투쟁의 동반자로서의 조선의용군의 가치를 인정하면서 발전을 위한 조언을 해 준 것이다. 조선독립동맹의 군사조직인 만큼 조선의용군도 좌우를 모두 포용한 통일전선의 성격을 띠고 있었다.

사령관은 무정이 맡고, 박일우가 정치위원, 박효삼은 참모장이 되었다.[90] 조선의용대 화북지대 당시만 해도 무정의 영향력은 제한적이었다. 국민당 지구에서 이동한 의용대는 팔로군 속에서 활동한 무정과는 거리가 있는 조직이었다. 하지만 의용대 화북지대가 일제와 전투를 진행하면서 팔로군 체계 속에 들어가게 되었고, 팔로군의 신뢰를 받고 있던 무정이 점차 지도력을 확보하게 되어 결국은 조선의용군으로 개편되면서부터 사령관 자리에 오르게 된 것이다.

독립동맹과 조선의용군의 관계와 관련해서는 1949년 조선역사편찬위원회에서 펴낸 『조선민족해방투쟁사』에서 설명하고 있는 것처럼(이 책의 항일투쟁과 관련한 부분은 최창익이 썼다) 기본적으로 군정연합軍政連合 체제로 서로 유기적인 관계 속에서 정치와 군사 업무를 병행하는 것이었다. 그러면서

---

89 문정일, "중국 전선에서 싸운 조선의용군의 항일전쟁", 『역사비평』 12, 1990, 380쪽.
90 위의 글, 380쪽.

도 정치적인 문제는 김두봉과 최창익, 한빈이 중심이 된 독립동맹이, 군사적인 문제는 무정과 박효삼, 박일우가 주축을 이루고 있던 조선의용군이 주로 담당했다.[91] 유기적 관계 속에 있었기 때문에 독립동맹과 조선의용군 구성원은 대부분은 중첩되었다.

이『조선민족해방투쟁사』에서는 독립동맹과 조선의용군의 항일투쟁을 서술하고 무정을 포함한 연안파 인물들의 활동을 비교적 상세히 기록하고 있는 한편, 한국전쟁 이후 나온 북한의 역사 저술들은 연안파와 무정에 대한 언급을 하지 않고 있다. 한국전쟁의 와중에서 숙청된 무정이 북한역사에서 지워지고, 연안파도 권력의 전면에서 서서히 사라져 간 것이다.

조선의용군 출범 당시의 구성원들을 출신과 성향에 따라 세분화해 보면 다음과 같다.

표 1-2 조선의용군 간부 분류

중공 지구 공산주의자	무정(조선의용군 사령관), 박일우(조선의용군 정치위원), 진광화(화북조선청년혁명학교 부교장), 이유민
국민당 지구 공산주의자	최창익, 한빈, 김한무, 이익성(조선의용대 화북지대 부지대장), 박무, 김창만, 강진세, 유신
민족주의자	김두봉(조선독립동맹 주석), 박효삼(조선의용대 화북지대 지대장), 윤세주(화북조선청년혁명학교 교원), 양민산, 방우용, 장중광

* 출처: 김용현, "북한 인민군대의 형성과정에 관한 연구―만주사변~한국전쟁 이전을 중심으로", 동국대학교 대학원 정치학과 석사학위논문, 1994, 29쪽 참조.

무정은 팔로군 포병단장을 하면서 동시에 조선의용군 사령관직도 수행했다. 무정이 이렇게 두 가지 주요 직책을 겸임할 수 있었던 것은 조선의용군 창설이 중국공산당의 결정에 따른 것이었기 때문에 가능했다. 그렇다면 중국공산당은 어떤 생각으로 조선의용군 창설을 결정했을까? 우선은 항일전

---

91 朝鮮歷史編纂委員會 編, 朝鮮歷史研究會 譯,『朝鮮民族解放鬪爭史』, 東京:三一書房, 1952, 327쪽.

선에 보다 많은 한인들을 끌어들이기 위한 목적이었다고 할 수 있다.[92] 중국 공산당 산하에 보다 많은 한인을 끌어들여 항일전선에서 보다 유리한 고지를 점령하고 국민당과의 경쟁에서도 우위를 점하려는 생각이었다고 할 수 있다. 이와 함께 미래 조·중관계를 위한 포석의 측면도 있다. 실제로 저우언라이는 일제 패망 이전부터 조·중관계의 미래에 대해 관심을 많이 가지고 있었다. 중국공산당이 조선의용군을 지원하고 조선의용군이 귀국 후 한반도 내에서 중요한 역할을 하는 경우 조·중관계는 매우 긴밀한 상태를 지속할 수 있을 것으로 본 것이다.

조선의용군의 주요 임무는 선전 활동과 일본 점령 지구(적구) 조직 공작이었다. 일본군 진지에 접근해 일본 군인들의 전투 의욕을 떨어뜨리는 선전 활동을 하고, 일본 점령 지구에 진출해 중공과 조선에 우호적인 조직을 만들어 내고 일본군과 조선인 병사들을 투항시키는 활동을 주로 했다. 조선의용군 대원 출신 작가 김학철이 조선의용군 활동을 소설화한 『항전별곡』에 선전 활동이 잘 묘사되어 있다.

밤 어두운 틈을 타서 적의 토치카 가까이 50미터 혹은 20미터쯤까지 이른다. 물론 무장을 갖추고 간다. 일본말에 능숙한 사람이 적병에게 큰 소리로 외치는 것이다.

"우리는 의용군이다. 너희 토치카 뒤에는 우리 군 수십 명이 포위하고 있는데 너희가 총을 쏘면 다 죽는 줄 알아라. 그러나 오늘은 너희들과 싸우러 온 것이 아니다. 할 말이 있어서 왔으니 들어 보아라."

이렇게 말을 건네면 일본놈들은 처음에는 대적도 잘 않으려고 하고 혹은 욕설만 해 오고 이쪽 말을 들으려 하지 않는다. 그러나 총은 못 쏜다. 만일 쏘면

---

[92] 김준엽·김창순, 『한국공산주의운동사』 5, 113쪽.

이쪽에서 대적할 것을 알고, 또 적들 뒤로 다수병이 포위했다고 하므로 켕겨서도 그렇다. 싸움에 무슨 말이 필요하냐는 듯이 이상한 놈들이라고 하면서도 할 수 없이 듣는다. 담화가 시작된다.

"너희들은 너희 모국의 가족이 너희들을 멀고 먼 전장에 보내고 지금 얼마나 비참한 생활을 하고 있는지 모를 것이다."

"일본 내의 사정을 너희놈들은 아느냐."

"여기 너희 치중병[수송병]에게서 빼앗은 편지가 있다."

무슨 현 무슨 동리에서 누가 보낸 것까지 일러 주고 아들을 출정시킨 뒤의 어머니가 고생살이를 호소하는 측은한 편지를 읽어 준다.

"그것은 다 너희들의 짓궂은 창작물이다."

"그럼 이 편지를 두고 갈 테니 가져다 보아라."

첫날은 이렇게 헤어지고 나서 다음 날 밤에 또 간다. 이번에는 평화로웠던 옛날의 유행가나 또는 고국을 그리는 슬픈 노래를 해 준다. 흔히 여자 군인이 맡았다. 이런 것은 모두 그들의 심금을 울리는 것이 아니면 안 되었다. 그리고 나서는 다시 국제 형편을 연설하는 것이다. 갈 때는 선전삐라와 함께 과자 같은 것을 선물로 주고 간다. 그러면 다음 날 밤에는 저쪽에서도 선물을 그 자리에 놓는다. 이렇게 며칠 동안 계속하면 그놈들도 여간 마음이 흔들려 버린다. 이 선전 공작은 제1선을 비롯해서 적 후방에까지 광범위하게 해서 전면적인 동요를 일으키게 하는데, 적군 사령부에서는 바로 군대를 교대시킨다. 신출귀몰한 의용군의 선전전이 그대로 또 계속된다. 적은 또 오대伍隊를 바꾸지 않으면 안 된다. 적의 안정을 잃게 하는 이 무기 없는 싸움은 적군이 가장 꺼려하고 무서워하는 것이 되었다. 그리고 이와 같은 무장선전대가 적 진영 속 깊이 들어가서 4, 50대가 퍼져서 공작을 하는데 이것을 의용군에서는 정치공세라고 하여 가장 효과 있는 전술이라고 한다. 이 정치공세가 끝나면 투항하여 오는 일군과 조선인 지원병과 학병들이 적지 않았다 한다.

충칭에 있던 미美 전략정보국(OSS) 중국본부도 조선의용군의 활동으로 일본군 내에 있는 한인들이 차츰 팔로군과 조선의용군에게 음식을 몰래 반출해 전달해 주기도 하고, 무기를 가지고 탈출하기도 한다고 본부에 보고할 만큼 선전 활동은 효과를 발휘했다.[93] 이런 활동을 직접 지휘하면서 조선의 용군 전체를 끌어간 것이 바로 무정이었다. 1942년 7월 독립동맹 출범과 함께 윤함구공작위원회 주임 겸 조선의용군 사령관을 맡아 이러한 활동을 지도한 것이다. 특히 1943년 1월부터는 타이항산에서 적구공작활동을 본격적으로 전개했다. 이러한 활동은 팔로군과 조직적인 연계 속에서 할 수밖에 없었고, 그런 점에서 팔로군 속에서 활동해 온 무정이 책임을 맡을 수밖에 없었다. 이러한 과정을 통해 무정은 화중에서 올라온 조선의용군을 완전히 장악해 갔고 조선인 항일운동의 중심 인물이 되었다.

선전 활동과 함께 조선의용군은 일본과 직접 전투를 하는 경우도 있었다. 1943년 6월 일본군은 타이항산 일대에 대대적인 공격을 개시했다. 조선의용군은 팔로군과 함께 여기에 맞서 곳곳에서 전투를 전개했다. 이때 중국공산당 지도부는 조선의용군에게 옌안으로 이동하도록 지시했다. 추후 중국혁명 성공 이후 조선에서도 공산주의 혁명을 성공시키기 위해서는 조선의용군을 보호해야 한다는 생각을 한 것으로 보인다. 그래서 조선의용군은 1943년 12월부터 1944년 3월 사이에 옌안으로 이동했다.

조선의용군은 초기에는 팔로군 129사와 가까운 허베이성 세시엔 치위안춘曲原村과 난장춘南莊村 등을 중심으로 활동했는데, 조선의용군 대원들을 상대로 한 일본군의 첩보·회유 활동도 지속적으로 전개되었다. 난장춘에

---

93 「Current Information from the Korean Independence League」, National Archives and Records Administration, RG 226, Records of Major Offices and Bases of Operation 1940-49, Washington Registry SI Intelligence, Field Files, Entry 108, Wash-Reg-Int-36, Box 163.

있는 작은 절도 일제의 아지트 가운데 하나였다. 이 절에 사묘司苗와 사과司果라는 두 중이 있었다. 한번은 무정이 의용군 대원들을 이끌고 산에 올라가서 개간한 밭에 감자를 심고 있었다. 잠깐 휴식시간이었다. 이때 두 중이 혼자 떨어져 있던 대원에게 접근했다. 일본군으로 넘어오라고 회유했다. 큰 도시로 데려가 호강시켜 주겠다며 회유 공작을 벌인 것이다. 조선의용군과 팔로군의 정보를 알려 주면 돈을 주겠다고도 했다. 감자나 죽에 나물을 주로 먹고 살던 의용군 대원들을 재물로 유혹해 보려는 것이었다. 이 중들이 물러간 뒤 이 대원은 무정에게 보고했다. 무정은 대원들을 이끌고 절에 찾아갔다. 중들을 심문했다. 이들은 일제가 파견한 밀정임을 고백했다. 무정은 곧 마을에서 군중대회를 열고 이들의 신분을 밝힌 뒤 총살했다.[94]

나중에 6·25전쟁 와중에서도 무정은 명령에 복종하지 않는 부하들을 총살했다. 1950년 12월 숙청될 때는 이것이 김일성파에게 중요한 명분이 되기도 했다. 이렇게 현장에서 크게 문제가 된 것은 현장에서 해결하는 것이 무정의 스타일이었고, 당시는 일제와 목숨을 건 전투를 하는 상황이어서 이런 것이 특별하게 문제 되지도 않았다. 적에 대한 철저한 경계심이 몸에 배어 나온 행동으로 이해되었던 것이다.

조선의용군은 1943년 말 옌안 교외의 뤄자핑羅家坪村으로 주둔지를 옮겼다. 이 지역의 가난한 사람들은 주로 야오둥窯洞이라는 토굴에서 생활을 했는데, 조선의용군도 토굴을 파고 생활했다. 뤄자핑에는 지금도 조선의용군이 살던 토굴과 이들이 일군 밭이 남아 있다. 일제 패망 후 팔로군 동북정진군이 구성되어 1945년 9월 5일 만주로 출발할 때 조선의용군도 뤄자핑을 떠났다.

뤄자핑으로 가지 않고 타이항산에 남은 무정은 1944년 2월 적구공작반을 구성해 일본 점령 지역에 대한 공작을 더욱 활성화했다. 적구공작반은

---

94 김성룡,『불멸의 발자취』, 443~444쪽.

조직부와 선전부, 경리부를 두고 각각 이유민과 김창만, 홍림을 책임자로 삼았다. 조직부 아래에는 조직과와 적구과, 통신연락과 등이 있었는데, 조직과장은 김영숙, 적구 및 통신 과장은 고봉기였다. 해방 후 귀국길에 오를 당시 무정과 결혼한 김영숙이 조직과장이었다. 한인들이 있는 도시와 농촌 농장에 대원들을 보내 비밀조직을 만들고, 일본의 군대와 농장에 있는 한인들을 빼내 조선의용군 대원으로 삼는 활동도 계속했다. 만주 지방에도 조직원을 보내 비밀조직을 만들어 냈다. 대표적인 것이 이상조가 하얼빈에 만든 독립동맹 북만특별공작위원회(북만주독립동맹)이다. 이상조는 선양 인근 농촌에서 자랐다. 항일운동가였던 아버지가 그곳에 정착해 살고 있었기 때문이었다. 선양에서 중학교를 졸업했고, 광저우의 중산대학을 다녔다. 이런 배경 때문에 이상조가 만주로 파견되었다.

무정은 이와 함께 국내의 여운형과도 연대를 추진했다. 여운형이 보낸 대표가 톈진에 머물면서 무정과 여운형 사이의 연락책 역할을 했다. 1944년 8월 10일 여운형이 국내에 조직한 비밀조직 조선건국동맹도 무정과의 정보 교환 속에서 이루어진 것이다. 무정이 파견한 첫 번째 공작원을 여운형이 만난 지 두 달 후에, 독립동맹의 상황을 자세하게 전해 준 두 번째 공작원을 만난 지 한 달 만에 조선건국동맹이 창립된 것이다.[95] 이처럼 무정은 옌안의 움직임을 자세히 전해 주고 국내 비밀조직 형성에도 일정한 역할을 하는 등 조선 국내의 항일활동 활성화를 위한 공작도 활발하게 전개했다. 이렇게 조선의용군의 활동 반경이 확대되면서 그동안 하나의 지방단체로 자처하면서 충칭의 임시정부를 받들던 조선의용군과 독립동맹은 1945년 무렵이 되어 임시정부를 여러 독립운동단체 가운데 하나로 간주하게 되었다.[96] 그러

---

95 염인호, 『조선의용대·조선의용군』, 267~268쪽.
96 "Korean Independence League", Yennan Report #58, March 22, 1945, 국사편찬위원회 편, 『한국독립운동사 자료』 22, 국사편찬위원회 1993, 654쪽.

면서 양자의 관계는 소원해졌다.

3. 청년독립군의 산실 조선혁명군정학교

조선의용군은 창설 당시부터 간부 양성을 위해 조선의용군 간부훈련소를 두었다. 소장은 무정이 직접 맡았다. 1942년 11월 1일 간부훈련소는 화북 조선청년혁명학교로 개칭되었다. 허베이성 세시엔涉縣의 치위안춘曲原村 의 원정보사元定寶寺에 터를 잡았다. 화북조선청년연합회 제2차 대표대회 가 열렸을 가능성이 있는 그 절이다. 교장은 무정이 계속 맡았다.[97] 교무주 임은 김학무였다. 학교의 기본적인 설립 목적은 일제의 점령 지역에서 탈출 해 오는 조선 청년들을 교육시켜 조선의용군에 가입시키는 것이었다. 무정 은 이 학교 학생들에게 세 가지를 특히 강조했다. 첫째, 조선의용군은 총이 있어야 할 뿐만 아니라 높은 정치적 수양이 있어야 한다. 둘째, 정풍과 조선 혁명의 실천을 연계시켜야 한다. 생활 속에서 기풍을 바로잡는 것도 항일운 동에 도움이 되는 방향으로 해야 한다는 것이었다. 셋째, 학습할 때 학습 이 외의 딴 생각을 절대 하지 말고 책을 파고들어야 한다. 교육과정은 5개월이 었는데, 조선혁명사와 사회발전사, 군사학 등 세 과목을 중점적으로 교육했 다. 조국 조선에 대한 지식과 군사적 능력을 동시에 갖추게 하려는 과목 편 성이었다. 특히 조선혁명사를 주요 과목으로 가르침으로써 중공의 지원하 에 혁명운동을 전개하고 있지만 종국적인 목표는 조선의 해방임을 분명히 하고 있었다.[98] 5개 반을 설치했는데, 초급반은 조선역사와 군사지식 중심 이었고, 고급반은 마오쩌둥의 연설 등을 통해 공산주의 사상도 학습했다.

---

97 『解放日報』 1943. 6. 4.; 김순기, "무정장군에 대한 이야기", 13쪽.
98 『解放日報』, 1943. 6. 4.

조선청년혁명학교는 1943년 9월 조선혁명군정학교로 이름이 바뀌었다. 허베이성 허난디엔전河南店鎭의 난장춘南莊村으로 자리도 옮겼다. 학생 수도 많아지고 조선의용군도 증가해 좀 더 넓은 장소가 필요했기 때문이다. 1944년 말까지 여기에 있었다. 이 마을에는 지금도 당시 설치된 노천 무대가 남아 있다. 조선혁명군정학교가 세워진 것을 기념해 만든 것이다. 물론 시설은 벽돌과 콘크리트로 보수했지만, 무대의 위치는 옛날 그대로이다. 당시 이 무대는 조선의용군 대원들이 마을 주민들을 모아 놓고 항일을 위한 연설을 하거나 공연을 하는 데 쓰였다. 지금도 이 무대는 명절 때 마을 사람들이 잔치를 하거나 마을회의를 할 때 이용된다. 이 무대의 윗부분에 한글로 '중조한우의기념대'라고 쓰여 있다. 중국과 조선, 한국 사이의 우의를 위한 것이라는 의미이다. 이런 것을 보면 중국과 한국, 북한은 일본에 저항해 싸운 역사를 공유하고 있음을 새삼 실감할 수 있다. 삼국 간의 역사적·정서적 공감대는 그만큼 넓고 깊다.

노천 무대 옆에 어린이놀이터가 있는데, 이 놀이터 부지 안에 조선혁명군정학교가 있었다. 지금도 건물이 남아 있다. 단층 기와집이다. 문 옆에는 '조선혁명군정학교 옛터'라고 쓰여 있다. 이 건물은 원래는 절간이었다. 절간을 보수해 학교로 쓰다 보니 책상이나 걸상이 없었다. 당시 학생들은 얇은 이불을 깔고 바닥에 앉아 공부했다.

무정이 살던 곳은 지금 주소로 난장춘 528번지이다. 2층 벽돌집이다. 원래 지주가 살던 집이었다. 주변의 낡은 흙집들과는 달리 벽돌로 지었기 때문에 비교적 괜찮은 상태로 보존되어 있다. 여기서 무정은 취사병 1명, 경호원 2명과 함께 살았다. 그 옆의 529번지 단층집은 의용군 간부들이 살던 곳이다. 이 마을에는 얼마 전까지만 해도 무정의 활동 당시를 직접 보았던 사람들이 살아 있었다. 그들이 전해 주는 얘기도 주로 무정의 사격술에 관한 얘기였다. 무정은 가끔 근처 강으로 물오리 사냥을 나갔는데, 무정이 총

을 쏘면 백발백중이었다고 한다.[99]

난장춘의 강 건너에는 허이춘河—村이 있다. 난장춘보다는 작은 마을이다. 조선의용군의 자급자족 체제를 잘 알 수 있는 곳이다. 여기에는 조선의용군이 운영하던 상점과 병원, 방직공장, 사진관이 있었다. 지금 허난디엔 인민법정이 있는 자리는 당시 '3·1상점'이 있던 곳이다. 물론 지금은 건물이 새로 지어져 옛 모습을 찾아볼 수는 없다. 3·1상점은 쌀과 소금, 비누, 성냥 등 생활용품을 팔았다. 신태식이 책임자였고, 4명의 점원이 있었다. 명절이면 물건을 싸게 팔았고, 빈민들에게는 공짜로 나눠 주기도 하면서 마을사람들과 공생하는 형태로 운영되었다. 그 근처에 있는 허이춘 112번지는 '대중병원'이 있던 자리이다. 지금은 꽤 괜찮은 집이 들어서 있다. 대중병원은 내과와 외과, 약제실을 갖추고 있었다. 일본군에 소속되어 있다가 1940년 백단대전 당시 조선의용군에 체포된 뒤 조선의용군 대원이 된 백은도가 내과의사 겸 원장이었다. 병원은 기본적인 약값만 받거나 무료로 마을사람들을 치료해 주었다. 소염제를 만들어 보급했고, 천연두 예방주사도 놓아 주었다.

'3·1방직공장'은 대중병원 뒤쪽에 있었다. 지금은 공터로 남아 있다. 책임자는 홍림이었고, 30여 명의 한인들이 여기서 일했다. 의용군이 필요로 하는 실과 베를 만들어 냈다. 허이춘 마을 입구에는 사진관도 있었다.[100] 이런 다양한 시설들을 가지고 조선의용군은 팔로군에 의지하지 않고 필요한 물품과 자금을 스스로 조달했다.

조선혁명군정학교는 조선의용군보다 늦게 1944년 12월 옌안의 뤄자핑春羅家坪村으로 이동했다. 이동 후 정식 개교는 1945년 2월 5일에 이루어졌다. 이 학교가 조선의용군의 사령부 역할을 했다. 이때부터는 교장은 김두

---

99 김성룡, 『불멸의 발자취』, 450쪽.
100 위의 책, 452~455쪽.

봉, 부교장은 박일우, 학도대장은 박효삼이 맡았다. 조직교육과 부과장으로 주춘길과 허정숙, 정율성이 있었고, 주덕해가 총무과장이었다. 최창익과 허정숙, 한빈 등이 교원이었다. 학생조직은 4개의 구대와 15개의 분대로 되어 있었다.

주목할 점은 이때부터 교육체계가 달라졌다는 것이다. 그래서 학생조직도 군대식으로 바뀌었다. 이전까지는 정치 교육 위주였는데, 이때부터는 군사 훈련이 강화된 것이다. 제1구대는 조열광과 방호산이 구대장을 맡고 학생이 30여 명이었다. 제2구대는 왕자인이 구대장으로 50여 명의 학생으로 구성되었다. 제3구대는 전우와 홍순관이 구대장을 맡고 학생은 20여 명이었다. 제4구대는 김극과 윤공흠이 구대장으로 20여 명의 학생이 있었다. 교육기간도 1년으로 늘어났다. 이전의 3개월, 4개월, 또는 6개월 정도의 교육보다는 훨씬 짜임새 있게 진행될 수 있게 되었다. 이렇게 교육을 체계화시키고 군사교육을 강화한 것은 당시 국제정세가 조선의 독립에 유리하게 돌아감에 따라 조선의용군을 연합군의 일원으로 싸울 수 있는 군대로 양성하기 위한 것이었다.[101]

2008년 7월 한국일보 취재팀이 찾아갔는데, 뤄자핑춘 조선혁명군정학교의 흔적은 남아 있지 않고, 학교의 역사를 기록해 놓은 조선혁명군정학교 기념비도 길가의 노점상이 쌓아 놓은 물건들 사이에 덩그러니 놓여 있었다.[102] 지금은 그것이나마 남아 있을지 모르겠다. 그 당시만 해도 개발붐으로 곳곳에서 아파트 공사가 진행되고 있었다는데 그 와중에 기념비마저 없어진 건 아닐지….

뤄자핑춘으로 이동한 조선혁명군정학교가 개교한 지 한 달 만인 3월 1일 '타이항산 조선군정학교'도 정식 개교식을 가졌다. 대장은 무정이 맡았고,

---

101 염인호, 『조선의용대·조선의용군』, 289쪽.
102 『한국일보』 2008. 7. 28.

두 개 중대의 중대장은 한경과 이익성이었다. 93정의 소총과 3정의 경기관총, 그리고 다량의 수류탄과 지뢰를 가지고 실전교육을 했다. 학생을 수준에 따라 고급반, 중급반, 저급반으로 나눴다. 고급반은 중학 또는 대학 교육을 받은 사람, 중급반은 소학교 졸업자, 저급반은 소학교를 마치지 못한 사람들로 편성되었다. 고급반 과정을 보면, 군사 60%, 정치 40%로 교과목이 짜여 있었는데, 군사 과목은 대열기본동작, 내무규정, 초병근무, 분대·소대·중대·대대 전술, 사격기본동작, 전투사격, 기본 보병 무기 원리 및 그 보관, 경중기관총·수류탄·지뢰의 원리와 사용 방식, 지형지물 이용과 판단, 진지구축방식, 기호통신旗號通信, 전화통신사용방법, 군대의 관리 및 교육, 야간 긴급집합과 야간습격 등으로 구성되어 있었다. 또 정치 과목은 시사, 사회발전사, 신민주주의론, 조선혁명운동사, 정치경제학, 철학 등이었다.[103] 군사 훈련을 강화하면서도 조선혁명운동사 교과 등을 포함시켜 조선해방에 대한 의식교육, 그리고 조선 국내에 대한 군사적 진공 준비도 동시에 하고 있었다.

　요컨대, 조선의용군은 일제에 대한 무력투쟁을 하면서도 교육을 통한 청년독립군의 양성, 국내 진공에 대한 준비 등 다양한 활동을 종합적으로 진행하고 있었다.

103　염인호, 『조선의용대·조선의용군』, 294~297쪽.

제 2장

연안파의 분열

개인 자격 입국

1. 선양 탈출과 지도력 타격

타이항산에서 적구공작활동을 지도하던 무정은 해방 직전인 1945년 7월 말 비행기를 타고 옌안으로 간다. 첫째는 8월 29일 열리기로 되어 있던 조선독립동맹 제3차 대표대회에 참석하기 위해서였다. 둘째는 5월 8일 독일 항복과 앞으로 예상되는 소련의 대일 개전에 대한 대응 방안을 중공 측과 협의하기 위해서였다. 셋째는 8월 1일 개교 예정인 옌안포병학교 개교식에 참가하기 위해서였다.[1] 옌안에 머무는 동안 일제는 패망으로 가고 있었다.

1945년 8월 11일 팔로군 총사령관 주더는 제6호 명령을 내렸다. 조선의용군의 만주 진군을 명하는 내용이었다. "현재 화북에서 대일작전을 하는 조선의용군 사령 무정, 부사령 박효삼, 박일우는 즉각 소속부대를 인솔하여 팔로군 및 이전 동북군東北軍 각 부대를 따라 동북으로 진군하라. 동북에서

---

1 한홍구, "무정과 화북조선독립동맹", 『역사비평』 16, 1991, 79쪽.

적군을 소멸함과 아울러 조선 해방의 과업을 완수하기 위해 조선 인민을 조직화하라"고 명령한 것이다. 조선의 해방과 이를 위한 조선 인민의 결속 작업을 조선의용군에게 맡긴 것이다.

이 명령에 따라 무정은 조선의용군을 이끌고 9월 5일 만주를 향해 출발했다. 이때 함께 출발한 그룹은 3개였다. 첫째는 조선의용군 300명 정도였고, 둘째는 중국공산당 동북 파견 간부대 270명이었다. 일본의 패망에 따라 중국공산당이 동북지역으로 세력을 확장하기 위해 파견하는 간부들이었다. 셋째는 이들 두 그룹을 경호해 주기 위한 경호단으로 규모는 1,000명 정도였다. 조선의용군 대원은 대부분 걸었고, 마차 두 대가 짐과 무기를 실었다. 무정과 김두봉은 말을 탔다. 샨시성 옌안을 출발해 산시성과 내몽골자치구, 허베이성河北省을 거쳐 랴오닝성遼寧省에 이르는 4천 리 긴 여정이었다.

만주로 출발하기 전인 8월 10일 장제스가 팔로군 부대는 움직이지 말라는 명령을 내렸기 때문에 국민당군을 피해서 움직여야 했다. 그러다 보니 빨리 이동할 수 없었다. 출발한 지 한 달 만에 허베이성 북서부 장자커우張家口에 도착했다. 당시 화북지방에서 팔로군이 점령한 가장 큰 도시였다. 여기서 며칠을 휴식한 뒤 기차를 타고 베이징으로 향했다. 하지만 베이징은 국민당군이 점령하고 있어서 화이라이懷來에서 하차해 다시 걸었다. 청더承德를 거쳐 10월 말쯤 허베이성을 벗어나 랴오닝성 진저우錦州에 도착했다. 여기서 무정과 조선의용군은 타이항산에서 김웅이 인솔해 온 조선의용군 300명과 합류했다. 선양瀋陽에 도착한 것은 11월 초였다. 두 달 간의 긴 행군이었다.

선양에는 허베이성 동북지역의 기동지대 소속 조선의용군 400명이 부지대장 이대성과 지도원 주연의 인솔하에 먼저 도착해 있었다. 여기에 옌안에서 출발한 조선의용군 본대 300명과 김웅이 인솔한 타이항산 조선의용군 300명, 1945년 10월 중순 무장 입국을 시도했다 실패하고 돌아온 선견종대

先遣從隊 1,500여 명 등이 합류했기 때문에 당시 선양에 모인 조선의용군 대원은 2,500명 이상이었다. 여기서 무정은 모스크바에 있던 일본 공산당 지도자 노사카 산조野阪參三를 통해 소련 측에 조선의용군의 북한 입국을 요청했다.[2] 하지만 소련은 이를 들어주지 않았다.

중국공산당과 협의 끝에 조선의용군은 조선의용군을 동북조선의용군으로 개편해 만주에 남겨 두고, 간부들만 입북하기로 결정했다. 동북조선의용군은 3개의 지대로 편성하고, 지원자들을 계속 받았다. 1지대는 김웅을 지대장, 방호산을 정치위원, 안빈을 참모장, 주연을 정치주임으로 삼아 남만주에서 중공군을 돕기로 했다. 무장 입국에 실패한 조선의용군 선견종대도 1지대로 배속되었다. 3지대는 지대장 이상조, 정치위원 주덕해, 부지대장 이덕산, 참모장 김연, 정치주임 이근산, 공급처장 관건을 중심으로 북만주에서 활동하게 되었다. 5지대는 이익성을 지대장, 박훈일을 정치위원, 부지대장을 이권무, 참모장을 전우, 정치주임을 조열광으로 해서 동만주를 거점으로 활동하도록 결정되었다. 아울러 5지대는 박일우의 총지휘를 받도록 했다.

한편, 제3지대장 이상조는 조선의용군 거점 확보를 위해 1943년 만주 지역에 파견되어 활동하고 있었다. 1930년대 말 이후 일본군의 탄압이 거세져 만주 지역에서 항일투쟁을 하는 것은 매우 어려운 상황이 되었다. 그래서 1941년 김일성도 러시아로 피신할 수밖에 없었다. 이러한 상황에서 옌안의 조선독립동맹과 조선의용군 수뇌부에서도 만주 지역에서의 활동을 두고 깊은 논의를 진행했다. 중국공산당 해외사업위원회와 연계 속에서 활동 방향을 논의한 것이다. 당시 옌안에는 한인뿐만 아니라 일본, 베트남, 말레이시아 등 아시아 각국의 공산당 대표들이 파견되어 있었는데, 이들과의

---

2 염인호, "화북조선독립동맹과 통일전선운동", 『근현대사강좌』 4, 1994, 223쪽.

대화 창구가 중공 해외사업위원회였다.

당시 최창익은 조선의용군이 화북지역을 넘어서 동북으로 활동을 확대해야 한다고 주장했다. 이것이 곧 '동북노선'인데, 실은 최창익의 동북노선은 1930년대부터 주장되던 것이었다. 1936년 중국으로 망명해 조선민족혁명당에 입당한 최창익은 곧 동북노선을 주장했었다. 하지만 자금난 등 제반 사정이 미비했기 때문에 동북노선은 실행되지 못했다. 1940년대 옌안에서도 일본의 탄압이 강화되는 상황이어서 동북노선은 받아들여지지 않았다. 특히 중공 해외사업위원회가 반대했다. 그래서 대안으로 나온 것이 비밀거점 확보 전략이었고, 그에 따라 거점 확보 요원으로 파견된 인물이 이상조였다. 이상조는 2년 동안 지하활동을 통해 한인 청년들을 포섭해 항일투쟁을 독려하는 유인물 유포 활동 등을 하다가 일제가 망하자 북만주독립동맹을 설립해 운영하고 있었다.[3]

선양에 머무는 동안 무정과 연안파에게 이후 많은 영향을 주는 사건이 발생했다. 조선의용군과 주요 간부들이 선양에 모여 있음을 알게 된 국민당군이 공격을 가해 왔다. 모두들 선양을 탈출해야 하는 상황이었다. 다른 간부들은 기차를 탈 준비를 하고 있었다. 기차는 국민당 폭격기의 공격을 받을 가능성이 높았지만, 다른 수단이 없었다. 이때 무정이 인근 푸순撫順에서 무장한 트럭을 한 대 구해 왔다. 무정은 측근만을 데리고 트럭을 타고 선양을 빠져나갔다.[4] 간부들은 안둥安東(지금의 단둥丹東)에서 다시 만났다. 이때가 11월 20일쯤이었다. 무정을 보는 눈이 예전과 같을 수는 없었을 것이다. 이 트럭 탈출 사건은 무정의 지도력에 큰 타격을 주었다. 그에 따라 연안파 내부의 결속력을 약화시키는 역할도 했다.

---

3 김중생,『조선의용군의 밀입국과 6·25전쟁』, 명지출판사, 2000, 90~91쪽.
4 서휘의 증언(1991년 6월, 중국 시안西安), 이종석,『새로 쓴 현대북한의 이해』, 역사비평사, 2000, 410쪽.

2. 조선의용군 무장 입국 실패

조선의용군은 해방 이후 무장한 채 입국을 하고자 했다. 무장 세력으로 독립 이후 국가 건설 과정에서 핵심 역할을 하려 했다. 하지만 무정은 해방 직후 한중 국경과는 멀리 떨어진 옌안에 있었다. 그래서 무정과 관계없이 동북지역의 조선의용군은 무정이 동북지역에 도착하기 전에 두 차례 입국을 시도했다. 하지만 이들의 시도는 모두 성공하지 못했다.

첫 번째 무장 입국 시도는 선견종대先遣從隊가 1945년 10월 중순에 했다.[5] 선견종대는 선양에서 조선의용군 지하공작활동을 하던 한청이 해방 직후 한인들을 모아 조직한 조선 입국을 위한 부대였다. 옌안을 출발한 조선의용군 지도자들의 도착이 일본군들의 방해로 늦어지자 소련군과 함께 입북할 생각으로 꾸려진 선발대였다. 조선의용군 사령부과 무정의 철저한 지도와 지시에 의해 구성된 부대는 아니었지만, 그렇다고 조선의용군 지도부와 관련이 없었던 것은 아니었다. 만주 지역에 이미 파견되어 조선의용군의 도착을 기다리고 있던 이유민이 선견종대의 조직과 입북을 지휘했다.[6] 만주로 오고 있던 조선의용군 사령부와도 정보를 주고받고 있었던 것으로 보인다. 입북 이후 김두봉이 쓴 "조선독립동맹의 회고와 전망"이라는 글에서 이러한 연계를 읽을 수 있다. "적이 저항을 포기하기 전에 소군蘇軍과 병견입국並肩入國하려면 계획이 실현되지 못하고 겨우 선견부대 1,500명이 추□하여 신의주에 도착하여 가지고 기대하던 우군에게 무산 관계로든지 일시 무장해제까지 당했다가 부득이 도로 출국하게 되엿다"라고 김두봉은 말하고 있다.[7] 선견부대의 움직임을 조선독립동맹 활동의 일환으로 보고 있었던

---

5 중앙일보특별취재반, 『(비록) 조선민주주의인민공화국』, 중앙일보사, 1992, 148~153쪽.

6 김중생, 『조선의용군의 밀입국과 6·25전쟁』, 136쪽.

7 김두봉, "조선독립동맹의 회고와 전망", 『북한관계사료집』 31, 국사편찬위원회, 1999, 258쪽.

것이다.

어쨌든 이 부대의 부대장은 한청이 맡고, 정치주임은 주연이 담당했다. 규모는 1,500명 정도였다. 이 부대는 소련군과 상의한 뒤 신의주에 들어갔다. 하지만 10월 12일 소련군과 보안대에 의해 무장 해제를 당했다. 한청은 평양으로 가 김일성을 만났다. 선견종대를 중심으로 군관학교를 만들어 달라고 요청했다. 김일성은 거절했다. 그래서 선견종대는 중국으로 돌아가 11월 초 선양에서 조선의용군 지도부와 만나게 되었다. 한청은 1946년 북한에 들어가 철도경비대 여단장, 38경비대 연대장 등을 하다가 1953년에 중국으로 돌아갔다. 주연은 동북조선의용군 1지대 정치주임을 지냈고, 북한으로 들어가 6·25전쟁 당시 사단장과 휴전회담 연락장교단장으로 활동했다.

두 번째 무장 입국 시도는 1945년 10월 하순 압록강지대에 의한 것이다. 규모는 2천여 명, 지대장은 김호, 정치위원은 김강이었다. 김호는 당시 31살로 황푸군관학교 출신이었다. 김강은 26살이었는데, 고아 출신으로 일찍부터 팔로군에서 활동했다. 압록강지대는 10월 하순 안둥에 도착했다. 신흥학교에 자리를 잡고, 3개 대대를 편성해 압록강을 건널 준비를 했다. 김호와 김강은 신의주에 있는 소련군 평북경비사령부와 접촉하면서 도강을 시도했다. 11월 초 소련군이 김호와 김강을 면담하고 입국을 허가했다. 3일 후 압록강 철교를 걸어서 건너오라는 것이었다. 그래서 조선의용군은 걸어서 압록강을 넘게 되었다. 이때에는 만주 지역의 한인들이 조선의용군에 자원입대해 인원이 4천여 명으로 늘어 있었다. 신의주에 들어서서 시가행진도 했는데 많은 시민들이 열렬히 환영해 주었다.

조선의용군은 시민들의 환대를 받고 신의주역 앞의 동중학교를 거처로 삼았다. 그런데 입국 첫날 밤에 기습을 당했다. 기습을 한 것은 한웅이었다. 한웅은 일제강점기에 한때 독립운동을 하다가 일제의 협력자가 된 인물이었다. 해방 직후 이용필을 위원장으로 하는 평안북도 자치위원회가 구성되었는데, 한웅은 이 위원회의 보안국장이었다. 평안북도 자치위원회는 곧 평안북도 임시정치위원회로 개칭되었는데, 한웅은 여전히 이용필 위원장의 수하에서 일제의 헌병대와 경찰이 남긴 무기를 수거해 특별보안대를 설립하고 평북 지역의 치안을 담당하고 있었다. 물론 평안북도 임시정치위원회는 소련군 사령부, 조선공산당 북부조선분국 평북도당부와 긴밀한 협력 관계에 있었다. 이런 상황에서 한웅의 부대가 조선의용군을 야습해 무장을 해제한 것이다.

한웅은 조선의용군 무장 해제 사건 얼마 후 체포되어 평양형무소의 해방 후 제1호 사형수로 처형되었다. 소련군과 조선공산당 북부조선분국 측이 조선의용군 무장 해제 사건의 진상 공개를 예방하기 위해 처형한 것으로 여겨진다. 한웅은 사형 직전에 "이럴 줄 알았으면 내가 먼저 김일성을 해치워야 했는데…"라고 말했다고 한다.[8] 조선의용군 무장 해제는 처음부터 끝까지 소련군과 조선공산당 북부조선분국의 계획에 의한 것이었다. 소련군 제25군 참모장 벤코프스키 중장이 평안북도 정치사령관 크라코프 대령에게 직접 지시하고 크라코프가 당시 평안북도 당 제1서기로 있던 김일과 공모해 조선의용군 무장 해제가 단행된 것이다.[9] 그 계획 속에서 한웅은 행동대장으로 이용된 것이다.

압록강지대는 곧바로 추방당해 만주로 돌아갔다. 이들 중 일부는 개인 자격으로 귀국하고, 일부는 동북조선의용군에 가담하고, 또 일부는 중공군에 입대했다. 당시에는 입북이 거절되었지만 압록강지대의 9개 중대가 1946년 3월 초 입북했다. 이들 중 일부는 간부양성학교에 입학하고, 나머지는

---

8 김창순, "연안파의 입국과 공·신합당의 내막", 『북한』 194호, 1988, 126쪽.
9 사사키 하루타카佐佐木春隆 저, 강창구 편역, 『한국전 비사 (중권)—기나긴 4일간』, 병학사, 1977, 20쪽.

평안북도 경비대대로 편성되었다.[10] 김호는 북한에 입국해 조선신민당 중앙위원과 조선신민당 평안북도 당위원장, 평안남도 보안부장, 북조선노동당 연락부부장 등을 지냈고, 북조선 소비조합 중앙위원장을 지내다 행방이 묘연해졌다. 김강은 제2군관학교 부교장대리와 인민군 기관지의 책임주필, 교육성 부상 등을 지내다가 1956년 8월 종파사건에 연루되어 중국으로 망명, 산시성 타이위안太原에서 살다가 사망했다.

　소련군이 해방 직후 조선의용군의 입국을 불허한 것은, 미군이 광복군의 입국을 불허한 것과 같은 맥락이다. 이들이 무장한 채 북한에 진입해 군의 주요 세력을 형성하게 되면 연안파의 입지는 매우 강화되는 것이었다. 이는 곧 중국공산당의 북한 내 영향의 증대를 의미하는 것이었다. 따라서 소련군은 자신들이 지원하는 만주파의 권력 장악을 지원하는 차원에서 조선의용군의 입국을 불허한 것이라고 할 수 있다. 해방 직후 각 계파 간의 경쟁의 와중에서 김일성의 만주파는 우선 국내파 제거를 위해 연안파의 협력을 구해야 했다. 그래서 연안파의 무장 입국을 방해한 일에 대해서는 변명을 해야 했다. 당시 만주파의 변명은 '국내파가 저지른 일'이라는 것이었다.[11]

3. 개별적으로 기차로 입국

안둥에 도착한 조선의용군과 독립동맹 간부들은 소련군정과 교섭을 벌였다. 역시 무장도 안 되고 독립동맹이라는 이름으로도 귀국할 수 없다는 것이 소련군정의 의사였다. 결국 개인 자격으로 기차를 타고 귀국하게 되었다.

　기차로 귀국하는 도중 무정에게 결정적으로 모욕을 주는 사건이 발생했

10　김중생, 『조선의용군의 밀입국과 6·25전쟁』, 138쪽.
11　한재덕, 『김일성을 고발한다』, 내외문화사, 1965, 224쪽.

다. 함께 귀국길에 오른 독립동맹 간부들이 무정의 머리에 모포를 씌워 차례로 한 대씩 때린 것이다.[12] 선양 탈출 당시 무정의 이기적 행동에 대한 반감의 표출이었을 것이다. 믿기 힘든 일이지만 이 또한 선양 탈출 사건과 함께 북한직업총동맹 위원장 출신 서휘의 증언이기 때문에 무시하기는 어려운 얘기이다. 다른 자료로 그 내용을 재차 확인하는 작업이 필요한 부분이긴 하다.

좀 다른 측면을 보면, 서휘의 증언은 초기 북한군에 몸담았던 장교들의 증언과는 사뭇 거리가 있다. 만주 룽징龍井에 있던 팔로군 군정대학을 졸업하고 1947년 초부터 북한군 장교로 근무했던 최태환의 증언에 따르면 초기 북한군 내에서 무정에 대한 존경과 흠모는 매우 높았다고 한다. 팔로군에서의 혁혁한 전과에다가 인간적인 모습까지 갖추고 있었기 때문에 무정을 따르는 사람들이 많았다는 것이다. 그러면서 최태환은 한 가지 일화를 전해주고 있다. 북한군 최고지도자 가운데 한 사람이면서도 초급장교들에게도 세심하게 신경을 써 주는 자상한 장군이었다는 것이다. 이 부분에 대한 최태환의 기록을 보자. 당시 최태환의 계급은 중위였다.

나는 보안간부훈련소에 도착하자마자 팔로군으로부터 배운 솔선수범의 정신을 발휘하여 아침 일찍 출근하여 사무실 청소를 했고 겨울에는 막사 주변의 눈을 쓰는 작업들을 자발적으로 했다.

그러던 어느 겨울날이었다. 막사 주변의 눈을 쓸어 내고 실내를 정리하는 중이었다.

"열성적인 동무구먼!"

하는 소리에 깜짝 놀라 뒤를 돌아보니 콧수염을 기른 얼굴에 호탕한 분위기를

---

12 중앙일보특별취재반, 『(비록) 조선민주주의인민공화국』, 161쪽.

풍겨 내는 사내가 뒷짐을 진 채 바라보고 있었다.

"조국에 복무하겠습니다!"

나는 상대의 신분을 파악하지도 못한 채 그의 기풍에 눌려 얼떨떨한 거수경례를 했다.

"동무의 직급이 무엇인가?"

"소성 둘입니닷."

"소성 둘이라고…, 직책은 무엇인가?"

"대열과 통계참몹니다!"

"그렇지, 여기가 대열과지. 그렇다면 참모장 안길 동지의 휘하이겠구만."

"그렇습니다."

"힘들지 않는가?"

"그렇지 않습니다. 당과 인민을 위하여 복무하는 것은 결코 힘들게 여겨지지 않습니다."

나도 모르게 튀어나오는 말들이었지만 아마 패기가 넘쳐흘렀는 모양이었다. 당시 나는 당과 인민을 위해 투쟁을 해야 할 군관의 자세가 깊이 배어 있기도 했다. 그 사내는 나를 보고 고개를 끄덕거리며 웃음을 지었다.

"어디 출신인가?"

"군정대학에서 왔습니다."

"그래, 그렇다면 내 부관과 같은 출신이구면."

사내의 이야기에 나는 동기생들의 얼굴을 떠올리며 상대의 신분을 파악하려고 생각을 굴렸다. 부관을 데리고 있는 사람이라면 보통의 신분이 아니었다. 게다가 군정대학 출신으로서 부관을 하고 있는 동기생을 생각하자 김성광이 떠올랐다. 그렇다면 상대는 그 유명했던 무정 장군일 것 같았다.

"장군님의 부관이 김성광 동무입니까?"

나는 상대에게 질문을 해 놓고 나서 상관에게 겁 없이 질문을 던지지 않았나

하는 생각이 순간적으로 떠올랐다.

"그래! 김성광이야."

상대는 의외로 부드러운 목소리로 응답을 해 주었다.

"조국에 복무하겠습니닷!"

상대가 무정 장군임을 파악한 나는 또다시 거수경례를 했다. 만주에서 광복군 생활을 한 사람 치고 무정의 신화적인 이야기를 듣지 않은 사람이 없었다. 또한 팔로군에서 포사령관을 하면서 혁혁한 전과를 올렸던 인물이었기에 그와 같이 이야기를 한다는 것이 영광스러울 지경이었다.

"무슨 경례를 또 하나. 그럴 필요 없어."

무정이 손을 내밀며 악수를 청했다. 그가 손을 붙잡아 주자 온몸의 피가 용솟음치는 감격을 느낄 수 있었다.

나는 무정에 대한 이야기를 들을 때마다 그가 호랑이 같은 모습을 하고 있을 거라고 생각했었다. 그러나 막상 그를 대하고 보니 마음씨 좋은 시골 아저씨를 만난 것 같은 느낌이었다. 그런 인상은 무정이 정말로 팔로군이었을까, 어떻게 수많은 전투를 치르어 왔을까 하는 의심이 들게 될 정도였다.

"솔선수범하는 모습을 보니 틀림없이 좋은 일꾼이야, 좋은 일꾼!"

무정은 껄껄 웃더니 나의 등을 두드려 준 뒤 자신의 막사가 있는 곳으로 걸어갔다.[13]

이런 증언은 무정이 부하를 아끼고 주변을 보살필 줄 아는 덕장의 측면도 가지고 있었음을 알 수 있게 해 준다. 비슷한 얘기로 빨치산 출신인 한 스님의 증언도 있다. "훌쩍 큰 키에 떡 벌어진 어깨하고 엄장 큰 체수가 장수감인 것은 맞지만, 상호는 그렇지 않아. 멋지게 기른 콧수염에 위엄 있는 얼굴

---

13 최태환·박혜강, 『젊은 혁명가의 초상─인민군 장교 최태환 중좌의 한국전쟁 참전기』, 공동체, 1989, 47~48쪽.

이었지만, 뭐랄까, 사천왕이 아니라 그저 마음씨 좋은 삼촌 같은 인상이야"
라고 그는 증언했다.[14] 키와 관련한 부분은 좀 잘못 전해진 것 같다. 조선의
용군 출신 김순기와 동북조선의용군 출신으로 조선인민군 7사단 공병대대
상사로 근무했던 김장규는 무정이 작았다고 증언한 바 있다. 이들은 무정을
직접 보았기 때문에 이들의 증언이 옳다고 보아야 할 것이다. 빨치산 출신
의 스님은 신화처럼 전해지던 무정에 관한 소문을 얘기한 것으로 보인다.

키는 그렇다 치고 후덕한 모습은 무정이 어느 정도 갖추고 있었던 것으로
보인다. 과격하고 급한 성격의 이면에는 아량 넓은 측면도 있었던 것이다.
무정은 옌안 시절 작곡가 정율성이 사랑하는 여인과 결혼에 문제를 겪자 발
벗고 나서서 성사시켜 준 일도 있다. 1941년 11월 무정은 산간닝변구 제2
차 참의회에 참석하기 위해 옌안에 있었다. 당시 노신예술학원 음악학부에
서 성악을 가르치던 정율성과 항일군정대학 여학생대장 정설송이 사랑하
는 사이였다. 그런데 당에서 정율성의 혁명성에 문제가 있는 것으로 판단해
정설송이 정율성과 결혼하는 것을 반대했다. 이때 무정이 나서서 정설송을
만나 "정율성에게 문제는 없어요. 그의 가정은 혁명가정이에요"라고 설명
하면서 걱정 말고 결혼하라고 격려했다. 무정은 정율성을 아꼈고, 그의 큰
형과 둘째형도 잘 알고 있었다. 그렇게 정율성을 잘 아는 무정이 적극 나서
주는 바람에 당에서도 반대하지 않았다. 그래서 결국 그들은 결혼할 수 있
게 되었다.[15] 부하를 버리고 혼자 도주했다는 서휘의 증언과는 완전히 다른
인간적인 측면이 아닐 수 없다.

만주의 동북조선의용군 제3지대(지대장 이상조) 출신으로 조선인민군에
서 한국전쟁 기간을 포함해 7년 반 동안 복무하다 중위로 제대한 김중생은

---

14 김성동, 『현대사 아리랑―꽃다발도 무덤도 없는 혁명가들』, 녹색평론사, 2010, 242쪽.
15 림선옥, "전설적 영웅 무정 장군", 김호웅·강순화, 『중국에서 활동한 조선-한국 명인 연구』, 옌
지: 연변인민출판사, 2007, 539쪽.

무정이 선양에서 혼자 도주했다든가 평양으로 오는 기차 속에서 모포가 씌워진 채 얻어맞았다는 얘기에 대해 "당시에는 혼란스러운 상황이어서 여러 가지 왜곡된 얘기들이 전해졌을 수도 있을 거예요. 하지만 나는 인민군 복무 당시 그런 얘기는 들어 보지 못했어요"라고 말했다.[16]

4. 입국일은 1945년 12월 13일

무정의 정확한 입국 시기와 관련해서는 1945년 9월 말에서 12월 13일 사이,[17] 11월 말,[18] 12월 초쯤[19] 등 많은 설이 존재해 왔다. 해방 직후 평양에서 조선민주당 간부를 지냈던 박재창은 11월 27일 귀국했다고 말하고 있다. 신의주의 학생들이 소련군의 만행과 공산당에 대한 반감으로 공산당 평안북도 본부를 습격한 신의주학생사건이 11월 23일 발생했는데, 나흘 후인 27일 무정이 신의주에서 기차를 타고 평양으로 왔다는 얘기이다. 박재창의 증언은 이렇다.

신의주로 내려가 신의주 학생 반공의거 사건의 진상을 조사하던 중 적위대[20] 에게 붙잡혀 이틀 동안 감옥에 있다 김일성을 잘 안다고 소군 장교에게 졸라 댐으로써 간신히 풀려나온 후의 일입니다. 일대 검거 선풍이 불기 시작했고, 공

16 김중생(동북조선의용군 제3지대 대원, 조선인민군 중위) 인터뷰, 2014년 11월 22일, 서울.
17 민주주의민족전선 편, 『朝鮮解放年報』, 문우인서관, 1946, 146쪽, 김준엽·김창순, 『한국공산주의운동사』 5, 청계연구소, 1986, 123쪽 재인용.
18 최강, 『조선의용군사』, 옌지: 연변인민출판사, 2006, 190쪽; 중앙일보특별취재반, 『(비록) 조선민주주의인민공화국』, 142쪽.
19 한홍구, "무정과 화북조선독립동맹", 82쪽; 스칼라피노·이정식 저, 한홍구 역, 『한국공산주의운동사』 1, 돌베개, 1986, 277쪽.
20 해방 직후 지역 치안 유지를 목적으로 공산주의자들이 조직한 무장 세력.

산당의 보복이 자행되는 때라 아무도 모르게 죽음을 당할 것 같아서 풀려나오자 곧 김일성이 묵고 있던 철도호텔로 찾아갔습니다. 그때 김일성이는 흉흉한 민심을 수습하려 군중대회를 열기 위해 신의주에 와 있었지요.

김일성을 만나 지금껏 구금돼 있다 풀려나오는 길이라고 말하고 "어느 귀신도 모르게 내가 죽겠으니, 당신하고 같이 평양까지 가야 되겠습니다"고 요청했더니 그는 "좋습니다. 내일 새벽차가 있으니 함께 갑시다"고 응낙하더군요. 그때가 아마 11월 26일쯤 될 겁니다. 그래서 나는 일단 놓아주었다가 다시 처치해 버리는 공산당 수법을 잘 알고 있었기 때문에 철도호텔에서 한 발짝도 밖으로 나가지 않고 있던 중입니다. 그런데 그날 오후, 당시엔 그림자처럼 김일성을 따라다니던 그의 비서 문일[21]이가 밖에 나갔다 들어오더니 "평양 소련군사령부에서 비행기를 보내 왔다"고 김일성에게 전해요. 그러니까 김일성이 즉각 그날의 스케줄을 모두 뒤집어엎고 자리를 털고 일어나 비행장으로 갑디다.

그는 떠나면서 사지에 홀로 떨어진 것 같은 불안감을 어쩌지 못하고 있는 나를 향해 "당신은 문 비서와 함께 내일 새벽 특별열차로 오시오"라고 말하더군요. 그때 김일성이가 소련군 사령부 지시대로 움직이고 있구나 하는 인상을 피부로 강력하게 느꼈습니다. 하여간 소군 사령부는 김일성과 사전에 전화 한 통화도 없이 무조건 비행기를 보내 데려갔으니까요.

이건 여담입니다마는 다음 날 새벽열차로 문일이와 함께 평양으로 가면서 우연히 무정이의 입북을 목격했습니다. 문일이와 함께 특별석에 앉고 보니 앞좌석에 콧수염을 달고 건장하게 보이는 50에 가까운 남자가 앉아 있더군요. 어딘가 무인 같은 인상이 풍기고 있었지요. 그는 문일이와 약간의 대화를 나누었지만 그렇게 친밀하지는 않은 듯 보였습니다. 긴 장화를 신고 있던 그는 평양이 가까워 올 무렵 돌연 품속에서 조그만 권총을 거침없이 꺼내더니 문일

---

21 문일은 소련군이 붙여준 통역 비서로 1948년 북한정권이 수립된 후 행방불명되었다.

이와 내가 보는 앞에서 실탄을 잰 후 품속에 넣더군요. 평양역에 닿을 때까지 나는 그와 한 마디의 말도 건네지 않았기 때문에 그가 누구인지도 모르고 헤어졌읍니다. 그런데 며칠이 지나 벽보가 붙기를 무정의 강연이 어느 청년회관에서 열린다고 해요. 무정은 그 이름이 어쩐지 전형적인 무인의 냄새를 풍기고 있었을 뿐 아니라 김일성과는 달리 중국에서 5만이나 되는 많은 의용군을 지휘했다는 등의 얘기가 파다하게 퍼져 있던 때라 호기심에 이끌려 그 강연장엘 가 보았읍니다. 가서 무정이를 보고 깜짝 놀랐읍니다. 그는 다름 아닌 얼마 전 특별열차 칸에서 마주 앉았던 그 남자였기 때문입니다. 연안파의 입북 일자가 9월부터 12월까지 구구하지만 나는 11월 27일로 보고 있읍니다.[22]

박재창의 증언은 상당히 구체적이다. 하지만 신의주에서 김일성을 만난 날이 26일쯤이라고 말하고 있기 때문에 무정을 기차에서 본 날도 27일로 단정하기는 어려워 보인다. 또 무정이 탄 기차에는 김두봉과 최창익 등 거물들이 모두 탔을 것으로 추정되는데 박재창이 이런 상황을 인식하지 못했다는 것도 이해하기 힘든 부분이다.

조선의용군 중간간부 출신으로 무정 등과 함께 입국해 조선노동당 평양시 당 부위원장을 지낸 홍순관의 증언은 '12월 초'이다. 홍 씨에 따르면 무정 등은 12월 초 소련군정이 제공하는 기차를 타고 신의주를 거쳐 평양역에 도착했다. 환영객은 없었다.[23] 북한직업총동맹 위원장을 했던 서휘의 증언은 '11월 말 입국, 12월 초 평양 도착'이다. "연안파 간부진들이 압록강을 넘어 신의주에 온 때가 11월 말, 평양에 도착한 때는 12월 초입니다. 국경을 넘으니 신의주학생사건이 며칠 전에 일어났다더군요. 압록강 철교를 기차로 넘

---

22 조규하 외, 『남북의 대화』, 고려원, 1987, 189~191쪽.
23 중앙일보특별취재반, 『(비록) 조선민주주의인민공화국』, 155~156쪽.

는데 김일성 장군 전단이 많이 붙어 있습디다"라는 게 서휘의 말이다.[24]

이렇게 여러 가지 얘기들이 있지만, 무정이 입국한 날은 1945년 12월 13일이라고 보는 것이 옳을 것이다. 근거는 북한 문서이다. 미국국립문서기록보관청(NARA)에 보관되어 있는 한국전쟁 당시의 노획문서에 포함되어 있는 문서이다. 「해방 후 4년간의 국내외 중요일지(1945. 8.~1949. 3.)」라는 문서인데, 1945년 12월 13일에 발생한 일로 '조선독립동맹 김두봉 선생 이하 일부 입국'을 기록해 놓고 있다.[25] 김두봉의 이름만 있고 무정의 이름이 따로 나와 있지 않지만 9월 5일 옌안에서 두 사람은 말을 타고 함께 출발했고, 이후에도 따로 떨어진 정황은 발견되지 않는다. 최창익, 한빈, 박효삼, 김창만, 허정숙 등도 이날 함께 귀국한 것으로 보인다.

『정로』1946년 2월 13일 자에 김두봉의 "조선독립동맹의 회고와 전망"이라는 글이 실려 있는데, 여기서 김두봉은 "우리 독립동맹은 입국한 지 2개월이 넘는 동안을 두고 겸허잠처謙虛潛處한 것은 국내□세를 바로 안 뒤에 진출 여부를 결정하려 한 것이었다. 우리 동맹의 진출이 일에 별 협조될 것이 없다면 단체 이름 하나라도 더 내여 놓을 필요가 없다고 생각하였던 것이다"라고 말했다.[26] 2월 13일에 '2개월 전 입국했다'고 밝히고 있으니, 입국일은 12월 13일이 된다.

『정로』1946년 1월 15일 자에 게재되어 있는 「조선동포에 고함」이라는 제목의 조선독립동맹 귀국 성명서는 "화북일대에는 일본파시스트 무장이 아직 해제되지 못하고 있었던 관계로 우리는 전투 행위를 피면할 수 없엇고 딸아서 조국에의 길은 지연되지 않을 수 없었다. 그리하야 1개월 전에 압록강을 건너서 그리워하던 조국땅에 들어서게 되었다"라고 귀국 시기를 말하

24 위의 책, 157쪽.
25 「해방 후 4년간의 국내외 중요일지」, 『북한관계사료집』 7, 국사편찬위원회, 1989, 582쪽.
26 김두봉, "조선독립동맹의 회고와 전망", 258쪽.

고 있다.[27] 1월 15일부터 1개월 전이면 12월 15일 정도가 된다. '12월 13일 귀국'과 그다지 어긋나지 않는다.

다만, 『정로』 1946년 1월 10일 자에 실려 있는 조선청년총동맹 결성대회 측의 편지는 위의 자료들과 약간 다른 부분이 있다. 무정과 독립동맹 구성원들에게 보내는 귀국 환영의 편지이다. 이 편지가 작성된 날짜는 1945년 12월 11일이다. 편지의 첫 부분은 "독립동맹 혁명투사 선배 여러분! 조선 청년 3백만은 여러분이 고구려의 고도 평양에 환주하신 쾌보를 듯고 3백만의 의기와 열의를 대표하야 만뢰萬雷 같은 박수와 거도巨濤 같은 환호로서 환영의 인사를 들이는 바입니다"라고 되어 있다.[28] 12월 11일에 쓴 편지인데, 무정 등이 이미 평양에 돌아온 것처럼 표현하고 있다. 귀국 소식이 알려져 있는 상태에서 미리 서신을 써 놓았던 것이 아닌가 한다.

어쨌든 이렇게 독립동맹과 조선의용군의 주요 인물들은 1945년 12월에 개인 자격으로 입북하게 되고, 또 일부는 1946년에 일부 경호 인원을 데리고 입북했다. 우선 1차로 1945년 12월에 입북한 인물들은 표 2-1과 같다.

표 2-1 1945년 12월 입북 조선의용군

이름	출생 연도·지역	입북 당시 직위	북한에서의 직위
무 정	1904년 함북 경성	조선의용군 사령관 독립동맹 집행위원	조선인민군 포병 부사령관
김두봉	1889년 경남 동래	독립동맹 주석	최고인민회의 상임위원장
최창익	1896년 함북 온성	독립동맹 부주석	내각 부수상
한 빈	1901년 함북 경원	독립동맹 부주석	평양도서관장
박효삼	1903년 함남	조선의용군 참모장 독립동맹 집행위원	수매양정성 부상

27 「조선동포에 고함—독립동맹 귀국 제1성」, 『북한관계사료집』 31, 국사편찬위원회, 1999, 134~137쪽.
28 「조선청년총동맹 결성대회의 서장—무정 동지와 독립동맹 동지에게」, 『북한관계사료집』 31, 국사편찬위원회, 1999, 122~124쪽.

김창만	1911년 함북 정평	독립동맹 집행위원	조선노동당 중앙위 부위원장
하앙천	1907년 강원도	〃	조선노동당 선전부장
허정숙	1902년 함북 명천	〃	조선노동당 선전문화상
김한중	1914년	〃	조선인민군 공군 부사단장
방우용	1893년 경남 언양	〃	북조선인민위원회 인민검열국 검열위원
이춘암	1905년 경기 개성	〃	내무성 후방국장
장진광	1914년 하와이	〃	조선노동당 선전부 부부장
주춘길 (임해)	1908년 경상도	〃	상업상
고봉기	1916년 함남	조선의용군 대원	조선노동당 평양시 당위원장
김민산	1917년 경북 선산	〃	조선노동당 중앙위원
김세광 (김세일)	1910년 평북 용천	독립동맹 진서북분맹 책임자	내무성 부상
김영숙	미상. 무정의 처	조선의용군 대원	역사학자
김철원 (김두성)	1916년 서울	〃	탱크사단 참모장
박 무	1913년 황해도 해주	〃	조선중앙통신사 사장
손 달	1916년 제주도	독립동맹 화중분맹 책임자	조선노동당 대남사업부장
양 계	1918년 평북	조선의용군 대원	조선노동당 자강도 당위원장
왕 연	1912년 함북	〃	조선인민군 공군사령관
유 신	1915년 황해도	〃	조선인민군 1군단 참모장
이 림	1914년 함북	〃	민족보위성 간부국장
이지강	1914년 인천	조선의용군 진지위冀豫 지대장	평안남도 내무국장
이철중	1914년 경기 개성	조선의용군 대원	미상
장수연	미상. 박효삼의 처		
장중광 (강병학)	1914년 평양	조선의용군 대원	조선인민군 사단장
장중진	1917년 경상도	〃	조선인민군 항공학교 부교장
장지민	1902년 경상도	화북조선군정학교 교무부장	북조선노동당 총무부장
장지복	1914년	조선의용군 대원	조선인민군 동해안방어사령관
주 혁	1915년 함북 길주	동북조선의용군 5지대 대원	조선인민군 참모장
진국화	1916년 평안도		동해수상보안대장
진반수	1914년 함북	〃	대외무역상

최봉록	1911년 평북 신의주	동북조선의용군 5지대 대원	조선인민군 10사단장
최 영	1910년 강원도 홍천	〃	조선노동당 평북 당 부위원장
풍중천 (이동림)	1911년	조선의용군 제2지대 정치지도원	조선인민군 대좌
하진동 (하동우)	1914년 평북 정주	〃	조선인민군 포병학교 교장

* 출처: 김중생, 『조선의용군의 밀입국과 6·25전쟁』, 명지출판사, 2000, 121~127쪽; 정병일, 『북조선 체제 성립과 연안파 역할』, 선인, 2012, 325~339쪽 등을 참조하여 정리.

조선의용군을 만주에 남겨 두고 1945년 12월 단신으로 입국한 무정은 북한에서 정권을 잡고 의용군을 입국시킬 수 있을 것으로 생각했던 것 같다. 1946년 당시 남북한의 지도자들을 소개한 책 『지도자군상』에 무정의 당시 생각을 알 수 있는 대목이 있다. "장군의 언명에 의하면 나라가 서게 되면 의용군은 무장한 채 국내에 드러와서 조선을 그 어떤 침략자에게도 유린되지 않을 만치 수비할 수 있는 자신과 역량을 갖고 있다는 것이다."[29] 국가를 세운 다음 의용군을 무장 입국시키겠다는 생각을 가지고 있었다는 얘기다. 실제 무정은 그런 생각을 가지고 의용군을 뒤로 한 채 압록강을 넘었을 것이다.

5. 동북조선의용군의 확대와 입북

선양에서 1945년 11월 7일에 열린 조선의용군 군인대회를 계기로 조선의용군은 동북조선의용군으로 개칭되고, 3개 지대로 나뉘어 곧 임지로 향했다. 각 지대는 자체적인 확대 작업도 계속하면서 팔로군을 도와 국민당군과 싸웠다. 전투 과정에서 제1지대는 1948년 11월 동북인민해방군 보병 제166사로 발전했다. 또 제3지대는 1949년 3월 인민해방군 제4야전군 보병

---

29 김오성, 『지도자군상』, 대성출판사, 1946, 75쪽.

제164사로 성장했다. 제5지대는 동북항일연군교도려와 합쳐져 1950년 2월 인민해방군 중남군구 독립 제15사가 되었다. 이렇게 해서 동북지역의 조선인부대는 6만의 대군이 되었다. 동북조선의용군이 크게 성장한 데에는 동북지역 한인들이 의용군에 많이 지원했기 때문인데, 당시 동북지역의 우익 한인단체들은 조선의용군의 확대를 막기 위해 선전 활동을 전개하기도 했다. 우익단체가 뿌린 전단을 보면 당시의 상황을 생생하게 느낄 수 있다.

의용군 동무들에게 고함!!

의용군 동무들! 우리의 귀중한 혈액은 우리 조국의 완전 독립을 위해서야만 바칠 수 잇다. 동무들이 타국의 내전에 참가함으로서 우리 동포들까지 도탄에 몰아넛코 있는 사실을 동무들은 발을 멈추고 재성하자. 세계대전 중 카이로회담에서 우리 조국의 완전 독립을 주장한 이는 장 주석이엿다. 이 노력으로서 조국의 완전 독립은 결정되엿다.

우리는 우리 조국이 독립되지 못하는 이유를 냉정히 살펴보자. 남북조선은 완전한 이분 상태에 노인 체로 날이 가고 달이 박길사록 통일의 곤란성은 가加하고 잇다. 그 무슨 원인이 이 속에 개재하는가를 동무들은 다시 한 번 숙고하자! 동무들은 총뿌리를 돌여서 조국독립을 전취하자. 국군이 접수한 지대의 우리 동포들은 모든 악선전과는 정반대로 절대한 보호하에 안온한 생활을 하고 잇다. 그리고 동무들이 하로바비 총뿌리를 돌니기 바라고 잇다.

중화민국 37년(1946년) 7월

동북한교선무단선전처
동북한교애국동지회[30]

---

30 「의용군 동무들에게 고함!!」. National Archives and Records Administration, RG 226, Records

국민당과 연결된 한인 우익단체들은 이렇게 조선의용군들이 공산당을 돕지 말고 오히려 공산당 쪽으로 총부리를 돌려야 한다고 주장했다. 조선의용군이 중국공산당에게 큰 힘이 되고, 반대로 국민당에게는 큰 타격이 되었음을 보여 주는 내용이기도 하다.

엔지延吉 지역에도 장제스군의 조종하에 '치안유지대'라는 우익단체가 조직되어 있었다. 여기에는 중국인도 있었고, 한인도 있었다. 이들은 일제가 완전히 물러간 상황에서 공산당 세력의 확장을 막으면서 장제스군의 동북지역 장악을 돕고 있었다. 여기에 맞서 공산당에 우호적인 한인들은 '한인동지회'를 구성했다. 양측은 협박과 테러를 서슴지 않았다.[31] 일제의 퇴각으로 무주공산이 된 만주를 차지하기 위해 좌익과 우익이 심한 세력 싸움을 하고 있었던 것이다.

중국공산당은 이러한 상황에서 친공산 세력의 기반을 확장하기 위해 한인들에게 공산주의 교육을 강화했다. 미美 전략정보국(OSS)의 보고서에 따르면 중국공산당은 1946년 초 안둥에 한인 공산주의 학교를 세웠다. 다롄 등에도 비슷한 학교를 세워 1,500명씩을 교육할 계획을 수립해 놓고 있었다. 동북지역에 남아 있는 일본인을 상대로 한 공산주의 교육도 비슷하게 실시했다.[32] 옌볜延邊 지역에는 옌볜길동대학이 세워졌다. 이 학교에서는 중국공산당사와 마오쩌둥의 이론, 류사오치의 대중철학 등을 주로 가르쳤다. 학비를 받지 않고 무료로 기숙사 생활을 할 수 있었기 때문에 많은 조선인 젊은이들이 지원했다. 동북조선의용군이 성장하는 데는 이러한 중국공

of Major Field Offices and Bases of Operation 1940–49, Washington Registry SI Intelligence Field Files, Entry 108A, Box 92.

31 한주빈, "인민의 정권 정무위원회", 『중국 동북해방전쟁 참가자들의 회상기』 2, 조선로동당출판사, 2012, 5~6쪽.

32 「Communist Military Information: An-Tung Area」, National Archives and Records Administration, RG 226, Records of Major Field Offices and Bases of Operation 1940–49, Washington Registry SI Intelligence Field Files, Entry 108A, Box 107.

산당의 선전과 교육도 많은 영향을 미쳤다.

이렇게 동북조선의용군이 확대되는 가운데 일부는 북한으로 이동했다. 개별적으로 또는 단체로 입북했다. 1946년에 개별적으로 입북한 이들 가운데 확인되는 사람은 표 2-2와 같다.

표 2-2 1946년 입북 조선의용군

이름	출생 연도·지역	입북 당시 직위	입북 시기	북한에서의 직위
공 호	미상	동북조선의용군 제3지대 위생대장	1946년 7월	조선인민군 13야전병원장
구재수	1912년 경상도	동북조선의용군 대원	1946년	최고인민회의 상임위원
김병권	미상	동북조선의용군 5지대 대원	1946년 초	덕천병기공장 책임자
김병헌	미상	〃	1946년	조선인민군 여단 정치부여단장
김수만	1908년	〃	1946년	조선인민군 총참모부 대좌
김 신	1911년 평북	동북조선의용군 5지대 17단장	1946년 3월	조선인민군 여단장
김 연	평북	동북조선의용군 3지대 참모장	1946년 7월	조선인민군 15사단 참모장
김오진 (김원홍)	미상	동북조선의용군 5지대 대원	1946년 초	조선인민군 5군단 정치부 부부장
김 웅 (왕신호)	1912년 경북 김천	동북조선의용군 1지대장	1946년 3월	민족보위상
김종원	1909년 경상도	동북조선의용군 5지대 대원	1946년 초	조선노동당 대남사업부 공작원
김 택 (왕통)	1912년 함북	〃	1946년 초	민주조선 편집국장
김 홍	미상	〃	1946년 초	조선인민군 15사단장
박일우	1905년 함북 회령	동북조선의용군 5지대 정치위원	1946년 5월	내무상
박훈일	1917년 함남 단천	동북조선의용군 7지대장	1946년 3월	내무성 부상
유원천	미상	동북조선의용군 5지대 17단 부단장	1946년	조선인민군 탱크여단장

윤치평	1916년	조선의용군 대원	1946년	조선인민군 서해수상방어 사령관
이권무	1914년 함북	동북조선의용군 5지대 부지대장	1946년 초	조선인민군 총참모장
이근산	1913년	동북조선의용군 3지대 정치주임	1946년 7월	철도경비여단 참모장
이대성	1914년 경북 대구	조선의용군 대원	1946년 3월	북조선노동당 남포시 당위원장
이덕무 (양원)	미상	동북조선의용군 1지대 대원	1946년	미상
이동호	1917년 경북 대구	동북조선의용군 5지대 대원	1946년 초	조선인민군 대좌
이 명	1914년	조선의용군 압록강지대 정치위원	1946년 초	조선인민군 사단장
이명선 (최한)	1910년 전라도	동북조선의용군 5지대 대원	1946년	조선인민군 인천해안방어여단 연대장
이상조	1915년 경남 동래	동북조선의용군 3지대장	1946년 7월	주소련 대사
이원영	1923년 충북	〃	1946년	조선인민군 대좌
이유민	1914년 전남 보성	조선의용군 만주 진출 총책	1946년 초	최고인민회의 상임위 부위원장
이익성	1911년 함북 경성	동북조선의용군 5지대장	1946년 5월	조선인민군 사단장
장평산	1916년 평북 신의주	동북조선의용군 1지대 대원	1946년 초	조선인민군 4군단장
조병룡	미상	동북조선의용군 1지대 조직부 과장	1946년	조선인민군 총참모부 간부국 부국장
조열광	1913년 경기 개성	동북조선의용군 5지대 부참모장	1946년 초	조선인민군 15사단장
주 연 (배준일)	1914년 경상도	동북조선의용군 1지대 정치주임	1946년 3월	조선인민군 15사단장
채국번 (김호)	1914년	조선의용군 압록강지대장	1946년	조선노동당 대남사업부 부부장
최계원	1912년 전라도	동북조선의용군 5지대 대원	1946년 초	조선인민군 대좌
최 명	1917년 평북 운산	동북조선의용군 7지대 부지대장	1946년 3월	조선인민군 8군단 참모장

한 경	1916년 충남 부여	동북조선의용군 1지대 참모장	1946년 초	조선인민군 4군단 군사위원

* 출처: 김중생,『조선의용군의 밀입국과 6·25전쟁』, 명지출판사, 2000, 127~135쪽; 정병일,『북조선 체제 성립과 연안파 역할』, 선인, 2012, 325~339쪽 등을 참조하여 정리.

1946년 봄부터 가을까지 수백 또는 수천 명 규모로 입북하는 경우도 몇 차례 있었다. 1946년 3월 30일 자『조선인민보』는 중국에 있는 조선의용군의 일부가 북한으로 들어왔다고 전하고 있다. 이들은 보안대와 철도보안대 등에 배치되었는데, 그들의 활약이 눈부신 것으로『조선인민보』는 보도하고 있다. 시기상으로 압록강지대의 이동을 언급하고 있는 것으로 보인다. 그동안에는 보안대원들에 대해 시민들이 불만을 가지고 있었는데 조선의용군 배치 이후 불만이 줄어들고 있다는 내용도『조선인민보』는 전해 주고 있다.[33] 조선의용군에 대한 일반의 인식이 매우 좋았음을 단적으로 보여 주는 모습이기도 하다.

비슷한 시기에 훈춘 지역의 조선족으로 구성된 훈춘보안단 2,000여 명도 입북했다. 이들은 보안간부훈련소에 배치되었다. 이렇게 상당히 큰 규모의 군대가 북한으로 이동한 것은 이즈음에 연안파와 김일성파 사이에 동북조선의용군 입북에 대해서 합의가 있었던 것으로 보인다.[34] 연안파는 군부에서 자신의 세력을 강화하기 위해, 김일성 세력은 소련의 지원하에 국가 건설의 주도적 역할을 하고 있는 상황에서 정규군 체제를 갖추기 위해서 양측이 동북조선의용군을 일부 데려온다는 데 합의를 하게 된 것으로 보인다. 물론 이러한 합의를 바탕으로 소련군을 설득하는 데 성공했기 때문에 동북조선의용군의 이동이 가능했을 것이다.

1946년 6월에는 동북조선의용군 제5지대 챠오양촨朝陽川 교도대대 500

---

33 『조선인민보』 1946. 3. 30.
34 김중생,『조선의용군의 밀입국과 6·25전쟁』, 140쪽.

명이 함북 회령을 통해 입북, 함흥에서 한 달간 교육을 받고 보안간부훈련소 각 부대에 배치되었다.[35] 이렇게 챠오양촨 교도대대는 보안간부훈련소의 중심 세력이 되었고, 특히 중·하위 장교의 중추를 이루게 되었다. 하지만 1946년 가을 공산당군과 국민당군 사이의 만주 지역 내전이 심화되면서 일정한 부대 단위의 동북조선의용군의 입북은 중단되었다.

다만 소규모 입북은 계속 이어져 1947년 6월에는 만주 룽징龍井의 팔로군 군정대학 졸업생 가운데 최태환, 김성광, 최봉록, 김찬일, 한태윤 등 20명이 북한에 들어왔다. 이들은 보안간부훈련대대부와 각 도의 내무국에 배치되었다. 중국 동북지역 한인들의 소규모 입북에 관한 일은 당시 중앙당 간부과장이던 이상조가 주로 맡아서 했다. 연안파인 이상조는 동북지역 한인들을 끌어들여 연안파의 강화를 꾀하고 있었다.[36] 이상조는 한국전쟁 당시 인민군 부총참모장, 정전회담 북한 측 대표를 지내고, 전쟁 후 소련 주재 대사까지 되었지만, 김일성 유일체제에 반기를 들고 1956년 소련으로 망명했다. 1947년 당시는 이상조가 연안파의 강화를 위해 노력하는 시점이었고, 그 바람에 동북지역의 한인 젊은이들이 북한에 들어가게 되었다. 1947년 2월 북조선인민위원회가 출범한 이후 주요 기관에서 일할 수 있는 간부 자원이 부족한 상황이었기 때문에 만주의 한인들을 데려온 것으로 보인다. 간부가 모자라는 상황에서 연안파는 필요한 간부를 충원하면서 자파의 세력 확장도 이루기 위해 중국 동북지역의 한인 청년들을 데려온 것이다.[37]

소규모 입북이 지속되는 가운데 북한은 동북조선의용군의 대규모 입북

---

35 위의 책, 140쪽.
36 최태환·박혜강, 『젊은 혁명가의 초상—인민군 장교 최태환 중좌의 한국전쟁 참전기』, 33~36쪽; 한상구, "한국현대사의 증언—6·25와 빨치산: 팔로군 출신 방호산 사단 정치보위부 최태환의 증언", 『역사비평』 4, 1988, 364~365쪽.
37 홍순정, "『젊은 혁명가의 초상』 펴낸 전 인민군 장교 최태환—전쟁의 고아 '빨치산'을 복원시켜 주시오", 『통일한국』 8-1, 1990, 94쪽.

에 대한 준비도 해 나갔다. 미군정 보고서에 따르면 김일성은 1946년 9월 조선의용군이 북한군의 핵심이 될 것이라고 밝혔고, 이러한 내용을 북한의 운송체계에 전달해 조선의용군의 이동에 협조하도록 했다.[38] 1948년 12월 초에는 모스크바에서 소련 국방상 불가닌과 극동군 사령관 말리놉스키, 해군사령관 글로브코, 제1부수상 말렌코프, 북한 대표 최용건, 그리고 중국 대표까지 참석해 북한에 대한 특별군사사절단 파견 문제를 논의했다. 이 자리에서 "중국 측은 만주에 있는 한인 중국군 2만~2만 5천 명을 입북시켜 인민군을 증강시킨다"는 합의가 이루어졌다.[39] 1948년 11월 중국의 내전이 공산당군의 승리로 마무리됨에 따라 한인 부대를 북한으로 보내기로 결정한 것이다.

이러한 합의에 따라 동북조선의용군 입국 문제가 구체적으로 논의된 것은 1949년 1월 하얼빈 회의에서였다. 북한 대표로 민족보위상 최용건, 포병사령관 무정, 검찰위원장 방우용이, 동북조선의용군에서는 중국군 166사단장 방호산, 목단강군구 독립제3사단 수송사단장 방덕경, 하얼빈보안여단 정치위원 주덕해가 회의에 참석했다. 중국 대표로는 중국공산당 동북정치위원회 리리싼李立三, 동북인민해방군 길림지구 사령관 저우바오중周保中 등이 나왔고, 소련군 대표단도 참석했다.[40] 이러한 준비 끝에 조선의용군은 1949년 7~8월과 1950년 4월 대거 입북했다. 방호산이 지휘하는 중국군 166사단은 1949년 7월 25일 입국, 인민군 6사단이 되어 신의주에 사령부를 두었다. 인원은 10,800명이었다. 김창덕이 사단장인 중국군 164사단은 1949년 8월 23일 함북 회령을 거쳐 나남(지금의 나선)에 도착했고, 10,000명

---

38 「Intelligence Summary Northern Korea (for Period 15 February 1947 to 28 February 1947)」, HQ, USAFIK, 1 March 1947, p.2.
39 안찬일, "인민군 창건 과정과 발전에 관한 연구", 『북한』 226호, 1990. 10., 110쪽.
40 위의 글, 110쪽.

규모의 인민군 5사단으로 개편되었다. 인민군 6사단과 5사단이 된 부대들은 제2차 세계대전 당시 연합군이 국민당에게 공급했던 미군 무기를 노획해 무장하고 있었는데, 그 무기들을 그대로 가지고 인민군이 되었다. 인민군의 주요 부대들이 미군 무기로 무장을 하게 된 것이다.

1950년 5월에는 전우가 중국군 20사단 내의 조선의용군과 다른 지역의 한인들을 모아 10,000명 규모의 인민해방군 중남군구 독립 제15사를 조직했고, 이 부대가 원산으로 입북, 인민군 12사단을 편성했다. 이밖에도 1,000~2,000명 정도의 동북조선의용군이 산발적으로 입북해 인민군 각 부대에 배치되었다. 이렇게 해서 동북조선의용군은 북한군 전체의 3분의 1을 차지하면서 북한군의 전력 강화에 크게 기여하게 되었다.

당시 중국이 조선의용군의 입북을 추진한 데에는 몇 가지 원인이 작용했다.[41] 첫째는 국민당군과의 내전이 종료되는 시점이 되어 조선의용군이 입북을 스스로 원했다는 것이다. 이들은 옌안에서 투쟁할 당시부터 해방된 조국에 돌아가기를 희망해 왔고, 중국공산당의 혁명이 성공하는 단계가 되어 조선의용군은 돌아갈 때가 되었다고 판단했다. 둘째는 남한에 미군이 주둔하는 상황에서 남한과 미국의 북한 공격에 대한 대비의 필요성을 느끼고 있었고, 북한이 1947년부터 중국과 인접한 국경지대를 통해 중공군을 적극 도와주고 있었기 때문에 중국은 내전 종료 상황이 되자 북한을 도와 남한과 미국의 북침을 막겠다는 생각을 한 것이다.

셋째, 내전 당시 비대해진 군을 축소할 필요가 있었다. 내전을 마무리하고 새로운 국가를 건설하는 과정에서는 지나치게 확대된 군대가 부담이 될 수 있기 때문이었다. 넷째, 소수민족인 한인들을 북한으로 귀국시키거나 최소한 무장 해제시킴으로써 장래 민족문제 발생의 염려를 사전에 예방하려

---

41 정병일, 『북조선 체제 성립과 연안파 역할』, 선인, 2012, 148쪽.

는 목적도 작용했다고 볼 수 있다. 다섯째, 중국이 조선의용군을 귀국시킴으로써 북한-중국 관계를 보다 원활하게 유지하려는 의도도 깔려 있었다고 보아야 할 것이다.

이와 같은 여러 가지 원인으로 인해서 중국은 조선의용군을 북한으로 보내게 되고, 이들은 초기 조선인민군의 주력이 된다.

6. 동북조선의용군과 무정

무정은 1945년 말 입북했지만 그 이후에도 동북조선의용군과 일정한 연계를 유지하고 있었다. 1946년 1월 14일 자 『조선인민보』와의 인터뷰에서 무정은 그런 내용을 밝히고 있다. 신문 보도의 내용을 자세히 보자.

(평양 특신) 연안을 근거지로 하야 북지일대北支一帶에서 일본군국주의와 영웅적인 전투를 전개하여 온 조선의용군의 총사령이며 독립동맹의 집행위원인 무정 장군과의 문답 내용은 다음과 같다.

문: 조선의용군은 8·15 이후에 어데서 어떻게 움직이고 있는가.
답: 주력은 동북남 만주 각지에 있고 일부는 섬서, 산서, 하남, 하북, 산동에도 있다. 현 단계에 있어서 우리 의용군이 가진 임무는 외지부대는 앞에 말한 각 지역의 동포를 조직 단결하고, 중국인과의 친선 관계를 매져 조선 사람도 당지의 정치 기타 행정 일반에 관여하여 인구 비례에 의해서 우리의 당연히 가질 발언권을 획득하는 데 있다. 이것은 단순한 희망이 아니고 반듯이 실현하여야 되고 또 실현되어 가고 있다. 한편 우리 부대는 아직도 남아 있는 일본 파시스트의 군력을 소탕할 것이다. 수일 전에 들어온 현지보고에 의하면 통화通化에

서 준동하고 있는 일日 패잔군 3백여 명을 우리 부대 2백여 원員이 출동하여 완전히 소탕시키고, 소총 3백 자루와 탄환 수백 발, 경기輕機[42] 등, 그리고 포로 1백여 명이라는 전과를 거두었다. 이러한 것은 모두 외적인 행동임무인데 자기 자체에 더한 임무가 또 있다. 그것은 자신을 훈련 수양하고 더욱더 질적으로 양적으로 발전 강화하지 않으면 안 되는 것이다.

문: 앞으로 어떤 방향으로 조선 민족을 위하야 발언하고 또 실천할 것인가.

답: 앞으로 조선 문제가 완전 독립이라는 점까지 해결될 때에는 우리 의용군의 주력은 조선 안으로 도라오겠다. 그리고 만약에 지금이라도 조선을 우리들 전 조선 인민에게 돌려준다면 우리 의용군으로서는 조선 전체를 무장적으로 수비할 힘을 가지고 있다. 그러나 현재는 복잡한 여러 가지 사정으로 주력이 국내로 도라오지 못함을 일면 유감으로 생각하는 바이나 그렇다고 해서 만주를 비롯한 외지에서 머물러 있는 우리 의용군이 민족해방운동을 정지하고 있는 것은 않다. 오히려 더욱 활발하게 실천운동을 전개하고 있음을 말하고 싶다. 우리는 당초부터 일본 군대와 직접 실전을 통하야 강화된 부대이니 만치, 또 조선의 아들과 딸들로서 조직되고 훈련된 부대이니 만치 앞으로도 조선의 완전 독립과 민주주의 국가 건설에 협력할 것이다.[43]

이 인터뷰 내용이 잘 보여 주고 있는 것처럼 무정은 입북 이후에도 만주의 동북조선의용군과 계속 연락을 취하고 있었고, 기회가 되면 이들을 북한으로 들어오도록 할 생각이었다. 이러한 기반 위에서 만주의 동북조선의용군과의 교류는 지속되어 왔다. 무정이 초기 북한군에서 주요 역할을 하면서 이러한 교류가 지속될 수 있었던 것으로 보인다. 이에 대한 연구는 그동안 제대로 이루어지지 못하고 있었지만 미군 정보보고서가 이를 상당 부분 확

---

42 경기관총.
43 "무정 장군 회견담", 『조선인민보』, 1946. 1. 14.

인해 주고 있다. 규모는 불분명하지만 1946년 12월과 이듬해 1월 보안간부 훈련소의 군인들과 조선의용군 출신의 예비역들이 만주로 건너갔다.[44]

1947년 6월에는 북조선인민집단군 제1사단장 김웅(연안파)이 만주의 이홍광지대(조선의용군 제1지대의 후신)를 방문하고, 그다음 달에는 김일성대 출신의 의사 7명이 이홍광지대에 배속되기도 했다.[45] 1948년 3~4월에는 인민군 1사단 2연대의 하사관과 장교들이 만주에 파견되었고, 1948년 7월에는 200~300명의 인민군 병사들이 만주로 배속된 뒤 이후 3개월 단위로 교대 파견되었다.[46] 국민당군과 실제 전투를 벌이고 있는 만주의 중공군에 군 인력을 파견해 실전 경험을 쌓게 하고 북한군과 동북조선의용군 사이의 연대를 강화하기 위한 조치들이었다.

1947년 3~4월에 3만 명의 북한군이 만주로 이동했다는 정보도 있지만[47] 이는 잘못된 정보라고 보아야 할 것이다. 북한이나 중국의 어떤 자료도 아직까지 북한군의 중공군에 대한 대규모 병력 지원을 밝혀 주지 않고 있다. 1946년 하반기 국민당군의 공격을 피해 북한으로 들어갔던 중공군이 1946년 말에서 1947년 초에 걸쳐 만주로 돌아갔는데, 이 병력을 미군의 정보원이 북한 측 지원군으로 착각한 것으로 보인다.[48]

여하튼 동북조선의용군과 무정을 비롯한 연안파 사이에 일정한 연계가 있었고 연안파가 북한군에서 주도권을 장악할 가능성은 항상 있었기 때문에 만주파의 경계는 심했다. 뒷부분에서 설명하겠지만, 그래서 6·25전쟁의 계획과 공격 단계에서 무정과 연안파는 소외될 수밖에 없었다.

---

44 「Intelligence Summary Northern Korea, The Evolution of The Armed Forces of The North Korean People's Committee, August 1945–June 1947」, HQ, USAFIK, 30 June 1947, p.14.

45 「G-2 Weekly Summary」, HQ, USAFIK, 19 March 1948–26 March 1948, p.22.

46 「G-2 Weekly Summary」, HQ, USAFIK, 30 July 1948–6 August 1948, p.6.

47 위의 문서, p.15.

48 이종석, 『북한-중국관계 1945~2000』, 중심, 2000, 70~75쪽.

제2절

귀국 후 연안파의 분열

1. 무정은 조선공산당으로

무정은 입북 직후 북한정치의 중심부로 뛰어든다. 그의 정치적 무게, 그에
대한 사람들의 기대가 자연스럽게 그렇게 만들었다. 해방 직후 북한 지역에
서 국가 건설 과정에 참여하면서 정치적 헤게모니 경쟁을 벌이던 정치 세력
은 모두 다섯으로 분류할 수 있다. 만주에서 항일운동을 하던 만주파, 중국
옌안에서 중국공산당과 함께 항일운동을 벌이던 연안파, 소련공산당에서
활동하다 해방 직후 소련군을 따라 입국한 소련파, 국내에서 좌파 지하운동
과 독립운동을 전개해 온 국내파, 그리고 우파 입장에서 항일운동을 하던
민족주의 세력 등이 그들이다. 만주파는 전투적 투사형이면서 순박한 면도
있었고, 연안파는 온화한 선비형이었으며, 소련파는 관료적이었다.[49] 국내
파는 노동운동과 농민운동을 기반으로 한 만큼 철저한 혁명주의자들이 많

---

49 한상구, "한국현대사의 증언—6·25와 빨치산: 팔로군 출신 방호산 사단 정치보위부 최태환의
   증언", 378쪽.

왔고, 민족주의 세력은 사회혁명보다는 완전한 독립을 최우선으로 하는 우파였다.

그 가운데 연안파는 교육 수준이 높고 중국공산당의 최고지도자들과 함께 직접 대일 무력투쟁을 전개한 경험을 갖고 있어 남북한에서 고루 인정을 받고 있었다.[50] 북한 지역에서도 연안파는 주로 지식인과 중산층의 지지 속에 다른 세력들과 경쟁했다. 연안파는 김일성 세력과 소련군정이 그들의 입국을 반가워하지 않았기 때문에 그저 조용히 입국할 수밖에 없었고, 그래서 북한의 신문사들도 이들이 언제 입국했는지 제대로 파악하지 못하고 있었다. 『평양민보』 편집국장이던 한재덕도 연안파가 입국했는지를 전혀 모르고 있다가 연안파와 함께 입국한 김사량과 안막 등 작가들을 만나면서 알게 되었다고 한다.[51]

입국 직후에는 연안파가 어느 정도 결속력을 유지하고 있었던 것으로 보인다. 1945년 12월에 평양에서 독립동맹 지도부가 한군데 모여 사진을 촬영하기도 했다.[52] 당시 찍은 사진은 지금도 남아 있다. 무정, 김두봉 모두 이 자리에 참석했다. 정확한 촬영일은 알 수 없지만 12월에 찍은 것은 확인되는데, 이들이 12월 13일 입국했으니까 입국 18일 이내에 찍은 것이다. 적어도 이때까지는 한자리에서 사진 촬영도 할 만큼 관계를 유지하고 있었다.

하지만 연안파는 곧 두 갈래로 나뉘었다. 하나는 조선공산당에 참여하는 쪽이고, 다른 하나는 독자적인 정당을 건설하는 쪽이었다. 무정과 박일우, 김창만, 허정숙, 윤공흠, 서휘, 이상조 등은 전자에, 김두봉과 최창익, 한빈

---

50 「Intelligence Summary Northern Korea」, HQ, USAFIK, 5 February 1946, p.5.

51 한재덕, 『김일성을 고발한다』, 225쪽. 김사량은 일본에서 문학작품활동을 하다가 검거되어 옥살이를 하다 1943년 귀국한 뒤 일본군의 보도반報道班으로 북부 중국에 파견되었다. 그 후 옌안으로 탈출, 팔로군의 종군기자가 되었다. 해방 후 조선의용군 선견대에 가담했고, 연안파 주요 인물들이 입북할 무렵 귀국했다. 안막은 무용가 최승희의 남편으로 베이징에서 최승희의 매니저로 활동하다가 해방 후 연안파 인물들과 함께 도보로 입북했다.

52 김성동, "백발백중 조선의용군 총사령 무정 (상)", 『주간경향』 799, 2008. 11. 11.

등은 후자에 속했다. 김두봉과 최창익은 초기 북한정치에서 중요한 역할을 많이 하게 되지만 한빈은 조기에 숙청되었다. 한빈은 한때 남북을 오가며 활동하기도 했으나 곧 정치 전면에서 사라졌다. 소련의 군정을 비판하다 반소련론자로 지목되어 평양도서관장을 잠시 하다가 숙청되어 행방을 알 수 없게 된 것이다.[53] 연안파 숙청의 제1호라고 할 수 있다.

연안파는 공산당 참여를 놓고 두 갈래로 나뉘었을 뿐만 아니라, 공산당 참여 세력 내에서도 분열이 심했다. 박일우, 김창만, 허정숙 등은 곧 김일성의 만주파와 결합했다. 특히 김창만은 옌안 시절부터 무정 지지자였고, 입국 직후에는 무정의 황해도 유세에 동행하면서 "무정이 국부國父"라고 말하고 다니기까지 했다.[54] 하지만 얼마 되지 않아 만주파와 가까워졌다. 하지만 무정은 만주파와 일정 거리를 두면서 세력 확장을 꾀했다.

연안파가 하나의 세력으로 결집되지 못하고 하나의 지도자를 결속력 있게 옹립하지 못한 데에는 무정 자신의 책임도 상당 부분 있는 것으로 보인다. 입국 과정에서의 이기적 행동은 그가 연안파를 하나로 묶는 데 장애로 작용했을 것으로 여겨진다. 소련 측의 문서 가운데에도, 무정에 대해 "그는 순전히 이기주의적인 파벌 활동 성향을 가지고 있다. 이에 대해서는 팔로군 내에서도 처분을 받은 바 있다. … 필요한 조직 역량을 지니지 못하고 있다. 자신의 부하들과의 상호 관계를 올바로 조직하지 못한다"라며 부정적으로 평가한 것이 존재한다.[55]

소련군정은 한편으로는 무정을 군사·정치적 능력을 모두 갖춘 인물로 평가하기도 했다.[56] 어느 것이 소련군정의 진심인지는 분명치 않다. 소련군정

53 한재덕, 『김일성을 고발한다』, 227쪽.
54 중앙일보특별취재반, 『(비록) 조선민주주의인민공화국』, 145쪽.
55 「개인카드—무정」, ЦАМО, Ф.17, оп.614632, д.24, л.13, 기광서, "해방 후 김일성의 정치적 부상과 집권과정", 『역사와 현실』 48, 2003, 259쪽 재인용.
56 M. 부르체프, 「단평—조선임시정부 각료 후보들에 대하여」, 『역사비평』 26, 1994, 378쪽. 부르

안에서도 그에 대한 평가가 긍정과 부정으로 나뉘어 있었던 것으로 보인다.

무정은 1945년 12월 조선공산당 북부조선분국 제3차 확대집행위원회에서 간부부장이 되었다.[57] 이때 제2비서가 되었다는 주장도 있지만,[58] 보다 분명한 자료, 즉 문서 자료가 간부부장이 되었다고 밝히고 있다. 조선공산당 북부조선분국의 기관지 『정로』 1946년 2월 20일 자에는 무정이 북조선임시인민위원회 출범을 계기로 임시인민위원으로서 밝힌 포부가 실려 있다. 이 기사의 말미에는 무정의 약력이 소개되어 있는데, "현재 조선공산당 북조선분국 간부부장"이라고 밝히고 있다.[59] 두 달 사이에 제2비서에서 간부부장으로 강등되었다고 보기는 어렵다. 그런 정황도 발견되지 않는다. 따라서 1945년 12월에 입국해서 곧 당 간부부장이 되고 그것이 2월의 직책으로 나타난 것이라고 보아야 할 것이다.

간부부장으로 일하면서 무정은 타이항산에서 자신과 가까이서 투쟁한 인물들에게만 주요 보직을 주고 다른 지역에서 투쟁한 사람들에게는 그렇지 못한 자리를 주었다고 한다.[60] 이러한 주변 인물들과의 원만하지 못한 관계와 편파적인 행위, 그로 인한 무정에 대한 불신은 무정의 북한 권력구조 내에서의 상승을 가로막는 주요 요소가 되었던 것으로 여겨진다. 이러한 이유 때문인지 1946년 8월 북조선노동당 창당 전에 그는 소련 유학을 강력 희망했다고 한다.[61] 자신에 대한 한계를 당시부터 어느 정도 느끼고 있었는지도 모른다.

체프는 당시 소련군정 정치사령부 제7국장이었다.

57 중앙일보특별취재반, 『(비록) 조선민주주의인민공화국』, 162쪽; 서동만, 『북조선사회주의체제성립사 1945~1961』, 선인, 2005, 87쪽.

58 김창순, "무정 장군의 최후와 연안파의 몰락", 『북한』 195호, 1988, 102쪽.

59 무정, "민주주의를 실시, 북조선 인민의 생활 적극 향상―북조선임시인민위원회 무정 동지 담", 『북한관계사료집』 31, 국사편찬위원회, 1999, 281쪽.

60 중앙일보특별취재반, 『(비록) 조선민주주의인민공화국』, 145쪽.

61 기광서, "해방 후 김일성의 정치적 부상과 집권과정", 259쪽.

2. 김두봉은 조선신민당 창당

김두봉, 최창익 등 독자적인 정당을 추진하던 연안파 세력은 1946년 2월 16일 조선신민당을 창당했다. 민주정치와 민주경제, 민족문화 발전을 창당의 주요 목표로 제시했다. 창당선언 가운데 당의 목표를 제시한 부분은 아래와 같다.

첫째, 자산계급성 민주주의 발전 단계에 있어서 우리에게 부과된 임무는 민주정치 수립에 있다. 그 임무를 완수키 위하여서는 민족적 대동단결을 요구한다. 그러나 우리가 요구하는 민족단결은 친일파, 반민주분자 등 일제의 반동 세력을 제외한 각층 각파의 일체 민주 역량의 집결을 말하는 것이니, 이는 곧 우리의 주장하는 민족통일전선이며, 그것은 민주정치를 떠나서는 실현되는 것이 아니고 민주정치의 실시 과정에서 구현되므로, 일체의 민주 세력과 동심 협력하여 전 조선 민주정권 수립을 위하여 헌신적으로 노력한다.

둘째, 민주정권은 민주경제를 요구한다. 그러므로 민족경제의 재편성이 당면적 임무이다. 조선 민족경제의 내부를 구성하고 있는 농업경제와 공업경제와의 균등적 발전을 기도하면서 농업경제의 개혁으로써 민족경제의 신체제를 준비하여야 하며, 농업경제의 개혁은 토지 소유의 재편성으로부터 출발해야 하며, 토지 문제는 민족경제의 재편성에 가장 중요한 지위를 점하고 있는 까닭에 어떤 일개 정당의 주장과 역량으로 실현될 것이 아니고 각당 각파의 요구와 종합적 역량으로써 진행될 문제일 것이다. 조선신민당은 경작하는 농민에게 적당한 방법으로 토지를 분급하는 것이 민족경제 재편성에 관건이 될 뿐만 아니라 민주정권 수립에 물질적 기초를 준비하는 것으로 인정한다.

셋째, 신문화를 건설하기 위하여 민족문화의 우수한 유산을 계속 발전시키며, 과학 지식의 철저한 보급으로써 전 국민의 문화 수준을 향상시키며 과학자, 예술가, 교육가의 사회적 지위를 법적으로 보호하는 동시에 신조선민주주의 문화의 건설에 선구적 담당자로서 그 임무에 당하도록 적극 협력할 것.

이상에 말한 민주정권의 수립과 민주경제의 실현과 민주문화의 건설을 위하여 신민당은 건국에 유력한 일익으로서 매진할 것을 선서함.[62]

이러한 선언을 기반으로 해서 정치와 경제, 문화 부분에서 실천할 구체적인 강령도 발표했는데, 그 내용은 이렇다.

1. 조선민주공화국 건립의 완성을 위하여 분투함.
   (1) 친일분자, 파쇼분자 및 전쟁범죄자 등 일제 반동 세력을 철저히 소멸할 것.
   (2) 전 국민의 의사를 대표한 보편적, 평등적 선거제에 의한 새로운 민주정권을 수립할 것.
   (3) 국민의 언론, 출판, 집회, 결사, 신앙, 사상의 자유를 확보할 것.
2. 민족경제의 재편성으로 부강한 신조선경제체제의 확립을 위하여 분투함.
   (1) 일본제국주의자 및 친일분자에게서 몰수한 대기업은 국영으로 하여 국민경제의 발전을 도모할 것.
   (2) 일제 및 친일분자에게서 몰수한 토지는 경작하는 농민에게 줄 것을 원칙으로 근로 농민 대중에게 토지를 분여하고 소작제를 폐지할 것.
   (3) 공업경제와 농업경제 혹은 기타 경제 부문에 있어서의 균형적 발전을 도모하여 국민의 경제생활상 안전과 향상을 보장할 것.
   (4) 일체 가렴잡세를 철폐하고 합리적 누진세를 수립할 것.
3. 신조선문화의 창건을 위하여 분투함.

---

62 『解放日報』 1946년 3월 12·13일 자 보도 내용을 요약, 정리한 것이다.

(1) 친일적, 파쇼적, 봉건적인 일체 반민주적 반동 사상과 적극 투쟁하여 민족문화의 유산을 부흥하며 민주주의적 건국문화운동을 발전시킬 것.

(2) 일체 과학자와 예술가의 지혜를 총동원하여 현대 과학 지식의 보급으로써 신조선문화의 창건을 촉진하며, 과학자와 예술가의 사회적 지위를 존중하여 그들의 경제생활상 안전을 보장하며, 특별한 발명 및 발견 혹은 우수한 저술이 있을 때에는 이를 표창할 것.

(3) 의무교육제를 수립하며 광범한 대중교육을 실시하여 문맹을 퇴치할 것.

4. 본당은 금일 민족 독립의 건국 대업에 당도하여 민주주의 기초 위에 건립될 자유, 평등, 부강한 전 조선 민주공화국 촉성을 위하여 분투함.

5. 본당은 서로 국가의 독립과 평등 지위를 존중하며 서로 국가 인민의 이익과 우의를 증진하는, 즉 정의적 기초 위에서 다른 민족 간에 우호 관계를 맺으며 또 그로서 세계의 영원한 평화를 가져오기 위하여 분투함.[63]

요컨대 당시 상황에서 가장 중요한 것은 일제의 잔재를 청산하는 것이고, 그 바탕 위에 정치·경제·문화적으로 새로운 국가를 건설해 나가겠다는 내용이다. 정치적으로는 민주주의, 경제적으로는 국민경제의 균형적 발전과 경자유전耕者有田, 문화적으로는 민족문화에 기반을 둔 건전한 신조선문화를 확립하겠다는 것이다. 이것이 조선신민당의 기본 정책이었다.

해방 직후 연안파는 국내 기반이 부족했다. 만주파와 비슷한 상황이었다. 국내파가 주로 노동자와 빈농 세력의 지지를 확보하고 있는 상황이었기 때문에 연안파는 도시 소시민과 중농을 중심으로 세력을 확장했다.[64]

그런데 위에서 소개한 조선신민당의 강령은 만주파의 주장과 크게 다를 바가 없었다. 친일 세력과 봉건 세력 타도, 식민지 잔재 청산, 부르주아 민

63 『解放日報』, 1946. 3. 9.
64 김창순, "연안파의 입국과 공·신합당의 내막", 120쪽.

주주의혁명 등 기본적인 정책 방향에서는 만주파와 유사한 주장을 가지고 있었다. 하지만 경제 강령에는 차이가 있었다. 식민지 잔재 청산에 의한 민족경제 재편성, 국민경제의 균형적 발전, 세제 개혁, 일제·친일분자 기업 국유화, 토지 몰수 및 경자유전 분배 등까지는 역시 만주파와 같았다. 하지만 만주파가 토지의 무상몰수 무상분배를 주장하던 것과는 달리 연안파는 무상몰수 무상분배라는 말을 쓰지 않았다. 이러한 차이가 도시의 소시민적 인텔리와 중농층에 대한 세력 확장에 많은 도움을 주었다.

이렇게 세력을 확장한 조선신민당은 1946년 8월 북조선공산당과 합당한다. 조선신민당은 '무상몰수 무상분배'를 주장하지는 않았지만 그렇다고 '유상몰수 유상분배'를 주장할 만큼 우파적이지도 않았기 때문에 합당하는 데 무리가 없었다. 1945년 10월 조선공산당 북부조선분국 창당 이후 당내 세력을 확장한 김일성은 12월에 책임비서가 되면서 당을 장악했다. 이후 1946년 4월 북조선공산당으로 당명을 바꾸고, 1946년 8월 조선신민당과 합당까지 하게 되었다. 그래서 나온 것이 북조선노동당이다. 무정이 입국 직후 공산당에 들어가고 김두봉과 최창익 등은 독자 정당의 길을 가면서 갈라졌던 연안파는 다시 북조선노동당에서 만나게 되었다. 북조선노동당은 1949년 6월에 남조선노동당과 합당해 조선노동당이 된다.

3. 옌안 시절부터 갈등

연안파 내부의 분열은 옌안에서 활동할 때 이미 시작되었다. 옌안의 항일운동 세력은 1942년 화북조선청년연합회를 조선독립동맹으로, 조선의용대 화북지대를 조선의용군으로 개편하고 항일투쟁을 강화하면서도, 내부적인 분열과 갈등의 관계 또한 겪고 있었다. 화북조선청년연합회 내의 다양한 분파는 이미 분열의 가능성을 내포하고 있었고, 실제로 분파 간 갈등은 시간이 가면서 심화되었다.

옌안 시절 무정은 1920년대 국내에서 ML파의 핵심 인물로 공산주의 운동을 하다가 중국 옌안으로 온 최창익을 궁지로 몰아넣기도 했고, 박일우와 갈등 관계를 형성하기도 했다.[65] 무정과 최창익은 1923년 9월 서울에서 조선노농대회 준비회에서 함께 활동한 인연을 갖고 있었다. 박일우는 지린吉林사범학교를 졸업하고 룽징龍井에서 교사를 하다가 옌안으로 왔다. 1937년 중일전쟁 후 진차지변구晉察冀邊區(산시-차하얼-허베이 지역)에서 현장縣長으로 활동한 적이 있으며, 1940년에는 사단급 간부 양성 기관인 중국공산당 중앙당학교를 졸업했다. 무정 못지않게 중공의 신뢰를 받고 있던 인물이다.

무정과 박일우, 최창익 사이의 갈등은 중국공산당이 주도한 정풍운동의 와중에 형성, 심화되었다. 1942~1943년 사이 중국공산당이 전개한 정풍운동은 교조주의와 종파주의, 형식주의를 타파하기 위한 것이었다. 말하자면 공산당 안에 남아 있던 천두슈陳獨秀, 왕밍王明, 리리싼李立三 노선 추종 세력을 청산하고 마오쩌둥의 사상으로 철저하게 무장하려는 캠페인이었다. 당시 중국공산당은 매우 어려운 상황에 처해 있었다. 심한 가뭄과 병충해로 옌안 지역의 작물 생산이 크게 줄어 식량 부족 사태를 맞고 있었고, 일본군은 1941년 12월 태평양전쟁을 일으킨 이후 바다와 육지에서 동시에 승리를 거두기 위해 중공군에 대한 공격을 더욱 강화했다. 국민당군은 반공 노선을 분명히 하면서 일본군과 합세해 중공군을 공격했다.

이러한 환경에서 중국공산당은 철저한 사상 무장을 통해 난국을 헤쳐 나가기 위해 정풍운동을 벌인 것이다. 이 운동은 비교적 효과적으로 진행되어

---

65 서휘의 증언(1991년 6월, 중국 시안西安), 이종석, 『새로 쓴 현대북한의 이해』, 410쪽; 「북조선 인민위원회 조직 각 부서와 위원 씨명 발표—인민회의 김일성 위원장의 보고 승인」, 『북한관계 사료집』 35, 국사편찬위원회, 2001, 429쪽.

마오쩌둥은 1945년 4월 정풍운동을 평가하면서 "우리가 많은 간부들 가운데서 이 모순—당내의 무산계급 사상과 비무산계급 사상(그 가운데는 소자산계급 사상, 자산계급 사상, 심지어는 지주계급의 사상까지 있으나 주되는 것은 소자산계급 사상이다) 간의 모순—즉 마르크스주의 사상과 비마르크스주의 사상 간의 모순을 해결하였으며 또 해결하고 있기 때문에 우리 당은 사상적, 정치적, 조직적 면에서 전례 없이 통일적으로(완전히 통일적인 것은 아니다), 거족적으로, 그러면서도 온당하게 전진할 수 있게 되었다. 앞으로도 우리 당은 더욱 큰 발전을 가져오게 될 것이며 또 가져와야 할 것이다. 또한 우리는 마르크스주의 사상의 원칙하에서 미래의 발전을 더욱 잘 장악할 수 있는 것이다"라고 말했다.[66] 정풍운동이 성공적으로 진행되어 당이 철저한 마르크스주의로 무장하게 되었다는 아주 긍정적인 평가였다.

이러한 중국공산당의 정풍운동 회오리 속에서 조선독립동맹과 조선의용군도 정풍운동을 펼쳤는데, 그 내용은 마르크스-레닌주의를 중국공산당 식으로 해석해 배우고 마오쩌둥의 사상을 철저히 학습하는 것이었다. 독립동맹의 정풍은 박일우가, 조선의용군의 정풍은 무정이 주도했다. 이 과정에서 박일우의 입지가 매우 상승했다. 박일우와 중국공산당과의 관계가 친밀해지면서 그의 위치가 높아진 것이다. 1945년 4월 중국공산당 제7차 전국대표대회에서 조선인 대표로 박일우가 축사를 한 것은 이러한 위상 변화를 단적으로 보여 준 것이다. 특히 이 대회는 마오쩌둥의 사상을 중국공산당의 공식 정치 노선으로 채택하는 중요한 행사였다. 이렇게 박일우의 영향력이 강화되면서 박일우와 무정은 불편한 사이가 되었다.

무정은 최창익과도 갈등 관계가 되는데, 무정이 이론 중시와 실천 홀시,

---

66 마오쩌둥, "군대에서의 생산자급에 대하여서와 정풍 및 생산 2대운동의 중요성에 대하여(1945년 4월 27일)", 『모택동선집』, 베이징: 민족출판사, 1992, 1395쪽.

개인 이력 등을 문제 삼아 최창익을 비판했기 때문이다.[67] 무정은 최창익과 같이 조선공산당에서 활동했던 사람들을 기회주의자로 몰아세우면서 화북으로 오기 전 국민당 지구에서 국민당의 도움을 받았던 것도 비판했다. 이에 반발해 최창익은 무정이 중국공산당 소속으로 조선혁명운동에는 직접적으로 참여하지 않은 사람이라고 공격했다.[68] 이러한 상호 비판은 상호 발전에 기여하기보다는 파벌 간의 간극을 확장하는 역할을 했다. 정풍운동을 통해 중공은 독립동맹과 조선의용군을 완전히 장악할 수 있게 되었지만 독립동맹 내부의 분열은 더 심화된 것이다.

최창익과는 조선의용군의 독립성을 두고도 대립했다. 최창익은 조선의용군이 중국공산당으로부터 독립된 채 독립동맹의 무력단체로 남아 있어야 한다고 생각했다. 하지만 1942년 7월 조선의용군 사령관이 된 무정은 최창익의 주장을 '협애한 민족주의'로 공격하고, 팔로군 산하에 조선의용군을 두려 했다.[69] 실제로 1943년 1월에는 조선의용군이 팔로군 체제로 편입되었다. 중국공산당을 바탕으로 해서 민족해방운동을 조선 국내로 확대하는 방식이 옳다는 것이었다. 그가 팔로군 포병단장을 하면서 동시에 조선의용군 사령관을 맡은 이유도 여기에 있었다. 무정의 생각은 일제라는 적을 타도하기 위해서는 반파쇼 연대를 형성하는 것이 중요하다는 것이었다. 실제로 당시 공산주의자들은 민족보다는 계급을 내세우면서 무산자 세력의 국제적 연대를 통해 제국주의·식민주의 세력에 대항하는 것을 중요한 가치로 여겼다. 이러한 차원에서 무정도 조선의용군을 팔로군 산하 부대로 편입시키는 것이 옳다고 여긴 것이다. 하지만 이러한 생각은 독립된 조선의용군을

---

67 염인호, "조선의용군 연구―민족운동을 중심으로", 국민대학교 대학원 박사학위논문, 1992, 127쪽.
68 정병일, 『북조선 체제 성립과 연안파 역할』, 279쪽.
69 염인호, 『조선의용군의 독립운동』, 나남, 2001, 226쪽.

원하던 최창익과는 갈등을 낳을 수밖에 없었다.

생산활동을 두고도 무정과 최창익은 의견 차이를 보였다. 무정은 항일투쟁을 하면서도 조선의용군이 필요로 하는 식량과 생필품을 자체적으로 생산해야 한다고 생각했다. 그래서 황무지를 개간해 감자를 심고 물레를 돌려 실을 잣고 벽돌을 찍어 집을 지었다. 생활에 필요한 모든 것을 스스로 생산했다. 이런 활동은 중공의 긍정적인 평가를 받기도 했다. 하지만 최창익은 생산활동에 시간을 많이 소비하는 것에 대해 회의적이었다. 군사 훈련과 정치 학습을 강화해 적과 싸워 이기는 것이 중요하다고 본 것이다.[70] 이처럼 무정과 최창익은 여러 측면에서 대척점에 있었다.

1943년 1월 조선의용군이 팔로군 소속으로 편입되면서 독립동맹과 조선의용군이 분리되는데, 이후 독립동맹은 김두봉과 최창익, 한빈 등이, 조선의용군은 무정이 주도하게 된다. 무정은 1942년 7월 독립동맹 출범 당시에는 6인 상임위원 가운데 하나였지만, 1945년 해방 당시에는 14인 집행위원 가운데 한 사람에 지나지 않았다. 해방 전부터 상존하던 이와 같은 계파 갈등은 해방 후 연안파 분열의 전조가 되었다.

4. 해방 정국 연안파 분열의 의미

연안파 분열의 원인은 세 가지였다. 첫째는 연안파의 형성 자체가 다양한 분파의 연합 형태로 이루어진 것이어서 화합적 결합이 어려웠다. 무정과 박일우 같은 중국공산당에 뿌리를 둔 세력, 방호산과 주덕해 등 만주를 거쳐 소련에서 교육받은 부류, 박효삼과 김창만 등 조선의용대 출신들, 최창익과

---

70 염인호 『조선의용대·조선의용군』, 독립기념관 한국독립운동사연구소, 2009, 220쪽.

허정숙 같은 조선공산당 출신 등 여러 세력이 하나의 단체를 형성해 만든 것이 조선독립동맹이었다. 그런 만큼 완전한 하나의 결합체를 이룬다는 것은 어려운 일이었다.

둘째는 핵심 지도자 사이의 신뢰 부족이었다. 무정은 최창익과 서울과 상하이에서 함께 활동한 경험까지 있었지만 신뢰 관계를 형성하지 못했고, 충칭에서 넘어온 김두봉에 대해서도 깊이 신뢰하지 못한 것으로 보인다. 박일우와는 중국공산당의 신임을 놓고 경쟁하는 사이였다. 연안파 최고지도자들 사이의 이러한 관계는 연안파가 해방 이후에도 하나의 목소리를 내기 어렵게 하는 중요한 이유가 되었다.

세 번째는 옌안이라는 해방구에서 혁명운동을 했다는 것이다. 만주파는 적 점령 지구 한가운데에서 활동하면서 노선 싸움의 겨를이 없었다. 긴장도가 그만큼 높았다고 할 수 있다. 그런 상황이 김일성과 김책, 최용건 등을 철저한 동지의식으로 묶어 줬다. 그래서 만주파는 해방 이후에도 강한 결속력을 유지할 수 있었다. 하지만 연안파는 옌안이라는 해방구에서 대일투쟁을 하면서 나름의 훈련과 교육, 정풍운동 등도 동시에 진행했다. 그런 활동이 연안파의 지적 수준을 높여 주기도 했다. 그래서 해방 후 중산층과 지식인의 지지를 받기도 했다. 하지만 그 과정에서 갈등의 골도 깊어졌다.

계파 내에서의 분열 여부는 해방 직후 분파 간 경쟁에서 매우 중요한 역할을 했다. 해방 직후 북한에서 경쟁했던 만주파와 연안파, 소련파, 국내파, 민족주의 세력 등 다양한 분파 가운데서 내부 분열을 겪었던 파벌은 곧 힘을 잃었다. 반대로 결속력을 갖고 있던 세력은 권력을 장악했다. 만주파는 김일성을 중심으로 하나의 융합체로 활동해 정국을 주도했다. 연안파는 위에서 본 것처럼 출신 배경이 다른 리더들의 갈등으로 강한 힘을 보여 주지 못했다. 특히 연안파는 수적인 우위, 교육을 통한 높은 지적 수준, 풍부한 항일투쟁의 경험이라는 매우 유리한 자원을 갖고 있었음에도 내부 분열 때문에 이를 활용하지 못하고 만주파와의 권력 투쟁에서 패하는 결과를 얻게 되었다.

소련파는 소련의 각 지역에서 공산당 활동을 하던 한인들이 소련군에 의해 선발되어 북한으로 오게 되었기 때문에 그들 사이의 결속력이 애초부터 생기기 어려웠다. 그래서 소련군정이 마무리되는 1948년 이후에는 만주파와의 개별적인 관계 속에서 일부 인물들만 힘을 발휘할 수 있게 되었다. 결국은 이용 가치가 떨어진 1950년대 중반에는 대부분 숙청의 회오리를 피하지 못했다. 국내파의 경우도 오기섭과 현준혁, 정달헌, 주영하, 김용범 등 많은 지도자들이 있었지만 이들 사이의 연대는 강하지 못했다. 주영하와 김용범 등은 일찌감치 만주파와 연합했고, 오기섭 등은 나름의 국가 건설을 위한 노선과 전략을 가지고 있었지만 자기 세력을 형성해 내지 못했다. 연안파와 비슷한 분열의 양상을 보였다. 민족주의 세력은 소련군정이 시작되면서 대부분 월남해 수적으로 열세였고, 1945년 말에서 1946년 초 사이 신탁통치 정국에서 소련군정과 완전히 적대 관계가 되면서 세력을 잃어버리게 되었다.

민족주의 세력은 소련과 이념을 완전히 달리했기 때문에 소련군정하에서 생존하기 어려웠지만, 나머지 세력들은 모두 사회주의를 지향하는 세력이었다. 같은 이념적 기반 위에서 국가 건설의 주도권 다툼을 하고 있었다. 이러한 상황에서 결국은 공고한 내부적 결속력을 갖고 있던 만주파는 승자가 되었고, 그렇지 못한 연안파와 소련파, 국내파는 패배의 운명을 맞게 되었다.

제3장

김일성과 무정

김일성과의 경쟁

1. 황해도의 '위대한 아버지'

해방과 함께 새로운 국가를 주도적으로 건설해 보려는 무정의 의지는 매우 강했던 것으로 보인다. 북한에 들어가기 전부터 독자적인 공산당 조직을 만들어 준비했다는 증언도 있다. 조선노동당 평양시 당위원장까지 지낸 뒤 해외로 망명한 S씨의 증언에 의하면, 무정은 1945년 10월 조선의용군이 선양에 집결해 있을 때 '조선공산당 재건준비촉진위원회'라는 조직을 만들었다고 한다.[1] 자신이 공산당 조직 재건의 주역이 되려는 시도였다고 할 수 있다. 물론 당시에는 서울에 이미 박헌영 주도로 조선공산당이 재건되어 있었다. 무정은 당시 국내에 있는 여운형과 지속적으로 연락을 취하고 있었기 때문에 이러한 사실을 알고 있었을 것이다. 그러면서도 새로운 공산당 조직을 건설하려 한 것이다. 주변의 반대로 더 이상 진전시키진 않았다고 하지

---

1 중앙일보특별취재반, 『(비록) 조선민주주의인민공화국』, 중앙일보사, 1992, 141쪽.

만, 해방된 조국에서 주도적 역할을 해 보려는 무정의 의욕은 누구보다 강했다고 할 수 있겠다.

북한에서 직업총동맹 위원장(부수상급)을 지낸 서휘의 증언도 무정의 정치적 의욕, 권력의지를 엿볼 수 있게 해 준다. "무정이 그럽디다. 해방이 됐으니 이제 발 벗고 조선 건설을 하겠다고. '이제 군대 가지고만은 되지를 않소. 한때는 군인만 하려 했는데 이제 정치를 해야겠소'라고 했습니다."[2]

무정은 당시 실제로 정열적으로 활동했다. 시민들을 향해 직접 연설을 하면서 지역을 순회했다. "나는 평생을 조국 독립을 위해 싸워 왔다. 만약 이 조국의 독립을 침해하고 간섭하는 자가 있으면 나는 대포를 쏘아 묵사발을 만들 것이다. 그것이 설사 공산주의 국가일지라도 말이다"라고 외치면서 다녔다.[3] 무정의 연설 내용은 주로 새로운 조선이 나아갈 길을 제시하는 것이었다. 그는 웅변을 하면서 통속적 표현도 많이 사용했는데, 이 때문에 오히려 대중들의 많은 인기를 얻을 수 있었다.[4]

인민군 장교 최태환이 전하는 아래와 같은 일화는 무정이 무뚝뚝하고 차갑기만 한 무인이 아니라 점잖지 못한 얘기를 섞어 가면서 사람을 웃길 줄도 아는 인물이었음을 알게 해 준다.

무정의 인간적인 면과 유머러스한 분위기는 그가 포병 참모들을 모아 놓고 강의를 하다가 생긴 일화에서도 잘 나타나고 있다. 어느 날이었다. 많은 간부들이 격무에 시달리던 중이라서 꾸벅꾸벅 졸고 있었다. 당시 보안간부훈련소

---

2 위의 책, 145쪽.

3 民族問題硏究會 編, 『朝鮮戰爭史—現代史の再發堀』 東京: コリア評論社, 1967, 3~32쪽, 사사키 하루타카佐佐木春隆 저, 강창구 편역, 『한국전 비사 (중권)—기나긴 4일간』, 병학사, 1977, 20쪽 재인용.

4 임은, 『김일성정전』, 옥촌문화사, 1989, 190쪽.

의 분위기는 그런 행위들을 용납하지 않았다. 간부들 역시 철두철미한 혁명정신을 주입받는 중대한 시점이기도 했다.

"동무들! 간밤에 여편네 동무들과 무엇을 했는가?"

무정이 소리를 지르자 졸고 있던 참모들이 화들짝 놀라 허리를 곧추세웠다. 당과 인민을 위하고 북조선의 민주기지화와 민주개혁의 성과를 적의 침략으로부터 보호해야 하는 군관들로서 졸았다는 사실은 충분한 자아비판감이기도 했다.

"거기에 있는 동무! 잠깐 일어서시오!"

무정의 지적에 참모 한 사람이 겁에 질린 표정으로 일어섰다.

"동무는 자녀가 몇 명인가?"

불호령을 예상했던 사람들이 무정의 돌연한 질문에 어안이 벙벙해졌다.

"옛! 딸만 둘입니다!"

"동무의 졸고 있는 모습을 보고 그러리라 짐작을 했소. 동무들! 가신[포의 양다리]을 벌려서 포를 방열하고 목표물을 조준하고 발사했을 때는 백발백중의 사격술을 보여야만 하오. 이렇게 졸기만 하면 목표물의 명중은커녕 자신의 탄에 맞아 죽는 결과를 초래한다 이 말이오. 우리 포병은 자랑스러운 부대요. 내 말을 잘 들어 보시오, 보병의 강한 발음이 뽀병이고, 보병의 날카로운 음은 포병이오. 그러므로 우리 포병들은 보병보다 더 강하고 날카로운 정예부대란 말이오. 그러나 말로만 정예부대가 되어서는 아니 되오. 전투에 나아가서도 최강임을 보여 주는 포병이 되어야 한다는 말이오. 그런데 졸고만 있던 저 동무는 평상시의 포술 훈련에 등한시하여 정확한 목표물에 사격을 하지 못하고, 그 결과 딸만 둘을 낳게 된 것이란 말이오. 내가 아들을 낳을 수 있는 포술 강의를 할 테니 잘 들어 보기요."

뒤이어 거침없는 음담패설로 분위기를 잡고 다시금 포술에 관한 강의를 하곤 했다. 그런 일화들은 당시 급박하게 경색된 북한사회의 분위기와는 대조적

인 교수법이었다.[5]

숱한 전투의 현장을 질주했으면서도 나름의 여유를 가지려 했고, 그런 모습이 군사학을 강의하면서도 주변적인 얘기로 관심을 끌어모을 만큼의 느긋함을 갖게 해 준 것으로 보인다. 이 일화는 북한군 창설 작업이 한창이던 1947년 무렵의 일이기는 하지만 어쨌든 이런 모습이 대중들에게는 친근하게 다가갈 수 있는 요소가 되었던 것이다.

무정은 그러면서 국내 조직 기반을 확보하려 노력했다. 지역적으로는 주로 관서지방에 관심을 집중했다. 함경남북도는 일제시대부터 노조를 중심으로 한 국내 공산 세력의 주요 활동 무대였다. 일제강점기 당시부터 원산과 함흥, 흥남 등지에 금속과 화학 등 중화학공업 관련 대규모 공장들이 많아 노동자들이 많았기 때문이다. 이 지역에서 지하노조 지도자로 활동했던 오기섭과 정달헌, 이주하 등이 해방 후에도 노조를 기반으로 정치활동을 하고 있었다. 그래서 무정과 연안파는 평안남북도와 황해도를 중심으로 한 관서지방을 주요 무대로 활동을 전개했다.

당시 무정을 수행한 사람은 김창만이었다. 선전 선동에 능한 김창만은 무정을 국부로 추켜세웠다. 김창만은 무정에 관한 광고 논문을 신문과 잡지에 싣기도 하고 대중집회에서는 '무정 장군 만세'를 외치기도 했다. 황해도 당 선전부장 정율성도 무정과 동행하면서 '아버지'라고 부르는 등 무정 영웅화에 진력했다. 옌안 시절부터 함께 활동했던 작곡가 정율성은 옌안에서 결혼할 당시 무정의 도움을 받는 등 가깝게 지냈다. 그런 인연으로 북한에 들어와 무정을 높이 올려세우는 작업에 주도적으로 참여한 것이다.

황해도 지역에서는 무정을 '위대한 아버지'로 부르기도 했다. 1948년 3월

---

5 최태환·박혜강, 『젊은 혁명가의 초상—인민군 장교 최태환 중좌의 한국전쟁 참전기』, 공동체, 1989, 47~48쪽.

북조선노동당 제2차 당대회에서 오기섭은 김일성과 한일무, 김열로부터 종파주의자, 정실주의자, 자유주의자로 호되게 비판받았다. 이에 오기섭도 반격을 가했다. 그 내용이 회의록에 실려 있다.

나에 대한 지적이 많았고 나의 과오가 엄중하다고 해서 남의 과오를 지적하지 아니하는 경향은 오히려 옳지 못하다는 견지에서 말해야 할 것은 큰 사람들의 자아비판 문제가 크게 서야 할 것입니다. 황해도에서 '위대한 아버지'라고 지적된 무정 동무도 자아비판 해야 할 것입니다.[6]

오기섭은 일단 무정을 '큰 사람'으로 인정하면서 무정도 황해도에서 종파주의적인 행동을 했다고 지적했다. 김일성 세력의 공격을 받고 있던 국내파 오기섭이 김일성에 대해 정면으로 맞서지 못하고, 함께 공격을 받고 있던 무정을 비판으로 대상으로 삼아야 한다고 주장하는 모습은 국내파와 연안파 사이에도 연대의 시도나 가능성은 없었음을 사사해 주는 것이기도 하다. 어쨌든 오기섭의 이런 발언은 무정이 황해도에서는 크게 추앙받고 있었음을 새삼 확인시켜 주는 것이었다.

귀국 직후 각 지방을 돌면서 연설을 하고 다닐 당시 무정의 성향은 반소련, 반스탈린, 반김일성이었다. 소련과 스탈린, 김일성을 대놓고 욕하지는 못했지만, "어떤 놈이라도 우리 조선의 주권을 강탈하려는 놈은 그냥 두지 않을 것이다. 대포를 쏴 당장 내쫓을 것이다"라고 연설하는 식이었다. 소련이 북한을 점령하고 있다는 사실, 그러한 소련을 등에 업은 김일성 모두 못마땅하게 여기고 있었던 것이다. 이러한 선명한 입장이 대중적 인기를 얻는

---

6 「북조선로동당 제2차 전당대회 회의록(1948. 3 27.~3. 30)」, 『북한관계사료집』 1, 국사편찬위원회, 1982, 389쪽.

데는 크게 도움이 되었다.[7]

2. 1946년 초까지 큰 인기

무정의 대중적 인기는 1945년을 지나 1946년 초까지 이어졌다. 1946년 1월 10일 자 『정로』에는 당시 청년단체인 조선청년총동맹 결성대회 명의로 무정의 귀국을 환영하는 편지가 실려 있다. 편지는 무정을 필두로 한 김두봉, 최창익 등의 항일투쟁에 대해 감사를 표하면서 "선배 지도자들의 정치적·논리적 또는 투쟁적인 초인간적 업적은 임이 북중北中의 일성日星같이 빛나서 국내의 동포가 모다 조선의 영광으로서 외우는 바입니다"라고 말하고 있다.[8] 1946년 초까지도 북한 지역에서 무정에 대한 청년들의 지지가 매우 높았음을 알 수 있다.

조선공산당 북부조선분국의 기관지 『정로』 자체적으로도 1946년 초까지 무정을 훌륭한 지도자로 추켜세우는 데 주저하지 않았다. 2월 20일 자에 북조선임시인민위원이 된 무정의 포부가 실렸는데, 그 아래 약력을 소개하면서 무정을 칭송하는 내용을 게재했다. 무정 약력에 대한 기사는 이러했다.

함북 종성 빈농 가정에서 출생, 중학 시대부터 혁명운동에 참가하야 활약하다가 3·1운동 후 중국에 건너가서 중국공산당에 가입하야 일시는 노동자 속에 들어가서 노동운동을 직접 영도한 일도 있으나 그보다도 중국 팔로군(중일전쟁 시에는 중국 홍군)에 유명한 장령의 일인으로 호남 강서 일대에서 대혈

---

7 박갑동, 『통곡의 언덕에서―남로당 총책 박갑동의 증언』, 서당, 1991, 209~210쪽.
8 「조선청년총동맹 결성대회의 서장―무정 동지와 독립동맹 동지에게」, 『북한관계사료집』 31, 국사편찬위원회, 1999, 123쪽.

전을 전개하엿고, 세계사 상에도 유명한 2만 5천 리 장정을 경력하였으며, 중일전쟁 후에는 팔로군 포병부대의 창설자 총영도자로서 화북 각지에 전전轉戰하야 그 세운 공적은 참으로 위대하다. 그러나 무정 장군은 동시에 조국해방 사업에도 시종 적극 참가하여 1942년에는 조선독립동맹을 발기하야 동 동맹이 조직되자 중요한 영도자의 일인으로 있었고 또 조선의용군의 총사령으로 조선 건아를 영솔하고 화북 각지에서 팔로군과 병견작전並肩作戰하야 그 세운 공적은 세인의 경모를 받을 뿐만 아니라 조선 민족의 영예의 사시일혈史詩一頁을 창조하였다. 일본제국주의자가 무조건 투항을 선포하자 무정 장군은 급히 의용군 건아를 영솔하고 적과 전투를 하면서(당시 화북의 적은 무장을 해제하지 않았고 현재도 모지□에는 아직도 무장을 보존하고 있다) 만주까지 와서 무정 장군은 입국하야 조선공산당에 전당하여서 현재 조선공산당 북조선분국 간부부장으로 있다.[9]

김일성이 당의 책임비서를 차지하고, 행정기구인 임시인민위원장에도 취임하면서 북한의 최고권력자가 되었지만, 그것과는 별도로 무정을 "위대하다"라고 하면서 높이 인정하는 모습이 1946년 초까지 전개된 것이다. 한편, 다른 자료들과는 달리 이 자료는 무정의 출생지를 함북 종성이라고 말하고 있다. 종성군은 무정의 출생지로 다른 주요 자료들이 말하고 있는 경성군보다는 북쪽에 있었다. 1974년 일부는 온성군으로, 나머지는 회령군으로 편입되어 군 자체가 없어졌다. 대부분의 자료들이 무정의 출생지를 경성으로 밝히고 있는데, 이 자료만 종성으로 밝히고 있는 점은 특이하다. 하지만 조선총독부에서 무정의 신상에 대해 자세히 조사한 자료가 출생지를 "함경북

9 무정, "민주주의를 실시, 북조선 인민의 생활 적극 향상—북조선임시인민위원회 무정 동지 담", 『북한관계사료집』 31, 국사편찬위원회, 1999, 280쪽.

도 경성군 용성면 근동 524"로[10] 분명하고 자세하게 밝히고 있기 때문에 우선 이를 따르는 것이 옳은 것으로 보인다.

1946년 3월 토지개혁이 진행되었는데, 당시 황해도 당 책임비서였던 최경덕은 "지적하여야 할 것은 토지개혁 지도로 무정 동무가 황해도에 나려왔을 때 선전부장 정율성 동무가 '아버지'니 무엇이니 표현한 것인데 저는 책임비서로 있으면서 조직적으로 해결하지 못한 데 대하여 책임져야 할 일입니다"라고 자아비판을 한 적이 있다.[11] 1948년 3월 북조선노동당 제2차 당대회 때의 일이다. 1946년 3월 당시에는 말하지 못하고 2년 뒤에야 지적한 것이다. 1946년 봄까지는 무정에 대한 대중적 지지가 높았고 영웅화의 분위기가 있었기 때문에 이를 문제 삼지 못했다고 보아야 할 것이다.

1946년부터는 무정이 북한군의 창설 작업에 참여하게 되는데, 중국군에서 활약한 경력 때문에 특히 북한군에서 그에 대한 지지와 영향력은 높았다. 무정의 순수한 군인으로서의 모습, 호탕한 성격 덕분에 군 내에서 그를 흠모하는 사람이 많았던 것이다. '무정 장군은 만주에서 많은 전투를 치르는 동안 말을 너무 많이 탔기 때문에 저렇게 머리가 앞뒤로 움직인다'는 얘기가 떠돌아다닐 만큼 무정은 초기 북한군에서 신화의 주인공과 같은 대접을 받고 있었다.[12] 군인뿐만 아니라 교통경찰도 무정이 지나가면 무서워했을 정도라고 한다.[13]

해방 직후 북한에서 활동한 유성철은 당시 주요 인물을 가까이서 관찰할 수 있었다. 유성철은 소련 동포 3세로 1943년 소련 브야츠크의 밀영에 있던 88여단에 배속되어 김일성의 통역을 맡았던 것을 계기로 북한에 입

---

10 『倭政時代人物史料』2, 국회도서관, 1983, 98쪽.

11 「북조선로동당 제2차 전당대회 회의록(1948. 3 27.~3. 30)」, 407쪽.

12 최태환·박혜강, 『젊은 혁명가의 초상―인민군 장교 최태환 중좌의 한국전쟁 참전기』, 48쪽.

13 이복용(1928년생. 동북조선의용군 제5지대 대원, 조선인민군 제6사단 문화부중대장, 중위) 인터뷰, 2015년 1월 10일, 중국 옌지.

국했다. 평안남도 경비사령관 무르진 대좌의 통역을 하다가 군 장교 양성소인 보안간부학교 전술학부장·부교장을 거쳐 한국전쟁 당시에는 인민군 작전국장을 맡았다. 전쟁 이후 소련으로 망명했다. 유성철의 인물평을 들어 보자.

내가 직접 만나 본 조만식, 김두봉, 무정, 허가이, 박헌영 등은 경력이나 능력 면에서 아무래도 김일성보다는 나아 보였다. 특히 조만식 선생은 인품이 너그러우면서도 자기 주관이 분명해 나에게 깊은 인상을 주었다. 내가 조만식 선생을 만나러 다닐 때 그의 비서는 나를 좋게 봤는지 "총각이면 고당 선생 따님과 결혼하라"고 권유한 일도 있었다.

허가이는 타슈켄트에서 지역당 비서를 지낸 거물로 나의 형 유성훈과는 각별한 사이였다. 허가이는 술을 좋아해 역시 술을 즐기는 김일성과 밤새껏 대작하는 일이 많았는데 나중에 꼭 술주정을 하는 나쁜 습관이 있었다. 박헌영은 쾌활한 성격은 아니었지만 대인관계가 좋고 언변도 뛰어났다. 무정은 전형적인 무인 스타일로 성격이 호방했으나 고압적인 단점을 지니고 있었다.[14]

김일성과 지근거리에서 활동하면서도 유성철은 무정을 김일성보다 나은 인물로 평가하고 있었다. 다만 성격이 사교적이지 못한 부분은 유성철의 눈에도 어렵지 않게 관찰되었던 것으로 보인다.

---

14 한국일보 편, 『증언, 김일성을 말한다―유성철·이상조가 밝힌 북한정권의 실체』, 한국일보사, 1991, 60~61쪽.

3. 남한정치에서도 큰 비중

남한 쪽에서도 무정은 북한 지역의 핵심 인물로 인정되고 있었다. 해방 직후인 1945년 9월 6일 서울의 경기여고 강당에서 조선건국준비위원회가 주최한 전국인민대표자대회가 열렸다. 정부조직체인 조선인민공화국을 구성하고, 내각을 발표했다. 내각에는 민족주의자와 공산주의자가 고루 참여했다. 이승만이 주석, 여운형은 부주석, 허헌은 국무총리에 선임되었다. 이밖에 각료로 민족주의 세력 가운데 김구, 김규식, 김원봉, 김병로, 조만식, 신익희, 김성수 등이 포함되어 있었고, 공산주의자 가운데는 김철수, 강진, 이승엽, 이정윤, 홍남표, 무정, 조동우 등이 선임되었다. 김일성은 각료 명단에서 빠져 있었다.

서울에 진주한 주한미군 사령관 하지가 1945년 10월 10일 '남한에는 미군정만 있을 뿐 다른 정부는 존재할 수 없다'고 선언하면서 조선인민공화국은 실제로 정부 역할을 하는 데는 실패했다. 하지만 일제 식민지 상태에서 벗어나 한국인 스스로 구성한 첫 정부의 내각에 포함되는 것은 해방 후 정치적 역할에 대해 상징적인 의미를 주는 것이었다. 어쨌든 무정은 여기에 좌우의 주요 리더들과 함께 이름을 올렸다.

무정에 대해서는 당시 서울에 있던 박헌영도 그 비중을 충분히 인정하고 있었다. 해방 직후 조선공산당을 재건한 박헌영은 공산당 재건 사업과 관련한 당시 상황을 정리한 문건에서 "김일성과 무정—북조선에서 우리 당의 핵심을 이룬—이 이끄는 형제당으로부터의 동지들의 도착으로 당은 더욱 강화되었다"라고 밝히고 있다.[15] 북한 지역 공산주의 세력의 핵심 인물로 김일성과 함께 무정을 지목한 것이다. 1945년 9월 11일 구성된 조선공산당 중

---

15 박헌영, 「조선공산당의 재건과 그 현 상황(1946. 3.)」, 이정 박헌영 전집 편집위원회, 『이정 박헌영 전집』 제2권, 역사비평사, 2004, 209쪽.

앙위원회에도 무정은 서열 13위로 들어가 있었다. 당시 중앙위원과 중앙검열위원은 다음과 같았다.

중앙위원

박헌영, 김일성, 이주하, 박창빈, 이승엽, 강진, 최용건, 홍남표, 김삼룡, 이현상, 이주상, 이순금, **무정**, 서중석, 이인동, 조복례, 권오직, 박광희, 김점권, 허성택, 김용범, 홍덕유, 주자복, 문갑송, 강문석, 최창익, 김근, 오기섭

중앙검열위원

이관술, 서완석, 김형선, 최원택[16]

당시 박헌영 세력은 연안파 가운데에서 무정과 김명시, 허정숙 등을 포섭하려 노력했다. 최창익과 한빈, 김두봉 등과는 거리를 두고 무정 등을 통해 연안파를 장악할 수 있다고 보았다. 최창익은 조선공산당의 ML파 거두로, 화요파의 리더였던 박헌영과는 노선을 달리해 왔기 때문에 박헌영은 그를 멀리하려 했다. 최창익과 부부 관계였던 허정숙은 귀국 후 이혼해 최창익과 별개로 박헌영의 포섭 대상이 될 수 있었다. 김명시는 1930년대 좌익운동을 하던 중 검거됐다. 출옥한 후 옌안에서 조선의용군으로 항일투쟁을 하다 해방 후에는 서울에서 좌익 여성운동을 하고 있었다.

박헌영 세력은 또한 김일성을 비롯한 만주파에 대해서는 오기섭과 이주하 등 북한 지역에 있는 국내 공산 세력을 통해 제압이 가능하다고 생각하고 있었다. 김일성에 대해서 대단한 정치가로 보지 않았고, 그저 무정과 비슷한 정도의 군인으로 간주하고 있었다.[17] 서울에 조선공산당 중앙본부를 두고 있으

---

16 위의 문서, 209쪽.
17 고영민, 『해방 정국의 증언—어느 혁명가의 수기』, 사계절, 1987, 86~87쪽.

면서도 북한의 국내파를 통해 김일성 등 만주파를 장악하고, 무정 등을 통해 연안파까지 끌어들여 북한 지역을 자기 세력 아래 둘 수 있다고 생각한 것이다. 이것이 해방 직후 박헌영의 북한 지역 장악 전략이었다. 어쨌든 박헌영의 머릿속에도 무정은 연안파의 리더로 위치하고 있었고, 그래서 재건된 조선공산당의 중앙위원회에도 상당히 높은 위치에 무정을 올려놓은 것이다.

1945년 12월 8일에는 전국농민조합총연맹이 서울에서 전국대회를 열었다. 조선공산당이 주도한 대회로 전국에서 500여 명이 참석했다. 조선공산당에서 이현상, 이강국, 허성택 등이 참석했고, 임시정부의 조소앙과 김원봉, 장건상 등도 초대되었다. 해방 후 농민운동의 발전 계획을 주로 논의했다. 이 대회에서 일부가 김일성을 환영하는 준비위원회를 조직하자는 제안을 내놓았다. 그러자 김일성만 환영하기보다는 무정과 김일성을 동시에 환영하는 준비위를 만드는 것이 옳겠다는 수정 제안이 나왔다. 그래서 적당한 시기에 두 사람을 환영하는 행사를 열기로 결정했다.[18] 당시 남쪽에서도 김일성과 무정을 대등한 인물로 보고 있었음을 알 수 있다.

무정은 해방 직후 북한과 남한에서 높은 대중적 지지를 확보하고 있었을 뿐만 아니라 일본에 있던 좌익 인사들 사이에서도 지지도가 높았다. 조총련(재일조선인총연합회) 전신인 재일조선인연맹의 부위원장을 지낸 김정홍의 말에 따르면, 좌익 계열의 재일교포들이 재일조선인연맹을 중심으로 군중대회를 열 때면, 해방 직후에는 박헌영의 초상만을 걸다가 차츰 김일성과 무정의 초상을 함께 걸었다고 한다.[19] 해외의 좌익 인사들도 박헌영, 김일성과 함께 무정을 한국 공산주의의 핵심 인물로 꼽고 있었다는 얘기이다.

---

18 박충걸, "비운의 혁명가 무정의 일생", 『신동아』, 1993. 3., 518쪽.
19 고영민, 『해방 정국의 증언―어느 혁명가의 수기』, 87쪽.

4. 김일성의 견제

김일성의 만주파는 해방 직후 국내적 기반이 약했다. 그래서 초기에는 소련파, 연안파와 연대해 국내 민족주의 세력과 국내 공산주의 세력을 견제, 숙청했다. 이후에는 소련파와 손잡고 연안파를 제거했다. 종국에는 소련파도 숙청했다. 큰 그림에서 만주파의 반대 세력 숙청은 이러한 과정을 거쳐서 이루어졌는데, 인물로 보면 민족주의자 조만식, 국내파 공산주의자 오기섭, 연안파의 무정이 차례로 제거되는 과정이 진행되었다.

이러한 해방 직후 세력 간 역학 관계 때문에 김일성의 만주파는 연안파가 귀국할 당시부터 환영하지 않았다. 국내파 제거를 위해 그들과 연대할 필요성이 있었고, 실제로 연대했지만 연안파의 귀국을 마음으로 환영할 수는 없는 입장이었다. 1945년 12월 평양의 일식집 다마야의 풍경이 이런 모습을 잘 보여 준다. 만주파가 연안파의 귀국을 환영하는 자리였다. 100명 가까운 많은 사람들이 모였다. 하지만 핵심 인물들이 빠진 반쪽짜리 환영회였다. 김일성도 없었고, 무정, 최창익도 빠져 있었다. 환영하는 쪽도, 환영받는 쪽도 리더들이 모두 참석해야 하는 자리였다. 하지만 만주파에서 김일성이 참석하지 않는다는 소식이 전해졌다. 무정이나 최창익도 참석하기 곤란한 상황이 되었다. 그래서 이들이 모두 빠진 자리가 된 것이다. 연회의 주최자는 최용건이었다. 연안파에서는 하급 간부들이 참석했다. 최용건의 출신학교인 오산학교 관련자들과 연안파 하급 간부들이 술이나 마시는 자리가 되어 버렸다.[20] 김일성은 무정을 중심으로 한 연안파를 초기부터 이런 방식으로 견제했다.

무정 자신도 귀국 직후부터 김일성의 견제를 잘 알고 있었다. 1945년 말 북한에서 언론 활동을 하던 김창순이 무정을 찾아갔다. 당시 무정은 평양

---

20 중앙일보특별취재반, 『(비록) 조선민주주의인민공화국』, 143~144쪽.

대동강변의 아담한 석조 2층집에 살고 있었다. 무정은 김일성의 태도에 불만이 이만저만이 아니었다. "일성이 새끼가 나를 꼭 없애야 하기는 할 터인데…. 그러나 이 무정이 아무리 못났기로 일성이 같은 어린애 앞에서 굴복할 수는 없지 않은가. 나는 직업적 혁명가로서의 투쟁역사에 있어서나 또는 개인 무정을 놓고 볼 때 나야말로 백전연승의 자타 공인하는 용장이거든. 내가 일성이 새끼만 못하다는 것은 어불성설이야."[21] 이렇게 그의 심정을 김창순에게 토로했다.

소련군정은 김일성 띄우기에 적극 나서면서 무정을 홀대했다. 이에 대해서도 무정은 노골적으로 불만을 표시했다. 초대 공청위원장 양구순이 적위대 간부들을 모아 놓고 무정을 연사로 초청했는데, 이 자리에서 무정은 "나는 전신에 총상이 가득한 사람이요. 이 같은 나의 경력은 있는 것도 제대로 소개하지 않으면서 누구는 없는 경력까지 만들어서 선전하고 있을 뿐만 아니라 현 단계의 혁명적 의의를 망각하고 자기 세력의 부식에만 급급하고 있으니, 이것은 장차 당문黨門에 큰 재화災禍를 준비하는 것이 될 것이요"라고 말했다.[22] 김일성을 적극 지원하는 소련, 지지 기반과 권력 확대에 혈안이 된 김일성 모두 비판한 것이었다.

연안파가 평양으로 귀국했을 때『평양민보』편집국장이던 한재덕은 '돌아온 3대 지도자'라는 제목으로 김일성과 김두봉, 최용건을 소개하는 기사를 실었다. 김일성을 첫머리에서 다루었지만 그는 곧 당에 불려가 당 제1비서 김용범으로부터 호되게 욕을 먹어야 했다. 이유는 김두봉, 최용건을 김일성과 같은 반열에 놓았다는 것이었다. 한재덕은 그러면서 자신이 만약 무정을 소개했더라면 더 혹독한 욕을 먹었을 것이라고 적고 있다. 김일성 세력은 무정을 그의 군사적 배경 때문에 "제일 위험한 강적"으로 간주했기 때문에 무

---

21 김창순,『역사의 증인』, 한국아세아반공연맹, 1956, 155쪽.
22 김창순, "무정 장군의 최후와 연안파의 몰락",『북한』195, 1988, 103쪽.

정을 지도자로 소개했더라면 더 큰 곤욕을 치렀을 것이라는 얘기이다.[23] 이처럼 무정은 김일성파에게는 제1의 경계 대상이고 요주의 인물이었다.

무정과 김일성 사이의 쟁투는 북한체제 형성 과정의 긴박하고 복잡한 진행 구조 속에서 더 심해졌고, 그 와중의 많은 사건들이 갈등을 증폭시켰다. 1947년 3월에는 무정이 북한 지역을 돌아보던 중 소련군에서 온 질 나쁜 몇몇을 해고했다. 이 일로 무정과 김일성이 심하게 다퉜다. 서로에게 권총까지 겨눴다.[24]

비슷한 시기(1947년 3월 또는 4월)에 또 다른 사건이 있었다. 포병 부사령관 무정이 함경북도 지역에 시찰을 나갔다. 무정은 북조선인민위원장 김일성의 사진을 발견하고는 "누가 걸라 하던가? 당장 뜯어라"라고 지시했다.[25] 무정이 김일성을 여전히 지도자로 인정하지 않고 있었음을 보여 주는 사례들이 아닐 수 없다.

이즈음 중국의 신문 『중앙일보中央日報』도 "중국에서 훈련받은 조선공산당원과 북한정부를 조종하는 소련에서 훈련받은 더욱 극단적인 조선공산당원 간의 관계는 결코 영원히 화목하지는 않을 것이다"라고 연안파와 만주파의 화해할 수 없는 간극을 설명하고 있었다.[26]

이러한 무정과 김일성의 경쟁 관계는 단발성이 아니고 지속적인 것이었

---

23 한재덕, 『김일성을 고발한다』, 내외문화사, 1965, 225~227쪽.

24 「G-2 Weekly Summary」, HQ, USAFIK, 27 August 1948-3 September 1948, p. 24. 미군정 정보보고서는 소련군 출신이라고 할 때 소련군 내에서 공산당 활동을 하던 인물들과 하바롭스크의 88독립여단에 속해 있던 만주파를 모두 포함해서 말하고 있다. 여기서 말하는 "소련군에서 온"이라는 표현은 만주파를 가리키는 것으로 보인다. 그래야 김일성이 무정과 크게 다투었다는 것이 논리적으로 앞뒤가 맞는 얘기가 된다.

25 정현수 외, 『중국 조선족 증언으로 본 한국전쟁』, 선인, 2006, 261쪽. 이 책에는 당시 김일성의 직책을 임시인민위원장이라고 적고 있는데, 이는 잘못이고 김일성은 당시 북조선인민위원장을 맡고 있었다.

26 『中央日報』 1947. 3. 9., 우병국 외, 『북한체제 형성과 발전과정 문헌자료―중국·미국·일본』, 선인, 2006, 98~99쪽 재인용.

다. 북한군을 면밀히 관찰하고 있던 주한미군도 이러한 경쟁 관계를 잘 파악하고 있었다. 1948년 3월 주한미군 사령부 무관사무소Office of Military Attache가 작성한 합동주간보고서Joint Weekly Analyses는 미군이 파악하고 있는 북한군 내의 경쟁 관계를 잘 설명하고 있다. 주한미국대사관이 설립된 것은 대한민국 정부가 수립된 이후이지만 1948년 초부터 미국의 육군성, 해군성, 공군성은 각각 무관을 서울에 보내 주한미군 사령부에 무관사무소를 꾸리고 남북한의 정보를 취합해 매주 육군성으로 보고했다. 이 보고서가 합동주간보고서이다.

1948년 3월 20일 자 합동주간보고서에 따르면 1948년 2월 공식 출범한 조선인민군의 장교는 3개의 파벌로 구성되어 있었다.[27] 첫 번째 파벌은 조선의용군 출신이다. 즉, 연안파이다. 숫자도 많고 초기 북한군의 주력을 이루는 파벌이다. 이들은 대체로 무정을 추종하는 세력으로 볼 수 있다.

두 번째 파벌은 평양학원 출신들이다. 평양학원은 1946년 1월 5일 진남포에 세워진 북한 최초의 군 간부 양성 기관이다.[28] 처음에는 4개월 단기코스를 운영했지만 1기 배출 후에는 15개월 정규 과정으로 운영되었다. 노어중대 200명, 여성중대 300명, 항공중대 100명, 대남반 100명, 통신중대 100명 등 모두 800명이 한 기수로 교육을 받았다. 교관은 소련파 한인들과 소련군 장교들이 맡았고, 정치학과 공산당사, 소련군 군사교리, 노어 등을 배웠다. 초대 교장은 김책, 2대는 안길, 3대는 기석복이 맡았다. 1949년 1월에는 인민군 제2군관학교로 개칭되었다. 한국전쟁이 발생할 때까지 모두 5기수, 2,500명의 졸업생을 배출했다.

김일성은 북한의 초대 장교 교육기관인 평양학원에 대해 많은 관심을 쏟

---

27 「Joint Weekly Analyses」, Department of the Army, Staff Message Center, Incoming Classified Message, 20 March 1948, 6쪽.
28 「해방 후 4년간의 국내외 중요일지」, 『북한관계사료집』 7, 국사편찬위원회, 1989, 588쪽.

앉다. 개교 이후 자주 평양학원을 찾아가 학생들의 생활과 훈련 모습을 관찰하기도 하고 교육 방향에 대해 지시를 내리기도 했다.[29] 모든 방면에서 물자가 부족한 상황이었지만, 김일성은 평양학원에 대해서는 우선적으로 필요한 것을 조달해 주도록 했다. 이런 일화도 있다. 1946년 봄 노인 한 사람이 대동강을 건너다가 물속에 가라앉은 무기와 탄약을 발견했다. 곧 당국에 신고되었다. 당시 총기와 탄약은 꼭 필요하면서도 부족한 물품이었다. 김일성에게까지 보고가 되었다. 당연히 김일성은 반색했다. 김일성은 다른 곳을 제쳐 두고 곧바로 평양학원에 전화를 걸었다. "대동강에 나가 무기와 탄약을 건져서 필요한 데 쓰라"고 전했다. 평양학원은 대대적인 수색에 나서 많은 무기와 탄약을 건져 냈다. 그것으로 군사 훈련을 충분히 할 수 있었다.[30]

더욱이 그즈음 어렵게 중국의 동북지역에서 장제스군과 싸우고 있던 중국의 팔로군에게 김일성이 10만 정의 총과 각종 포탄, 수류탄, 군복, 신발 등을 지원해 주었다. 일본군이 북한에 남기고 간 것을 대부분 중국군에 넘긴 것이다. 마오쩌둥의 지시를 받은 중국공산당 동북국 부서기 천윈陳雲이 김일성을 찾아와 무기 지원을 요청하자 김일성은 대규모 지원을 결정하고 곧 실행했다. 그 바람에 북한에는 무기가 더 모자라는 형편이었다. 이런 상황에서도 김일성은 평양학원에 마음을 썼다. 이 평양학원 출신들이 1948년 3월 시점에서 두 번째의 파벌을 형성하고 있었다. 이들은 군부 내에서 김일성에 대한 탄탄한 지지 세력을 형성하고 있었다.

세 번째 파벌은 소련파이다. 소련군에 있다가 북한으로 건너가 북한군 건설 단계부터 중요한 역할을 한 그룹이다. 이들의 숫자는 많지 않았지만 소련군과 직접 소통할 수 있는 능력을 가졌기 때문에 북한군 내에서 그들의

---

29 사회과학원 력사연구소 편, 『조선전사』 24, 평양: 과학·백과사전출판사, 1981, 124쪽.
30 강상호, "10만 정의 총에 깃든 숭고한 국제주의적 의리", 『중국 동북해방전쟁 참가자들의 회상기』 1, 평양: 조선로동당출판사, 2011, 122쪽.

영향력은 클 수밖에 없었다.

갈등과 마찰은 주로 첫 번째와 두 번째 파벌 사이에 심했다. 우선 출신성분이 달랐고, 군 간부로서의 성장과정이 달랐으며, 받은 교육과정이 달랐다. 연안파는 중국에서 팔로군식으로 교육받았지만 평양학원은 소련식 교육기관이었다. 그래서 이들의 갈등은 평양학원 출신 간부들이 소련식으로 군을 훈련시키는 과정에서 더 커졌다. 인민군 1사단에서는 조선의용군 출신들과 평양학원 출신들의 갈등이 심해져 평양학원 출신 장교 60명이 한꺼번에 군복을 벗는 일도 발생했다. 하지만 군 전체에 대한 소련군의 영향력, 당의 통제와 감시를 통해 이들의 갈등은 수면 아래에 머물러 있었다.[31] 이러한 갈등이 대대적인 파벌 싸움으로 연결되지 않았을 뿐이지 무정파와 김일성파 사이의 골은 북한군 내에 초기부터 형성되어 지속적으로 존재했던 것이다.

비슷한 맥락에서 1948년 9월 주한미군 사령부 무관사무소가 작성한 합동주간보고서는 조선노동당에도 3개의 분파가 존재하는 것으로 분석하고 있었다. 하나는 김일성파, 다른 하나는 팔로군 출신들, 즉 연안파, 또 다른 하나는 조속한 남북통일을 지지하는 민족주의 세력, 이렇게 3개의 분파가 있었다는 것이다.[32] 그 시점에서 민족주의 세력이 노동당 내에 강한 세력으로 남아 있었는지는 의문이지만 김일성파와 연안파가 주요 세력을 형성하고 있었음은 분명한 것 같다. 물론 김일성이 정권을 잡고 있는 상태로 김일성파가 우세의 입장이지만, 연안파도 당내에서 일정한 세력을 형성하고 있었던 것이다.

---

31 「Joint Weekly Analyses」, Department of the Army, Staff Message Center, Incoming Classified Message, 20 March 1948, pp. 6-7.

32 「Joint Weekly Analyses」, Department of the Army, Staff Message Center, Incoming Classified Message, 18 September 1948, p. 6.

이와는 좀 다르게 1949년 2월의 미군정 정보보고서는 민족주의 세력보다는 박헌영파를 주요 세력의 하나로 보고 있었다. 당시의 북한 내 주요 세력을 김일성과 박헌영, 무정의 3파로 분류한 것이다. 이 3파는 우선 독립투쟁의 과정이 달랐고, 해방 이후에도 소련과의 관계, 남북통일의 방안, 식량배급 방법 등에서 많은 차이를 보이면서 갈등과 경쟁의 관계를 보이게 되었다고 미군정은 분석하고 있었다.[33]

미국 측의 파벌 분석은 소련파를 주요 세력으로 다루지 않은 약점이 있다. 당내 파벌로는 만주파, 연안파, 남로당파와 함께 소련군과 함께 들어온 소련파가 있었다. 허가이를 중심으로 한 이 소련파를 소홀히 다루고 있었던 것이다. 하지만 김일성파와 연안파에 대해서는 일관성 있게 핵심 세력으로 인정하고 있었다. 실제로 양측의 경쟁 관계가 해방 직후부터 두드러졌기 때문일 텐데, 이러한 경쟁 관계의 지속은 양자 사이의 틈을 점점 확대시켰고 결국 김일성 세력의 무정 숙청으로 이어졌다.

5. 김일성의 연안파 분열 전략

연안파 내부의 분열과 갈등은 김일성에 의해 조장되기도 했다. 김일성은 무정의 부하였던 인물로 하여금 무정을 비판하게 하고, 주요 직책에 과거 무정이 거느리고 있던 인물들을 기용하면서 무정과 이들 사이의 갈등·분열을 조장하는 역할을 했다.

1947년 2월 북조선인민위원회 출범 당시 내무국장에 박일우가 임명되었다. 박일우는 옌안 시절부터 무정과 경쟁 관계였지만 무정보다는 한 단계

---

33 「G-2 Periodic Report」, HQ, USAFIK, 2 February 1949, p. 4.

아래의 위치에 있었다. 해방 후 옌안을 출발할 때 조선의용군 사령관은 무정, 부사령관은 박일우였다. 김일성은 그런 박일우를 내무국장에 임명하고 무정에게는 이렇다 할 자리를 주지 않았다.

1948년 3월 북조선노동당 제2차 당대회에서 무정이 토지개혁을 실시할 당시 우경적 오류를 범했다고 비판한 것도 연안파인 황해도 당위원장 박훈일이었다. 그는 황해도 토지개혁의 책임을 지고 있던 무정과 당시 황해도 당 책임비서 최경덕이 철저하게 토지개혁을 추진하지 못하는 바람에 지주들이 여전히 농촌에 남아 농민들을 억압하고 농민들의 자발적인 근로를 방해했다고 비판했다. 1946년 3월 토지개혁을 하면서 북한은 당과 행정기관에서 주요 인물들을 지방에 내려보냈다. 토지개혁이 워낙 중요한 사업이었기 때문에 원만하게 이뤄질 수 있도록 지도하기 위해서였다. 실제로 평안남도의 경우는 139명, 평안북도에서는 364명의 도급 지도 간부가 이里 단위로 파견되었다. 함남에서는 20명의 도 당 간부와 함남노력자학교 학생 120명, 원산노력자학교 학생 150명, 원산시 당 간부 30명이 농촌에 파견되었다. 함북에서도 도당 간부를 비롯해 9,459명이 농촌에 내려가 토지개혁을 지도했다.[34]

무정도 황해도의 토지개혁을 지도하기 위해 파견되었는데, 그때 잘못을 저질렀다고 박훈일로부터 비판을 받은 것이다. 박훈일은 해방 후 만주에 남은 조선의용군 제7지대 지대장으로 활동하다 북한으로 들어간 인물이었다. 무정이 만주에 남은 조선의용군(동북조선의용군)을 직접 지휘하지는 않았지만, 그가 사령관으로 있던 조선의용군이 만주에 남으면서 형성된 3개 부대 가운데 하나의 정치위원을 박훈일이 맡고 있었던 적도 있다. 그런데 이런 식으로 과거 부하 격인 인물이 무정을 비판함으로써, 그렇지 않아도 연대가 약한 연안파는 결속력을 다질 수 있는 계제를 마련하기가 더욱 어렵게 되었

34 사회과학권 력사연구소 편, 『조선전사』 23, 평양: 과학·백과사전출판사, 1981, 153쪽.

을 것으로 보인다.

한편 박훈일은 연안파와 소련파가 한꺼번에 숙청되는 1956년 '8월 종파사건' 직후 중국과 소련이 현지조사를 위해 펑더화이와 미코얀을 파견했을 때 열린 1956년 9월 23일 당 중앙위 전원회의에서 홀로 일어나 비분의 눈물을 흘리며 김일성 개인 숭배를 비판했다고 한다. 박훈일은 당시 당 농업부장을 맡고 있었다. 김일성 세력의 철저한 경계 속에서도 정면으로 비판하고 나선 것이다. '8월 종파사건'의 주모자로 중국으로 도피해 당적이 박탈된 서휘, 윤공흠, 이필규 등은 이 회의로 당적이 회복되었다. 중국과 소련의 강한 압력을 북한이 일부 수용해서 이루어진 조치였다. 하지만 박훈일은 얼마 후 처형되었다.[35] 연안파의 리더 무정 대신 김일성 편에 섰던 박훈일은 결국 김일성 개인에 대한 숭배까지는 용인할 수 없었고, 그래서 그것을 비판했고, 그 바람에 김일성으로부터 숙청된 것으로 보인다.

6·25전쟁 발발 이후에는 박일우를 중용하면서 무정과는 더욱 멀어지게 했다. 박일우는 7인 군사위원 가운데 하나가 되었고, 1950년 10월 말부터는 중국인민지원군 사령부에 배속되어 북한과 중국의 연결고리 역할을 했다. 중국인민지원군의 부사령관 겸 부정치위원이라는 직책도 주어졌다. 펑더화이와 김일성이 상의해서 결정한 일이었다.[36] 1950년 12월 공식적 합동지휘기구인 조·중연합사령부가 구성되자 박일우는 부정치위원이 되었다. 펑더화이 사령관 바로 아래 직책이었다.

펑더화이 조·중연합사령관 아래에는 중국의 내로라하는 장군들이 포진하고 있었다. 부사령관 겸 부정치위원은 덩화鄧華였다. 머리 쓰는 것을 즐기는 인물로, 문무를 겸비한 장군이었다. 또 하나의 부사령관이 홍쉐즈洪學智였다. 얼굴이 얽었지만 낙천적인 사람이었다. 아무리 곤란한 지경에 처해

---

35 고봉기, 『김일성의 비서실장―고봉기의 유서』, 천마, 1989, 111쪽.
36 홍학지洪學智 저, 홍인표 역, 『중국이 본 한국전쟁』, 한국학술정보, 2008, 91쪽.

도 우는 소리를 하는 법이 없는 성격을 가지고 있었다. 그가 병참을 책임지고 있었다. 또 다른 부사령관은 한시엔추韓先楚였다. 그는 지장이라기보다는 용장이었다. 참모장은 셰방解方이 맡고 있었다. 몇 개 국어를 할 만큼 외국어에 능통하고 국제 정세에 밝은 군인이었다.[37] 그 아래 정치부주임으로 두핑杜平이 있었다. 각각 특장들을 가진 장군들이 펑더화이를 보좌하고 있는 체제였다.

이러한 조·중연합사령부 체제에 박일우가 덩화와 같은 넘버 2의 자격으로 들어가 있었다. 김일성이 박일우를 추천한 것이다. 이와 관련해서 인민군 작전국장을 지낸 유성철은 마오쩌둥이 박일우를 연합사 부정치위원으로 천거했다고 전한다. 마오쩌둥이 자신과 함께 대장정에 참여한 박일우를 각별히 신임해 추천했다는 것이다.[38] 연합사 부정치위원을 말하고 있지만 유성철이 말하는 것은 그 이전에 1950년 10월 말부터 맡은 중국인민지원군 부정치위원도 함께 말하는 것이라고 봐야 할 것이다. 두 자리가 연속선상에 있었기 때문이다. 그 자리들에 적합한 인물로 마오쩌둥이 박일우를 추천했다는 얘기이다.

하지만 박일우는 대장정에 참여하지 않았다. 만주 룽징龍井에서 교사를 하다가 중국공산당에 투신했고, 옌안으로 가 조선독립동맹에 참가하면서 항일운동을 한 인물이다. 따라서 이 부분에 대한 유성철의 전언은 신빙성이 떨어진다. 따라서 김일성의 추천에 따라 박일우가 부정치위원이 되었다는 홍쉐즈의 기록이 옳은 것으로 보인다. 홍쉐즈는 펑더화이 아래에서 부사령관을 하면서 생사고락을 함께한 인물이기 때문에 북중 간의 관계도 그가 훨씬 정확히 파악하고 있었을 것이다.

---

37 이와 같은 인물평은 다음을 참조했다. 葉雨蒙, "중국군 한국전 참전 비록 (10)", 『조선일보』 1989. 11. 5.
38 한국일보 편, 『증언, 김일성을 말한다―유성철·이상조가 밝힌 북한정권의 실체』, 106쪽.

무정과는 거리를 두고 있으면서 자신과는 소통이 되는 박일우를 김일성이 추천했다고 볼 수 있겠는데, 이 과정에서 중국이 만약 무정을 원했다고 한다면 그의 부상을 꺼린 김일성이 적극 반대했을 가능성이 높다. 중국이 무정을 추천했을 가능성은 있는데, 이를 보여 주는 자료는 아직 발견되지 않고 있다. 북중 간의 의견 충돌에 대한 것은 북한이나 중국 모두 공개를 꺼리고 있기 때문에 관련 자료가 있다고 하더라도 쉽게 공개되지는 않을 것으로 보인다.

조·중연합사령부의 북한 측 부사령관 김웅도 동북조선의용군 창설 당시 3개 지대장 가운데 한 명이었다. 무정이 전쟁 중 2군단장직을 수행했으니까 과거의 부하 김웅의 지휘를 받는 입장이 된 것이고, 이러한 김일성 세력의 전략은 연안파 내부의 결속을 와해하고 갈등과 알력을 키우는 기능을 했다고 할 수 있다. 물론 당시는 중국의 지원을 받고 있던 상황이었기 때문에 이러한 인사를 김일성이 독단적으로 했다고 보기는 어렵다. 중국과의 협의를 통해 이루어졌을 것이다. 하지만 무정을 제쳐 놓고 박일우와 김웅을 중용한 것이 중국의 의사였다고 보기는 더욱 어렵다. 항일운동 당시 펑더화이와 무정의 동지적 관계를 고려하면 더욱 상상하기 어려운 일이다. 따라서 이러한 인사는 김일성의 의사에 따른 것이라고 보아야 할 것이다.

당에서 군으로

1. 1946년 당내 권력 상실

1946년 상반기 무정은 당에서 김일성 세력에 밀리기 시작했다. 3월까지는 당의 간부부장 자리를 유지하고 있었던 것이 확인되지만,[39] 그해 8월 북조선공산당과 조선신민당이 합당되어 북조선노동당이 창당될 때에는 간부부장에 박일우가 앉았다.[40] 3월에서 8월 사이 도중에 당직을 잃었을 수도 있고, 8월까지 유지하다가 박일우에게 인계했을 수도 있다. 어쨌든 1946년 상반기는 무정이 당에서 힘을 잃어 가는 시기였다.

정권 기관에서도 마찬가지였다. 1946년 2월 8일 출범한 북조선임시인민위원회에서 무정은 중요한 자리를 차지하지 못했다. 임시인민위원 23명 가운데 하나였을 뿐이다. 임시인민위원회의 위원장은 김일성, 부위원장은 김두봉, 서기장은 강양욱이었다. 서기장 아래 10명의 국장과 2명의 부장이 있

39 M. 부르체프, 「단평―조선임시정부 각료 후보들에 대하여」, 『역사비평』 26, 1994, 378쪽.
40 서동만, 『북조선사회주의체제성립사 1945~1961』, 선인, 2005, 181쪽.

었다. 북한의 공식 정부가 출범하기 전이지만, 말하자면 이들이 북한의 주요 분야를 운영하는 장관의 역할을 했다. 보안국장은 최용건, 산업국장 이문환, 교통국장 한희진, 농림국장 이순근, 상업국장 한동찬, 체신국장 조영렬, 재정국장 이봉수, 교육국장 장종식, 보건국장 윤기녕, 사법국장 최용달, 기획부장 정진태, 선전부장은 오기섭이었다. 이들이 집행기구를 구성하고, 의결기구로 임시인민위원회가 운영되고 있었는데, 위원으로 각 국장들과 각 당·단체의 대표들이 참여했다. 무정도 그중 하나로 참여한 것이다. 당시 위원 23명은 다음과 같았다.

임시인민위원회 국장

최용달, 이봉수, 장종식, 이순근, 최용건, 이문환, 한희진, 한동찬, 윤기녕
(체신국장 조영렬은 제외)

당·단체 대표

김일성(공산당), **무정**(공산당), 김두봉(독립동맹), 방우용(독립동맹),
홍기황(민주당), 강양욱(민주당), 현창형(노동조합), 강영근(노동조합),
강진건(농민연맹), 박정애(여성연맹), 방수영(민청동맹), 이기영(문예동맹),
홍기주(평남인민위원회), 김덕영(황해인민위원회)

각 정당과 사회단체 대표들로 구성된 의결기구 임시인민위원회에 공산당을 대표해서 김일성과 함께 참여한 것이니까 그나마 정권 기관에서는 무정이 체면 유지 정도는 하고 있었다고 할 수 있다.

1946년 4월 17일에는 여운형이 북한을 방문했다. 2월에 이어 두 번째 방북이었다. 25일까지 머물렀다. 여운형은 1946년 7월, 9월, 12월에도 방북했는데, 모두 좌우합작의 가능성을 찾아보기 위한 것이었다. 1946년 4월 방북

당시 여운형은 김일성과 최용건, 김책 등을 만났다. 소득은 없었다. 당시 김일성을 만나고 나와서 "김단야가 있었으면 이렇지는 않을 텐데…." 했다고한다. 1930년대 좌익 세력의 파벌 싸움을 막고 조선공산당 재건을 위해 노력하다가 일본의 밀정이라는 모함을 받고 소련의 비밀경찰에 체포돼 1938년 사형당한 김단야의 능력과 열정을 활용할 수 없음을 아쉬워한 것이다.

이 당시 여운형은 무정과 조만식도 만나려 했다.[41] 좌익이면서 민족주의의식이 강한 무정과 우익 민족주의자 조만식을 만나 좌우와 남북의 합작을위한 활로를 찾아보려 한 것이다. 하지만 만날 수 없었다. 특히 여운형과 무정은 1920년대 서울에서부터 알게 되었고, 1940년대 초부터 무정이 입북하기 전까지는 연락원을 통해 관계를 이어 가고 있었다. 여운형은 이러한 개인적인 신뢰를 바탕으로 보다 큰 틀의 연대를 생각했던 것으로 보인다. 하지만 당시 무정은 당에서 밀려나고 있었고, 조만식은 이미 소련군정에 의해가택연금 상태에 놓여 있었다. 모든 것은 이미 소련군정과 김일성 세력에의해 장악되어 있었다. 여운형이 무정, 조만식을 만나는 것을 소련과 김일성이 달가워할 리 없었다.

1946년 9월 여운형이 네 번째 방북했을 때도 무정을 만나려 했다. 당시여운형은 조선공산당과 조선인민당, 남조선신민당 3당의 합당 문제를 구체적으로 논의하기 위해 평양을 방문했다. 여운형은 김일성과 김두봉을 만났지만 무정은 만날 수 없었다. 이때 여운형은 무정의 위치가 격하되었음을감지했다.[42] 여운형은 이때에도 무정을 만날 수 없게 되자 무정의 운신이 자유롭지 못함을 분명히 알게 되었고, 무정이 이미 북한 권부에서 멀어졌다고간파한 것이다.

김일성과의 직접적 권력 투쟁의 장인 당과 정권 기관에서 무정이 세력을

41 조규하 외, 『남북의 대화』, 고려원, 1987, 330쪽.
42 스칼라피노·이정식 저, 한홍구 역, 『한국공산주의운동사』 2, 돌베개, 1986, 368쪽.

잃어 가는 모습을 보이고 있었지만, 1946년 상반기 시점에도 북한 지역에서 무정의 명망은 일정 부분 유지되고 있었다. 임시인민위원회가 출범한 지 얼마 안 된 1946년 3월 소련군정은 임시 내각 구성안을 만들었다. 한국에서 신탁통치가 시작되고 통일임시정부가 성립될 것에 대비해서 마련한 것이다. 소련공산당 중앙에도 보고되었는데, 당시의 각료 명단은 이러했다.

수상	여운형
부수상	김규식, 박헌영
외무상	허헌
내무상	최용건
국방상	김일성
노동상	홍남표
공업상	**무정**
교육상	김두봉
선전상	오기섭
계획경제위원장	최창익
체신·통신 부상	안기성
재무부상	박문규
상무부상	이두엽
농림부상	명재억
교통부상	한희진
보건부상	이상숙[43]

---

43 M. 부르체프, 「단평―조선임시정부 각료 후보들에 대하여」, 374~379쪽.

중국공산당군에서 줄곧 군인으로 활동해 온 무정을 공업상 후보로 올려 놓은 것은 의외지만, 어쨌든 해방된 한반도를 통틀어 주요 인물들을 골라서 구성한 각료 후보 명단에 무정을 넣고 있었다. 김구나 이승만이 빠진 것은 1946년 3월 16일 모스크바의 소련공산당 지도부가 슈티코프 소련군 연해주 군관구 군사위원에게 "조선에 관한 모스크바 회담 결정에 반대하는 정당, 사회단체와는 미소공동위원회가 협의하지 말아야 한다"라는 훈령을 보냈기 때문이다. 반탁 세력과는 협의하지 않는다는 방침에 따라 반탁의 중심 김구, 이승만은 내각 명단에서 빠진 것이다. 내각 구성안이 포함된 문서는 무정을 이렇게 소개하고 있다.

> 북조선공산당 조직국 간부부장. 북조선임시인민위원회 위원.
>
> 42세. 1924년 중국 군사학교에 입학하였으며 1926년에 졸업하였다. 1925년 중국공산당에 가입하였다. 1927년부터 중국공산당 중앙위원회 군사부장으로 활동하였다. 1929년에 봉기 조직을 이유로 체포되어 감옥에 구금되었다. 감옥에서 달아나 중국 홍군에 가입하였으며, 그곳에서 1945년까지 여러 지위에서 근무하였다. 그의 마지막 지위는 8로군 군단장이었다. 중국공산당원으로 있었다. 중국공산당의 결정으로 조선에 들어왔다. 정치적으로 훌륭히 갖추어져 있다. 결단력 있고 재능 있는 조직가.[44]

중국공산당군에서 활동한 경력을 비교적 상세히 소개하면서 무정의 군사적인 능력을 충분히 인정하고 있다. 그뿐만 아니라 정치적인 능력도 갖추고, 결단력 있는 조직가로서의 면모도 가지고 있다고 매우 높이 평가하고 있다.

---

44 위의 문서, 378쪽. 중국 군사학교 졸업연도는 1924년인데, 소련군정은 이를 잘못 파악하고 있었던 것으로 보인다.

1946년 4월 초의 공산당 측 자료도 무정이 아직은 영향력이 있는 인물로 분류했다. 이 자료는 당시 한국의 정치 지도자를 3종류로 나누고 있다. 첫째는 "우리가 지도자라고 부르는 인사들"이다. 박헌영과 여운형, 허헌, 김두봉, 김일성, 이주하, 무정, 김원봉이 여기에 포함된다. 둘째는 중간파이다. 김규식과 김병로, 홍명희가 중간파로 분류된다. 셋째는 "반동분자들"이다. 이승만과 김구, 김성수, 조완구, 조만식, 장덕수, 조소앙 등이다.[45] 공산당 측 자료여서 그들 식으로 분류한 것이지만 중요한 것은 1946년 4월 시점에 무정이 공산주의자들 사이에서 여전히 지도자로 불리는 존재였다는 것이다.

1946년 5월에는 동아일보에 조봉암이 박헌영을 비판하는 편지가 공개되었는데, 내용 중에 "김일성과 무정의 영웅주의에 대해서 최대의 경계를 해야 할 것"이라는 대목이 있었다. 이 편지는 미군방첩대(CIC)가 좌익계 정당·단체의 연합체인 민주주의민족전선(민전) 인천사무소를 불시에 습격한 뒤 인천민전위원장 조봉암의 몸을 수색해 발견한 것이다. CIC가 이것을 동아일보에 전달해 보도되었다. 그러나 조봉암은 편지 내용과 관련해 김일성·무정 관련 부분은 CIC가 완전 조작한 것이라는 입장을 밝혔다.[46] 조봉암의 말대로 CIC가 조작한 것이라면, CIC도 김일성과 무정을 북한의 대표적 인물로 보고 있었던 것이다.

1946년 8월 28~30일 열린 북조선노동당 창립대회에서 무정은 주요 보직에서는 밀려나고 중앙위원에 머문다. 최창익과 박일우 등 연안파도 상당수 포함된 당 상무위원회 13명의 위원에 포함되지 못했다. 간부부장 자리에서도 물러났는데, 공식 발표된 것이 8월 말이지만 실제로는 이보다 먼저 해임되었을 가능성도 있다.[47]

---

45 스칼라피노·이정식 저, 한홍구 역, 『한국공산주의운동사』 2, 370쪽.
46 위의 책, 373~374쪽.
47 김창순, 『역사의 증인』, 161쪽.

2. 북한군 창설에 핵심 역할

당 권력에서 밀려나는 상황에서 무정은 1946년 초부터 군을 창설하는 작업에 관여하게 된다. 김일성 세력이 권력의 핵심인 당에서 무정을 밀어냈고, 무정은 군에서 자신의 역할을 찾으려 한 것으로 보인다. 당에서 밀려난 무정이 자신의 전문 분야인 군에서 자리를 잡기 위해 나름 노력하는 시기가 1946년 초였다고 할 수 있다.

북한이 군을 공식 창설한 것은 1948년 2월 8일이다.[48] 하지만 이보다 훨씬 전부터 창군 작업은 시작되었다. 북한군의 창건을 실질적으로 지휘한 인물로 만주파의 최용건이 꼽혀 왔다. 하지만 무정의 활동을 깊이 관찰해 보면 최용건 못지않게 무정도 초기 건군 활동에 핵심적 역할을 했음을 알 수 있다.

해방 후 두 달이 안 된 1945년 10월 12일 소련 25군 치스차코프 사령관은 성명을 통해 북한 지역의 모든 무장대를 해산시키고, 각 도의 임시인민위원회로 하여금 소련군 사령부와 협의하에 '보안대'를 조직하도록 했다. 이 성명에 따라 각 도에 보안대가 설립되어, 치안 유지와 주요 시설 보호 임무를 수행했다. 11월 19일에는 북조선5도행정국이 발족하고 그 산하에 최용건을 국장으로 한 보안국이 설립되었다. 보안국의 설립으로 보안국(중앙)—보안부(도)—보안서(군)의 채널이 갖추어지게 되었고, 기존의 보안대는 도 보안부에 편입되었다. 경찰 조직을 최용건이 창설하고 책임지게 된 것이다. 하지만 이는 어디까지나 국방을 직접 담당하는 군이 아니라 경찰이었다.

---

48 현재 북한이 내세우는 창군 기념일은 4월 25일이다. 북한은 기존의 2월 8일을 1978년부터 4월 25일로 변경했다. 그 이유는 김일성이 1932년 만주 안투安圖에서 조직했다는 반일유격대 '조선인민혁명군'이 창립된 날이 바로 4월 25일이라는 것이었다. 하지만 이는 김일성 유일체제의 강화 차원의 조치이고, 실제로 북한이 현대적 군 조직을 만들어 내고 공식 기념행사까지 치른 날은 1948년 2월 8일이다.

치안이 어느 정도 안정되자 북한은 1946년 1월 1일 철도보안대를 창설했다. 당시 중요한 교통 수단인 철도 시설을 경비하는 부대를 별도로 만든 것이다. 철도보안대를 따로 설치한 데에는 두 가지 목적이 있었다. 첫째는 소련군이 북한에서 공장의 기계 설비 등을 전리품으로 수송해 가기 위해서였다. 실제로 철도보안대의 예하 부대들이 대부분 소련으로 가는 길목인 함경도 지역에 설치되었고, 소련은 철도를 이용해 수백억 달러에 이르는 전리품을 실어 갔다. 둘째는 정규군 창설 준비를 위해서였다. 예하 13개 중대의 훈련은 모두 군사 훈련이었고, 간부들도 모두 소련군과 팔로군 출신들이었다. 박영순(소련군 소령), 박우섭(소련군 소령), 전문섭(소련군 소령), 김재욱(소련군 소령), 안영(소련군 대위), 백낙칠(팔로군), 김영순(팔로군) 등이 주요 간부진을 이루고 있었다. 철도보안대는 1946년 6월 철도경비사령부로 명칭이 변경되고, 8월 15일 보안간부훈련대대부가 창설되면서 그 예하 부대가 되었다. 사실상 정규군의 기간부대가 된 것이다. 결국 철도보안대는 인민군의 전신이라고 할 수 있다.[49]

경찰·철도보안대와 완전히 구분되는 군의 본격 창설은 1946년 초 보안대대부의 설립에서 시작되었다. 북조선임시인민위원회 소속으로 설립된 이 기관의 사령관 역시 최용건이 맡았다. 임무는 비밀리에 군대를 세워 나가는 것이었다. 남한에 군이 창설되지 않았기 때문에 비밀에 부친 것이다. 여기에 각 계파의 주요 인물이 대거 참여했다. 표 3-1에서 보는 것처럼 만주파가 다수였지만 연안파도 참여했다.

군에 필요한 정치장교 양성을 위해 평양학원을 세운 것도 이즈음이다. 1946년 1월 5일 평양학원이 개교했고, 초대 원장은 김일성의 최측근 김책이 맡았다. 이 학교는 북한군 내에서 만주파 세력 확장의 주요 기반 역할을

---

49 사사키 하루타카佐佐木春隆 저, 강창구 편역, 『한국전 비사 (중권)―기나긴 4일간』, 25쪽.

표 3-1 보안대대부 참여 요원

계파	참여자
만주파	최용건, 안길, 임춘추, 김일, 박성철, 오진우, 최광, 전문섭, 전문욱, 오백룡, 이을설, 김용연, 이두익, 김성국, 이봉수, 김익현 등 30여 명
소련파	유성철, 김봉률, 정학준, 이종인, 김빠베르, 문일, 박길남, 이동화, 이청송, 김창국, 김파 등 12명
연안파	무정, 박효삼, 최인, 왕연

* 출처: 중앙일보특별취재반, 『(비록) 조선민주주의인민공화국』 하, 중앙일보사, 1993, 68~71쪽 참조, 재구성.

했다.

정치장교 양성과 아울러 순수 군사장교 양성도 필요해졌다. 이는 북조선 보안간부학교가 담당하게 되었다. 1946년 3월 북조선보안간부학교 창설 준비가 시작되고, 7월에 공식 설립되었다. 표면상으로는 보안간부(경찰간부) 양성을 내세웠다. 하지만 이 학교는 북한군 장교 양성의 중심 기관으로, 전술학부와 사격학부가 각각 120명, 통신학부가 60명의 학생들을 모집했다. 1년간 교육시켜 군의 소대장으로 임명했다. 학교는 평안남도 강서군 성암면 대안리(현재는 대안시) 조선철강 자리에 위치했다. 소련군 학습교재를 번역해 교육했다. 1948년 12월 평양시 사동에 있는 일본군 99부대 자리로 옮겨 인민군 제1군관학교로 개편되었고, 지금은 강건종합군관학교로 이름이 바뀌었다. 김정은 정권이 문제 있는 인물들을 처형할 때 자주 사용한다는 강건종합군관학교이다. 2015년 4월 인민무력부장 현영철이 여기서 공개처형되었고, 2013년 12월에는 노동당 행정부장 장성택이 여기서 역시 처형되었다. 2010년에는 화폐개혁 실패의 책임을 지고 노동당 재정경리부장 박남기가 처형됐는데, 그것도 강건종합군관학교에서였다. 이렇게 자주 처형장으로 이용되다 보니 이 학교가 '고위층의 무덤'으로 불린다고 한다. 더 거슬러 올라가면 1970년대 당시 스타 여배우 우인희가 복잡한 사생활이 문제가 되어 처형됐는데, 그때 처음으로 강건종합군관학교가 처형장으로 이용됐다.

설립된 지 3개월 되었을 때 북로당 중앙상무위원회는 보안간부학교의 당위원회를 평양학원의 당위원회와 함께 당 중앙본부의 직속으로 하고, 시·군당과 동등한 권리를 가진 당부로 인정했다.[50] 북한이 초기 국가 건설 과정에서 군과 군사학교를 얼마나 중시했는지를 알 수 있다. 당위원회의 위원장은 정치부교장이 담당하도록 했고, 중대를 당의 기본 조직인 세포로 해서 그 아래에는 분조를 조직하도록 했다.

이 학교의 교장이 박효삼이었다. 1942년 조선의용군 창설 당시 무정 사령관 아래에서 참모장을 했던 사람이다. 북조선보안간부학교는 입학생 심사를 위한 심사위원회를 구성하고 있었는데 위원장이 무정, 위원은 최용건, 김책, 김웅, 장종식이었다.

한국전쟁 당시 북한에서 노획한 자료 가운데 북조선보안간부학교 설립에 관한 북조선임시인민위원회 결정 문서가 미국국립문서기록보관청(NARA)에 보관되어 있다. 무정의 공식 직책이 문서에 나와 있다. 그 전문을 보면 아래와 같다.

보안간부학교 설립에 관한 건

북조선임시인민위원회 결정 제35호

1. 우수한 보안대 인재를 양성하기 위하여 북조선보안간부학교를 설립함.
2. 학생 정원 수는 5백 명, 수업기간은 12개월로 함.
3. 학생 모집에 관하야 左와 여如히 심사위원회를 조직함.

---

50 「평양학원 및 보안간부학교 내 당 조직에 대하여(북조선로동당 중앙상무위원회 제7차 회의 결정서. 1946년 10월 8일)」, 『북한관계사료집』 30, 국사편찬위원회, 1998, 13쪽.

심사위원회 위원장 무정

동　　　위원　최용건

동　　　위원　김책

동　　　위원　김웅

동　　　위원　장종식

심사위원회의 임무는 좌와 여함.

가. 국내에 민주주의를 실천할 만한 진정한 조선 애국자를 선발하여 입학시킬 것.

나. 입학 연령은 30세 이하로 하되 신체 건강한 자로 하며 지식 정도는 7학년 졸업(중학교 1학년 수료) 이상으로 할 것.

다. 입학 지원자는 도나 시, 군 또는 면 인민위원회의 추천장을 지참하도록 할 것.

4. 북조선보안간부학교 직원은 좌와 여히 임명함.

가. 학교장

나. 부교장(정치 지도자)

다. 부교장(훈련 책임자)

라. 경리부장

마. 기타 직원은 학교장이 선발하여 1946년 7월 15일 이전으로 북조선임시인민위원회 비준을 받을 것.

5. 학교 조직 사업은 1946년 7월 15일 이전으로 완료하고, 개학일은 동 20일로 할 것.

6. 학교장은 1946년 7월 15일 이전으로 학교 건물 수리를 완료하여 강당 및 훈련장을 준비하며, 교재 및 강령 요목을 작성하여 정상적 교수를 개시하도록 준비할 것.

7. 본교의 경비는 북조선임시인민위원회가 담당함.

8. 재정국장과 본교 교장은 1946년 7월 20일 이전으로 본교 경비 예산안을 작성하여 북조선임시인민위원회의 비준을 받을 것.

9. 본교 교원은 소련군 사령부 소속 인원 중에서 초빙할 것.

1946년 7월 8일

북조선임시인민위원회

위원장 김일성

서기장 강량욱[51]

문서의 구성을 자세히 보면 학교장보다 심사위원장을 먼저 언급하고 있다. 이름까지 문서에서 밝히고 있다. 또 학교 운영보다도 애국심이 투철한 인재를 선발하는 문제를 앞부분에서 중요하게 기술하고 있다. 국가 건설의 초기 단계에서 군의 핵심 인재를 선발하는 학교의 규정을 마련한 만큼 그런 문제를 더욱 중시한 것이다. 그런 점에서 심사위원장이 학교장보다 중요한 위치였던 것으로 보인다. 학교장은 이름이 언급되지도 않고 있다. 심사위원장 무정 다음으로 심사위원에 최용건, 김책, 김웅, 장종식이 임명되어 있었다. 당시 무정의 서열이 최용건이나 김책에 앞서기도 했음을 보여 준다. 군 창설 초기에는 최용건이 무정을 지휘하면서 독주하지는 못했음을 보여 주는 자료라고 하겠다.

물론 최용건이 김일성파의 핵심 인물이었기 때문에 주도권은 최용건에게 있었을 것이다. 하지만 최용건에 대한 평가가 그렇게 긍정적인 것만은 아니었다. 특히 소련 측의 평가는 그다지 좋은 것이 아니었다. 1952년 평양 주재 소련대사관이 작성한 북한의 주요 인물들에 대한 보고서를 보자.

---

51 「보안간부학교 설립에 관한 건」, 『북한관계사료집』 5, 국사편찬위원회, 1987, 665쪽. 원래의 문서는 세로쓰기로 되어 있어 "左와 如히"라고 표현되어 있다.

조선 군대를 지도하는 사업이 대단히 산적해 있어 당 사업에는 별로 신경을 쓰지 못하고 있다. 그럼에도 불구하고 민주당에서 그의 권위는 충분히 높다.

최용건의 개인적인 군사 교육 정도는 높지 않다. 자신의 지식 향상을 위해서 별로 노력하지 않는다. 장교들과 함께 개인적으로 학습하는 일이 드물다.

최용건 자신의 성격은 자존심이 강하며 직선적이다. 단점을 말하자면, 과거에 함께 일했던 사람들을 지나치게 신뢰한다는 것이다.

군 내에서 권위를 가지고 있다. 이러한 권위는 어느 정도 그의 과거 공적에 기초를 두고 있는 것이다. 공산주의운동에 헌신하고 있으며, 조선의 민주화를 위해 적극적으로 투쟁한다. 조선에 대한 미제국주의 정책에 적대적인 태도를 지니고 있다.

자신의 실천적, 정치적 활동에서 소련을 지향한다.[52]

공산주의에 대한 헌신, 반미·친소적 태도는 인정할 만하지만, 군사적 지식과 소양은 부족하다는 평가이다. 이러한 평가를 받던 최용건이 조선의용군의 지지를 받고 있던 무정을 휘하에 두고 마음대로 부리기는 어려웠을 것이다. 무정이 보안간부학교 심사위원장이 되었던 것은 그런 배경 때문으로 보인다.

3. 초대 보안간부훈련소 사령관?

보안대대부는 몇 개월의 준비 끝에 1946년 8월 15일 보안간부훈련대대부 설립으로 이어졌다. 보안간부훈련대대부는 통상 보안간부훈련소로 불렸

---

52 국방부 군사편찬연구소 편, 『(소련 군사고문단장) 라주바예프의 6·25전쟁 보고서』 1, 국방부 군사편찬연구소, 2001, 35~36쪽.

다. 체계적인 정규군의 이미지를 약화시키기 위해 훈련소라는 명칭을 사용했을 뿐, 실제로는 사실상 정규군 체제를 갖추고 있었고, 보안간부훈련대대부는 최고 참모부였다. 보안간부훈련대대부가 조직의 실체로 중앙본부 역할을 하고, 산하에 지역별로 훈련소가 설치된 것이다.

북한도 나중에는 보안간부훈련소(즉, 보안간부훈련대대부)가 초기 북한군의 체계적 조직이었음을 그대로 밝힌다. 1981년에 나온 『조선전사』는 "1946년 8월 보안간부훈련소가 창설되었다. 평양을 비롯한 개천, 신의주, 정주, 라남, 청진 등 여러 곳에 훈련소들이 설치되었다. 보안간부훈련소는 로동자, 농민을 비롯한 근로인민의 우수한 아들딸들로 구성된 인민의 참다운 무장력이였으며 창건될 정규군의 핵심 부대였다. 보안간부훈련소들의 아래에는 분소들이 조직되였으며 분소 밑에 대대와 중대, 소대, 분대들이 편성되였다"라고 적고 있다.[53] 1946년 당시에는 남북한이 공식적인 정부를 구성하기 전이었기 때문에 군의 창설 작업을 숨길 필요가 있었지만, 1981년 시점에서는 그런 필요가 사라졌기 때문에 군 창설의 역사를 여실히 밝힌 것이다.

현재의 조선노동당 규약은 제46조에서 "조선인민군은 당의 위업, 주체혁명위업을 무장으로 옹호 보위하는 수령의 군대, 당의 선군혁명령도를 맨 앞장에서 받들어나가는 혁명의 핵심부대, 주력군이다. 조선인민군은 모든 정치활동을 당의 령도 밑에 진행한다"라고 규정함으로써 당의 군대로서의 군의 성격을 분명히 하고 있다. 하지만 군 창설 당시에는 인민의 군대로서의 성격을 강조했다. 이 때문에 군 내에 당 조직을 두지 않았다. 당의 결정으로 당 조직을 두지 못하도록 했다. 1946년 10월 북로당 중앙상무위원회 제9차 회의에서 다음과 같이 결정했다.

---

53 사회과학원 력사연구소 편, 『조선전사』 24, 128쪽.

북조선에 건립되어 있는 보안훈련소 철도경비대는 북조선 인민의 민주개혁을 보장하는 전 인민의 군대인바 이 군대의 당군화를 방지하고 군대의 통일적 통솔권을 보장하기 위하여 대오 내에 각 정당 조직을 두지 않을 것을 주장하여 아래와 같이 결정한다.

1. 군대 내 각 정당의 조직을 두지 않을 것을 주장하기로 함.
2. 군대 내에 로동당 조직을 두지 않기로 결정함.
3. 군대 내에 있는 당원들의 당증을 회수하고 대신에 당원이라는 증명서를 주기로 함.
4. 군대 내에 있는 당원들의 당비를 납부하지 않기로 함.
5. 군대 내에서 제대한 당원들에게 증명서에 근거하여 당원증을 바꾸어 주기로 함.
6. 대내에 있는 당원으로서 당 규률 및 군대 규률을 위반한 자에 대하여는 규약에 제정한 책벌을 적용하기로 하며….[54]

철저한 당-국가체제 확립 이전의 모습으로 군대는 어디까지나 인민 전체의 안보를 확보하는 수단으로 창설의 명문을 삼고 있었던 것이다. 당 조직은 금지하고, 대신 당의 외곽 조직인 민주청년동맹 조직을 군 내에 두도록 했다. 중대와 독립 소대에 민청의 초급 단체를 만들고 대대에는 민청 대대위원회, 연대에는 민청 연대위원회를 설치했다. 연대보다 높은 부대 단위에는 없었고, 연대 민청위원회는 시·군 당위원회와 같은 권리를 가지도록 했다. 이를 북조선민청위원장과 당중앙의 청년사업부장이 총괄하도록 함으로써 결국은 당이 민청을 통해 군 조직을 간접 관리하는 방식이었다.[55]

---

54 「군대 내 당조직에 관하여(북조선로동당 중앙상무위원회 제9차 회의 결정서 1946년 10월 21일)」, 『북한관계사료집』 30, 국사편찬위원회, 1998, 37쪽.
55 「군대 내 민청조직에 관하여(북조선로동당 중앙상무위원회 제9차 회의 결정서 1946년 10월

군인뿐만 아니라 북한의 청년들은 민청을 통해 통일적 체계 속에서 생활을 영위하고 있었다. "북조선의 청년 활동은 통일된 조직—민주청년동맹—의 영도 아래에서 진행"되고 있었으며, 맹원은 1948년 4월에 130만 명에 이르게 되었다.[56] 민청이 군대를 포함한 북한사회를 이끌어 가는 주요 세력 가운데 하나로 자리 잡고 있었던 것이다. 어쨌든 초기 북한군의 성격과 지향점은 분명 '인민의 군대'였다.

보안간부훈련대대부는 총참모부와 문화부, 포병사령부, 후방부를 두고 있었고, 총참모부는 작전과, 대열과(병력·장비 관리), 통신과, 간부과, 정찰과, 공병과로 구성되어 있었다. 대대부 직속으로 실제 군 조직인 제1, 2, 3 보안간부훈련소가 각각 신의주와 나남(나선), 강계에 있었고, 중앙보안간부학교는 간부 양성 기능을 맡고 있었다.

당시 북한의 군인들은 북한산 무명으로 만든 군복을 입었다. 무기는 삼팔식 보병총이 3명당 1정씩 지급되었고, 경기관총 1정이 각 중대에 지급되었다.[57] 무기가 보강된 것은 1947년 초 소련에서 무기 지원이 이루어진 때이다. 이때 박격포와 중기관총, 기관단총이 대규모로 지원되어 무장을 강화했다.

보안간부훈련소를 설립하는 과정에서 무정은 주도적 역할을 했다. 보안간부훈련소가 창설되면서 사령관은 최용건이 맡고, 무정은 포병 부사령관을 맡았다. 많은 자료들이 그렇게 설명하고 있다.[58] 특히 해방 후 북한에서 언론인으로 활동했던 김창순은 최용건이 북조선임시인민위원회 보안국장

21일)」, 『북한관계사료집』 30, 국사편찬위원회, 1998, 38쪽.

56 "민주청년동맹의 영도 아래 북조선 청년운동은 거족적인 발전을 가져오고 130만의 맹원을 확보하였다(『人民日報』 1948. 4. 12.)", 『북한관계사료집』 60, 국사편찬위원회, 2008, 17쪽.

57 최태환·박혜강, 『젊은 혁명가의 초상—인민군 장교 최태환 중좌의 한국전쟁 참전기』, 46쪽.

58 김창순, 『북한15년사』, 지문각, 1961, 121쪽; 장준익, 『북한인민군대사』, 서문당, 1991, 53~54쪽; 김용현, "북한 인민군대의 형성과정에 관한 연구—만주사변~한국전쟁 이전을 중심으로", 동국대학교 대학원 정치학과 석사학위논문, 1994, 41쪽; 서동만, 『북조선사회주의체제성립사 1945~1961』, 254쪽 등이 이런 입장을 취하고 있다.

으로 있다가 1946년 7월 그만두고 보안간부훈련소 사령관이 되었다고 구체적으로 기술하고 있다.[59] 이들 자료들이 설명하고 있는 당시 보안간부훈련소 창설 당시의 지휘부는 아래와 같다.

사령관	최용건
부사령관 겸 문화 부사령관	김일
포병 부사령관	**무정**
총참모장	안길
후방 부사령관	최홍극
작전부장	유신
간부부장	이림
통신부장	박영순(부부장: 이청송)
공병부장	황호림(부부장: 박길남)
정찰부장	최원
사령관 총고문	스미르노프 소련군 소장

그런데 미군정 정보보고서는 무정이 보안간부훈련소의 초대 사령관이었다고 전하고 있다.[60] 이 정보를 제공한 정보원은 보안간부훈련대대부 산하 제3훈련소 제3대대 소속의 하사관이다. 당시 이 하사관은 무정을 최고사령관으로 알고 있었던 것이다. 미군정의 몇 개의 보고서가 이와 같은 입장을 밝히고 있는데, 1947년 6월 30일 자 보고서는 무정이 보안간부훈련소 사령관이라고 밝히면서 1946년 9월에 사령관을 맡았고, 같은 해 12월 최용건이

59 김창순, 『북한15년사』, 121쪽.
60 「Intelligence Summary Northern Korea (for Period 15 February 1947 to 28 February 1947)」, HQ, USAFIK, 1 March 1947, p. 3.

사령관이 되면서 무정이 밀려나 부사령관 겸 포병사령관을 담당하게 되었다고 지도부의 변화 과정을 상세히 밝히고 있다.[61] 또 다른 보고서는 1946년 여름 무정이 철도경비대를 조직하면서 다른 한편으로 보안간부훈련소의 설립 계획도 세웠다고 말하고 있다.[62]

미군정 보고서들이 일관되게 초대 보안간부훈련소 사령관이 무정이었음을 밝히고 있기 때문에 이 부분에 대해서는 좀 더 연구가 필요해 보인다. 최용건이 초대 보안간부훈련소 사령관이 되었음을 비교적 구체적으로 기술하고 있는 김창순의 저술도 1946년 7월 당시 무정을 중앙당 제2비서라고 쓰고 있어서 당시 상황에 대한 정확한 기록이라고 보기는 어렵다. 당에서의 직책과 관련해서 무정은 1945년 12월 당의 간부부장이 됐고, 1946년 3월까지는 간부부장을 하고 있었으며, 8월에는 간부부장에서 물러났다. 군에서는 1946년 7월 보안간부학교 심사위원장이 되었다. 하지만 그 직후 출범한 보안간부훈련소의 사령관과 관련해서는 어느 정도 모호한 부분이 남아 있다.

한 가지 분명한 것은 무정이 한동안 총참모장 대리를 한 적은 있다. 안길이 1947년 12월 병사한 이후 무정이 총참모장 대리에 임명되었다. 이때 무정은 김일성과 협의하지 않고 지휘 방침을 독자적으로 세우고, 독단적인 지시를 내리기도 했다고 한다. 그 바람에 제2보안간부훈련소장이었던 강건이 총참모장이 되고 무정은 본래대로 포병 부사령관만 맡게 되었다는 것이다.[63]

보안간부훈련소라는 명칭도 무정이 책임지고 있었던 조선의용군의 교육기관 이름과 유사하다. 무정이 1942년 7월 조선의용군 사령관을 맡고, 한

---

61 「Intelligence Summary Northern Korea, The Evolution of The Armed Forces of The North Korean People's Committee, August 1945-June 1947」, HQ, USAFIK, 30 June 1947, p. 5·7·8.

62 「Intelligence Summary Northern Korea, North Korea-Soviet Military Activities」, HQ, USAFIK, 30 September 1947, p. 6.

63 주영복, 『내가 겪은 조선전쟁』, 고려원, 1990, 110쪽.

달 후 여기에 부속된 교육기관을 만들었는데 그 명칭이 '화북조선의용군 간부훈련소'였고 스스로 소장을 맡았다.[64] 보안간부훈련소라는 명칭은 '화북조선의용군 간부훈련소'를 연상시킨다. 이밖에도 1947년 초 당시만 해도 보안간부훈련대대부의 지휘권이 상당 부분 무정에게 있었음을 보여 주는 사례는 곳곳에서 발견되는데, 무정은 함흥 지역 군 책임자를 평판이 좋지 않다는 이유로 전격 해임하기도 했다.[65] 요컨대, 북한군의 창설 과정에서 무정의 역할은 당초 알려진 것보다는 상당히 컸던 것으로 볼 수 있겠다.

4. 초대 인민회의 대의원

1946년 8월 북조선노동당 창당대회 당시 무정은 주석단의 서열 13위이었다. 당시 주석단에 자리한 31명은 아래와 같다.

김일성, 김두봉, 김용범, 최창익, 허가이, 김책, 박창식, 김창만, 김교영, 박일우, 이동화, 박정애, **무정**, 명희조, 임해(주춘길), 김월성, 태성수, 한설야, 장순명, 김재욱, 오기섭, 주영하, 정두현, 홍성익, 오경천, 최정환, 김일, 김찬, 박훈일, 윤공흠, 김영태

비록 김두봉, 최창익, 김창만, 박일우보다도 후순위이기는 했지만 주석단에 이름을 올리고 있었다. 대회 마지막 날인 30일에는 토론에도 나섰다. 남한 측을 비판하고 김일성을 찬양하는 내용이었다.

---

64 김용현, "북한 인민군대의 형성과정에 관한 연구—만주사변~한국전쟁 이전을 중심으로", 27쪽.

65 「Intelligence Summary Northern Korea, Personality Files—North Korean Armed Forces」, HQ, USAFIK, 31 May 1947, p. 14.

최창익 동무 보고를 듣고 다음과 같이 토론한다.

남조선에 있어 동지들이 조선민주주의 건설을 위하여 싸우고 있다. 그러나 그 성과에 있어서 특별한 효과를 볼 수 없다. 북조선에 있어서는 청년, 부녀, 농민, 로동자를 묶으고 인민위원회를 조직하고 그 우에 김일성 동지를 모시였다. (우렁찬 박수) 그 후 김일성 동지는 20개조 정강을 발표했고 토지개혁 산업국유화법령을 공포하고 실천 중에 있다. 김일성 동지는 인민위원회와 기타 사회단체를 지도했고 또는 당을 령도하고 당내 불순분자와 이색분자를 숙청하였다. 당을 령도하는 것이나 인민위원회를 지도하므로써 모-든 실제 민주 과업을 통하여 공산당은 군중에게 위신을 높였고 전 인민의 지지를 받았다.

남조선에 모-든 조선은 변상적 제국주의자들이 조량하고 있으며 제국주의 압박과 착취가 가장 강하게 존재하고 있다. 광주참안은 그만큼 압박이 심하기 때문에 그 반발적으로 군중은 일어나게 되었든 것이다. 또는 남조선은 민족자본가가 있고 봉건 세력이 강하다. 오날 특수한 현상으로 북조선에는 민주과업이 실행되고 있는 것이 특점이다. 공작상으로 볼 때 남조선 공작이 처한 객관적 조건은 우리 북조선 공작의 객관적 조건보다 오히려 더 유리한 것이다. 모-든 것이 곤란한 곳에서 우리의 투쟁의 조건은 유리하게 된다. 그러나 실제에 있어서 남조선의 공작이 북조선에 비하여 많이 뒤떨어져 있다. 이남은 이러한 객관적 조건이 불리한 것은 우리들에게는 유리함에도 불구하고 남조선 공작이 활발히 진행되지 않고 있다.

농민은 땅을 요구하며 로동자는 직장을 요구하고 수천 년을 나려오며 봉건 압박을 받는 부녀가 있음에도 불구하고 그들을 묶어 완전히 적을 지배하는 투쟁을 철저히 실행하지 않고 있다. 이것을 볼 때 우리는 군중을 교양할 뿐만 아니라 우리는 적을 지배할 줄 알아야 한다. 남조선에서 적을 완전히 격멸할 만한 공작을 아즉 전개하지 못하고 있다.

우리 북조선에 있어서는 벌서 모-든 반동분자를 숙청하고 있다. 우리는 광

대한 군중을 집결하기 위하여 우리의 사상을 단일화시켜야 하겠다. 이것이 즉 주관의 력량이다. 우리 북조선에서는 김일성 동지 지도 밑에 사상적으로 통일되었으며 단결되었다. 남조선에 있어 친일과 민족반역자들을 숙청하지 못하고 있다. 일반적 투쟁은 했다고 보겠지만 구체적 투쟁은 전개치 못하고 있다. 주관적 력량을 잘 평가하고 주관적 조직을 확대 공고히 하여 유리한 객관을 지배하도록 할 것이다.

남조선에서 6명이 성명서를 냈다는 것을 볼 때 반동파들에게 대한 투쟁을 강하게 하지 않고 당을 파괴 공작했다는 것으로 본다. 이렇게 함으로 미군정의 반동행위를 돕는 것이며 당에 분렬을 주어 우리 진영은 약하게 하는 것이다. 그러한 의미에서 남조선 중앙에서 출당을 준 것은 옳다고 동의한다. 남조선에서 속히 3당이 합동하기를 바란다. 우리는 앞으로 더욱 굳은 단결로써 김일성 동지의 주위에 튼튼히 뭉치자. 그리고 남조선의 공작이 속히 성공되도록 도아주워야 할 것이다. (박수)[66]

남한에서 당시 진행되고 있던 조선공산당과 조선인민당, 남조선신민당의 3당 합당을 촉구하면서 남한 지역에서 혁명운동을 더욱 효과적으로 추진해야 함을 역설한 내용인데, 곳곳에서 김일성에 대한 찬양을 잊지 않고 있다. 당시 시점에서 무정은 대세가 김일성임을 인정하고 김일성에 대한 충성을 이런 방식으로 표현하고 있었던 것으로 보인다. 무정이 이 시점에서 김일성을 지도자로 진정 인정했는지는 알 길이 없다. 하지만 귀국 직후 김일성을 햇병아리로 생각했던 무정의 인식이 이 시점에서 완전히 바뀌었다고 보기는 어려울 것 같다. 자기세력을 확장하지 못한 무정이 상황에 적응하면서 필요할 때 김일성을 인정하고 찬양하는 모습을 보였던 것으로 볼 수 있다.

---

66 「북조선로동당 창립대회 회의록(1946. 8. 28.~8. 30.)」, 『북한관계사료집』 1, 국사편찬위원회, 1982, 168~169쪽.

어쨌든 1946년 8월 30일 북조선노동당 창당대회를 끝내면서 무정은 당 중앙위원 43명 가운데 하나로 선출되었고, 서열도 12위를 유지하고 있었다. 간부부장 자리를 내놓았지만 서열이 완전히 내려가지는 않은 상태였다. 당시 중앙위원 서열은 아래와 같았다.

김두봉, 김일성, 주영하, 최창익, 허가이, 박창식, 김창만, 허정숙, 김영태,
박정애, 김책, **무정**, 이춘암, 안길, 김려필, 김일, 박효삼, 장순명, 김열, 김재욱,
윤공흠, 한일무, 김민산, 박훈일, 박일우, 태성수, 한설야, 최경덕, 강진건,
장시우, 정두현, 임도준, 임해(주춘길), 오기섭, 김욱진, 이순근, 김교영,
명희조, 한빈, 이종익, 전성화, 김월송, 장종식

1947년 2월 17일에는 북조선 도·시·군 인민위원회 대회가 열렸다. 이는 1946년 11월 3일 선거에서 당선된 도·시·군의 인민위원들이 경제발전 방안 등을 토론하고 주요 내용들을 결정하는 자리였다. 이 대회의 주석단에 무정은 서열 15위로 이름을 올렸다. 김일성, 김두봉, 최용건, 김달현, 강진건, 김은주, 최경덕, 김욱진, 이기영, 최창익, 한설야, 김용범, 주영하, 김책의 순이었고, 바로 그다음이 무정이었다.[67] 이 대회에서 초대 인민회의가 구성되었는데, 무정은 초대 인민회의 대의원에도 선출되었다. 1947년 2월 20일 인민회의 대의원 선거에서 무정은 237명의 대의원 가운데 하나로 선출된 것이다.

당시 대의원 선거는 대의원 전형위원회에서 대의원 후보 237명을 정해서 이들에 대한 이름과 나이, 성별, 성분, 소속당, 간단한 약력을 일일이 소개하고, 이 237명의 명단 자체를 상대로 1,171명의 각 도와 정당, 사회단체

---

67 「북조선 도·시·군 인민위원회 대회 회의록(1947. 2. 17.)」, 『북한관계사료집』 8, 국사편찬위원회, 1989, 21쪽.

대표들이 찬반 투표를 하는 방식으로 진행되었다. 결과는 86% 찬성이었다. 이러한 선거 결과 무정도 초대 인민회의 대의원이 되었다. 당시 투표장에서 소개된 무정에 대한 내용은 "43세, 남자, 로동당, 사무원, 중국에서 혁명사업을 하다가 현재는 보안간부훈련대대부 부사령으로 계시는 분임"이었다.[68] 이 자료는 1947년 2월 시점에 보안간부훈련대대부 부사령관이었음을 보여 준다. 하지만 1946년 12월까지 사령관을 하다가 12월에 최용건으로 바뀌었다는 미군정 정보보고서의 내용을 오류로 만들어 주지는 못한다. 여하튼 당시 선출된 대의원 237명은 다음과 같다.

김일성, 한면수, 강양욱, 임창호, 박상순, 최승희, 김두봉, 박창식, 홍기주,
김윤설, 정상욱, 조성욱, 김용범, 송창렴, 홍면후, 김말백, 강인규, 한동백,
이주연, 최창식, 김봉학, 백경운, 최광렬, 최월성, 장시우, 김시환, 홍기황,
최금복, 김옥정, 김광설, 김재욱, 김설, 김정주, 김태욱, 김농봉, 문의석,
강영국, 김책, 김원걸, 한병호, 문석구, 구황석, 안신호, 한병옥, 서금석,
정관조, 이장균, 박태훈, 주영하, 장종식, 임니원, 김익상, 이면상, 조경제,
최창익, 이봉수, 최국선, 이진숙, 조계성, 김옥변, 한설야, 정달현, 최익선,
이히봉, 최종환, 진명설, 이강국, 윤공흠, 전병건, 김득란, 현옥자, 주만술,
박일우, 최경덕, 유상렬, 이시윤, 조영옹, 백성찬, 이정우, 최용건, 안상륜,
장취국, 윤상만, 최광용, 이동영, 채용성, 최용일, 임정순, 김히호, 김상칠,
박윤길, 고준택, 전덕순, 김응률, 김익성, 문유수, 허정숙, 김관호, 이신애,
김남인, 임영재, 김소저, 조영, 김거윤, 조일영, 이동일, 김한응, 김갑순,
오기섭, 전찬배, 고성찬, 박천일, 이보영, 오옥별, **무정**, 손국영, 문세민,
박명종, 유주용, 김수현, 김제원, 전영욱, 유재청, 문태화, 노진무, 임석복,

---

68 위의 문서, 147쪽.

김창만, 김릉욱, 배리보, 김열, 한인식, 장해우, 김욱진, 손순금, 강성록,

김한일, 승신범, 한인갑, 김달현, 황이옥, 김응기, 권영주, 김택형, 엄계환,

박형립, 최춘집, 박훈일, 김영찬, 오홍석, 정경성, 문희표, 김현극, 이수연,

김영환, 이문환, 이규희, 한민행, 현승갑, 오신남, 김구, 김정자, 김원설,

김용문, 조중수, 강중선, 권태일, 정재룡, 이종권, 박두병, 박봉철, 김문국,

주지남, 최광수, 이기홀, 정준택, 김우필, 이순근, 채택히, 박사윤, 심철규,

김영수, 박용한, 박정애, 신천순, 김승현, 박금모, 장순병, 박동관, 김기천,

김재봉, 한일무, 허묘준, 허남히, 변부길, 김상봉, 인이극, 최봉수, 신정숙,

강진건, 이종완, 최선길, 이현기, 최용달, 배인수, 배창옥, 이성용, 조도준,

이규형, 한영숙, 김병린, 한순여, 김보금, 김칠성, 신달림, 윤시준, 윤히구,

박영성, 김광준, 조동개, 최종호, 안몽용, 이기영, 김창영, 이연심, 김정환,

이태선, 김동명, 심현구, 김태형, 서병수, 엄국, 한영규, 이두호, 김성술,

김한종, 김창준, 안삼원[69]

회의 당시 호명된 순서에 따라 작성된 회의록에 이와 같은 순서로 되어
있지만 맨 앞에 김일성을 내세웠을 뿐 그다음부터는 권력 서열을 염두에 둔
순서는 아닌 것으로 보인다. 김책이 38번째, 최용건이 80번째로 호명되었
는데, 이들의 권력 서열은 이보다 훨씬 높은 상태였다. 소속 당별로 보면,
공산당원이 89명, 민주당원 29명, 천도교 청우당원 29명, 무소속 90명이었
다. 공산당원 가운데는 당시까지만 해도 연안파 9명(무정, 김두봉, 최창익, 박
일우, 허정숙, 조영, 김창만, 윤공흠, 박훈일), 소련파 6명(김재욱, 박창식, 김열, 김
영수, 박영성, 한일무), 만주파 3명(김일성, 김책, 최용건) 외에는 대부분 국내파
들이었다. 어쨌든 무정도 초대 인민회의 대의원 선거에서 대의원으로 선출

---

69 위의 문서, 167쪽.

되었고, 이는 무정이 당에서는 주요 직책을 차지하지 못했지만 군에서는 상당히 중요할 역할을 하고 있었음을 말해 주는 증표이기도 하다. 1947년 3월 초부터 북한군 건설을 위한 북한과 소련의 일련의 회의가 열렸는데, 만주파의 최용건과 함께 무정이 이 회의의 핵심 멤버이기도 했다.[70]

5. 최용건과의 주도권 다툼

하지만 얼마 지나지 않아 무정 세력을 약화시키려는 조치는 시작되었다. 조선의용군 출신들을 주요 직위에서 배제시키기도 하고, 이들을 친親만주파로 포섭하는 방식으로 무정의 세력을 약화시켰다. 이와 관련해 미군정보고서는 이런 작업을 주로 최용건이 나서서 하고 있는 것으로 분석했다. 무정의 측근을 핵심 포스트에서 배제시킴으로써 무정의 힘을 약화시켰다는 것이다.[71]

1947년 5월 17일 보안간부훈련대대부가 북조선인민집단군 사령부로 개칭되었을 때도 최용건 사령관–무정 포병 부사령관 체제는 그대로 유지되었다. 한편 이 무렵 중국의 『중앙일보中央日報』는 북한군이 이미 20만의 병력을 보유하고 있었다고 보도하고 있었다.[72] 물론 『중앙일보』가 국민당의 기관지이기 때문에 북한의 위협을 경계하는 측면에서 과장되게 보도했을 가능성도 있지만, 어쨌든 북한군이 그즈음에 조직적인 체계를 갖추면서 많은 병력을 확보해 나가고 있었던 것은 분명한 것 같고, 중국 국민당 측에서

70 「Intelligence Summary Northern Korea, The Evolution of The Armed Forces of The North Korean People's Committee, August 1945-June 1947」, HQ, USAFIK, 30 June 1947, p. 5.
71 「G-2 Weekly Summary」, HQ, USAFIK, 17 September 1948-24 September 1948, p. 54.
72 『中央日報』 1947. 7. 30., 우병국 외, 『북한체제 형성과 발전과정 문헌자료—중국·미국·일본』, 선인, 2006, 110쪽 재인용.

는 이에 대한 우려를 갖고 있었던 것으로 보인다.

상당한 준비 기간을 거쳐 조선인민군이 공식 출범한 것은 1948년 2월 8일이다. 오전 10시 평양역 앞에서 대대적인 출범식이 거행되었다. 당시의 상황을 잘 보여 주는 주한미군 사령부 무관사무소Office of Military Attache의 합동주간보고서Joint Weekly Analyses가 있다. 이 보고서 1948년 2월 14일 자에 조선인민군 출범식이 잘 나와 있다. 출범식에는 북한 주둔 소련군과 북한의 주요 인물들이 대거 참여했다. 소련군 측에서 코로트코프George P. Korotkov 북한 주둔 소련군 사령관, 샤닌George I. Shanin 참모장을 비롯해 여러 장성들이 참석했고, 북한 측에서는 김일성 북조선인민위원장, 김두봉 북조선인민회의 상임위원회 의장, 최용건 조선인민군 초대 총사령관, 강건 총참모장 등이 참석했다.[73] 무정도 참석했을 법한데 미국 측 보고서에는 나타나지 않고 있다. 평양 시내는 명절날처럼 단장되었고, 이른 새벽부터 수십만의 군중들이 평양역 광장으로 모여들어 인산인해를 이뤘다.[74]

그 자리에서 김일성이 연설을 했는데, "오늘 우리가 인민군대를 가지게 되는 것은 우리 조국의 민주주의 조선 완전 자주독립을 일층 촉진시키기 위하여서입니다"라고 강조했다. 또, "그러나 우리에게는 아직까지 이 모든 성과들을 무력으로 보위할 조선인민군대가 없었습니다. 어떠한 국가를 물론 勿論하고 자주독립국가는 자기의 군대를 반드시 가지고 있는 것입니다. … 우리 조선 인민은 어디까지던지 자기 운명을 자기 손에 들어쥐고 자기가 주인으로 되는 완전 자주독립국가 건설을 위하여 자기의 손으로 통일적인 정부를 수립하기 위하여 모든 준비와 대책이 있어야 할 것"이라고 역설했다.[75]

---

73 「Joint Weekly Analyses」, Department of the Army, Staff Message Center, Incoming Classified Message, 14 February 1948, pp. 7–8.
74 사회과학원 력사연구소 편,『조선전사』24, 134쪽.
75 「조선인민의 성벽인 인민군대의 창설」,『북한관계사료집』27, 국사편찬위원회, 1997, 416쪽.

공식적인 정부가 출범하기도 전에 군대를 조직하는 것은 무력통일을 위한 것이 아니냐는 국내외적 우려를 의식한 듯 "인민군대를 창설하는 것은 일부 반동분자들이 악선전하고 있는 것과 같이 동족 내란을 일으키는 것이 아니라, 오히려 반동파들의 그러한 민족 분열과 동족 살해를 미연에 방지하는 것입니다"라고 강조하기도 했다.[76]

김두봉도 연설을 했는데, 그는 인민군 창설이 소련의 도움으로 가능했음을 강조했다. 그러면서 인민군의 창설로 북한 인민들이 인민정권과 민주건설을 보위하고 인민의 복리와 평화를 수호하는 인민의 군대를 갖게 되었음을 역설했다. 또한 김두봉은 인민군이 김일성의 항일투쟁 전통을 이어받은 것이라고 분명히 말하기도 했다.[77] 연안파의 리더 가운데 한 사람이면서도 조선의용군의 전통을 강조하지 못하고 만주파의 정통성을 인정해 준 것이다. 소련의 지원을 받고 있는 김일성 정권에 연안파가 단순한 하나의 지원 세력으로 참여하고 있는 모습을 여실히 보여 주는 부분이기도 하다. 기념식이 끝난 뒤에는 열병식도 진행되었다. 기관총부대가 먼저 가고, 다음으로 포병부대가 뒤따랐다. 몇 대의 항공기가 공중을 돌며 선전 팸플릿을 뿌리기도 했다. 물론 무기들은 모두 소련제였다. 소련에서 사용하던 것이었지만 비교적 깨끗하게 수리되어 열병식에 선을 보인 것이다.[78]

한 가지 주목할 것은 이 합동주간보고서가 한국의 국방부에 해당하는 민족보위성의 설립일을 조선인민군 창설과 같은 날인 1948년 2월 8일로 보고 있다는 것이다. 어떤 매체인지는 밝히고 있지 않지만, 북한 매체가 이날 민족보위성 창설을 발표했다고 이 보고서는 말하고 있다. 1948년 9월 9일 조

---

76 하기와라 료 저, 최태순 역, 『한국전쟁―김일성과 스탈린의 음모』, 한국논단, 1995, 239쪽.
77 『조선인민군』, 평양: 조선인민출판사, 1948, 16~18쪽.
78 「Joint Weekly Analyses」, Department of the Army, Staff Message Center, Incoming Classified Message, 14 February 1948, 8쪽.

선민주주의인민공화국 출범과 함께 민족보위성이 설립되었다는 북한의 공식 입장과는 차이가 난다. 또 초대 민족보위상도 북한은 최용건으로 밝히고 있지만, 합동주간보고서는 김책이 초대 민족보위상이었다고 명시하고 있다. 그러면서 민족보위성이 보안간부훈련대대부의 후신임도 밝히고 있다. 미국 측 보고서를 보완할 수 있는 다른 자료가 더 필요하긴 하지만, 북한의 공식 발표와는 달리 민족보위성이 북한정부 수립 이전에 체계를 갖추고 있었을 가능성이 있는 것이다.

여하튼 조선인민군 창설 당시에도 최용건은 사령관, 무정은 포병 부사령관이었다. 조선인민군 출범 당시의 지휘부는 아래와 같다.

총사령관	최용건
부사령관 겸 문화 부사령관	김일
포병 부사령관	**무정**
후방 부사령관	최홍극
총참모장	강건(1947년 12월 안길 사망 후 승계)
부총참모장	황호림
통신부장	박영순
공병부장	박길남
작전부장	유신
제1사단장	김웅(참모장: 최광)
제2사단장	이청송(참모장: 이익성)
제3혼성여단장	김광협(참모장: 오진우)[79]

---

79 장준익, 『북한인민군대사』, 87쪽.

조선인민군이 공식 출범하는 1948년 초의 시점에서 무정의 지위를 성급하게 떨어뜨릴 수는 없었을 것이다. 북한군의 체계가 완전하지 못한 상황이었고, 이런 상황에서 중국에서 실전 경험을 쌓은 조선의용군은 초기 북한군에서 가장 핵심적 자원이었다. 무정은 그들의 지지를 받고 있었기 때문에 김일성 세력도 그를 쉽게 제거할 수 없었던 것이다.

하지만 전체적으로 연안파의 축소는 분명해졌다. 1948년 2월 8일 인민군 창설 당시 주요 인물들의 계파별 구성을 보면 표 3-2와 같다. 이 표에서 보는 것처럼 이 시점에 오면 벌써 연안파는 그 수도 줄고 무정을 제외하고는 참여 인물들의 중량감도 떨어진다. 수뇌부는 만주파가 차지하고 연안파는 일선 지휘관에 보임되는 경향도 분명해진다.

표 3-2 인민군 창설 당시 주요 인물의 계파별 구성

계파	인물
만주파	최용건(총사령관), 김일(문화 부사령관), 강건(총참모장), 최광(제1사단 참모장), 김광협(제3독립혼성여단장), 오진우(제3독립혼성여단 참모장)
소련파	최홍극(후방 부사령관), 김봉률(제1사단 부사단장), 이청송(제2사단장)
연안파	무정(포병 부사령관), 김웅(제1사단장), 이익성(제2사단 참모장)

* 출처: 장준익, 『북한인민군대사』, 서문당, 1991, 23~26쪽 참조, 재구성.

한편 인민군 창설 즈음 북한은 상당한 규모의 병력을 확보하고 있었다. 중국공산당 중앙위원회 화북국 기관지 『인민일보』(1949년 8월부터는 중국공산당 중앙위원회 기관지)는 인민군 창설 당시 병력이 20만 명 정도 되는 것으로 보고 있었다. 이 신문은 1948년 2월 20일 자에서 "알려진 바에 의하면 조선인민군은 약 20만 명이다"라고 보도한 것이다.[80] 출처는 밝히지 않고 있지만 구체적인 숫자를 제시하면서 병력의 규모를 추정하고 있다. 북조선

---

80 "북조선에는 이미 20만 인민군이 있다. 조선민주주의인민공화국 헌법 초안을 곧 표결하게 된다(『人民日報』 1948. 2. 20.)", 『북한관계사료집』 60, 국사편찬위원회, 2008, 13쪽.

노동당과 협력 관계인 중국공산당의 기관지가 보도한 것이기 때문에 우파 신문들의 보도보다는 신빙성이 높다고 보아야 할 것이다. 실제로 한국전쟁 발발 당시 조선인민군은 육·해·공·해병 모두 합쳐 198,380명으로 105,752명이던 국방군의 두 배에 가까웠으니까[81] 인민일보의 추정이 크게 잘못된 것은 아니라고 할 수 있다. 어쨌든 북한은 1948년 2월 조선인민군 창설 당시에는 상당한 규모의 전력을 갖추고 있었음은 분명하다.

인민군이 창설된 후 매월 평양의 인민군 사령부에서 주요 간부회의가 열렸다. 연대 참모장 이상의 간부들이 참석하는 대규모 회의로 매월 10일 전에 열렸다. 회의는 3일 동안 진행되었는데, 이틀은 실제로 회의를 하고 마지막 날은 야외행사였다. 이때 주로 강의를 맡아 진행했던 이가 총참모장 강건이었고, 포병 전술전략 강의는 무정이 했다.[82] 공식 출범한 군에 누구 못지않은 관심을 기울이고 있었던 것이다.

81 『한국전쟁사』 제1권, 국방부 전사편찬위원회, 1977, 109쪽.
82 「G-2 Weekly Summary」, HQ, USAFIK, 7 May 1948-14 May 1948, p. 19.

숙청의 예비 단계

1. 공식 비판의 시작

조선인민군이 공식 출범한 지 한 달 남짓 되면서 무정은 비판의 도마 위에 오르게 된다. 1948년 3월 27~30일 북조선노동당 제2차 당대회가 열렸다. 여기서 무정은 공개적으로 비판을 받게 된다. 공개 비판은 이때가 처음이다. 대회 첫날 무정은 57명의 대회 집행부에 서열 21위로 이름을 올렸다. 집행위원은 아래 57명이었다.

김일성, 김두봉, 주영하, 허가이, 최창익, 김책, 박일우, 박정애, 박창옥, 태성수, 김열, 한일무, 김민산, 김재욱, 박훈일, 이히준, 장순명, 허정숙, 이중근, 최경덕, **무정**, 진반수, 방우용, 이의용, 장해우, 강진건, 김교영, 이종익, 강건, 이순근, 송제준, 최숙양, 장위삼, 오기섭, 김웅기, 이주연, 조영, 김직형, 김회일, 박영화, 김시환, 박영성, 한설야, 김찬, 최영근, 최근복, 김태하, 정준택, 김웅, 장시우, 이동학, 손홍열, 김황일, 정일룡, 정두현, 김승화, 기석복

대회 둘째 날 무정은 직접공격을 받게 된다. 그것도 과거 조선의용군에서 자신의 부하로 활동했던 박훈일로부터였다. 해방 후 만주에 남은 동북조선의용군 제5지대의 정치위원으로 지린吉林 지역에서 조선의용군 확대작업을 하던 박훈일은 이 지역에서 제7지대를 창설해 지대장 겸 정치위원이 되었다. 당시 부지대장 겸 부정치위원은 최명이었다. 그렇게 활동하다가 1946년 3월 박훈일과 최명은 입북했다. 박훈일은 황해도 당위원장이 되었다. 박훈일의 비판 내용은 이런 것이었다.

농촌 군중을 발동시키는 문제는 토지개혁 시에 우경을 범하였는데 중요한 원인이 있습니다. 물론 개별적으로는 좌경을 범한 사실도 있습니다. 토지를 몰수하여야 할 부분을 몰수하지 않았으며 주지 않을 자들에게 토지를 분여하여 주었으며 또한 법적으로 이주시켜야 할 지주를 이주시키지 않았습니다. 이리하여 적지 않은 불로지주들이 타군으로 이주되지 않고 여전이 농촌에서 농민들을 억압하게 되었으며 농민들의 적극적 발동을 조해[저해]하고 있었습니다. 이 책임은 그 당시 황해도 토지개혁의 책임을 지고 있었던 무정 동무와 당시 도 당위원장이었던 최경덕 동무가 저야 할 것입니다. 그 후 이와 같은 결점들을 신속하게 퇴치 못한 책임은 내가 저야 하겠습니다.

이와 같은 결점들은 작년 5월 당 사업 총검열 사업을 통하여 극복되었으며 농촌 군중들의 기세를 발동시켰습니다. 그뿐만 아니라 그 당시까지 엄중하게 존속되고 있던 관료주의적이며 형식주의적인 사업 작풍을 기본적으로 시정하게 되었으며 군중 속에 들어가서 사업하는 작풍이 군중을 발동시키는 원인의 하나로 되었습니다. 그 결과로서 매개 세포들은 자기 사업을 하도록 되었으며 군중 속에서 당의 정책을 실천하도록 강화되었습니다.[1]

---

1 「북조선로동당 제2차 전당대회 회의록(1948. 3. 27~3. 30)」, 『북한관계사료집』 1, 국사편찬위원회, 1982, 359~360쪽.

북한은 1946년 2월 북조선임시인민위원회를 출범시킨 후 다음 달 바로 토지개혁을 실시했고, 무정은 황해도로 내려가서 토지개혁을 지도했는데, 무정이 제대로 지도를 하지 못했다는 내용이다. 몰수 대상 토지가 제대로 몰수되지 않았고, 받아야 할 사람이 받지 못했다는 것이다. 또 토지를 몰수 당한 지주는 다른 군으로 이전하도록 되어 있었는데, 이것도 잘 안 지켜졌 다는 것이다. 한마디로 토지개혁이 부실하게 되었다는 것이다. 또, 이는 당 시 책임자인 무정의 책임이라는 것이다.

김일성이 북조선임시인민위원장으로 북한의 정권 기관 책임자가 되자마 자 최우선적으로 추진한 사업이 토지개혁이다. 사회주의 건설을 위한 기초 적 과정이기도 했고, 그의 지지 기반을 확대하기 위해서도 매우 중요한 일 이었다. 여기에서의 무정의 과오를 박훈일은 지적한 것이다. 김일성의 역점 사업을 무정이 제대로 추진하지 않았음을 애기하는 것이었다. 이러한 공격 을 통해 무정의 권위와 영향력을 떨어뜨리고, 북한정치의 중심으로부터 소 외시키는 전략이었다고 할 수 있다. 게다가 무정은 같은 대회에서 일부 당 간부나 황해도 지역으로부터 '아버지', '위대한 아버지' 등으로 호칭되었다 는 비판도 받았다.[2]

토지개혁을 할 당시 무정의 과오에 대한 비판은 토지개혁 완료 직후인 1946년 4월 김일성이 이미 간접적으로 한 바 있다. 김일성은 4월 10일 조선 공산당 북부조선분국 제6차 확대집행위원회에서 '토지개혁 사업의 총결과 금후 과업'이라는 보고를 통해 황해도 지역 토지개혁의 부실함을 지적했다. "황해도에서는 소작인이 지주를 대신하야 소작을 은폐하고 3정보는 내가 했다고 한 일도 있으며, 평북에서 소작인은 지주를 위하야 곡량穀糧을 감추 는 일도 있으며, 몰려갈 지주를 그냥 두려 하는 경향도 있었다. 평남에서는

---

2 위의 문서, 389·407쪽.

제4장 숙청 217

민족반역자를 은폐한 일도 있었다. 평남에는 우리 당원 가운데 토지개혁 법령이 나리자 자기 집에 가서 토지를 팔았다. 당이 비록 숙청을 했으나 아직도 이런 자가 당내에 있다. 이러한 등 우경이 당내에 존재하는 것은 우연한 사실이 아니다. 원인은 당내에 소자산계급과 지주 부농의 영향을 받은 자가 많은 까닭이다"라고 지적한 것이다.[3]

황해도에서는 5정보 이상을 소유한 지주의 토지를 몰수했는데 소작인이 지주 토지의 일부를 소유한 것처럼 꾸며 몰수를 피하려 했다는 얘기이다. 또 토지를 몰수당한 지주는 다른 지역으로 이주하도록 되어 있는데, 평안북도에서는 그렇지 않은 사례가 있었다는 것이다. 민족반역자의 토지도 몰수 대상이었는데, 평안남도에서는 반역 사례를 감추고 지주의 토지를 보호해주려는 경우도 있었다는 것이다. 1948년 3월 박훈일의 비판은 토지개혁이 부실하다는 김일성의 인식을 배경으로 해서 나온 것이다.

북조선노동당 제2차 당대회를 마치면서 당 중앙위원 67명이 선출되었는데, 무정은 35위에 위치해 있었다. 대회 시작 당시 서열 21위에서 14계단이나 내려갔다. 당시 중앙위원 67명의 서열은 다음과 같다.

김두봉, 김일성, 주영하, 허가이, 김책, 최창익, 박일우, 박정애, 김교영, 정준택, 박창옥, 김일金一, 김재욱, 김황일, 김일金日, 최경덕, 김민산, 최숙양, 진반수, 강진건, 한일무, 박훈일, 최재린, 한설야, 이히준, 강건, 김승화, 기석복, 허정숙, 이중근, 태성수, 장순명, 김용기, 김고망, **무정**, 박창식, 이북명, 박효삼, 김상철, 장시우, 정두현, 오기섭, 송제준, 김직형, 이순근, 김광협, 이종익, 장해우, 이동화, 임해(주춘길), 정일룡, 방학세, 조영, 김웅, 박무, 김영수, 장철, 김태연, 이권무, 김경석, 김한중, 박영성, 이유민, 김광빈, 이송운, 박금철, 김찬

3 김일성, "토지개혁 사업의 총결과 금후 과업", 『북한관계사료집』 1, 국사편찬위원회, 1982, 52쪽.

당시 중앙위원은 사전에 당의 정치위원과 각 도 당위원장들이 논의를 통해 후보를 정하고, 당대회에서 한 사람 한 사람씩 호명을 하면 그 사람에 대해 당대회에 참석한 대표들이 거수를 통해 최종 결정하는 방식으로 선출했다. 당시 67명 중 66명은 당대회 참석 대표 990명이 만장일치로 선출했다. 하지만 단 한 사람 오기섭에 대해서는 반대가 5표 있었다. 다른 사람들과는 달리 오기섭에 대해서는 대표들이 약력 소개를 요구하기도 했다. 오기섭은 이 대회를 계기로 권력에서 급속하게 멀어져 갔다.

오기섭은 1945년 10월 조선공산당 북부조선분국이 창설되면서 제2비서가 되었다. 초기 북한의 권력 2인자가 된 것이다. 그해 12월 조선공산당 북부조선분국 제3차 확대집행위원회에서 김일성이 책임비서로 권력의 전면에 부상하면서 오기섭은 조직부장으로 내려앉았다. 김일성은 오기섭이 직업동맹을 당보다 앞세우는 것은 잘못이라며 직접 비판했다. 오기섭 숙청의 시작이었다. 1946년 1월 말 조직부장에서도 해임되고, 3월 초 북조선임시인민위원회 선전부장이 되었다가 9월에는 노동부장으로 전임되었다. 1947년 1월 노동부가 노동국이 되면서 오기섭은 국장으로 승진되기도 했다. 하지만 그해 2월 북로당 중앙위 4차 확대전원회의에서 주영하가 오기섭의 직업동맹관을 다시 비판하고, 3월 당 중앙위 6차 확대전원회의에서 다시 김일성이 직업동맹관을 비판했다. 1948년 초 노동국장에서 해임되고, 3월 북로당 2차 당대회에서 김일성과 허가이, 주영하, 한일무, 김열 등이 대거 나서 오기섭과 정달헌 등 국내파를 비판하면서 오기섭은 사실상 숙청되었다. 6·25전쟁이 끝나고 1956년 잠시 수매양정상을 맡기도 했지만, 1958년 당적이 박탈되었고, 1950년대 말 병사한 것으로 전해진다. 사망은 1950년대 말에 했지만 실제로 숙청이 된 것은 1948년 3월이라고 보아야 할 것이다. 무정보다 먼저 숙청된 것이다.

무정은 북로당 2차 당대회에서 오기섭처럼 숙청되지는 않았다. 다른 중앙위원들과 같이 990명 만장일치로 선출되었고, 약력 소개를 요구받지도 않았다. 여기서 김일성 세력의 국내파와 연안파에 대한 전략을 확인할 수 있다. 김일성 세력의 첫 번째 표적은 북한 지역에서 자생한 국내파 공산주의자들이었다. 그 대표가 오기섭이었다. 오기섭은 일제강점기 함흥을 중심으로 노동운동을 하면서 함경남북도에 많은 지지 세력을 확보하고 있었다. 그래서 오기섭이 먼저 숙청 대상이 되었다. 그다음 표적이 연안파였다. 당에서 무정의 서열은 점점 내려가고 있었다.

2. 초대 최고인민회의 대의원 탈락

1948년 초까지만 해도 무정은 팔로군 출신들에게는 흠모의 대상이었다. 하지만 1948년 4월 남북정치협상 당시 남측의 김구, 김규식의 상대로 김일성과 김두봉이 나가고, 그해 8월 25일 선출된 최고인민회의 대의원에서 무정이 빠진 것을 보고 북한 주민들은 '무정이 밀려나고 있구나' 하는 생각을 가지게 되었다고 한다.[4]

1947년 2월 구성된 인민회의가 최고인민회의로 격상되어 치러진 첫 선거가 1948년 8월 25일 최고인민회의 대의원 선거였다. 인구 5만 명에 한 사람의 대의원을 뽑았다. 최고인민회의로 격상되면서 대의원들에 대한 처우도 개선되었다. 1948년 10월 1일부터 대의원들에게 사업비로 매월 1,000원이 지급되기 시작했다.[5] 당시 대학 조교수의 월급이 2,400원이었으니까 많

---

4 한상구, "한국현대사의 증언—6·25와 빨치산: 팔로군 출신 방호산 사단 정치보위부 최태환의 증언", 『역사비평』 4, 1988, 378쪽.

5 「조선민주주의 인민공화국 내각 결정 제28호—조선최고인민회의 대의원 사업비 급여에 관한 결정서」, 『북한관계사료집』 21, 국사편찬위원회, 1995, 28쪽.

은 액수라고는 할 수 없지만,[6] 최고인민회의 대의원들에게도 활동비를 지급함으로써 명예와 함께 일정한 실행력을 갖추도록 한 것이다.

1948년 8월 25일 선거의 결과는 28일 발표되었는데, 전국의 212개 선거구에서 대의원이 당선되었고, 투표율은 99.7%, 찬성률은 98.49%였다. 정당별로 보면 북로당 102명, 민주당 35명, 청우당 35명, 무소속 40명이었다.[7] 김일성을 비롯해 김책, 최용건, 강건 등 빨치산파 주요 인물은 물론이고, 김두봉, 최창익, 박일우 등 연안파 중심 인물들도 대부분 대의원으로 선출되었는데, 무정은 대의원 명단에 이름을 올리지 못했다.

그럼에도 불구하고 무정은 군에서는 여전히 권위를 유지하고 있었다. 1948년 8월 최고인민회의 대의원 선거 직후 장군 승진 인사에서 무정도 상급대령(지금 한국의 군 계급으로 보면 대령과 준장 사이)에서 소장(한국의 준장)으로 승진할 것으로 미군정 보고서는 예측하고 있었다. 총사령관 최용건은 소장에서 중장으로, 총참모장 강건과 문화 부사령관 김일金—은 상급대령에서 소장으로 승진할 것으로 보고 있었다.[8] 실제로 그렇게 승진을 한 것으로 보인다.

1948년 9월 9일 조선민주주의인민공화국이 공식 출범하면서 민족보위성이 발족되어 북한의 군 조직이 군의국까지 갖추면서 보다 체계화되었다. 이때도 역시 민족보위상은 최용건, 포병 부사령관은 무정이었다. 당시 조직은 다음과 같은 모습이었다. 최용건과 김일, 무정, 강건은 승진 후 10여 일만에 다시 승진한 것이 된다.

6 「조선민주주의 인민공화국 내각 결정 제169호—대학교수·교원 봉급 및 그 교수시간 계산에 관한 규정 승인에 관한 결정서」, 『북한관계사료집』 22, 국사편찬위원회, 1995, 326쪽.
7 김광운, 『북한 정치사 연구 I—건당·건국·건군의 역사』, 선인, 2003, 651~652쪽.
8 「G-2 Weekly Summary」, HQ, USAFIK, 30 July 1948 – 6 August 1948, p. 6.

민족보위상	최용건 대장
부상 겸 문화 부사령관	김일金一 중장
부상 겸 포병 부사령관	**무정** 중장
부상	한일무(계급 미상)
총참모장	강건 중장
부총참모장	최인 소장
전투훈련국장	김웅 소장
총후방국장	최홍극 소장
작전국장	유성철 대좌
정찰국장	최원 대좌
통신국장	박영순 대좌
공병국장	박길남 대좌
간부국장	이림 대좌
군의국장	이동화 대좌
문화 부국장	김일金日 소장
포병 부국장	김봉률 대좌
전투경험연구부장	유신 대좌
정치보위처장	석산 대좌
민족보위성 총고문	스미르노프 소련군 소장[9]

이때 무정은 포병 부사령관과 함께 민족보위성 부상(차관)도 맡았다. 포병 부상으로 불렸다. 만주파의 김일金一, 소련파의 한일무와 함께 국방부 차관을 맡은 것이다. 민족보위상 최용건의 휘하에 만주파와 소련파, 연안파

---

9 장준익, 『북한인민군대사』, 서문당, 1991, 90~91쪽; 서동만, 『북조선사회주의체제성립사 1945~1961』, 선인, 2005, 227쪽.

를 하나씩 부상으로 배치한 것인데, 연안파 몫으로 무정이 들어간 것이다.

당시 조선민주주의인민공화국 수립을 기념하기 위해 김일성과, 김책, 박헌영, 홍명희, 최용건, 박일우, 김원봉 등이 기념사진 촬영도 했는데, 무정은 김일성과 김책의 바로 뒤에 이들 사이에 섰다.

북한정부가 수립된 지 3개월여 만에 인민군과 내무성의 고위 장교들에 대한 대대적인 훈장 수여가 있었다. 정부가 어느 정도 안정되어 가면서 군부에 대한 위무책이 필요했던 것이다. "민족 보위와 인민의 이익을 옹호함에 공훈 있는 인민군대 및 내무성 군관들과 조선 민주 자주 독립 국가 건립을 위하여 외국 침략 및 국내 반동파들과의 투쟁에서 영웅성을 발휘한 투사들에게 국기훈장國旗勳章 1, 2, 3급을 … 수여한다"고 밝히면서 군부의 주요 인물들의 공로를 높이 평가해 준 것이다. 국기훈장을 받은 사람들에게는 철도 등 교통수단 무료 이용, 연금 지급 등 큰 혜택이 주어졌다. 이때 무정은 2급 국기훈장을 받았다. 당시 훈장을 받은 사람들의 구체적인 내용은 아래와 같다.

국기훈장 1급: 최용건, 박일우

국기훈장 2급: 강건, 김광협, 김달삼, 김웅, 전태룡, 최용진, **무정**, 박달, 박훈일,
　　　　　　최광, 최현, 김경석

국기훈장 3급: 김광빈, 김지희, 김봉률, 김한중, 이극, 이림, 이청송, 이홍염,
　　　　　　박성철, 백낙칠, 석산, 오진우, 우성철, 주병표, 이덕구, 도복례,
　　　　　　하갑수, 이영복, 한병혁, 김파[10]

이 훈장 수여에 대한 최고인민회의 정령이 발표된 것이 1948년 12월 21

---

10 「해방 후 4년간의 국내외 중요일지」, 『북한관계사료집』 7, 국사편찬위원회, 1989, 790쪽.

일이고, 1949년 새해가 된 지 얼마 되지 않은 1월 8일에는 이들 모두를 한 자리에 모아 놓고 김일성이 직접 훈장을 수여하는 행사도 가졌다.[11] 이런 모습을 통해 1949년 초까지도 무정의 입지가 웬만큼은 인정되고 있었음을 알 수 있다.

무정이 이렇게 군부에서 일정한 자리를 유지할 수 있었던 것은 북한군에서 조선의용군 출신자들이 여전히 많은 비중을 차지하고 있었기 때문이다. 북한군이 확충을 거듭해 20만 가까운 군대로 성장하고 있었지만, 해방 직후 또는 상당한 시간을 두고 중국에서 건너온 조선의용군 출신자들은 군에서 여전히 중요한 위치를 차지하고 있었다. 장교와 사병을 포함해 수만 명에 이르는 이 조선의용군 출신자들은 유형무형으로 무정을 지원하는 것으로 간주되었다. 무정은 실제 귀국 이후에도 만주에 남아 있던 동북조선의용군들과 지속적으로 연락을 취하고 있었고, 이들 의용군들이 북한에 들어와 북한군의 주력으로 자리 잡고 있었다. 이런 환경이었기 때문에 김일성 세력도 무정을 쉽게 제거할 수는 없었다.

1950년 1월 주한미국대사관의 참사관 드럼라이트Everett Drumright가 작성한 장문의 보고서 「Current Conditions and Trends within the North Korea Labor Party」에 따르면 북한군 장교의 30%가 연안파였다. 소련파가 60%로 가장 많았고, 국내 공산주의 세력이 10%를 이루고 있었다. 미국 측이 말하는 소련파는 소련에 거주하다 해방 직후 소련군의 통역이나 사무원으로 따라온 한인들뿐만 아니라 연해주에 있다가 소련군과 함께 귀국한 만주파도 포함하는 것이었다. 표 4-1에서 보는 것처럼 연안파는 당의 중앙위원회에서는 20%, 정부의 주요 포스트 가운데는 10%, 지방 당 조직의 주요 직책 중에서도 10%, 지방정부 조직의 주요 직책 가운데서도 10%를 점령하

---

11 위의 문서, 793쪽.

고 있었다. 특히 38선 경비를 담당한 38경비대 장교의 절반은 연안파가 차지하고 있었다.[12] 38경비대는 1947년 5월 22일 남북교역이 시작되자 7월에 북한군이 38선 경비를 강화하기 위해 창설한 부대이다. 철도보안대와 보안대의 병력을 차출해 설립했다.

전체적으로 보면 당이나 정부보다도 군에서의 연안파 비중이 높았다. 이는 조선의용군 출신들이 군에 남아 장교로 복무하는 경우가 많았기 때문이다. 만주파와 소련파는 당과 정부의 주요 포스트를 장악하고 있었고 국내파는 지방정부 조직의 많은 부분을 담당하고 있었다.

표 4-1 **북한 주요부문의 계파별 분할**(1950년 1월)　　　　　　　　　　　　　(단위: %)

직책	소련파(만주파 포함)	연안파	국내파
당중앙위원	70	20	10
정부 주요직	80	10	10
산업분야 주요직	100		
지방 당 주요직	70	10	20
지방정부 주요직	50	10	40
군 장교	60	30	10
38경비대 장교	40	50	10

* 출처: 「Current Conditions and Trends within the North Korea Labor Party」, Foreign Service of the United States of America (from Seoul, Jan 7, 1950), The US Department of State Relating to the Internal Affairs of Korea, p. 5.

그런 가운데 1948년 말부터는 북한군의 장교들도 무정이 점차 힘을 잃어가고 있음을 이미 감지하고 있었다. 당시 인민군 소좌(소령)로 인민군 역사기록부장을 하고 있었던 최태환의 기록에서 당시 북한군 장교들의 정서를

---

12 「Current Conditions and Trends within the North Korea Labor Party」, Foreign Service of the United States of America (from Seoul, Jan 7, 1950), The US Department of State Relating to the Internal Affairs of Korea, p. 5. 드럼라이트는 중국과 한국, 타이완 등에 주로 근무했고 1960년대 초 타이완 주재 미국 대사를 지냈다.

읽을 수 있다. 1948년 12월 31일 상황 기록은 다음과 같다. 최태환이 동료 두 명과 함께 민족보위성이 있던 사동비행장 부근을 걷고 있을 때의 모습 이다.

격무에 시달려 왔던 우리들은 모처럼의 해방감을 만끽하고 있었다. 서로 주 고받은 대화 역시도 자유스러웠고 활발하기만 했다. 처음의 화제는 당연히 동 북항일연군의 무장투쟁에 관한 것들이었다. 내리는 흰 눈이 태행산과 오지산 을 넘나들며 일제와 맞싸우던 투사들을 연상케 해 주었다.

그런 이야기를 나누는 동안 지난날 결심했던 혁명가의 꿈을 되찾을 수 있었 다. 군정대학을 졸업할 때의 꿈은 전장을 누비는 일선 지휘관이다. 그건 전쟁 을 좋아해서가 아니었다. 혁명전선에 기꺼이 목숨을 바치고 싶은 남아의 호기 였다. 그러나 민족보위성에 몸을 담게 되면서부터 웅지가 점점 시들어 버렸던 것이다. 나는 애애하게 펼쳐진 눈길을 바라보며 두 주먹을 불끈 쥐었다.

이어서 화제로 등장한 것은 주변 상황들이었다.

"아무래도 무정 장군이 밀리는 모양임메."

"눈으로 확연히 들어나는 일이디요, 그렇잖음메?"

두 사람이 이야기를 나누다가 내게 의견을 물었다.

"별로 신경을 쓰지 않는 일이라서….."

나는 깊은 이야기를 회피해 버렸다.

"그래도 그렇디요. 무정 장군은 우리들의 기둥이 아닙네까. 그런데 그토록 흔들리고 있는 것을 보면 불안하게 느껴집네다. 안 그래요?"

김택기가 연안파 출신들의 울분을 대표로 터뜨리기라도 하겠다는 듯 깡깡 하게 말을 뱉었다.

"그런 것은 신경 쓸 일이 아니잖습니까. 모두 인민을 위해서 혁명사업을 하 는 마당에 피아가 어디에 있겠어요."

"그건 잘 모르는 소리임메."

김택기는 우유부단하게 던지는 나의 말이 몹시나 거슬리는 모양이었다. 사실 말해서 나 역시도 연안 출신들이 점점 밀려나는 것을 서운하게 생각은 하고 있었지만 겉으로 드러날 만큼 파벌 의식이 확대되지 않고 있었기 때문에 굳이 그런 문제를 거론하며 입방아를 찧고 싶지는 않았다.

"요즘 말임메다. 소련 아카데미[육군사관학교]라는 말만 나오면 환장하는 동무들이 부지기수입네다. 정말 골 빈 동무들이 많다 이 말입네다. 그 동무들 이래 러시아로 유학가자는 것이 무슨 목적이갔소? 소련 끈 줄을 대어 출세하겠다는 수작이 아니갔소."

"옳슴메다."

김택기의 이야기에 서태영이 맞장구를 쳤다.[13]

1948년 말 당시 장교들 사이에서는 무정이 군부 내의 파워게임에서 밀리고 있음이 공지의 사실이었고, 연안파 장교들은 이런 상황에 대해 불안해하고 있었음을 여실히 알 수 있다. 최태환 일행도 해방 후 만주 룽징龍井에서 팔로군 군정학교를 졸업하고 북한군으로 넘어와 민족보위성에서 근무하고 있었다. 이들도 조선의용군 생활을 하지 않았지만 범연안파에 속한다고 볼 수 있다. 실제로 팔로군 군정학교에서 교육받은 사람들은 무정에 대한 말을 많이 들었다. 교관 중에는 무정의 부하들도 있었다. 이들은 무정이 대장정에 참가해 갖은 고생을 다하고 뛰어난 포술로 항일전쟁에 많은 전과를 올린 데 대해서 자랑스럽게 얘기를 하곤 했다.[14] 이런 교육을 받은 연안파 군인들

---

13 최태환·박혜강, 『젊은 혁명가의 초상―인민군 장교 최태환 중좌의 한국전쟁 참전기』, 공동체, 1989, 67~68쪽.

14 이태길(1928년생. 연길길동군정학교 졸업. 동북조선의용군 제5지대 대원, 6·25전쟁에 중국군 장교로참여, 중국인민지원군 동북군구사령부 작전교육참모로 휴전협상 참여, 중령) 인터뷰, 2015년 1월 10일, 중국 옌지.

에게 힘을 잃어 가는 무정은 곧 자기 자신들에 대한 염려로 다가오지 않을 수 없었다. 그런 모습이 위의 대화에 잘 나타나고 있다. 1948년 말에는 소련군이 철수했지만 여전히 군사고문을 통해 영향력을 행사하고 있었고, 이 때문에 인민군 장교들은 소련육군사관학교 유학을 경쟁적으로 가려 했음도 알 수 있다. 무정과 연안파는 세력을 잃어 가고 있었고, 소련파와 만주파는 군에서 점점 자신들의 세력을 강화하고 있었던 것이다.

그런 와중에서도 무정은 민족보위성의 포병 담당 부상으로서의 직무를, 구체적인 부분까지 신경 쓰며 수행하고 있었던 것으로 보인다. 미군의 한국전쟁 노획문서 가운데 1949년 12월쯤에 작성된 휘하 연대장에 대한 평정서가 있다. 인민군 제17포병연대 연대장 강병찬에 대한 평정서인데, 이 연대가 민족보위성 직속이었기 때문에 부상인 무정이 직접 연대장을 평가했다. 고급 장교에 대한 비밀평가여서 무정이 친필로 작성한 평정서라고 보아야 할 것이다. 평점의 내용은 아래와 같이 비교적 소상하게 쓰여 있다.

상부로부터 받은 임무 료해가 정확하고 집행력이 강하며 상부존중성이 강하고 복종성이 강함.

부하와 대중들에게 위신의[이] 있다.

군사 및 정치학에 비교적 우수하며 발전성이 만으며[많으며] 학습에 노력하며 철저함(군사 '우', 정치 '량'이나 된다).

조직성이 강하고 경각성의[이] 높으며 품행의[이] 단정하고 성격이 얌전하며 청년다운 기분이 강하다.

결단성 있고 문제에 대한 사고와 분석이 강하며 부하를 사랑하며 타인이[의] 해석을 올케[옳게] 접수하고 해득이 빨르고[빠르고] 영리하고 똑똑하다. 명령집행이 신속하고 강하며 정황을 정확하게 판단하며 타 병종에 대한 연구와 협동동작이 조흐며[좋으며] 자기의 사업을 꿀일[꾸릴] 줄 안다. 부하에게 요구가 강하며 사랑한다.

사업에 경험이 적음으로 때로는 대담하게 내밀다가도 주저하는 점이 있다.

결론, 포병의 우수한 연대장 중의 한 사람이며 독립적 공작 능력이 있으며 정치적으로 믿을 수 있으며 현 직무를 능히 감당할 수 있다.[15]

위의 글 바로 아래에 '포병 부상 무정'이라고 쓰여 있고, 그 옆에는 무정의 도장이 찍혀 있다. 발견하기 어려운 무정의 친필 자료이다. 무정은 이 평정 서에서 강병찬의 성격, 대인 관계, 부대 장악력, 발전 가능성 등에 대해 종합 적으로 평가하고 있다. 장점뿐만 아니라 단점도 지적하고 있다. 무정은 군 인으로 주로 전장을 누볐지만, 세밀한 측면도 가지고 있었음을 이 평가서를 통해 새삼 확인할 수 있다. 여하튼 1949년 말 당시 무정은 이러한 세밀한 부 분까지 챙기면서 민족보위성 부상이 해야 할 일을 하고 있었다.

3. 6·25전쟁 계획에서 배제

민족보위성이 체계를 갖춘 지 2년 가까이 된 1950년 5월부터 북한과 소련 은 6·25전쟁에 대비한 계획을 본격화하기 시작했다. 우선 소련은 군사고문 단을 전쟁 경험이 있는 장교들로 바꿨다. 수석 군사고문부터 스미르노프 소 장을 제2차 세계대전에서 독일과 전쟁을 치르면서 명성을 높인 바실리예프 중장으로 교체했다. 교체된 고문단이 남침 계획, 즉 '선제타격 작전 계획'을

---

15 「평정서」(인민군 제17포병연대 연대장 강병찬에 대한 무정의 평가서). National Archives and Records Administration, RG 242, Records Seized by U.S. Military Forces During the Korean War, 1950~1954, Entry 2990, Container 818, Shipping Advice(SA) 2009, Box 10, Item 22.17.

작성했다. 이 계획서가 김일성에게 넘겨졌고, 총참모장을 거쳐 작전국장 유성철에게 전해졌다.

유성철은 소련파 장교들을 동원해 이를 우리말로 번역해 구체적인 계획을 수립하는 작업을 했다. 민족보위성 청사 내 별실에서 한 달의 작업 끝에 전투명령서와 부대 이동 계획, 병참 보급 계획, 남침 준비를 훈련으로 위장하는 계획 등 세부 계획이 마련되었다. 여기에 참여한 인물들을 보면 총참모장 강건, 작전국장 유성철, 포병사령관 김봉률, 포병사령부 참모장 정학준, 공병국장 박길남 등이었다. 만주파와 소련파만 참여한 것인데, 연안파는 비밀 누설의 염려 때문에 참여시키지 않았다.[16] 유성철은 김봉률을 포병사령관으로 기록하고 있는데, 1950년 5월에는 포병사령관이 무정이었기 때문에 김봉률은 포병의 주요 부대 책임자였던 것으로 보인다. 그러다가 전쟁 직전인 6월 20일쯤 전선사령부가 구성될 때 무정 대신 포병국장이 되었다.

1950년 5월 10일 포병사령관 무정 이름으로 '1950년도 하기 전투훈련에 대한 조선인민군 포병부대 및 군부대의 임무에 대하여'라는 훈령이 각 사단에 내려졌다. 6월 1일부터 10월 31일까지 하기 전투문화훈련을 실시한다는 명령이 4월 28일 민족보위상 최용건에 의해 하달됐는데, 이 훈련을 실시하기 위한 포병부대 임무에 대한 훈령을 무정이 내린 것이다. 하기 전투문화훈련은 전쟁을 도발하기 위한 북한군의 실제 기동훈련이었다. 이 훈련을 명분으로 각 사단을 38선 방향으로 이동시켰다. 결국 무정은 전쟁 계획을 세우는 단계에는 참여하지 못하고 전쟁 대비 훈련을 명령받고, 이를 근거로 자신이 책임지고 있는 포병 훈련 명령을 내린 것이다.

당시 조선인민군 사단은 총병력이 통상 1만 1천 명 정도였는데, 3개 보병연대와 1개 포병연대로 구성되어 있었다. 1개 연대는 3천8백 명으로, 3개

---

16 한국일보 편, 『증언, 김일성을 말한다—유성철·이상조가 밝힌 북한정권의 실체』, 한국일보사, 1991, 76쪽.

대대를 갖고 있었다. 1개 대대는 3개 중대로, 1개 중대는 3개 소대로 되어 있었다. 그 외에도 교도대대와 통신대대, 기관총대대, 군의대대, 자주포대대, 반전차대대, 정찰중대, 운수중대 등이 사단을 구성하고 있었다. 포병연대와 자주포대대는 말 그대로 포병부대이고, 보병연대 내에도 45밀리포중대, 76밀리포중대, 82밀리포중대, 120밀리포중대, 자동총중대, 중기중대 등의 포병부대가 배속되어 있었다. 이와 같은 포병부대를 지휘하는 지휘관이 군사담당 부사단장이었다. 사단장 아래 3명의 부사단장이 있었는데, 그중 군사담당 부사단장이 포병 책임자였다. 이 포병담당 부사단장들을 총지휘하면서 포탄과 병기의 공급도 책임진 사람이 민족보위성 포병사령관이었다. 무정이 그런 역할을 하고 있었다.

어쨌든 무정은 5월 10일 훈령에서 이미 실시한 동기 전투훈련을 평가하고, 하기 전투훈련에 임하는 자세를 주로 언급했다. "조선 인민군대의 포병들은 조국과 인민이 요구하는 방향에서 철석과 같이 단련될 수 있는 모범을 과시했다"고 밝히고, "주어진 전투적 임무를 정확하고 독자적으로 수행할 수 있는 능력을 몸에 익히는 데 전력을 기울였으며, 앞으로 닥쳐올 하기 훈련을 지장 없이 맞이할 기본적 토대가 단단하게 쌓여졌다"고 동기 전투훈련에 대해 일부는 긍정적으로 평가했다. 그러면서 무정은 포병의 훈련 상태가 여전히 부족한 점이 많다고 지적하고, 구체적으로 각 계급별로 문제점을 적시했다.

장교들에 대해서는 포사격에 대한 이론적 연구가 불충분하다고 비판하고, "일부 포사령관은 기본적 전투 행태에 있어서 체계 있는 전투를 조직할 줄 모르고, 심지어는 대대장부터 소대장에 이르기까지 구두명령 하나도 질서 바르게 하달할 줄 몰랐다"고 준열하게 꾸짖었다. "모 대대장은 당황하여 어찌할 바를 모르고 중대장 이하 많은 전투원들은 할 바를 몰라 쩔쩔매며, 어떤 형태로 어떠한 전투가 전개되는지조차 몰랐다"고 사례까지 들어 가며 장교들을 나무랐다. 하사관들에 대해서는 "적 전차와 투쟁하기 위한 대전차 사격에 관하여 올바르게 지휘할 줄 모르고, 화력복무에 있어서도 포수들의 동작을 적시에 시정해 주지 않고 있다"고 질책했다. 사병들을 두고는 "화력복무에 관한 훈련을 5개월 가까이 받았는데도 불구하고 아직도 신속하고 정확한 동작이 되어 있지 않다"고 지적했다. 무정은 이러한 지적에 이어 "일상적으로 완전한 전투적 준비가 되어 있도록 훈련할 것"이라며 하기 훈련에 대한 각오를 주문했다.[17]

이 훈령을 통해 무정의 두 가지 모습이 잘 관찰된다. 첫째는 무엇보다 훈련을 통한 완벽한 준비 태세를 강조하는 무골 무정의 모습이다. 물론 결과적으로 한국전쟁을 준비하는 것이어서 민족의 큰 상처와 직결된 훈련이었지만, 무정은 이 훈련을 통해 포병이 기술적인 능력과 이론적 완벽성까지 갖추도록 주문하고 있다. 둘째는 잘못을 지적할 때는 구체적인 문제까지 꼬치꼬치 거론하면서 매섭게 질책하는 무정의 직설적인 모습이다. 상해에서 활동할 때부터 알려졌던 그의 급하고 과격한 성격과도 연결되어 있는 것이다. 문제가 있으면 이를 우회적으로 표현하거나 완곡하게 돌려 말하는 성격이 아니라 그 자리에서 바로 직설적으로 지적하고 시정하도록 하는 성격인 것이다. 이런 성격을 잘 이해하는 사람들은 곁에 머무르겠지만, 그렇지 않은 사람은 쉽게 떠날 수밖에 없었을 것이다. 무정이 연안파를 하나로 묶어내지 못한 데에는 이러한 직설적 성격도 상당히 작용했다고 할 수 있다.

5월 31일에는 무정이 포병 전투훈련 교재와 포병 중대장 수첩을 조선인민군의 7개 보병사단에 배포했다. 각 사단에 훈련 교재 4부와 수첩 100부씩을 배부했다. 그다음 날 무정은 각 사단의 포병 담당 부사단장에게 공격을 위한 전술훈련 계획을 작성할 것을 다음과 같이 지시했다.

---

17 하기와라 료 저, 최태순 역, 『한국전쟁―김일성과 스탈린의 음모』, 한국논단, 1995, 154~155쪽.

1. 보병사단이 적진지 방어돌파 시 포병이 보장해야 할 아래 문제를 해결하라.

　가. 사단 진공 시 포병이 보장해야 할 전술훈련을 하기 위한 임무를 상정하여
　　　작성할 것(지형과 지도의 선택은 자유. 전선 폭은 4킬로미터로 할 것).

　나. 보병사단장의 결심 내용의 작성.

　다. 포병의 능력 계산.

　라. 포병의 분배와 조직.

　마. 포병의 화력임무 설정.

　바. 증명보고와 전투명령 작성.

　사. 상학上學[수업] 진행계획의 작성.

　[중략]

3. 전술 제강提鋼[강령] 및 문건 작성 시에는 적의 무력은 남조선 국방군의 현
　재 무장하고 있는 것에 기준하여 작성할 것.[18]

　1950년 6월 10일 6·25전쟁에 대비한 비밀군사작전회의가 열렸다. 이 자
리에서 남침작전계획서가 검토되었다. 이 회의에 직접 참석한 당시 작전국
장 유성철 대좌의 증언에 따르면 무정도 포병사령관 자격으로 이 비밀회의
에 참여했다. 회의 참석자는 모두 12명이었다.

　총참모장　　　강건 중장
　문화 부사령관　김일金一 중장
　공군사령관　　왕연 중장
　해군사령관　　한일무 중장
　포병사령관　　**무정** 중장

---

18 하기와라 료 저, 최태순 역, 『한국전쟁—김일성과 스탈린의 음모』, 159쪽.

후방총국장	최홍극 소장
통신국장	박영순 대좌
공병국장	박길남 대좌
작전국장	유성철 대좌
제1군단장	김웅 소장
제2군단장	김광협 소장
철도상	박의완[19]

남침계획을 작성하는 단계에서는 배제되었다가 검토하는 자리에는 무정이 참여한 것이다. 민족보위성 포병사령관 무정의 이름으로 된 명령은 6월 15일 자도 있고, 6월 17일 자까지 확인된다. 이때까지는 포병사령관이었다. 6월 15일 자는 '신관 조정작업에 관하여'이다. "현재 부대에 보유하고 있는 포탄 100%를 전부 신관을 결합시켜 사격에 지장이 없게끔 기술적으로 보장할 것"을 명령한 것이다. 포탄을 폭발시키기 위한 기폭장치가 신관이다. 신관을 포탄에 부착한다는 것은 포병으로서는 공격을 위한 준비를 완료한다는 것을 의미했다.

6월 17일 명령은 포탄의 운송에 대한 것이다. "현재 각 병공창 및 탄약창고들에서 탄약, 무기 및 기타를 출고 수송함에 있어서, 화차 및 자동차에 적재된 내용이 명확히 기록되지 않음으로 인하여 사고를 발생할 가능성을 주며, 또한 통계사업에도 많은 지장을 주고 있다. 그러므로 병기처 관하의 각 병공창 및 탄약창고와 각 연합부대 및 부대에서는 1950년 6월 25일까지 하기와 같은 군수품 수송일지를 비치하여 매개 화차 또는 자동차에 적재된 내용에 대하여 명확히 기록할 것"이라고 명령하고 있다. 그러면서 화차번호

---

19 장준익, 『북한인민군대사』, 171쪽. 유성철은 1991년 8월 19일~20일 타슈켄트에서 장준익을 만나 이런 내용을 증언해 줬다.

와 출발역, 도착역, 접수부대명, 출발일시, 품명, 수량, 호송자 등을 모두 적게 하는 수송일지를 도표로 그려 제시해 놓고 있다.[20] 포탄을 전선으로 직접 운송하기 위한 준비를 마치고 중간에 차질이 생기는 것을 막으려는 조치였다. 무정은 이렇게 남침 계획을 작성하는 작업에서는 소외됐으면서도 포병 준비 작업을 하는 데에는 구체적으로 관여했다.

4. 공격의 핵심에서도 배제

무정과 연안파는 전쟁의 계획 단계에서 배제되었다가 계획에 따른 훈련과 준비 단계에 참여했다. 그러다가 실제 공격 개시 시점에서는 다시 소외됐다. 6월 25일 공격 당시 무정에게 주어진 임무는 없었고, 조선의용군 출신으로 구성된 사단에도 주요 임무가 주어지지 않았다. 조선의용군으로 구성된 부대는 무정의 영향력이 미치고 있는 것으로 여겨졌기 때문일 것이다.

1950년 6월 20일쯤 전쟁에 대비한 전선사령부가 편성되었다. 김일성이 소련 군사고문단과 협의해 구성한 것인데, 무정은 주요 직책에서 빠져 있었다.

전선사령관	김책 대장
총참모장	강건 중장
군사위원 겸 문화 부사령관	김일金一 중장
작전국장	유성철 소장
포병국장	김봉률 소장
공병국장	박길남 대좌

---

20 하기와라 료 저, 최태순 역, 『한국전쟁―김일성과 스탈린의 음모』, 165~166쪽.

통신국장	박영순 대좌
정찰국장	최원 대좌
문화국장	김일金日 소장
안전국장	석산 소장
후방국장	김영수 소장
검찰국장	김학인 소장[21]

민족보위상 최용건이 전선사령관이 되는 것이 당연한 것이었으나 최용건은 김일성과 남침을 논의하는 자리에서 미국의 개입 가능성을 말하면서 전쟁에 회의적인 시각을 나타낸 적이 있어 전선사령관이 되지 못했다고 한다. 김책이 전선사령관이었으나 실제로는 정치위원과 같은 역할을 하면서 후방지원을 맡고, 전쟁의 직접 지휘자는 총참모장 강건이었다.[22] 연안파는 석산밖에 없었고, 만주파와 소련파 위주였다. 전선사령부 산하에는 2개의 군단이 있었다. 1군단은 1, 3, 4, 6사단과 105전차여단, 제3경비여단을 갖고 있었고, 군단장은 김웅 중장, 군사위원은 김재욱 소장, 참모장은 유신 소장이었고, 지휘소는 황해도 김천에 있었다. 2군단은 2, 5, 12사단과 기계화연대, 603모터싸이클연대를 두고 있었으며, 군단장은 김광협 소장, 문화 부단장은 임해(주춘길) 소장, 참모장은 최인 소장이었고, 지휘소는 강원도 화천에 있었다.[23] 5, 12사단은 만주의 동북조선의용군이 북한에 들어와 편성한 사단이었다. 연안파의 군대라고 할 수 있었다.

무정이 전쟁 시작 단계부터 제2군단장이었다는 주장도 있었지만,[24] 전쟁

21 유성철, "피바다의 비화", 『고려일보』, 1991. 5. 31., 서동만, 『북조선사회주의체제성립사 1945 ~1961』, 381쪽 재인용; 주영복, 『내가 겪은 조선전쟁』, 고려원, 1990, 248~249쪽.

22 한국일보 편, 『증언, 김일성을 말한다—유성철·이상조가 밝힌 북한정권의 실체』, 79쪽.

23 장준익, 『북한인민군대사』, 172~173쪽. 이 내용도 유성철의 증언을 장준익이 정리한 것이다.

24 林隱, 『北朝鮮王朝成立秘史』, 東京: 自由社, 1982, 165~167쪽, 서동만, 『북조선사회주의체제성

당시 전선사령부의 작전국장 유성철이 제2군단장은 김광협이었다고 증언했고, 더욱이 당시 제2군단의 공병참모였던 주영복은 7월 3일 제2군단장 김광협이 참모장으로 바뀌고 얼마 있다가 무정이 제2군단장으로 부임했다고 밝혔다. 따라서 전쟁 개시 시점에는 제2군단장이 김광협이었다가 이후 무정으로 바뀐 것이 맞는 것으로 보아야 하겠다.

전쟁의 최고지휘부에는 연안파가 거의 없었지만, 군단장과 사단장, 연대장, 참모장 등 주요 간부와 중·하위 장교, 사병까지도 연안파는 북한군의 대종을 이루고 있었다. 1군단장 김웅이 연안파였고, 7명의 사단장 가운데서는 4사단장 이권무, 5사단장 김창덕, 6사단장 방호산, 12사단장 전우 등 4명이 연안파였다. 1사단장 최광과 3사단장 이영호는 김일성의 만주파, 2사단장 이청송은 소련군 출신의 소련파였다. 사단의 참모장을 보아도 2사단의 현파, 3사단의 장평산, 5사단의 조관, 6사단의 노철룡 참모장이 조선의용군 출신이었다. 4사단의 허봉학, 12사단의 지병학 참모장은 만주파였다. 연대장의 경우도 4연대장 최경수, 10연대장 박정덕, 11연대장 김봉문, 12연대장 왕휘, 13연대장 한일해, 14연대장 황석, 15연대장 이방남, 16연대장 최인덕, 18연대장 장교덕, 30연대장 최학훈, 31연대장 이원성 등 전체 21명의 연대장 가운데 11명이 연안파였다. 당시 인민군 장성의 50% 정도가 조선의용군 출신이었다.

이렇게 연안파가 인민군 간부의 대종을 이루게 된 이유를 종합적으로 정리해 보면, 첫째는 조선의용군 출신들이 일단 수적으로 많았다. 조선의용군 간부들은 만주파보다 10배 정도 많았다. 둘째, 이들은 전투 경험이 많았다. 물론 만주파도 빨치산 투쟁을 했지만 조선의용군은 일본의 대규모 군대와 맞서 오랫동안 팔로군과 함께 큰 전투를 치른 경험을 가지고 있었다. 셋

_____

림사 1945~1961』, 382쪽 재인용.

째는 조선의용군 간부들은 교육 수준이 높았다. 대부분 간부를 양성하는 군사학교에서 군사학과 정치학, 공산주의이론 등을 공부한 인물들이었다.[25] 이런 이유들 때문에 정권을 쥐고 있던 김일성도 실제 전쟁의 상황에서 조선의용군 출신들을 인민군의 주요 간부로 활용하지 않을 수 없었다. 간부뿐만 아니라 사병도 전체 21개 연대 병력 가운데 47%인 10개 연대의 병력이 조선의용군 중심으로 이루어져 있었다.[26]

한국전쟁 당시 조선인민군의 주요 보직을 맡아 활동했던 연안파 인물들을 일목요연하게 정리해 보면 다음과 같다.

표 4-2 한국전 참전 연안파 주요 인물

이름	전시 최고 직위
관 건	인민군 철도사단장
김 강	인민군 제5군단 정치부장
김기원	인민군 철도사단장
김봉문	인민군 총참모부 간부부국장
김 웅	인민군 제1군단장, 민족보위상
김윤식	인민군 제5군단 후방사령관
김창덕	인민군 제8군단장
김창만	인민군 부총참모장 겸 동원국장
김후진	인민군 건설여단장
김 흠	인민군 예비사단장
김 홍	인민군 제9사단장
노철룡	인민군 제6사단 참모장
무 정	인민군 제2군단장. 평양방어사령관
박 민	인민군 공군 후방사령관
박송파	인민군 제3군단 참모장
박일우	조중연합사령부 부정치위원
박정덕	인민군 제5사단장

25 김중생, 『조선의용군의 밀입국과 6·25전쟁』, 명지출판사, 2000, 241쪽.
26 위의 책, 173~174쪽.

박효삼	인민군 부총참모장
박훈일	내무성 경비국장
방호산	인민군 제6사단장
서 휘	인민군 제3군단 군사위원
손 달	인민군 제2군단 정치부장
송덕만	인민군 제4사단장
심 청	인민군 제6사단 포병부사단장
안창국	모스크바 주재 무관
양 계	인민군 제3군단 정치부장
왕 연	인민군 공군사령관
왕자인	인민군 부총참모장
왕 휘	인민군 제12연대장
윤공흠	인민군 제5군단 군사위원
이권무	인민군 제2군단장
이동호	인민군 대좌
이 림	인민군 총참모부 간부국장
이방남	인민군 제10사단장
이상조	인민군 부총참모장 겸 정찰국장
이원성	인민군 제31연대장
이익성	인민군 총참모부 대열보충국장
장교덕	인민군 제18연대장
장 복	인민군 제4군단 군사위원
장중광	인민군 철도사단장
장중진	인민군 공군학교 부교장
장평산	인민군 제4군단장
전 우	인민군 제12사단장
조 관	인민군 제27사단장
조세걸	인민군 제5군단 포병부군단장
조열광	인민군 제15사단장
주 연	인민군 제15사단장
주춘길	인민군 제37사단장
최경수	인민군 제4연대장
최계원	인민군 대좌
최 명	인민군 제8군단 참모장
최봉준	육군대학 부총장

최아립	인민군 공군참모장
최인덕	인민군 제16연대장
최학훈	인민군 25기포여단장
표구서	인민군 총참모부 작전부국장
하진동	인민군 보병군관학교 교장
한 경	인민군 군단 참모장
한일해	인민군 제13연대장
현 파	인민군 제2사단 참모장
홍 림	인민군 제6사단장
황 석	인민군 제14연대장

*출처: 장준익, 『북한인민군대사』, 서문당, 1991; 강만길·성대경 편, 『한국사회주의운동 인명사전』, 창작과비평사, 1996; 정병일, 『북조선 체제 성립과 연안파 역할』, 선인, 2012 등 참조, 재구성.

위의 표에서 보는 것처럼 한국전쟁 당시 조선인민군의 주요 포스트에 조선의용군 간부 출신들이 배치되어 있었다. 직접 작전을 지휘하고 전투를 수행하는 역할은 연안파가 주로 한 것이다. 그럼에도 불구하고 전쟁 초기부터 전쟁의 최고지휘부에서 연안파는 제외되었고, 전쟁이 진행되는 과정에서도 박일우와 김웅처럼 김일성 세력과 가까운 연안파 인물들만 최고지휘부에 들어갈 수 있었다.

전쟁이 시작되자 인민군 1군단은 해주, 개성, 연천을 거쳐 서울로 향했다. 2군단은 춘천을 거쳐 수원을 점령해 서울을 남쪽에서 포위하는 임무를 맡았다. 인민군 사령부는 서울 점령 임무를 지휘하는 1, 3, 4사단과 105전차여단에게만 주었다. 4사단장 이권무는 연안파였지만, 1사단장 최광, 3사단장 이영호, 105전차여단장 유경수는 모두 만주파였다.

전쟁, 숙청으로 가는 길

1. 북한군 초기 작전 실패

북한의 일차적인 목표는 28일 서울 점령이었다. 1군단은 파죽지세로 문산, 의정부를 지나 3일 만에 서울에 다다랐다. 동부전선을 맡은 2군단에는 '6월 25일 춘천 점령, 28일 수원 점령'이라는 작전목표가 주어졌지만, 이를 이행하지 못했다. 2군단 예하에는 모두 3만 5천 명의 병력이 있었다.[27] 38선을 넘어 2사단은 춘천을 공격하고, 12사단은 603모터싸이클연대의 지원을 받아 춘천을 우회해 홍천을 공격하도록 했다. 5사단은 예비사단으로 화천에 주둔시켰다. 화천은 한국전쟁 전까지는 북한이었다.

그런데 춘천 공격을 맡은 2사단 경탱크부대(부대장 전문섭 대좌)가 험난한 산악 지역을 제대로 통과하지 못하고 지체했다. 한국 지형에 익숙하지 못한 소련 군사고문단이 만든 작전계획을 그대로 따르다가 발생한 일이었다. 그

---

27 남도현, 『끝나지 않은 전쟁 6·25』, 플래닛미디어, 2010, 51~52쪽.

런 와중에도 인민군 2사단은 6월 25일 오후 춘천 북방 4km까지 진격했다. 여기서 북한강과 소양강을 건너야 춘천에 들어갈 수 있었다. 춘천 쪽에서 인민군 2사단을 막고 나선 부대는 국군 6사단 7연대(연대장 임부택 중령)였다. 7연대는 이미 1949년 5월에 현지에 배치돼 지형을 숙지하고 지역 주민들과 유대를 강화하면서 방어진지를 튼튼하게 구축해 놓고 있었다. 상당한 준비가 되어 있던 7연대의 전투력은 강했고, 다른 지역의 병력까지 가세해 인민군 2사단의 공격을 저지했다.

인민군 2사단은 25일 저녁 춘천 서북방에 대한 대대적인 공격을 감행해 일부 병력이 춘천에 진입했지만 국군의 역습으로 다시 철수했다. 26일 인민군 2사단은 새벽부터 밤늦게까지 포사격, 서쪽과 동쪽 우회공격 등 다양한 방법으로 춘천 진입을 시도했지만 실패했다.

2사단만으로 춘천 점령이 어려워지자 인민군 2군단장 김광협은 12사단의 공격 방향을 홍천에서 춘천으로 바꾸도록 했다. 12사단은 홍천 공격을 중지하고 소양강을 따라 산길로 전진했는데, 지형에 익숙하지 못해 고전을 겪다 32연대 병력 1천여 명을 모두 잃었다. 그러면서도 12사단이 전차와 자주포로 동남방 쪽에서 춘천에 대해 대대적인 공세를 가해 27일 저녁 춘천을 점령했다. 춘천 점령이 완료됐을 때 인민군 2사단 병력은 절반으로 줄어 있었다. 당초 25일이 춘천 점령의 목표일이었으니까 이틀이 늦어진 것이다. 따라서 28일 수원에서 1군단과 2군단이 합세해 남하하는 국군을 협공하고 서울을 완전 장악한다는 계획도 무산되었다. 인민군의 계획대로 되었다면 서울 지역의 국군 피해는 훨씬 컸을 것이다. 어쨌든 계획대로 안 되는 바람에 2군단은 수원 쪽으로 가지 않고 홍천 방향으로 바로 남진을 하게 되었다.

전체적으로 당초의 작전계획대로 되진 않았지만, 인민군 1군단은 자신들이 예정한 대로 28일 서울을 점령했다. 서울 점령 이후 김일성은 서울을 직접 점령했다고 해서 3, 4사단과 105전차여단에 각각 '서울 제3사단,' '서울

제4사단,' '서울 105전차여단'이라는 명예칭호를 부여하기도 했다.[28] 전쟁 초기의 공훈에 대한 훈장 수여는 7월 8일 있었는데, 역시 만주파 위주였다. 당시 북한의 공식 문서 내용은 이러했다.

조선민주주의인민공화국 최고인민회의 상임위원회 정령
— 조선민주주의인민공화국 인민군 부대장들에게 국기훈장
제1급 및 제2급 수여함에 관하여 —

조선민주주의인민공화국 최고인민회의 상임위원회는 38선 이북 전 지역에 걸쳐 불의의 침공을 함으로서 동족상잔의 내전을 일으킨 리승만 매국 역도들을 철저히 소탕하며 미제국주의자들의 야만적 무력간섭을 분쇄하고 조국의 통일과 자유와 독립을 위하는 정의의 전쟁에 있어서 특출한 공훈을 세운 조선 민주주의인민공화국 인민군 부대장들에게 국기훈장 제1급 및 제2급을 다음과 같이 수여한다.

국기훈장 제1급
   리권무 리훈 유경수 방호산 최광 최현 오백룡

국기훈장 제2급
   강병찬 유원천

조선민주주의인민공화국 최고인민회의 상임위원회
위원장 김두봉

---

28 「조선민주주의인민공화국 인민군 최고사령관 명령서 제7호」, 『김일성 선집』 3, 평양: 조선로동 당출판사, 1954, 15~16쪽.

조선민주주의인민공화국 최고인민회의 상임위원회

서기장 강량욱

1950년 7월 8일

평양시[29]

그다음 날인 7월 9일에는 군부에서 무정과 경쟁해 왔던 민족보위상 최용 건에게 50회 생일을 기념해 국기훈장 제1급이 수여되었다. "과거의 반일투 쟁에 있어서와 조선민주주의인민공화국 건립하는 사업에 있어서 또는 인 민공화국의 무력을 튼튼히 함에 있어서 공헌한 특출한 업적을 참작하여 그 에게 국기훈장 제1급을 수여한다"는 최고인민회의 상임위원회의 발표와 함 께 최고의 훈장이 주어진 것이다.[30] 전공을 나누어 가지는 것도 만주파 위주 였다.

2. 인민군 제2군단장

서울 지역을 점령하는 데는 성공했지만 2군단의 초기 작전이 실패했기 때 문에 그에 따른 문책 인사가 단행되었다. 2군단장 김광협이 해임되고 신임 2군단장에 무정이 임명되었다. 전쟁 시작 시점에 포병국장은 김봉률이 차 지하고 있었는데, 무정은 어떤 자리를 갖고 있었는지는 확인되지 않는다. 6 월 10일 비밀군사회의를 할 때까지만 해도 포병의 최고 책임자 포병사령관

29 「조선민주주의인민공화국 최고인민회의 상임위원회 정령—조선민주주의인민공화국 인민군 부대장들에게 국기훈장 제1급 및 제2급 수여함에 대하여」, 『북한관계사료집』 25, 국사편찬위 원회, 1996, 348~349쪽.

30 위의 문서, 349쪽.

이 무정이었고, 포병사령관 무정의 이름으로 하달된 명령서가 6월 17일 자까지 발견되는데, 20일쯤 구성된 전선사령부의 포병국장은 김봉률이었다. 따라서 전쟁 시작 시점에 무정에게는 특별한 임무가 주어지지 않은 것으로 보아야 할 것이다. 그러다가 2군단의 작전 실패로 무정이 2군단을 맡게 되어 평양에서 내려갔다. 교체 시점은 7월 3일 즈음, 2군단 지휘소가 원주로 이동해 있을 때였다. 2사단장은 최현 소장이, 12사단장은 최충국 소장이 새로 맡았다. 김광협은 군단의 참모장으로 내려앉았고, 2사단장과 12사단장을 맡고 있던 이청송 소장과 전우 소장은 보직 해임되면서 대좌로 강등되었다. 그때의 상황을 당시 2군단 공병참모였던 주영복은 이렇게 묘사했다.

춘천 전투 이래 이렇다 할 전투가 없었기에 대체로 군단 지휘부는 한산한 편이었다. 이상하게도 어제[7월 3일]부터는 군단 참모장 최인 소장이 보이지 않고 김광협 군단장만이 욕심 가득한 표정으로 참모장 자리에 앉아 있었다. 알고 보니 군단 지휘 계통에 대대적인 변동이 생겼던 것이다. 춘천 공격 실패의 직접 책임자는 2사단장 이청송 소장인데 그의 상관인 김광협 군단장이 참모장으로 격하된 것이다. 새 군단장으로는 강철같이 굳세고 냉혹한 무정 중장이 임명되었고 제2사단장으로는 저 무자비한 냉혈 인간, 최현 소장이 신임되었다.

얼마 안 있어 무정 중장이 지프를 타고 삼엄한 호위 속에서 군단 지휘부에 도착했다. 그는 무거운 음성으로 일관한 부임 인사를 통해 미제의 간섭전에 따른 전화의 치열함과 그에 대한 결사 투쟁으로 최후의 승리를 쟁취하자는 판에 박힌 연설을 했다. 다만 달라진 것이 있다면 상·벌에 관한 언급 중에서 직무태만, 소극성, 회피성, 군기이완 등에 대한 단호한 척결 의지를 천명한 점이었다. 이는 날이 갈수록 전쟁을 치르는 병사들의 태도 변화에 대한 직접적인 반영이리라. 무정 중장이 부임한 몇 시간 후 군단 지휘부에 김찬이라는 소장

이 군사위원으로 임명되어 왔다.[31]

주영복은 무정을 '강철같이 굳세고 냉혹한' 사람으로 묘사하고 있다. 원래 전형적인 무인으로 소문이 나 있는 데다가 당시는 전쟁 초기였고, 더욱이 제2군단이 문책을 당하는 상황이어서 무정이 더욱 엄하게 느껴졌을 것으로 생각된다. 새로 2사단장이 된 최현에 대해서는 '무자비한 냉혈 인간'으로 표현하고 있는데, 최현에 대해서는 당시 군의 장교와 사병들 사이에서 특히 과격하고 단호한 사람으로 인식되어 있었다. 실제로 최현은 글공부를 제대로 못해 문서나 회의에 대해서 거부감을 가지고 있었고, 회의가 열리면 그 시간에 돼지 그림 같은 것을 그리고 앉아 있었다고 한다. 어떤 때는 혼자 나가서 총을 몇 발 쏘고 들어오기도 했다고 한다.[32] 그의 아들이 최룡해이다.

주영복의 기록으로도 알 수 있지만, 이때 문책 인사와 함께 군사위원 제도가 실시된다. 소련에서 가져온 제도이다. 군사위원은 군단장을 감시하고 작전계획에 참여하고, 지휘권에 간섭함은 물론, 김일성에게 수시로 보고할 수 있었다. 서울 점령으로 전쟁이 끝나지 않고 장기전으로 갈 조짐이 보이자 북한은 군에 대한 당의 지도를 강화하기 위해 군사위원 제도를 실시한 것이다. 김찬은 소련파였다. 소련파로 연안파 무정을 감시하도록 한 것이다.

북한군의 사상에 대한 교육과 감시, 당원 관리는 1946년 8월 보안간부훈련소가 창설될 당시부터 문화부가 담당했는데, 1950년 7월 군사위원이 추가된 것이다. 이어 1950년 10월에는 군에 노동당 조직이 공식 설치된다. 10월 21일 조선노동당 중앙위원회 정치위원회에서 인민군 안에 당 단체를 조직하기로 결정한 것이다. 이에 따라 조선인민군 문화훈련국은 총정치국으

---

31 주영복, 『내가 겪은 조선전쟁』, 317~318쪽.
32 이종호(1926년생. 동북조선의용군 제5지대 대원, 인민군 제6사단 대원, 인민군 7군단 112호병원 과장) 인터뷰, 2015년 1월 9일, 중국 옌지.

로 바뀌었다. 초대 총정치국장은 박헌영이 맡고, 부총국장은 만주파의 한 분파라고 할 수 있는 갑산파의 박금철이 임명되었다. 군부대에는 정치 부 부대장직이 설치되고, 중대에는 당세포, 대대에는 대대 당위원회, 연대에는 연대 당위원회 등 당 조직도 체계적으로 갖추어지게 되었다.

"김일성 동지에 의하여 창건되었으며, 항일의 빛나는 혁명 전통을 계승한 조선인민군은 우리 당과 우리 혁명을 보위할 영예로운 사명을 지닌 조선로동당의 혁명적 무장력이다. 그러므로 인민군대는 오직 조선로동당에 의해서만 령도되어야 하며 인민군대 안에는 우리 당 조직만이 있어야 한다. 그렇게 하여야만 전체 군인들을 경애하는 수령님의 위대한 혁명사상으로 철저히 무장시켜 인민군대를 진정한 혁명의 군대, 당의 군대, 로동계급의 군대로 강화 발전시킬 수 있으며 당의 혁명적 무장력으로서의 사명을 다하게 할 수 있다"는 것이 군대 내에 당 단체를 설치하는 이유였다.[33]

이로써 당의 군대로서의 북한군의 성격이 공식화되었다. 군에 대한 당의 통제체제는 '문화훈련국→문화훈련국과 군사위원→총정치국'의 순서로 변화해 온 것이다. 이와 같이 군에 당 단체를 설치해 당의 통제와 지도를 강화한 것은 김일성 세력이 군 내의 경쟁 세력을 견제하고 내부적 동요를 막아 철저한 김일성 지지 일색의 군대로 변화시키기 위한 포석이라고 할 수 있다.

어쨌든 1950년 7월 3일쯤 무정에게는 전시의 야전사령관이라는 막중한 책임이 주어졌다. 그 자리는 언제든지 문책이 뒤따를 수 있는 자리였다. 그런 자리에 무정을 보낸 것이다. 그가 2군단장으로 있을 당시의 명령서 하나가 미군 노획문서 가운데 발견된다. 1950년 7월 29일 내린 명령이다. 그의 직접적 흔적으로는 지금까지 발견되는 것 가운데 가장 최후의 것이다. 전문은 이렇게 돼 있다.

33 사회과학원 력사연구소 편, 『조선전사』 26, 평양: 과학·백과사전출판사, 1981, 91~92쪽.

명령

제2군단 참모부. 1950년 7월 29일 석문동에서. 지도 1:50,000 49년도판.

명령 불집행에 관하여

전투에 있어서 사단 감시소와 지휘처는 가장 중요한 심장인 것이다. 이를 경비하는 구분대 및 부대는 가장 영예로운 임무을 부담하며, 또 자기 임무가 가장 중대하다는 것을 아라야 한다.

적들은 가진 방법으로서 우리 각 지휘처을 발견하여 이를 습격하려고 가진 방법을 다하고 있다. 이럼에도 불구하고 제1사단 감시처을 경비하기 위한 경계부대로서 제1사단 중기대대장과 정치보위소대는 참모부로부터 이을[를] 경비하기 위한 구체적인 지시을 밧고 이를 정확하게 실처[실시]치 않엇다. 그의 실례로서

1. 제1사단 감시소을 628고지, 5824에다 정하고 그의 경비을 산 고지에다가 부대와 화력을 배치하라고 하였는데, 중기대대들과 정치보위소대장들은 지정한 장소에 배치하지 않고, 628고지 북쪽 경사면에 아군이 있는 곳에다가 향하여 무기을 배치하고 경각성 없이 경비을 소홀이 하였다. 고로 적들의 628고지 쪽 경사면으로부터 우회하여 지휘처 배치된 산협곡에 이르기까지 발견하지 못하고 있다가 1950년 7월 28일 14시에 적들에 불의 습격을 받은 사실 있다. 이와 같은 시실은 우리 부대에 존재할 수 없으며, 경비을 담당한 경비책임자들의 자기임무가 중대하다는 것을 망각하고, 경각성의 전혀 없고, 승리에 도취하여 안일무사한 데서 기인된 것이다.
2. 이는 상부명령을 심중히 여기지 않고 경솔하게 생각한 데서 기인한 것이다.

248

고로 명령을 정확하게 실천하지 않고, 부대에 경비을 소호리 하여 부대심장인 제1사단 감시소을 적들로부터 습격밧게 한 제1사단 중기대대장과 정치보위소대장을 전시군사재판에 회부할 것을 명령한다. 각급 참모부에서는 감시소, 지휘소을 경비하는 데서 후방이라 하여 소호리 하며 경각성 없이 하는 관심을 일소하고 경비에 대한 것을 더 일층 경고하게 방비할 것을 명령한다. 본 명령은 전체 군관들에게 통과하여 경각성을 제고할 것.

제2군단 사령관　무정

참모장　김광협[34]

　명령을 제대로 따르지 않고 경계를 소홀히 한 책임을 물어 장교들을 재판에 회부하는 내용이다. 이 문책 명령서가 우리가 접할 수 있는 무정의 마지막 말이 되었다. 이후 1950년 9월에 군 지휘부의 개편이 있었다. 인민군 총참모장 강건이 전사했기 때문이었다. 강건은 대전 부근에서 지프를 타고 전선을 시찰하다가 국군이 설치해 놓은 지뢰가 터지는 바람에 폭사했다. 강건의 자리에 김웅이 임명되었다. 김웅이 인민군 총참모장이 된 것이다. 그는 총참모장의 직위를 가지고 동부전선에서 2, 3, 5군단을 직접 지휘했다. 무정이 이제는 김웅의 직접 지휘를 받게 된 것이다.

　조선의용군 사령관 무정 아래에서 정치위원을 했던 박일우는 김웅보다도 훨씬 더 중요한 임무를 수행했다. 중국 최고지도부와의 연락을 그가 맡은 것이다. 중국 최고지도부와의 관계를 고려한다면 무정이 맡아야 할 일을 박일우가 맡고 있었던 것이다. 박일우는 벌써 1950년 9월 중순부터 중국을

---

34 「명령」. National Archives and Records Administration, Record Group 242, Records Seized by U.S. Military Forces During the Korean War, 1950–1954, Entry UD 300C, Container 22, Item 200933.

오가면서 중국군의 참전을 독촉했다. 9월 15일쯤 이미 안둥(단둥)에 와 있던 중국군 15병단 부사령관 홍쉐즈洪學智 등을 만나 한국전쟁의 전황을 설명하고 중국의 참전을 요청했다.[35] 10월 1일에는 외무상 박헌영이 베이징으로 날아가 마오쩌둥을 만나 병력 지원을 청했다. 10월 8일에는 다시 박일우가 선양에서 펑더화이를 만나 중국의 참전을 재촉했다.[36] 12일에는 안둥으로 옮긴 펑더화이를 다시 박일우가 찾아가 다급한 전황을 설명하고 김일성 수상의 출병 지원 요청을 전달했다.[37] 19일 다시 안둥에 간 박일우는 중국의 참전 결정을 전해 듣고 눈물을 글썽이며 울먹이기도 했다.[38]

10월 19일 중국이 참전하고, 25일 박일우는 중국인민지원군의 부사령관 겸 부정치위원으로 임명돼 중국군과 호흡을 같이했다.[39] 11월 25일 중국군 사령부가 미군의 폭격을 받았을 때 박일우 일행은 사령부와 조금 떨어진 곳에 막사를 마련하고 있어서 폭격을 가까스로 피하기도 했다. 펑더화이는 방공호에 대피하고 있었지만, 그의 비서 겸 러시아어 통역을 맡고 있던 마오쩌둥의 장남 마오안잉毛岸英은 그날 목숨을 잃었다. 중국의 지원을 받으면서도 김일성은 작전권을 계속 행사하려 했다. 그게 안 되면 중국과 공동으로 작전권을 가지는 방안을 제안했다. 하지만 마오쩌둥과 펑더화이는 통일된 지휘 체계를 위해 중국군이 작전권을 가져야 한다고 주장했다.[40] 결국 대규모 병력 지원을 받은 김일성이 물러설 수밖에 없었다. 12월 4일 조·중연합사령부가 꾸려졌고, 펑더화이를 연합사 사령관으로 하고, 그 아래 부정치

35 홍학지 저, 홍인표 역, 『중국이 본 한국전쟁』, 한국학술정보, 2008, 31쪽.
36 위의 책, 51쪽; 葉雨蒙, "중국군 한국전 참전 비록 (4)", 『조선일보』, 1989. 9. 19.
37 홍학지 저, 홍인표 역, 『중국이 본 한국전쟁』, 56쪽.
38 위의 책, 67쪽.
39 위의 책, 91쪽.
40 梁鎭三, "전쟁기 중국지도부와 북한지도부 사이의 모순과 갈등", 국방부 군사편찬연구소 편, 『한국전쟁사의 새로운 연구』 2, 국방부 군사편찬연구소, 2002, 592~593쪽.

위원은 박일우, 부사령관은 김웅이 맡았다.[41]

중국 측 자료들이 조·중연합사령부가 창설된 것인 12월 4일이라고 공식적으로는 밝히고 있지만, 실제로는 이보다 전에 북한군과 중국군 사이의 협력은 상당 부분 조직화된 것으로 보인다. 11월 5일 마오쩌둥이 펑더화이와 중국공산당 동북국 제1서기 가오강高崗에게 보낸 다음의 전보에 그 단서가 보인다. "사람들의 주의를 지나치게 끌지 않기 위해 당장은 연합사령부 명의로 전쟁 상황을 발표하는 것이 적당하지 않으며, 오히려 인민군 총사령부 명의로 전쟁 상황을 발표하는 것이 적당하다. 단 전보 가운데 몇 마디쯤은 이번 작전에 중국인민 항미원조보가호국抗美援朝保家護國 지원부대가 참가했다고 언급해야 하며, 아울러 매우 용맹하게 싸운다고 해야 한다. 전보를 기초하면 보내 주고, 내가 본 다음 발표하라."[42]

마오쩌둥이 연합사령부 명의로 전쟁 상황을 발표하지 말라고 한 것으로 미루어 완전한 형태는 아니더라도 초기 형태의 합동조직이 꾸려져 있었던 것으로 보인다. 따라서 10월 25일 박일우를 중국인민지원군 부사령관으로 파견받은 이후 11월 5일 이전에 초기 협력조직을 구성하고 12월 4일 완전한 체계를 갖춘 조·중연합사령부를 공식 창설했던 것으로 보인다. 어쨌든 이렇게 한국전쟁 초기 무정은 야전에서 직접 군을 지휘하고 있었던 반면, 박일우는 군지휘부 최상층의 지위를 확보하고 있었다.

한편, 전쟁을 시작하면서 김일성은 중국의 지원을 받지 않으려 했다. 인천상륙작전 이전에는 중국의 지원 의사를 거부했다. 하지만 9월 15일 연합군의 인천상륙작전이 성공하고 북한군이 급격히 불리해지자 중국의 지원

---

41 홍학지 저, 홍인표 역, 『중국이 본 한국전쟁』, 189쪽.
42 『建國以來毛澤東文稿』 第1冊, 北京: 中央文獻出版社, 1987, 648쪽, 『한국전쟁관련 중국자료선집─한국전쟁과 중국』 II, 행정자치부 정부기록보존소, 2002, 68쪽 재인용. 중국인민 항미원조보가호국 지원부대는 간략하게 '지원부대'라고 칭했다. 대외적으로는 지원군이라고 하지 않고 내내적으로는 지원군이라고 했다.

을 요청했다. 서울이 수복된 9월 28일에는 조선노동당 정치국 긴급회의를 열고 소련과 중국에 지원군을 요청하기로 공식 의결했다. 이러한 상황에서도 김일성은 중국보다는 소련의 지원을 받고 싶어 했다. 소련 대사 슈티코프에게 의사를 물었다. 슈티코프는 지원을 회피하는 태도를 보였다. 김일성은 스탈린에게 직접 서한을 보냈다. 하지만 스탈린은 10월 1일 답장에서 "중국과 먼저 상의하라"고 말했다. 그에 따라 김일성은 그날 중국 대사를 불러 압록강 부근에 와 있던 13병단을 지원해 줄 것을 요청했고, 박헌영은 베이징으로 날아가 마오쩌둥을 만났다.[43]

김일성이 중국의 지원을 꺼린 것은 크게 세 가지 이유 때문이었다. 첫째는 전쟁 초기 승리를 낙관했다. 스스로의 힘으로 전쟁을 이길 수 있다고 본 것이다. 둘째는 중국의 북한에 대한 영향력 확대를 우려했다. 역사적으로 중국은 오랫동안 한반도에 대한 종주국의 위치를 가지고 있었다. 조선노동당 또한 중국공산당의 영향에서 완전히 자유롭지는 못했다. 이러한 상황에서 중국이 대규모 지원을 하게 된다면 중국의 영향권에서 벗어나기 어렵다고 본 것이다.[44] 셋째는 군부 내 다수를 차지하고 있던 연안파의 입지가 중국의 지원으로 더 확대될 가능성이 있었다. 이는 무정과 같은 경쟁자의 영향력 강화와 바로 연결되는 것이었다. 이러한 북한 내부 정치 상황을 고려하면 김일성 입장에서 중국의 군사적 지원은 매우 부담스러운 것이었다. 하지만 패전 가능성이 높아지고 소련이 직접 지원을 피하는 상황이 되자 중국의 지원을 요청할 수밖에 없었다.

43 梁鎭三, "전쟁기 중국지도부와 북한지도부 사이의 모순과 갈등", 586쪽.
44 위의 논문, 587쪽.

3. 결이 다른 만주파와 연안파

전쟁 치고 비인간적인 전쟁이 아닌 것이 없지만, 한국전쟁은 특히 그랬다. 동족 간의 전쟁이었기 때문에 처절한 상황이 더욱 심각할 수밖에 없었다. 전쟁이 일어나 후퇴를 하게 되자 남한의 경찰은 전향한 좌익 계열 단체인 보도연맹의 회원들에 대해 무차별적으로 즉결처분을 단행했다. 남로당 가담 혐의가 있는 사람들도 수없이 죽었다. 그 규모가 얼마나 되는지 아직까지 정확히 밝혀지지 않고 있다. 이후 인민군은 남으로 진군하면서 지주, 군, 경찰과 그 가족에 대해 역시 무차별 살인을 저질렀다. 포로들에 대한 즉결처분도 부지기수로 했다. 전쟁 중에도 민간인은 공격하지 않는다, 포로는 쏘지 않는다는 제네바 조약의 핵심 내용들은 한국전쟁에서 무용지물이었다.

이러한 무질서한 전쟁의 양태는 북한군 내의 헤게모니와도 어느 정도 연관이 있다. 한국전쟁 시작 당시에는 군의 권력이 온통 김일성과 만주파, 소련파에 가 있었다. 무정과 연안파는 주변으로 밀려나 있었다. 5~6만 명의 동북조선의용군 출신들이 북한군 내에 있었지만, 최고위층은 만주파와 소련파가 차지하고 있었다. 동북조선의용군을 포함한 조선의용군 출신들은 팔로군의 전투 체계와 방법을 몸으로 익힌 인물들이었다. 팔로군은 국민당군·일본군과의 전투를 오랫동안 수행하면서도 기본적인 몇 가지 원칙을 철저히 지켰다.

먼저 1927년에 마련된 것이 3가지 큰 원칙, 즉 3대기율三大紀律이다. '지휘하에 움직이며, 인민들에게서는 한 개의 고구마라도 취하지 말고, 처리된 지주들의 재산은 공적으로 사용한다'는 것이었다. 이듬해에는 6개의 주의사항, 즉 6항주의六項注意가 마련됐다. '덧문을 달고, 풀짚을 묶고, 담화는 화기 있게 하고, 물건 매매는 공평하게 하고, 빌린 물건은 반드시 갚고, 훼손시킨 물건은 반드시 배상한다'는 것이었다.

이것이 1947년에는 '3대기율 8항주의'로 정리되어 공표되었다. 체계화된 3가지 기율은 ① 모든 행동은 명령에 따라야 한다, ② 인민의 바늘 하나실 한 오라기도 공짜로 취하지 않는다, ③ 모든 전리품은 공유하여야 한다 등을 말한다. 8가지 주의 사항은 ① 병사를 구타하거나 욕하지 않고 불필요한 상명하복 관계를 만들지 않는다, ② 부녀자를 희롱하지 않는다, ③ 공평하게 사고판다, ④ 포로를 학대하지 않는다, ⑤ 말할 때는 온화하게 한다, ⑥ 빌린 것은 반드시 되돌려 준다, ⑦ 파손한 물건은 반드시 배상한다, ⑧ 농작물에 피해를 입히지 않는다 등이다. 이러한 철저한 준칙을 가지고 전쟁을 했기 때문에 중국 국민들의 마음을 얻을 수 있었다. 그런 힘으로 결국 국민당군을 몰아내고 중국 대륙을 점령했다.

한국전쟁에 참전한 중국인민지원군도 1950년 10월 19일 참전 이후 초기 전투에서 승전하면서 어느 정도 여유를 갖게 되자 12월에 '조선에 와서 지켜야 할 작전수칙(赴朝作戰守則)'을 발표했다. 내용은 다음과 같이 매우 구체적이었다.

갑. 준수해야 할 정책 기율 수칙

1. 조선 인민의 풀 한 포기 나무 한 그루 산 하나 물 한 곳도 아끼고 보호한다.

2. 조선민주주의인민공화국의 정책 법령을 준수한다.

3. 조선 인민의 풍습과 습관을 존중한다.

4. 학교와 문화 교육 기관과 명승고적을 보호한다.

5. 공장과 모든 공공건축물을 보호한다.

6. 사사로이 민가에 들어가지 않고 인민의 것은 한 가지도 들고 나오지 않는다.

7. 법을 지키는 교당, 사원, 종교단체는 간섭하지 말고 침입하지 않는다.

8. 독자적으로 교섭하지 않고 편의에 따라 인력과 물력을 동원하지 않는다.

9. 3대기율과 8항주의를 엄격히 집행한다.

을. 단결 수칙

1. 우방의 당·정·군·민과 긴밀히 단결하여 제국주의 침략군을 철저히 소멸시 킨다.

2. 조선 인민의 영수 김일성 장군의 지도를 존중한다.

3. 조선노동당의 지도를 존중한다.

4. 조선민주주의인민공화국의 각급 정부의 지도를 존중한다.

5. 조선 인민을 애호하고 우방의 당·정·군·민의 전체 활동 인원을 존중한다.

6. 조선인민군의 각종 경험과 우수한 전투 기풍을 겸허하게 학습한다.

7. 오만함, 야만스럽고 불합리함을 반대하고, 정성스럽고 온화하고 겸허하고 예절이 주도면밀해야 한다.

8. 분규가 발생하면 먼저 자기를 검토해 보고, 의견이 있으면 조직을 거쳐서 제기하고 등 뒤에서 어지럽게 말하지 않는다.

9. 인민군과 우군의 부상병, 병자 및 기타 연계를 잃어버린 인원은 구호하고 초대하여 원래 소속 부대에서 편안하게 보내게 한다.

10. 적극적으로 배합하여 작전을 벌이고, 포로를 다투지 않으며, 전리품을 다 투지 않는다.

병. 포로 우대 수칙

1. 포로를 살해하지 않는다.

2. 포로의 인격을 모욕하지 않는다.

3. 포로의 돈주머니를 뒤지지 않는다.

4. 포로가 보낸 것을 갖지 않는다.

5. 포로 부녀를 희롱하지 않는다.

6. 부상당한 포로 장교를 치료한다.

7. 포로에게 우리의 정책을 말해 준다.[45]

물론 이러한 규율들이 전쟁의 상황에서 모두 잘 지켜졌다고 할 수는 없다. 하지만 해방 직후 북한에 진주해 약탈과 강간을 마구 저지른 소련군에 비하면 중국인민지원군은 규율을 갖춘 부대였다. 조선의용군 출신들도 이러한 규율을 팔로군 생활 당시부터 몸으로 배웠다. 6·25전쟁 당시에는 무정과 김웅, 이권무, 이익성 등이 연안파 가운데는 군에서 그나마 높은 지위를 가지고 있었다. 부질없는 가설이고 전쟁 자체가 잘못된 것이긴 하지만 이들이 인민군의 최고지휘부에 있었더라면 전쟁의 양태나마 좀 달라지지 않았을까? 민간인 피해라도 좀 줄어들지 않았을까? 어쨌든 한국전쟁이 그토록 어지러운 모습으로 전개되었다는 것은, 결국 북한군 내에서 무정과 연안파가 군의 정책을 좌우할 만한 영향력이 없었음을 보여 주는 것이기도 하다.

여하튼 인민군의 헤게모니는 연안파가 아닌 만주파의 손에 있었고, 전쟁이 진행되는 과정에서 김일성은 무정에게 야전사령관을 맡겼다가 결정적인 기회가 왔을 때 단호하게 숙청하는 냉혹한 모습을 보여 줬다. 전쟁 시작 후 인민군의 남진은 계속되어 7월 하순 대전이 함락되고 낙동강 전선이 구축되었다. 그러자 8월 1일 김일성은 충주 수안보에 마련된 전선사령부를 직접 방문했다. 8·15 광복 행사를 기필코 대구에서 하겠다는 생각에서였다. 김일성은 여기서 무정을 힐난했다.

"무정 동무의 2군단은 아직도 소백산맥에서 어슬렁거리고 있소?"

김일성이 무정을 나무란 것이다.

---

45 『中國人民志願軍抗美援朝戰爭政治工作總結』, 北京: 解放軍出版社, 1985, 360~361쪽, 『한국전쟁관련 중국자료선집—한국전쟁과 중국』 II, 87~88쪽 재인용.

무정은 성격이 급한 탓에 얼굴이 금방 힘싱이 되이 되받았다.

"소백산맥은 1주일 전 벌써 돌파했소."

이에 질세라 김일성은 다시 무정을 질책했다.

"1주일 전이 아니라 한 달 전에 점령했어야 했소."[46]

전쟁의 상황에서도 둘은 이렇게 충돌했다. 해방 직후부터 경쟁 관계를 형성해 5년간 서로를 경계하고 견제하는 사이였기 때문에 적을 앞에 두고도 충돌하는 모습을 보인 것이다.

---

46 주영복, 『내가 겪은 조선전쟁』, 404~405쪽.

전격적 숙청

1. 숙청의 첫째 이유는 명령 불복종

무정과 김일성의 오랜 경쟁은 한국전쟁 와중에 진행된 무정의 숙청으로 마무리된다. 1950년 11월 24일쯤 조선인민군 전체 군관회의가 열렸다. 보통 장령회의라고 하는 것이다. 이 회의에서 그동안의 작전과 후퇴에 대한 평가가 있었다. 10월 19일 중국군이 참전하면서 그때까지의 전투를 평가해 볼 수 있는 여유가 생긴 것이다. 이 자리에서 2군단의 참모장 김광협, 5사단장 오백룡, 정치부장 박금철이 무정을 비판했다. 평양을 끝까지 지키지 않고 조기에 후퇴했다는 것이 핵심적인 비판의 이유였다.[47] 무정의 지휘하에 있던 만주파들이 무정의 과오를 집중적으로 제기한 것이다. 무정의 과오를 부하들의 지적으로 기정사실화하고, 숙청을 예고하는 것이었다.

1950년 12월 21일 조선노동당 중앙위원회 제3차 전원회의가 열렸다. 대

---

47 박병엽 구술, 유영구·정창현 엮음, 『조선민주주의인민공화국의 탄생』, 선인, 2010, 120쪽.

대석으로 무정을 비판한 다음, 진격 연행, 감금했다. 중국군이 남진을 계속하는 상황이었다. 소련파의 허가이나 남로당파의 박헌영에 앞서 연안파의 무정이 먼저 숙청된 것이다.

노동당 중앙위 3차 전원회의는 중국과의 국경 근처인 자강도 만포군 별오리에서 열렸다. 그래서 이 회의를 별오리회의라고 부른다. 일본이 수력발전소 건설을 위해 물길굴을 뚫어 놓았는데, 그 굴 속에서 회의가 열렸다. 추위를 견디기 위해 드럼통에 불을 피워 놓은 채, 회의는 3일 동안 계속되었다.[48] 당시 만포군은 지금은 만포시가 되었다. 만포는 압록강 연안에 위치해 있는데, 강폭이 좁아 중국으로 건너가기가 쉬운 곳이다. 만포시에서 맞은편 중국 지린성吉林省 지안集安이 훤히 보일 정도이다. 이 회의에는 당 중앙위원과 후보위원, 군의 고급 지휘관들이 참가했다. 무정은 자신에 대한 비판이 있다는 사실을 전혀 모르고 회의에 참석했다.[49]

무정에 대한 비판은 김일성이 직접 했다. 긴 연설문을 읽으면서 비판했다. 연설문은 당시 당중앙위 부위원장 김창만이 쓴 것이었다.[50] 김창만은 원래 최창익 계열이었다. 1943년 최창익과 무정이 독립동맹 내부에서 노선다툼을 벌일 때 무정 쪽으로 돌아섰다. 김창만은 옌안에서 무정과 함께 조선독립동맹 활동을 하다가 북한에 들어가 초기에는 무정을 수행하면서 그를 영웅화하는 데 앞장서기도 했다. 하지만 무정과 김일성의 경쟁이 시작되면서 김일성 쪽에 가담했다. 소련의 적극적 지원을 받고 있던 김일성이 절대 유리한 상황으로 판단했기 때문일 것이다. 선전·선동에 능해 당 선전부장을 거쳐 중앙위 부위원장이 되었다. 김일성 연설 가운데 무정 비판 부분

---

48 김일성, "향하 혁명사적지를 돌아보면서 일군들과 한 담화(1991. 9. 22.)", 『김일성 전집』 91, 조선로동당출판사, 2010, 290~292쪽.

49 고봉기, 『김일성의 비서실장—고봉기의 유서』, 천마, 1989, 125쪽.

50 한국일보 편, 『증언, 김일성을 말한다—유성철·이상조가 밝힌 북한정권의 실체』, 108쪽.

은 이렇다.

　　다른 실례로 군대에서 명령을 집행하지 않고 전투를 옳게 조직하지 않았으므로 우리에게 많은 손실을 가져오게 한 무정은 제2군단장의 직위에서 철직당하였습니다. 그는 이와 같은 처벌을 받은 이후에도 우리가 퇴각하는 과정에서 혼란된 상태를 리용하여 아무런 법적 수속도 없이 사람을 마음대로 총살하는 봉건시대의 제왕과도 같은 무법천지의 군벌주의적 만행을 감행하였습니다. 이것은 물론 법적으로 처단받아야 될 것입니다. 이와 같은 행동들은 비겁주의자들과 패배주의자들의 자유주의적 류망 행동이며 아무런 조직 생활도 무시하는 행위들인 것입니다.[51]

　　여기서 지적된 무정의 과오는 두 가지였다. 첫째는 명령을 집행하지 않고 전투를 옳게 조직하지 못했다는 것이다. 둘째는 해임 이후 후퇴하는 과정에서 법적 절차 없이 사람을 총살했다는 것이다.

　　첫 번째 과오로 지적된 명령 불이행 부분을 먼저 보자. 1950년 9월 15일 인천상륙작전 이후 대대적인 후퇴 당시 김일성이 평양을 빠져나가면서 무정에게 평양 방어를 명령했는데, 이것을 지키지 않았다는 것이다. 방어작전을 제대로 하지 않고 만주 선양瀋陽으로 후퇴했다는 것이 무정 숙청의 주요 죄목인 명령 불복종의 내용이다.[52]

　　이와 관련해, 조선노동당 부부장 출신의 박병엽의 증언에 따르면, 북한군이 유엔군과 한국군의 공격을 받고 후퇴를 할 때 무정은 최고사령부에 아예 연락도 하지 않았다고 한다. 그 이전에도 대전 부근에서 인민군 총참모장 강건이 전선을 시찰하다 지뢰가 터져 사망했는데, 무정이 작전명령을 제

51　김일성, "현 정세와 당면 과업(1950. 12. 21.)", 『김일성 선집』 3, 139~140쪽.
52　김창순, 『북한15년사』, 지문각, 1961, 129~130쪽.

대로 이행하지 않아서 이를 수습하러 전선에 나갔다가 사고를 당했다는 소문이 당시 북한군 사이에서 퍼져 있었다고 한다.[53] 무정이 무인으로서 나름 자신감이 있었고 전쟁 상황에서 최고지휘부를 구성하고 있는 만주파 인물들에 대한 반감도 있었기 때문에 지휘부와 잘 협의를 하는 사이는 아니었을 것으로 여겨진다. 이런 것이 북한군 안에서도 많이 알려져 있었던 것으로 보인다.

하지만 평양 방어를 못하고 후퇴한 것은 무정의 책임이라고 하기는 어렵다. 북한군은 후퇴하면서도 평양을 사수하기 위해 10월 13일 평양방어사령부를 설치했다.[54] 사령관이 무정이었다. 파죽지세로 북진하는 연합군과 한국군을 상대로 평양을 방어하라는 책임이 무정에게 주어졌다. 병력이 절대적으로 모자라는 상황이었다. 평양에 남아 있던 내무성 산하 경비연대와 민족보위성 산하 경비연대가 방어전에 투입되었고, 군관학교 생도들도 합세했다. 지역의 주민들도 가세해 방어진지를 구축했다. 평양 남쪽인 평남 중화군-황정동(평양 동쪽 20km)- 송화리(평양 동북쪽 18km)-순안(평양 서북쪽 20km)을 연결하는 외곽 방어선을 먼저 구축했다. 그리고 평양 바로 바깥 5~6km 선에 내부 방어선을 또 마련했다.

평양방어사령부가 창설된 지 5일 만인 18일 '평양 전투'가 시작되었다. 한국군 1사단과 미군 1기병사단이 평양을 향해 진격했다. 인민군은 보병과 탱크부대로 맞섰다. 무정은 유엔군의 후방 산악지대에 병력을 집결시켜 대항전을 펼칠 계획이었다. 대동강 이북으로 후퇴하면서 강변에 지뢰를 대규모로 설치해 한국군과 미군의 도하를 막으려고도 했다. 그런데 강한 유엔군의 공격에 밀려 후퇴하는 상황에서 어느 것 하나 제대로 통제되는 것이 없

53 박병엽 구술, 유영구·정창현 엮음, 『조선민주주의인민공화국의 탄생』, 119쪽.
54 사회과학원 력사연구소 편, 『조선전사』 26, 79쪽.

었다. 예하 사단 간부와 연대장까지 앞다투어 달아났다.[55] 이런 상황에서 한국군과 미군은 대규모 보병과 전차부대로 항공 지원까지 받으면서 평양을 공격했다. 남쪽과 동남쪽의 외곽 방어선을 공격하고, 외곽 방어선 병력이 내부 방어선 강화에 합세하지 못하도록 막으면서 공격을 강화했다. 결국 한국군과 미군은 19일 동평양의 대동강을 건너 평양을 점령했다. 인민군이 급하게 꾸려진 평양방어사령부를 가지고 무기와 병력에서 월등 우세한 미군과 한국군을 막는 것은 불가능했다. 이런 상황에서 무정도 평양을 버리고 후퇴할 수밖에 없었던 것이다.

전체적인 흐름에서 보아도 당시 인민군이 유엔군과 한국군의 대대적인 공세를 막기는 어려운 형편이었다. 1950년 9월 15일 인천상륙작전이 성공한 후 인민군은 18일 전군에 후퇴명령을 내렸다. 보급로가 끊긴 채 협공을 받게 된 인민군은 통신망도 엉망이 돼 후퇴명령 자체도 사단까지밖에 내려가지 않았다. 9월 28일 서울에서 밀려난 이후에는 지휘 체계가 무너져 각자 알아서 후퇴하기에 바빴다. 서울 방어 임무를 맡은 25여단도 물러날 수밖에 없었다. 민족보위상 최용건은 서울을 탈환당한 뒤 김일성으로부터 심한 질책을 받았다. 이에 최용건은 25여단장 오기찬을 불러 부하들이 지켜보는 가운데 계급장을 뜯어 버렸다고 한다.[56]

당시의 상황을 잘 보여 주는 기록들이 있다. 미국의 국립문서기록보관청(NARA)에 보관되어 있는 북한노획문서 가운데 그런 것이 있다. 9월 15일 인천상륙작전 성공 이후 서울 서남부 방위를 맡고 있던 북한군 부대는 105전차사단 소속의 107연대였다.[57] 인천에서 서울로 진격하는 미군을 서울 서남부에서 막고 있었다. 이 부대가 상부 방위사령부와 교신한 문서들이 미군

55 박갑동 저, 구윤서 역, 『한국전쟁과 김일성』, 바람과 물결, 1990, 140쪽.
56 한국일보 편, 『증언, 김일성을 말한다—유성철·이상조가 밝힌 북한정권의 실체』, 98쪽.
57 105전차여단이 1950년 7월 5일 105전차사단으로 확대 개편되었다.

손에 들어가 NARA에 보관되어 있는 것이다. 이 보고서와 지령들에 나타나는 북한군의 실상은, 언제든지 도망갈 수 있도록 군복을 사복으로 갈아입고 있었고, 불안에 떨면서 명령도 무시하며 제멋대로 퇴각하고 있었다.[58]

북한군은 전쟁 시작 당시부터 고위 장성들은 사복을 입고 있는 경우가 많았다. 무정이 2군단장을 하고 있던 1950년 7월 중순 경북 안동의 산악 지역에서 무정을 만난 북한군 상사 출신이 그렇게 증언하고 있다. 인민군 7사단 공병대대에서 상사로 근무했던 김장규의 증언이다. 당시 무정은 군복을 안 입고 사복을 입고 있었는데, 장군 계급장이 붙어 있는 군복을 입고 있으면 국방군이나 연합군의 표적이 될 가능성이 있었기 때문에 일부러 사복을 입고 있었다고 한다. 그리고 당시 북한군의 다른 장성들도 마찬가지였다고 한다.[59]

이렇게 고위 장성들은 나름의 전술적인 이유 때문에 사복을 입었지만 중·하위 장교들은 당연히 군복을 입었다. 하지만 대대적인 후퇴 시기에는 기회가 되면 도망치기 위해 군복을 벗고 사복을 입고 있었던 것이다. 이는 중·하위급 장교 사이에서 도주 사태가 걷잡을 수 없이 계속되었음을 잘 보여 주고 있다. 107연대 연대장 김성억과 참모장 박근만이 1950년 9월 24일 방위사령부에 보고서 '각 대대의 실정'을 보냈는데, 그 내용은 이렇다.

적의 화력은 직사포, 박격포, 중기 등 증강된 병기로 아군에게 사격을 계속하여 아군은 적의 화력에 당황하여 전투원들은 지휘관의 명령에 따르지 않고, 지휘관은 적에 대하여 세 번이나 공격을 계속했으나 전투원들이 명령에 응하

---

58 이하에서 묘사되는 퇴각 당시 구체적인 상황은 하기와라 료 저, 최태순 역, 『한국전쟁―김일성과 스탈린의 음모』, 293~300쪽에서 인용했다.

59 김장규(1930년생. 조선인민군 제7사단 공병대대 위생소 소장, 상사) 인터뷰, 2015년 1월 10일, 중국 옌지.

지 않습니다. 본 대대는 또다시 후퇴하여 태산동에 집결하고 있습니다. … 아군은 단지 소총과 경기관총, 약간의 박격포로 행동하며, 탄환조차 충분하지 않고, 적과의 병력 대비에 전투원까지 혼란을 초래하고 있습니다.

9월 29일에는 경비사령부의 문화 부사령관 김두환이 사령부 참모부에 상황을 보고했는데, 극한 혼란 상태의 북한군 모습을 적나라하게 묘사하고 있다.

적과의 전투가 번번하게 계속됨에 따라 지휘관은 자기 대오를 장악하지 못하며, 전투원이 군복을 벗어 버리고 사복을 착용하고, 심지어는 군관까지 사복을 입고 다니는 현상을 볼 수 있다.. … 그뿐만이 아니라 적산품으로 몰수한 피복을 조직적으로 각 분대에 할당하는 것이 아니고, 군관이 솔선하여 자기 몸에 맞는 피복을 착용하고, 누더기를 입고 있는 전사에게는 아무 관심도 두지 않고 대책도 강구하지 않는다.

이러한 상황에서 29일 밤 11시 경비사령부 문화 부사령관 김두환은 예하 부대에 탄환 공급이 불가능함을 알린다. 후방과의 교신이 끊겨 탄환 공급이 더 이상 안 된다는 내용이다.

각 대대와 전투원은 한 발의 탄환을 결정적 단계에서만 사용할 것. 경기(79식)로 공격할 때에는 근거리에 접근하여 경기사격으로 격퇴, 격멸할 것. 포탄은 전차 1대에 1발을 사용하여 포탄을 절약할 것. 공격할 때에는 여하한 곤란과 난관이 있더라도 격퇴, 격멸할 것.

이런 모습은 군대뿐만이 아니었다. 9월 6일부터 10월 9일까지 서울과 경기도 일대의 당 조직 점검을 위해 평양에서 파견되었던 당 간부의 기록을 보면 지역 당 간부들의 실태를 여실히 알 수 있다. 지역별로 점검 결과를 기록해 놓은 부분을 보자.

김포: 17일에 적이 들어오기 전에 지도부가 동요하여, 군 당위원장은 당적으로 아무런 협의도 없이 내무서장[경찰서장], 검찰소장을 불러서 퇴각을 결의하고 퇴각했다.

시흥: 20일에 소문만 듣고 군 당이 퇴각하고 군 당위원장은 도망했다.

여주: 적이 수원에도 오기 전에 내무서, 정치보위부가 도피(무기까지 버리고). 군 당이 무기를 수집하여 자위대를 무장시켜서 내무서 및 각 지서를 수비. 정치보위부장이 형무소의 수감자를 석방하라고 지시를 내렸으나, 군 당이 이에 응하지 않고 자위대로 수비.

이천: 내무서장이 당에 아무 연락도 없이 도주하면서, 형무소의 반동들을 석방하고 갔기 때문에, 반동들이 나와서 기관총을 난사하여 훈련소장, 기타의 동지들이 사살되었다.

서울 동대문서: 무기를 버리고 도망.

고양, 수원, 화성, 시흥에서도 내무서원이 제멋대로 도망했다.

[중략]

당 중앙 농민부 부부장 박경서: 판정활동을 지도하기 위하여 파견되어 왔다. 도 인민위원회 문서를 부장들을 모아 놓고 소각한 뒤, 돈을 가지고 행방을 감추어 도망했다.(25일 밤)

당 연락소 책임자: 서울의 정권 기관, 사회단체를 수습, 지도하지 않고 도주했다는 소문이 일었다.

이처럼 인천상륙작전 이후의 북한군과 정권 기관 상황은 상부의 명령이 제대로 전달되지도 않았고, 그나마 일부 전달되는 명령도 지켜지지 않았다. 유엔군과 한국군의 대대적인 공세로 서로 목숨을 지키기에 여념이 없는 상황이었다. 누가 누구를 탓할 수 없는 지경이었다. 책임을 따지고 책임자를 탓한다면 전쟁을 일으킨 김일성과 북한 최고지도부가 책임을 떠안아야 하는 상황이었다.

이 무렵 북한 군부의 수뇌부 회의가 열렸다. 김일성도 참석했다. 평양과 그 부근의 주요 군사시설이 미군 전투기의 폭격을 받아 완전히 파괴되는 상황에 대해 심각하게 논의했다. 이때 무정은 "이 안에 특무[스파이]가 있음이 틀림없다"라고 말했다. 북한 군부의 최고 수뇌부만이 참석하는 회의에서 그 안에 간첩이 있다고 발언한 것이다. 당연히 참석자들이 반발했다.[60] 무정은 주요 군사시설의 위치는 비밀인데, 그것을 미군들이 정확히 타격하는 것을 보고 간첩이 있음을 의심했고, 그것을 군 수뇌부 회의에서 그냥 말해 버린 것이다. 직설적이고 과격한 그의 성격을 다시 한 번 확인할 수 있는 부분이기도 하다. 이런 식의 행동은 김일성파는 물론 같은 연안파 인물들로부터도 좋은 평가를 받지 못했을 것이다.

이렇게 혼란스러운 북한 상황과는 달리 한국군과 유엔군은 인천상륙작전 성공 이후 사기가 높아진 데다 병력도 대폭 강화되었다. 9월 30일 당시 한국군 10만 1,000여 명, 미군 11만 3,400여 명이 있었고, 여기에다 기타 유엔군을 합쳐 모두 34만여 명이 남측의 병력을 형성하고 있었다.[61] 이 병력이 10월 1일 38선을 넘어 대대적인 북진 공격에 나섰다.

상황이 이렇다 보니 김일성 자신도 서둘러 더 후방으로 퇴각했다. 10월 9일 강계를 임시수도로 정한 뒤 13일 평양을 벗어났다. 16일 평안북도 옥천에

60 박충걸, "비운의 혁명가 무정의 일생", 『신동아』, 1993, 3., 520쪽.
61 Roy E. Appleman, *United States Army in the Korean War: South to the Naktong, North to the Yalu*, Department of the Army, Washington, D.C.: GPO, 1961, pp. 605-606.

도착했고, 대유동(지금의 동창)과 창성, 유평을 거쳐 강계의 고산진으로 이동했다.[62] 인민군은 10월 1일 민족보위상 최용건을 서해안방어사령관에, 전선사령관 김책을 동부전선사령관에 임명하면서 방어에 나섰다. 서해안방어사령부는 38선 일대의 예비부대와 해안방어부대, 탱크부대, 경비대, 보안대 등을 모두 동원해 서부 지역을 방어했다. 동부전선사령부는 38선의 동부에 배치된 예비부대와 낙동강 전선에서 후퇴한 부대들을 모아 동부 지역을 방어했다. 하지만 사기충천한 유엔군과 한국군이 대규모 부대로 공격해 오고, 북한군은 전의를 상실한 상태에서 효과적인 방어를 하기는 어려웠다.

무정은 평양에서 후퇴해 중국으로 건너가 패잔병을 재조직해 7군단을 꾸려 군단장을 맡았다.[63] 7군단은 인민군이 전력을 가다듬기 위해 동만주 쓰핑四平에 새롭게 창설한 군단이었다. 『조선전사』 26권에서 "위대한 수령님께서는 인민군 주력부대들을 확대 강화하시기 위하여 1950년 10월 중순에 새로운 군단들을 편성하시였다"라고[64] 언급하고 있는 대목이 이를 말하고 있는 것으로 보인다. 북쪽으로 후퇴한 당원이나 청년들은 대부분 7군단으로 모였다. 당중앙위원회 제3차 전원회의에 참석할 당시 무정은 당중앙위원 겸 7군단장이었다. 당시 강원도 당 부위원장이었던 강상호도 당원과 민청회원, 여맹회원 등을 데리고 후퇴해 이들을 무정에게 넘겨주었다. 또한 이런 조치가 상부의 명령에 따른 것이었다.[65] 전력이 약해 후퇴하는 상황이었기 때문에 후방으로 후퇴해 군을 재편하는 작업은 그 상황에서는 최선의 선택이었다고 할 수 있다. 무정에게 7군단을 꾸리도록 한 것은 후퇴할 수밖

---

62 서상문, 『모택동과 6·25전쟁―파병 결정 과정과 개입 동기』, 국방부 군사편찬연구소, 2006, 214~215쪽.
63 강상호, "내가 치른 북한 숙청 (7)", 『중앙일보』, 1993. 2. 22.; 한국일보 편, 『증언, 김일성을 말한다―유성철·이상조가 밝힌 북한정권의 실체』, 181쪽.
64 사회과학원 력사연구소 편, 『조선전사』 26, 88쪽.
65 강상호, "내가 치른 북한 숙청 (7)".

에 없는 상황에서 이를 인정하고 추후를 기약하겠다는 북한군의 결정에 따른 것이었을 것이다. 하지만 김일성은 이내 이런 상황을 무정 숙청에 이용하기로 한 것 같다. 실제로 평양을 버린 책임을 온통 무정에게 돌리고 숙청의 첫 번째 이유로 삼았다.

한편 무정이 평양방어사령관이 되면서 2군단장직은 최현에게 넘어갔다. 중국이 개입한 이후로 2차 전역(큰 전투를 중심으로 한 작전상 단계)이 1950년 11월 25일 시작되었는데, 이 시기에는 이미 2군단장이 최현으로 바뀌어 있었다. 2차 전역 당시 평더화이는 2군단과 5군단에 38선 이남으로 적을 추격하지 말고 양구와 인제, 화천 등 38선 이북 지역에서 휴식을 취할 것을 명령했다. 이때 2군단장이 최현, 5군단장은 방호산이었다.[66] 10월 13일 평양방어사령부가 설립될 당시 무정이 사령관을 맡고, 2군단장은 최현이 맡게 된 것으로 보인다.

2. 숙청의 둘째 이유는 군벌주의적 만행

별오리회의에서 지적된 무정의 두 번째 과오는 후퇴하는 과정에서 법적 절차 없이 사람을 총살하고 봉건시대의 제왕과도 같은 무법천지의 군벌주의적 만행을 저질렀다는 것이다. 이와 관련해 거론되는 것이 두 가지 일화이다.

하나는 평양 방어 당시 도망가려는 부하 연대장을 사살했다는 것이다. 전쟁 중 북한에서 문화선전성 구라파부장을 지낸 박갑동의 기록이다. 그에 의하면 1950년 10월 무정이 평양방어의 책임을 지고 유엔군과 맞서 싸우려 할 때 도주하는 연대장을 발견하고 "이 장개석 군대보다도 못한 놈" 하면서

---

66 王焰 主編, 『彭德懷年譜』, 北京: 人民出版社, 1998, 459쪽, 이종석, "한국전쟁 중 중·조연합사령부의 성립과 그 영향", 『군사』 44, 2001, 64쪽 재인용.

권총으로 병사들 면전에서 사살했다고 한다.[67] 다른 하나는 무정이 후퇴하면서 압록강변 만포에 있는 군 병원에서 죽어 가는 하전사를 수술, 치료하지 않는 의사를 현장에서 총살한 것이다.[68] 당시 의사는 평안북도 인민위원회 위생부장 이청산이었는데, 치료를 명령하자 그가 '바쁘다'고 말했고, 이에 무정이 총격을 가한 것이다.

위의 두 가지 이외에도 만주에 들어가 후퇴 병력을 수습할 당시 여단장급 지휘관 두세 명을 쏴 죽였다는 얘기도 있다.[69] 인천상륙작전 이후 대대적인 북한군 후퇴 당시 대대장을 쏘아 죽이는 것을 보았다는 얘기도 있다. 옌벤대학교 한국역사연구소장 김성호 교수의 외삼촌이 6·25전쟁 당시 인민군에서 한 정찰중대의 중대장으로 복무했는데, 이 중대장이 무정이 대대장 한 사람을 현장에서 총살하는 것을 목격했다고 한다.[70]

후퇴 시 부하들을 챙기지 않고 후퇴하는 장교들을 쏘아 죽였다는 얘기도 있다. 인천상륙작전 후 북한군은 김일성의 지시에 따라 집단후퇴를 계획했다. 당시 2군단장 무정은 여기에 반대했다고 한다. 기본적으로 38선을 마지노선으로 삼아 적을 차단하자는 생각이었다. 하지만 유엔군과 국군이 거세게 공격하는 상황에서 철수할 수밖에 없었다. 이때 무정은 자기의 부하를 챙기지 않고 후퇴하는 장교를 보고는 바로 책임을 추궁하고, 때론 총으로 쏘아 죽이기도 했다고 한다.[71] 별오리회의에서 지적되었던 '봉건시대의 제왕과도 같은 무법천지의 군벌주의적 만행'이라는 것은 이러한 일들을 말한 것으로 보인다.

---

67 박갑동 저, 구윤서 역, 『한국전쟁과 김일성』, 140쪽.

68 당시 현장을 목격한 박창욱 옌벤延邊대학교 교수의 증언(1996. 9., 중국 옌지), 이종석, "한국전쟁 중 중·조연합사령부의 성립과 그 영향", 68쪽.

69 박병엽 구술, 유영구·정창현 엮음, 『조선민주주의인민공화국의 탄생』, 119쪽.

70 김성호(중국 옌벤대학교 한국역사연구소장) 인터뷰, 2015년 1월 12일, 중국 옌지.

71 문우룡(한국전쟁 당시 조선인민군 제7사단 통신병)의 증언, 베이징대 한반도연구센터 소장 자료.

인민군이 남하한 뒤 인천 방어를 위해 만들었던 인천해안방어여단의 정치부장을 지낸 장학봉의 증언에 따르면, 유엔군이 부산에 상륙하고 낙동강 전선의 방어가 강화되었을 때, '상관의 명령을 조국의 명령으로 인정하고 일보도 퇴각하지 말라'는 김일성의 명령이 각 부대에 전달되었다. '자기 마음대로 퇴각할 경우에는 즉석에서 총살한다'는 내용도 들어 있었다. 부대별로 민청 조직을 중심으로 결의대회를 열고, "이 엄숙한 결의문을 위반하였을 시 나는 조국의 엄벌을 받겠다"라고 쓴 뒤 자필 서명까지 했다.[72] 특히 군사 동원을 기피한 자, 대열 이탈자에 대해서는 즉결처분하라는 김일성의 명령도 하달되어 있었다. 실제로 이 명령에 따라 후퇴 시기에 많은 사람들이 총살을 당했다.[73]

위기 상황이었기 때문에 이러한 엄한 명령이 내려져 있었고, 현장 지휘관들의 재량권이 그만큼 컸던 것이다. 그러니 무정의 처분을 '군벌주의적 만행'으로 보기는 어려운 면이 많다. 이러한 비판은 모두 무정을 숙청하기 위한 명분으로 사용된 것뿐이라고 할 수 있다.

처벌과 관련해 박갑동의 기록에 의하면, 김일성은 무정을 군법회의에 회부하려 했지만, 중국군의 중재로 군법회의에 넘기지는 않았다. 대신 산속의 오두막집에 감금했다.[74] 별오리회의에서 비판을 받은 회의가 끝나자 무장 군인들에 의해 연행되었다. 무정은 아무런 항변도 하지 않았다. 북한 입국 이후 지속된 김일성 세력의 공격이 언젠가는 이런 형태의 숙청으로 나타날 것을 예상한 때문이었을까? 게다가 자신과 오랫동안 형제와도 같은 관계를 유지했던 중국 지도부의 도움도 얻지 못했기 때문이었을까? 무정은 체념 상태로 모든 것을 받아들인 것으로 보인다. 연안파의 그 누구도 숙청 과정에

72 장학봉, "장학봉", 장학봉 외, 『북조선을 만든 고려인 이야기』, 경인문화사, 2006, 578~579쪽.
73 김창순, 『북한15년사』, 128쪽.
74 박갑동 저, 구윤서 역, 『한국전쟁과 김일성』, 140쪽.

서 무정을 변호하지 않았다. 연안파의 내적 갈등, 그에 따른 약한 연대의 모습이 여실히 드러난 것이다.

조선노동당 중앙위 3차 전원회의에서 처벌받은 사람은 무정 외에도 여럿 있었다. 연안파의 김한중(소장, 사단장), 만주파의 김일金—(중장, 전선사령부 군사위원, 민족보위성 부상)과 임춘추(강원도 당위원장), 최광(소장, 사단장), 소련파의 김열(소장, 전선사령부 후방총국장), 채규형(최고검찰소 부총장), 남로당 계열의 조진성(남강원도 당위원장), 박광희(경기도 당위원장), 허성택(노동상, 남조선 빨치산 조직 책임자) 등이다. 북한 지역 국내 공산 세력 가운데는 특수산업 지도국장 최만연, 부국장 정동춘이 함께 처벌받았다.

김한중과 최광은 상부의 지시 없이 퇴각하면서 부하들을 구하지 않았다는 이유로 사단장직에서 해임되었다. 김일은 '비행기 없이는 적과 싸울 수 없다'는 패배주의적 발언을 했다는 이유로 보위성의 부상직을 박탈당했다. 고급장교들 앞에서 '현대전에서 비행기 없이는 싸우지 못한다'고 발언한 것이다. 인민군 항공사단은 전쟁 초기 폭격에 나서 지상군 남진에 도움을 주기도 했다. 하지만 7월 하순 미 공군이 작전에 나서자 순식간에 제공권은 미군에 넘어갔다. 인민군은 항공대의 필요성을 절감하고 중국 랴오닝성 진저우錦州에 인민군 비행학교를 세우고 소련 군사고문들로부터 조종기술을 배웠다. 하지만 시간과 돈, 기술이 모두 필요한 작업이어서 진척은 잘 되지 않았다. 이런 상황에서 김일이 비행기 없이 싸우기 어렵다고 말한 것이다. 김일의 이 발언은 전선사령부와 군단, 사단의 본부에 삽시간에 전해졌다. 비난의 소리도 빗발쳤다. "비겁한 망언을 취소하라", "투항주의 관념을 말살하라", "전투의식 결여를 규탄한다" 등의 구호가 여기저기서 나온 것이다.[75] 김일이 이에 대한 처벌을 별오리회의에서 받은 것이다.

---

75 주영복, 『내가 겪은 조선전쟁』, 400~401쪽.

임춘추는 후퇴 시기에 인민들을 우선 보호하지 않고 먼저 도망했다는 이유로 당에서 출당 조치를 받았다. 전쟁 초기 북한이 남한에 진주했을 때 강릉 지역에서 치안을 담당했던 인물들이, 북한군이 후퇴하자 피난에 나서 사투 끝에 10월 초 원산에 있는 조선노동당 강원도당을 찾아갔는데, 사무실은 텅 비어 있었다고 한다.[76] 김열은 후방에서 물자 공급을 제대로 못했다는 이유로 면직 처분을 받았다. 채규형은 북한에서 생산되는 숯을 홍콩에 수출해 거금을 벌었고, 이 돈으로 사회안전상 방학세, 당중앙위원 남일 등과 트럼프를 했다는 죄목이었다. 조진성과 박광희는 자신이 맡고 있던 지역이 남한과 미국의 지배를 받을 때 지하공작을 제대로 하지 못했다고 해서 질책을 받았다.

해방 후 북한에서 언론인으로 활동하다 1950년 월남한 김창순은 무정 숙청과 함께 이런 내용들을 결정한 별오리회의가 소련군정 정치사령관 레베데프 소장의 전략에 따른 것이라고 기록하고 있다. 그가 별오리에서 김일성과 숙식을 같이하면서 회의 대책을 세웠는데, 패전의 책임을 무정에게 묻고 공정성을 내세우기 위해 문책 대상자에 김일과 같은 김일성의 심복도 끼워 넣어야 한다는 것도 그의 아이디어였다고 한다.[77]

실제로 무정과 함께 처벌받은 만주파는 추후 모두 복권되어 오히려 승승장구했다. 김일은 군에서 물러나 평안남도 당위원장으로 있다가 1952년 8월 당중앙위 부위원장이 되었고, 1954년 내각 부수상, 1972년 정무원 총리를 거쳐 1976년 국가 부주석에 올랐다. 임춘추는 적십자사 위원장으로 좌천되었다가 1955년 당 연락부 부부장, 1966년 당 정치위원회 후보위원을 거쳐 1983년 국가 부주석까지 되었다. 최광도 1952년 10월 강건군관학교

---

76 김진계 구술·기록, 김응교 보고문학, 『조국―어느 북조선 인민의 수기』 (상), 현장문학사, 1990, 119쪽.
77 김창순, 『북한15년사』, 124쪽.

교장으로 복귀해 1953년 5군단장, 1958년 공군사령관, 1963년 인민군 총참모장을 지내고 1995년 인민무력부장이 되었다.

소련파 김열은 황해북도 당위원장으로 좌천되었다가, 이후 군용 쌀을 빼돌려 기생들과 놀아난 혐의로 징역 10년을 살고, 복역 후에는 노동자로 일했다. 채규형은 군사재판에 넘겨져 총살당했다. 함께 트럼프를 했던 방학세, 남일은 '그저 오락이었다'는 변명이 인정되어 처벌받지 않았고, 채규형은 숯을 판 돈을 개인적으로 유용한 혐의 때문에 중형을 받은 것이다. 남로당파인 허성택은 교통성 부상으로 좌천되었다가 1957년 석탄공업상이 되었지만 1959년 종파혐의로 숙청되었다. 연안파 김한중은 대기발령을 받았었는데, 이후 행방불명되었다. 국내파 최만연은 군수 생산을 제대로 못했다는 이유로 총살당했고, 정동춘은 징역 10년을 선고받았다.[78]

만주파가 이후 복권되어 승승장구한 점으로 미루어 이들에 대한 처벌은 무정 숙청에 대한 충격을 완화하기 위한 조치였던 것이 분명해 보인다. 김일성이 만주파를 함께 처벌하는 형식을 취했다는 것은 그의 권력 기반도 공고하지는 않았음을 의미한다. 견제 세력이 무력화된 상태라면 그런 형식적인 조치도 필요 없었을 것이다. 당시 김일성은 전쟁에서 패퇴한 이후 박헌영과 허가이로부터 패전에 대한 책임을 추궁당한 것으로 보인다.[79] 그 강도가 어느 정도였는지는 불분명하지만 어떤 식으로든 지적을 받았을 것으로 추정된다.

1950년 10월 21일 조선인민군 문화훈련국을 없애면서 당시까지 국장을 맡고 있던 김일을 해임하고, 대신 신설된 총정치국의 초대 책임자를 박헌영이 맡은 것이 당시의 상황을 일부 말해 준다. 이즈음 박헌영은 허가이와 가까워졌다. 둘이 연대하면서 패전의 책임을 추궁하는 상황에서 김일성은 뭔

78 고봉기, 『김일성의 비서실장—고봉기의 유서』, 48쪽.
79 시바따 미노루, "김일성의 야망", 고봉기, 『김일성의 비서실장—고봉기의 유서』, 142쪽.

가 답을 내놓아야 하는 형편이었을 것이다. 이런 상황에서 무정을 우선 속 죄양으로 삼아 책임을 면하고, 그에 대한 반발을 최소화하기 위해 자파 세력도 동시에 처벌한 것으로 볼 수 있다.

숙청 후 무정은 비참한 모습이었다. 조선인민군 대좌(대령)로 항공사령부 참모장까지 지낸 장한철이 전한 얘기는 그 비참한 모습의 일단을 보여 준다. 중국 옌지延吉에 사는 장한철은 2015년 1월 필자가 인터뷰를 하러 갔을 때 고령으로 병석에 누워 있었다. 말을 하지 못했다. 하지만 그의 부인 전숙자가 평소 장한철이 말한 바를 전해 주었다. 장한철은 북한에서 겪었던 일을 자주 말하지는 않았다. 가끔 할 뿐이었다. 무정에 대한 얘기도 간헐적으로 했다. 연금 상태가 된 무정은 분을 이기지 못하고 자신의 똥을 집어먹기도 했다고 한다. 그런 얘기가 북한군 장교들 사이에 전해졌다는 것이다. 이런 얘기를 하면서 장한철은 "얼마나 억울했으면 그런 짓을 했겠느냐"라고 말하곤 했다고 한다.[80]

박헌영이 일제강점기에 감옥에서 미친 사람 행세를 하기 위해 자신의 똥을 집어먹었다는 얘기가 전해진다. 박헌영은 미친 것으로 보이기 위해 일부러 그런 끔찍한 행위를 한 것이고, 무정은 분이 극에 달해 비슷한 행위를 한 것으로 보인다. 또 장한철은 김일성이 자신의 파벌만 철저하게 챙기기 위해 무정을 친 것이라고 했다고 한다. 당시 북한군 내에서 무정의 숙청이 웬만큼 알려져 있었고, 숙청의 이유에 대해서도 김일성의 책임 전가와 권력 강화를 위한 것임이 알려져 있었음을 알 수 있다.

연금 상태가 어느 정도 지속되었는지는 불확실하지만, 이후 무정은 죄인부대 연대장으로 평양의 모란봉 극장 지하에 시설물을 설치하는 작업을 했다(그의 후임으로 7군단장은 3사단장이던 소련파 이영호가 맡았다. 이영호는 이

---

80 전숙자(1933년생. 조선인민군 항공사령부 참모장 장한철의 부인) 인터뷰, 2015년 1월 10일, 중국 옌지.

후 민족보위성 부상, 해군사령관이 되었다. 7군단은 1951년 4월 15일 전투에 투입되었다). 무정이 강계에 있는 후방예비대의 여단장을 맡았다는 얘기도 있는데,[81] 하지만 무정이 당의 공식회의에서 대대적으로 비판을 받고 숙청된 뒤 연금되었다는 점에서 후방예비대의 여단장을 맡았다는 얘기는 신빙성이 높아 보이지는 않는다.

3. 인민군 39호병원에서 위암 수술 중 사망

숙청 이후 중국이 무정을 인도해 줄 것을 요청했다. 혁명의 동지가 곤경에 처해 있는 것을 그대로 두고 보기는 어려워 중국이 인도 요청을 한 것으로 여겨진다. 이에 따라 무정은 창춘長春으로 건너가 루마니아가 운영하는 병원에서 지병인 위장병 치료를 받다가 다시 북한으로 돌아가 1951년 8월 9일 사망했다고 한다.[82] 북한의 기록도 그의 사망 과정을 이렇게 설명하고 있다. 심장병을 앓다가 평양의 인민군중앙병원을 거쳐 중국에서 치료를 받고 호전되어 평양으로 돌아왔는데 심장병이 재발해 사망했다는 증언도 있다.[83] 사망 장소와 관련해서는 인민군 39호병원에서 사망했다는 전 인민군 고위 간부의 증언도 있었고,[84] 평안북도의 압록강변에 있는 모처에서 눈을

---

81 박병엽 구술, 유영구·정창현 엮음, 『조선민주주의인민공화국의 탄생』, 121쪽.

82 김준엽·김창순, 『한국공산주의운동사』 5, 청계연구소, 1986, 125쪽; 김일성, 『세기와 더불어』 8, 평양: 조선로동당출판사, 1998, 413쪽; 『중앙일보』 2002. 2. 22.; 중앙일보특별취재반, 『(비록) 조선민주주의인민공화국』, 중앙일보사, 1992, 148쪽.

83 박병엽 구술, 유영구·정창현 엮음, 『조선민주주의인민공화국의 탄생』, 121쪽.

84 여정, 『붉게 물든 대동강—전 인민군 사단 정치위원의 수기』, 동아일보사, 1991, 56쪽. 이 책의 저자 여정呂政(가명)은 1925년생으로 6·25전쟁에 장교로 참전하고 1959년 북한군 보병사단의 정치위원까지 오른 인물이다. 그는 1959년 당파행위를 했다는 이유로 체포되어 10년간 자강도 교화소에서 감옥살이를 하다가 1969년 석방된 뒤 중국으로 건너가 무단장牡丹江시에서 살았다.

감았다는 얘기도 있었다.[85]

그런데 필자가 2015년 1월 중국 베이징대 한반도연구센터에서 확보한 자료 가운데 무정의 사망 원인과 사망 장소에 대한 결정적인 증언이 있다. 조선인민군 8호후방병원 군사지도원이었던 윤재인의 증언을 녹취한 자료이다. 증언의 내용은 이렇다.

윤재인은 동북조선의용군 출신으로 6·25전쟁에 참여했다가 눈에 부상을 입었다. 그래서 평양의 인민군 39호병원에 입원했다. 39호병원은 헝가리 의사들이 주로 진료하는 병원이었다. 윤재인은 부상병 중대장을 맡았다. 1951년 11월에 무정이 이 병원에 입원했다. 그런데 하루는 무정이 중장 계급장이 붙어 있는 군복을 차려입더니 20여 명의 의사와 간호사 등과 함께 갔다. 위암 수술실로 들어간 것이다. 무정은 수술 도중 사망했다. 김일성의 명령에 따라 장례식은 병원에서 진행됐다. 화장을 해서 유골을 평양에 안장하는 절차로 장례가 치러졌다. 윤재인은 부상병들을 인솔하고 장례식에 참석했다.[86] 그의 증언은 구체적이다. 눈으로 직접 본 것이기 때문에 그의 증언이 신빙성 있다고 하겠다. 다만, 1951년 11월이라는 사망 시점은 북한이 말하고 있는 1951년 8월 9일과는 차이를 보이고 있다.

대장정을 끝내고 옌안에서 무정은 위장병을 앓았었다. 당시 요양을 겸해서 항일군정대학에 다녔다. 그때부터 무정의 위장은 좋지 않은 상태였고, 당시 상황에서 제대로 치료를 받을 수 없었기 때문에 이것이 위암으로 발전해 결국 사망하게 된 것으로 보인다.

무정의 장례식을 직접 본 윤재인의 증언이나 인민군 고위 간부 출신자의

---

85 림선옥, "전설적 영웅 무정 장군", 김호웅·강순화, 『중국에서 활동한 조선-한국 명인 연구』, 옌지: 연변인민출판사, 2007, 543쪽.
86 윤재인(동북조선의용군 출신. 조선인민군 8호후방병원 군사지도원)의 증언, 베이징대 한반도연구센터 소장 자료.

증언으로 보아 사망 장소는 39호병원이 분명해 보인다. 38호병원이라는 증언도 있긴 하다. 중국 옌지에 살고 있는 안광웅의 증언이다. 1927년생인데 동북조선의용군 출신으로 6·25전쟁 당시 인민군 4사단 18연대 문화 부중대장(중위)으로 근무한 경력을 가진 인물이다. 2015년 1월 옌지 자택에서 그를 만났다. 전쟁이 끝난 후 중국으로 다시 돌아간 안 씨는 옌볜대학교 미술학과 교수로 재직하다 퇴직한 뒤 한적하게 지내고 있었다. 88세의 나이에도 여전히 건강을 유지하고 있었고, 다만 귀가 좀 어두워 크게 말을 해야 했다. 안 씨는 윤재인의 친구이다. 그는 오래전에 윤재인으로부터 들었다는 얘기를 전해 줬다.

내가 친하게 지내던 친구 중에 윤재인이라고 있었어요. 지린성 지린吉林 출신이에요. 이 친구가 동북조선의용군 제5지대 대원이 되었다가 1950년 3월에 조선인민군에 편입되어 8호후방병원에 6급 군사지도원으로 배치되었어요. 그런데 이 친구가 평양에 갈 일이 있어서 39호병원에 간호원과 환자들을 맡겨 놓고 가다가 폭격을 받고 다쳤어요. 그래서 평양 인근의 38호병원에서 치료를 받았어요. 그런데 어느 날 이 병원에서 무정 장군 장례식이 열린 거예요. 그래서 이 친구도 소식을 듣고 쌍지팡이를 짚고 장례식에 직접 참석했어요.[87]

안 씨는 윤재인으로부터 이렇게 들었다고 한다. 그래서 자신의 책에도 이를 자세히 기록해 놓고 있다.[88] 하지만 윤재인 본인은 39호병원이 사망 장소이고 거기서 장례식이 열렸고 스스로 장례식에 참석했다고 말했다. 안광웅

---

87 안광웅(1927년생. 조선인민군 제4사단 문화 부중대장, 중위) 인터뷰, 2015년 1월 10일, 중국 옌지.
88 안광웅, 『혁명의 용광로 속에서─한 해방군 로전사의 추억의 편린』, 연변인민출판사, 2009, 258쪽.

이 전해 들었다는 얘기보다는 윤재인 본인의 말에 비중을 두어야 할 것이고, 그렇다면 무정은 인민군 39호병원에서 사망했다고 보는 것이 옳을 것 같다.

한편 당시 장례식에 인민군 사령부에서 조문객으로 소좌(소령) 한 사람을 보냈다. 이 얘기는 평양 인근의 군 부대에 곧 알려졌다. 그래서 군인들은 "무정이 죽어서도 아주 무시를 당하고 있구나" 생각했다.[89] 결국 무정은 그렇게 인민군 39호병원에서 혁명의 꿈을 뒤로 하고 쓸쓸하게 갔다. 그때 나이 불과 47살이었다. 유품은 옥돌로 만든 술잔 하나가 전부였다.[90]

4. 조직적 저항력 결여

한 가지 의문은 김일성과의 경쟁이 오랫동안 지속되고 숙청의 과정이 진행되는 동안 무정은 대응을 하지 않았나 하는 것이다. 김일성과 불화가 계속되었던 만큼 무정도 나름의 대응책을 강구했던 것으로 보인다. 그 내용이 미군정 정보보고서에 비교적 상세히 나타난다.[91] 이 정보의 제공자는 인민군 중좌(중령) 출신으로 상당히 고위급이다. 이 사람이 남쪽으로 내려와 무정의 움직임에 대한 정보를 제공한 이후 북한은 군 전역자에 대한 통제를 강화했고, 38선 통제도 강화했다. 이 중좌가 남하한 것이 1948년 7월인데, 그달에 38선을 넘어 남쪽으로 내려온 인민군은 그 전달에 비해 7명이 줄었다.[92] 그달에 부쩍 38선 통제가 심화된 것이다. 북한 입장에서도 이 사람의

---

89 이복용(1928년생. 동북조선의용군 제5지대 대원, 조선인민군 제6사단 문화 부중대장, 중위) 인터뷰, 2015년 1월 10일, 중국 옌지.

90 박충걸, "비운의 혁명가 무정의 일생", 520쪽.

91 「G-2 Weekly Summary」, HQ, USAFIK, 6 August 1948–13 August 1948, p. 33.

92 「Joint Weekly Analyses」, Department of the Army, Staff Message Center, Incoming Classified Message, 11 September 1948, p. 7.

남하에 대해 꽤 신경을 썼다는 얘기가 되고, 그만큼 이 사람의 말을 무시하기 어렵다는 얘기도 된다.

어쨌든 이 사람의 증언을 정리한 이 미군정 정보보고서에 따르면, 무정은 우선 인민군 내에 지지 세력을 은밀하게 모으는 작업을 진행했다. 지지자들을 모아 조직화하려 한 것이다. 심지어는 김일성이 주도하는 북한체제를 전복하려는 생각까지 하고 있었다. 다만 그 시점은 소련군이 철수할 때였다. 소련이 김일성을 지원하면서 버티고 있는 한 정부 전복이 어려운 만큼, 김일성의 후원 세력인 소련이 철수한 이후에나 전복의 시도가 의미 있다고 보았던 것이다. 이 보고서는 무정이 초기 북한에서 명성이 높아 김일성으로부터 질시를 받았고, 이후 김일성이 소련을 등에 업고 승승장구한 반면에 무정은 제대로 대접받지 못해 자신의 직위에 만족하지 못하게 되었으며, 그에 따라 소련의 북한 점령 자체에도 불만을 갖게 되었다고 분석하고 있다.

어느 권력자나 정권도 마찬가지겠지만, 김일성과 김일성 정권에 대한 반대 세력이 지속적으로 존재하긴 했다. 1945년 10월 14일 김일성이 평양공설운동장에서 평양 시민들에게 처음 모습을 드러내고 10분간 연설을 한 직후에도 "로스께 앞잡이"라고 욕을 하면서 운동장을 나가는 사람들이 있었다.[93] 소련의 힘을 빌려 정치를 하려는 김일성에 대해 부정적인 인식을 가진 사람이 이때부터 존재했던 것이다.

1940년대 후반에서 1950년 사이에는 북한사회에서 정권에 대한 불만도 상당히 높아졌다. 불만의 원인은 크게 두 가지였다. 하나는 소련 주도로 공산주의 정권이 세워졌다는 것이다. 국내 세력 주도가 아니라 소련 주도로 공산정권이 들어선 것에 대해 주민들이 불만스럽게 생각하고 있었다. 두 번째는 삶의 조건이 크게 개선되지 않은 것이었다. 특히 농민들은 1946년 토지개

---

93 한국일보 편, 『증언, 김일성을 말한다―유성철·이상조가 밝힌 북한정권의 실체』, 62쪽.

혁으로 농지를 갖게 되었지만, 현물세·잡세 부담과 도로·관개시설 공사에 대한 부역 의무에 힘들어하고 있었다.[94] 현물세의 경우 수확량의 25%를 내도록 되어 있었다. 하지만 애국미, 소련군 주둔비 등의 명목으로 내야 하는 잡세를 포함해 수확량의 40% 정도를 내고 있었다.[95] 농민들의 불만에 대해서는 소련군 연해주 군관구 군사위원 슈티코프도 비망록에 기록해 놓았다.

> 농업현물세에 대해. 농민들은 25%의 현물세에 찬성하고 있다. 그러나 농민들이 분배받은 토지의 비옥도에는 차이가 있고 비옥하지 않은 토지를 소유한 농민들에게, 특히 산간지대의 화전민들에게는 불만이 존재한다. 많은 농민들이 좋지 않은 형편에 대해 불만을 표시하고 있고 다른 세금들, 특히 학교세에 대해 그러하다.(1946년 10월 22일)[96]

학교세라고 하는 명목으로 학교에서 필요한 비용을 충당하기 위한 잡세도 농민들로부터 거둬들였음을 알 수 있다. 게다가 1946년 4월에 시작된 보통강 개수공사와 같은 대규모 토목공사를 비롯해 크고 작은 도로공사, 댐공사 등에 주민들은 동원되고 있었다.

군인들도 어렵긴 마찬가지였다. 1946년부터 나남(나선)에 있던 제2보안간부훈련소에서 러시아어 통역장교로 근무한 주영복의 증언은 당시 군인들의 생활상을 잘 전해 준다. 특히 1946년에는 식량 생산 부족으로 크게 어려움을 겪었다고 한다. "나남 일대에서도 주·부식물이 부족하여 인민들은

---

94 「North Korea: Estimate of the Political and Economic Conditions」, Department of State, Division of Research for Far East Office of Intellectual Research, April 24, 1950, National Archives and Records Administration, RG 59, General Records of the Department of State, p. 42.

95 박명림, 『한국전쟁의 발발과 기원』 II, 나남, 1996, 215쪽.

96 중앙일보 현대사연구팀, 『발굴자료로 쓴 한국현대사』, 중앙일보사, 1996, 275쪽.

동북에서 가져온 콩깻묵까지 삶아 먹었다. 부대의 급식도 나빠서 매일 콩과 옥수수가 섞인 밥에 무와 껍질도 벗기지 않은 감자국 한 그릇에 고기류는 한 달에 한 번 정도이고, 생선국은 두 번 정도였다"라는 것이 주 씨의 증언이다.[97] 슈티코프 비망록 1946년 12월 6일 자에도 군인들의 어려운 생활을 묘사하는 대목이 나온다. "조선인들로 조직된 군대의 보급 상태가 열악하다. 피복과 군화가 지급되지 않고 있다. 탈주병이 생기고 있다. 소련 군대 보급품 중 5천 족의 군화와 모포를 지급했다. 병사들의 위생 상태가 형편없다. 100%가 이가 득실거린다. 일본 군대가 사용하던 2천 벌의 피복이 있다. 이것을 지급해 줄 것을 요청하고 있다."[98]

이런 상황에서 소련군의 횡포는 상당 기간 계속되었다. 소련군 입북 초기 소련 병사들에 의한 강도, 강간, 약탈이 이어졌고, 소련군은 공장시설 등 주요 물자를 소련으로 실어 가기도 했다. 1946년 말까지 약탈 행위가 있었다. 슈티코프는 자신의 비망록에서 이런 내용까지 전해 주고 있다. 1946년 12월 25일 자 기록에서 "군용열차에서 우리 군인들이 하차해 주민들에게 난폭하게 굴고 약탈 행위를 하는가 하면 살인까지 자행한 사건이 발생했다. 소련 병사와 장교들의 난폭 행위와 약탈 행위에 대해 보고할 것"이라고 적고 있다.[99]

그래서 소련 점령에 대한 불만은 점령 기간 내내 지속적으로 존재했던 것으로 보인다. 1946년 5월 연합국배상위원회의 미국 대사 폴리Edwin Pauley가 북한의 산업시설을 조사하기 위해 북한을 방문하고 장문의 보고서를 작성했는데, 그 내용 가운데 북한 주민들의 소련에 대한 불만을 읽을 수 있는 부분이 있다. 당시 매일 밤 2~3명의 소련인들이 죽어 나가고 있었다는 것이

---

97 주영복,『내가 겪은 조선전쟁』, 91쪽.
98 중앙일보 현대사연구팀,『발굴자료로 쓴 한국현대사』, 279~280쪽.
99 위의 책, 280쪽.

다. 북한 주민들은 특별한 무기도 없이 돌멩이로 소련인들에 대해서 테러를 가하고 있었던 것이다. 그래서 소련군정 사령관 치스차코프Ivan Chistiakov 는 북한에 있는 모든 소련인들에게 밤에 외출할 때에는 반드시 3인 이상이 함께 움직이도록 명령을 내리기도 했다.[100] 이러한 사회적 분위기가 상당 기간 지속되었고, 그러한 여건이 무정 정권전복설이 나올 수 있는 배경이 된 것으로 보인다.

하지만 무정의 대응이 실제로 구체화되었다는 증좌는 발견되지 않는다. 무정이 군 건설 작업을 진행하면서 자신의 지위에 대해 불만족스러운 감정은 피력했을 가능성이 있고,[101] 또 조선의용군 출신의 군 인사들과 일정한 교류를 하고 있었을 가능성도 얼마든지 있다. 하지만 쿠데타 계획까지 성안해서 실제로 북한정권을 전복하려는 시도를 했다고 보기는 어렵다.

무정이 체제 전복까지 생각하고 있었다는 내용의 미군 보고서가 작성된 시점인 1948년 8월 당시는 이미 군의 실권이 최용건에게 있었다. 무정은 최용건으로부터 집중적인 견제와 감시를 받고 있었을 것이다. 그런 만큼 무정이 실제적인 반정 시도를 하기는 어려웠을 것으로 여겨진다. 무정은 또한 이미 1946년 8월 북조선노동당 창립 당시 민주개혁을 성공적으로 이끌었다면서 김일성을 찬양했다.[102] 물론 그것이 얼마나 진정성을 가진 것인지는 의문이지만, 1945년 12월 김일성이 조선공산당 북부조선분국의 책임비서

---

100 「Survey of Japanese Assets in Soviet-occupied Korea」, National Archives and Records Administration, RG 59, General Records of the Department of State, Pauley Reparations Missions; Recording Relating to Soviet Occupied Korea, 1946, p. 9.
101 서대숙도 구체적인 설명은 하지 않고 있지만 무정이 김일성에 대해 직접적으로 도전한 인물로 설명하면서, 이러한 인물에 대해서는 김일성이 소련의 도움을 받아 필요한 모든 방법으로 반격했다고 말하고 있다. 서대숙 저, 현대사연구회 역, 『한국 공산주의 운동사 연구』, 대구: 화다출판사, 1985, 294쪽.
102 「북조선로동당 창립대회 회의록(1946. 8. 28~8. 30)」, 『북한관계사료집』 1, 국사편찬위원회, 1982, 168쪽.

가 되고, 1946년 2월에는 북조선임시인민위원회 위원장이 되면서 김일성의 권력이 자리 잡아 가고 있음을 무정도 어느 정도 인정하고 있었다고 할 수는 있을 것이다.

그래서 또 다른 미국 측 보고서인 주한미군 사령부 무관사무소의 합동주간보고서는 무정이 정부 전복 계획을 세우고 있다는 첩보가 있지만 실제로 민간이나 군에서 소요나 반란이 일어날 가능성은 높지 않다고 보고 있었다. 내무국의 감시가 삼엄하게 이루어지고 있었기 때문에 이러한 움직임이 있었다고 하더라고 실행에 옮겨지기는 어려웠다는 것이다. 이러한 움직임이 실제 소요나 반란으로 이어지기 위해서는 두 가지 조건이 필요하다고 이 보고서는 분석했다. 하나는 대중적인 리더가 있어야 하고, 두 번째로는 무기와 탄약이 갖추어져야 한다는 것이었다. 그리고 이 두 가지 조건이 충족되면, 남북한 간의 무력 충돌의 위험이 있는 가운데서도 반정부 소요는 발생할 수 있다고 전망했다.[103] 하지만 두 가지 조건 모두 당시 북한의 상황에서는 충족되기 힘들었다. 결국 무정을 중심으로 한 김일성 반대 세력이 있었지만, 그들이 실제 반정부 행동을 구체적으로 실행할 가능성은 낮았다는 얘기가 된다.

여러 가지 정황으로 보아 무정이 김일성에 대해 지속적으로 불만을 가지고 있었던 것은 분명한 것으로 보인다. 해방 직후 북한에 들어왔을 때부터 김일성을 애송이로 생각했고, 그런 김일성을 지원하는 소련군정에 불만을 갖고 있었다. 1948년 무렵에도 김일성에 대해 여전히 불만을 갖고 있었다는 무정 친조카의 얘기도 전해진다. 무정의 조카 김의식은 1948년 평양에 살고 있었다. 그때 평양사범대학에 다니던 월남 시인 이경남과 같은 하숙집에서 한 방을 썼는데, 이경남의 전언으로 김의식의 증언이 전해지고 있다.

---

103 「Joint Weekly Analyses」, Department of the Army, Staff Message Center, Incoming Classified Message, 15 August 1948, pp. 10-11.

김의식은 1주일에 한 번은 삼촌 무정을 찾아갔다. 당시 무정은 1948년 2월 창설된 인민군의 포병 부사령관이었다. 삼촌을 만나고 온 김의식은 당시로서는 아주 귀한 맛있는 음식과 포도당을 부대째로 가져오기도 했다. 무정은 당시 김일성의 독재와 횡포를 몹시 미워했다. 그래서 술을 마시면 폭음을 하고 취해서 들어오면 김일성 욕을 마구 퍼붓곤 했다.[104] 자신의 뜻과는 달리 당에서 주요 직책을 잃고 군으로 이동해 일인자도 아니고 2인자 역할을 하고 있던 당시 상황에서 무정이 울분을 그런 식으로 달랬던 것으로 생각된다. 하지만 이는 어디까지나 개인적인 감정의 표현이었고, 이런 감정이 조직적인 김일성 반대 조직으로 연결되었음을 보여 주는 구체적인 자료는 없다.

무정은 오히려 조직적·정치적 대응과 전략에는 약했다고 평가하는 것이 옳을 것이다. 군사적인 전략 전술에는 능했지만 정치적인 수완은 부족했다. 자신의 세력을 분명하게 결집하고 이를 공고화해서 권력을 장악해 나가는 능력이 무정에게는 부족했다. 적시에 분명한 정치 노선과 조직 노선을 제시해 정치적 지도력을 강화해 나가는 힘도 약했다. 다음 장에서 좀 더 자세히 보겠지만 그것이 김일성과의 경쟁에서 패배한 가장 큰 원인이었다고 할 수 있다.

그런 점은 오기섭과 닮았다. 오기섭도 북한을 노동자와 농민 주도의 노농소비에트 체제로 만들고자 하는 욕구는 강했으나, 이를 실현하기 위한 조직 구성력과 정치력은 모자랐다. 무정도 이와 비슷했던 것이다. 조선노동당의 부부장을 지낸 박병엽의 증언이 이를 뒷받침한다. "무정 장군은 군사적인 면에서는 뛰어났지만 정치적인 면에서는 그렇지 못했습니다. 그러다 보니 분국에서의 중요한 문제인 정치 노선·조직 노선 등 기본 문제에는 약할 수밖에 없었습니다"라는 것이 그의 증언이다.[105]

---

104 조규하 외, 『남북의 대화』, 고려원, 1987, 173쪽.
105 중앙일보특별취재반, 『(비록) 조선민주주의인민공화국』, 147쪽.

자신은 조직화 능력이 부족했고, 연안파는 분열되어 있었으니, 권력 투쟁의 과정에서 무정은 김일성 세력의 제거 전략에 효과적으로 대응하지 못하고 무너진 것이다.

5. 1994년 복권

평양 소재 국립묘지인 애국열사릉에 무정이 묻혀 있다는 것은 그가 북한에서 완전히 복권되었음을 의미하는데, 이는 김일성의 지시에 의한 것으로 전해지고 있다. 1994년 4월 김일성이 만수대 언덕에 있는 조선혁명박물관을 방문했는데, 여기에 전시되어 있는 주요 인사들의 사진과 이름을 둘러보다가 무정의 이름이 없는 것을 알고, "그가 비록 큰 공로는 없지만 그렇다고 종파주의자도 아니었다"면서 무정의 명예 회복을 지시했다고 한다.[106] 해방직후에는 경쟁자였지만, 오랜 시간이 지난 후 무정에 대한 생각을 달리한 것으로 추정해 볼 수 있다.

실제로 무정은 김일성의 경쟁자였지만, 스스로의 조직을 꾸려 김일성에게 체계적으로 대항하지는 않았다. 그런 점을 김일성이 고려한 것이 아닌가한다. 1994년 김일성이 명예 회복을 지시했다는 주장은 1995년에 발행된『김일성 전집』12권이 무정에 대한 부정적인 내용을 전혀 싣지 않고 있다는 점에서도 신뢰할 만하다. 1952년에 발행된『조선중앙년감』과 1954년에 발간된『김일성 선집』3권은 무정 숙청에 관한 부분을 싣고 있다. 물론 그가 죄를 지어 벌을 받았다는 내용이다. 그런데 김일성 사후에 나온『김일성 전집』12권은 1950년 12월 21일 조선노동당 중앙위원회 제3차 전원회의에서

---

106 『중앙일보』, 2002. 2. 22.

김일성이 보고한 내용에서 무정 숙청 부분을 아예 삭제해 버렸다. 김일성이 1994년 사망하기 전 무정을 복권시켰고, 그래서 김일성 사후 발간된 『김일성 전집』 12권에서는 무정의 숙청에 대한 부분이 지워진 것으로 보인다.

사망 당시에도 김일성이 무정을 상당히 예우한 것으로 그의 회고록은 밝히고 있다.

> 무정은 해방된 조국에 돌아와서도 무력 건설에 참가하여 공로도 세웠지만 워낙 군벌관료기가 심한 사람이어서 조국해방전쟁 때에 비판을 받고 군직을 다 내놓았습니다.
>
> 무정이 현직에서 해임되였지만 우리는 그가 중병으로 신고할 때 최선을 다하여 치료 대책을 세워 주었습니다. 중국 장춘에 로므니아[루마니아] 의료집단이 운영하는 병원이 있었습니다. 무정은 그 병원에서 치료를 받았습니다. 그 후 무정이 우리 곁에서 눈을 감고 싶다고 하기 때문에 그를 조국에 데려왔습니다. 나는 그가 세상을 떠났을 때 그의 공로를 평가하여 장례식을 잘해 주었습니다.[107]

물론 이런 내용을 담고 있는 『세기와 더불어』 8권도 무정의 복권 이후인 1998년에 발행된 것이다. 그런데 이와 같은 김일성의 회고는 장례식 당시 인민군 사령부에서 소좌(소령) 한 사람만 보내 군부 내에서 섭섭하게 생각하는 사람들이 많았다는 동북조선의용군 출신 인민군 장교의 증언과는 사뭇 다르다. 이 회고록에는 김일성이 무정에 대해 높이 평가하는 대목도 있다.

> 우리는 화북에 있던 조선독립동맹과 조선의용군의 존재에 대해서도 일정한

---

107 김일성, 『세기와 더불어』 8, 413쪽.

관심을 돌렸습니다.

그때 거기에서 무정이 적지 않은 역할을 하였는데 그는 중국의 홍군 건설과 중국 인민의 해방 투쟁에도 기여를 한 것으로 알려져 있습니다.

조국에 돌아와서는 민족보위성 부상도 하고 포병사령관도 하였습니다.

무정이 조국에 돌아왔을 때 나는 우리집 가까이에 그의 집을 잡아 주었습니다.[108]

무정의 독립운동과 혁명운동에 대한 이와 같은 긍정 평가가 김일성의 인식 속에 존재하고 있었기 때문에 복권도 가능했던 것으로 보인다. 중국 옌볜대학교 한국역사연구소장 김성호 교수가 2004년 북한의 역사학자들을 만났는데, 이때는 이미 그의 묘가 애국열사릉으로 옮겨져 있었다. 북한 학자들은 "좋은 일이 있다. 보여 주겠다"며 김 교수를 무정의 묘로 안내했다. 그러면서 "무정이 병으로 사망했는데, 그동안 잘못이 있었다"면서 북한이 어느 시점에 무정에 대한 부정적 평가가 잘못이었음을 인정하고, 이후 새롭게 평가하게 되었음을 전해 줬다. 당 역사연구소에서 문제를 제기했고, 당에서 결정했다는 것이었다. 당시 당 역사연구소 부소장 최진혁이 이런 설명을 상세히 해 줬다고 한다.[109]

권력 투쟁에서 오래전 연안파는 사라졌고, 모든 걸 한 손에 쥔 김일성 입장에서 독립운동 세력에 대한 우대를 통해 북한 내의 민족주의와 내부적 결속을 강화하려는 조치였을 것이다. 또, 항일투쟁의 경력이 역사적으로 뚜렷한 무정을 복권시킴으로써 반제국주의 의식의 강화를 겨냥한 결정이기도 했을 것이다.

---

108 위의 책, 412쪽.
109 김성호(옌볜대학교 한국역사연구소장) 인터뷰, 2015년 1월 12일, 중국 옌지.

제 5 장

숙청의 원인과 영향

제1절
숙청의 실제 원인

1. 김일성 못지않은 명성

북한은 무정의 숙청 이유를 명령 불복종과 무법적 행동으로 얘기하고 있지만, 실제 그가 숙청된 데에는 많은 정치적인 원인들이 존재한다.[1] 무엇보다도 무정이 숙청된 첫 번째 원인은 무정의 명성이 높았다는 것이다. 해방 직후 북한에서 만세를 받은 사람이 넷 있었다. 김일성과 무정, 박헌영, 김두봉이었다.[2] 해외에서 또는 국내에서 독립운동을 하면서 숭앙을 받고 있던 인물들이다. 1946년 4월까지 평안북도 지역에는 "김일성, 박헌영, 무정 동무 만세"의 구호가 걸려 있었다.[3] 그만큼 무정의 명성은 김일성 못지않게 높았고, 이러한 높은 명성은 김일성에게는 부담이었다. 무정을 자신에 대한 직

---

1 무정의 숙청 원인에 대한 부분은 필자의 논문 "무정 숙청의 정치적 원인과 무정의 대응"(『통일정책연구』 24-1, 2015) 제4장의 내용을 수정, 보완한 것이다.

2 중앙일보특별취재반, 『(비록) 조선민주주의인민공화국』, 중앙일보사, 1992, 144쪽.

3 「북조선공산당 중앙위원회 제2차 각도 선전부장회의 총결보고 요지(1946. 4.)」, 『북한관계사료집』 1, 국사편찬위원회, 1982, 87쪽.

접적 도전 세력으로 본 것이다.[4]

김일성은 자신에 대한 지지를 주저하는 공산주의자들에 대해 회유책을 쓰기도 했다. 하지만 이는 김일성이 통제할 만한 상대를 대상으로 한 전략이었다. 무정은 그 정도를 넘는 인물이었다. 직접 도전 세력이었다. 이런 경우 김일성은 회유보다는 숙청의 길을 택했다.

숙청의 시기와 관련해서 본다면, 무정의 높은 명성이 숙청 시기를 늦춘 측면이 있다. 무정이 명망 있는 혁명가가 아니었더라면 여론의 부담을 의식하지 않은 채 좀 더 빨리 제거될 수도 있었을 것이다.[5] 무정은 여러 가지 측면에서 오기섭과 비교된다. 오기섭은 일제강점기에 지속적인 지하투쟁 속에서 형성된 함경남도 지역 노조 세력의 지지를 바탕으로 1945년 10월 조선공산당 북부조선분국 설립 당시 제2비서에 올랐다. 두 달 후 제2비서직에서 물러나고, 1948년 3월 북로당 2차 당대회에서 대대적인 비판을 받으면서 권력 투쟁에서 밀려났다. 그는 국내 공산주의자들이나 노조 지도자들 사이에서는 상당한 지도력을 확보하고 있었지만 일반 대중의 지지는 약했다. 반대로 무정은 중국에서의 화려한 항일투쟁과 팔로군 고위직 경력이 바탕이 되어 일반 대중으로부터 높은 지지를 확보하고 있었다. 무정은 그 명성 때문에, 오기섭보다는 늦게 숙청당했다고 할 수 있다.

무정에게 운명적 시기는 한국전쟁이었다. 1950년 12월 숙청 당시 중국은 한국전에 이미 참전해 조·중연합사령부를 구성해 놓고 있었다. 북한에 대한 중국의 영향력이 절대적인 상태가 된 것이다. 중국 지원군의 사령관은 펑더화이였다. 무정과 펑더화이의 인연은 1930년대로 거슬러 올라가고, 대장정의 파고를 함께 넘었으며, 팔로군의 포병을 함께 육성해 일본군과 국민당군에 맞섰다. 펑더화이가 무정의 중매까지 섰다. 이런 사정을 김일성은

---

4 스칼라피노·이정식 저, 한홍구 역, 『한국공산주의운동사』 1, 돌베개, 1986, 294쪽.
5 「G-2 Weekly Summary」, HQ, USAFIK, 6 August 1948-13 August 1948, p. 33.

잘 알고 있었다. 무정의 명성에 중국의 지원이 더해지면 김일성에게는 곧 위험이 되는 것이었다. 김일성은 소련의 지원을 받아 집권할 수 있었다. 그런데 중국의 천하가 된 상황에서 무정이 중국의 지원을 받게 되면, 권력의 판도는 완전히 달라지는 것이었다. 이런 환경 속에서 김일성의 선택은 무정을 신속히 숙청하는 것이었다. 무정에게는 매우 유리한 환경이 결국은 무정의 정치적 생명을 앗아 가는 상황이 되어 버렸다.

　다른 측면으로 보면, 무정의 숙청은 중국의 북한에 대한 과도한 영향력 증가를 막으려는 조치로도 볼 수 있다. 중국군은 1950년 10월에 압록강을 넘어 한국전에 참전, 12월 초에는 북한군에 대한 작전지휘권도 가져갔다. 김일성은 작전권을 넘기지 않기 위해 노력했지만, 중국 측의 요구가 강해 넘겨줄 수밖에 없었다. 여기에 북한군 내에서 영향력이 강한 무정과 중국군의 연대가 강화된다면, 중국의 북한에 대한 영향력은 훨씬 증대되는 상황이었다. 이는 김일성의 만주파로서는 감당하기 어려운 것이었다. 이런 상황에서 김일성의 선택은 무정을 숙청해 무정의 성장에 따른 위험도 막고, 중국군의 지나친 영향력 확대도 저지하는 것이었다.

2. 연안파에 대한 경계

무정이 숙청된 두 번째 원인은 연안파에 대한 경계이다. 해방 후 북한 지역에서 경쟁하던 만주파와 연안파, 국내파, 소련파, 민족주의 세력은 모두 나름의 특징들을 가지고 있었다. 그 가운데 연안파는 수적으로 많았고, 교육 수준이 높았다. 무정과 김두봉, 최창익 등 명망가도 많았다. 그래서 당시 지식인과 중산층의 지지를 받고 있었다. 게다가 중국에 있던 동북조선의용군 6만여 명이 대거 북한에 들어옴으로써 군 내부에서 연안파는 매우 강력한 세력이 되었다. 정권을 공고화해야 하는 김일성 세력에게는 가장 강력한 라이벌일 수밖에 없었다.

무정은 귀국 후 김두봉, 최창익 등과 거리를 두게 되었지만, 여전히 연안파의 핵심 지도자 가운데 한 사람이었다. 특히 무정은 북한군 건설 과정에 초기부터 핵심 역할을 하면서 조선의용군이 대거 진입해 있는 군부에서는 큰 영향력을 확보하고 있었다. 조선의용군 출신 군인들은 무정을 정신적 지주로 여기고 있었다. 이런 상황에서 무정의 성장은 연안파의 결집과 성장으로 이어질 수 있었다. 반대로 무정을 제거한다면 연안파에게는 심대한 손상이 될 수 있었다. 무정에 대한 대응은, 김일성이 자신의 유일지도체제를 확립해 나가는 데 있어서 중요한 변곡점이 되는 것이었다.

이런 배경에서 연안파와 무정에 대한 숙청은 진행되었다고 보아야 할 것이다. 무정에 앞서 한빈이 숙청되었고, 무정 이후 박일우도 1951년 이후로는 내리막길을 걷다가 1955년 박헌영과 함께 숙청되었다. 이후 최창익과 김두봉은 김일성을 비판하는 1956년 '8월 종파사건'에 연루되어 제거되었다. 이상조는 1956년 소련으로 망명해 북한 권부에서 사라졌다. 연안파 가운데서도 명망가 무정에 대한 숙청은 연안파 세력을 약화시키려는 김일성 세력의 방략에 있어서 하나의 주요 분수령이 되었다고 할 수 있다.

3. 김일성의 패전 책임 전가

무정 숙청의 세 번째 원인은 패전의 책임을 전가하기 위한 것이었다. 초기 북한군은 파죽지세였지만, 유엔군의 참전 이후 패퇴를 거듭했다. 패전의 상황은 인민군 최고사령관 김일성에게 매우 불리한 정치적 여건이었다. 전쟁을 시작했는데 진다는 것은 국가 지도자에게는 절체절명의 위기이다. 하지만 김일성은 오히려 이를 권력 강화의 기회로 활용했다. 그런 것이 김일성의 정치적 수완이었고, 무정·오기섭·조만식과는 다른 점이었다.

김일성의 전쟁 책임 전가 전략의 절정은 박헌영 숙청이지만, 무정의 숙청도 그 일환이었다. 당초의 조기 종전 계획이 실패하고 중국군 지원까지 받게 된 상황에서 책임 규명 없이 넘어갈 수는 없었다. 그래서 무정에게 명령 불복종과 불법 참살의 혐의를 씌워 숙청한 것이다.

패전의 책임을 엄밀히 따진다면 첫 번째 책임은 김일성에게 있었다. 우선은 전쟁을 계획한 것 자체에 무거운 책임이 있고, 미군 개입을 예상하지 못하고 전쟁을 일으킨 것도 큰 잘못이다. 또, 최근에 공개되고 있는 자료들을 통해 북한이 유엔군의 인천상륙작전을 이미 예상하고 있었음을 알 수 있는데, 인민군은 이에 제대로 대비하지 못했다. 인천 지역을 방어한 것은 1개 포병연대에 불과했다. 이 부대는 미군이 상륙하자 지원을 요청했지만 "무조건 싸우라"는 명령만을 받았을 뿐이다.[6] 결국 전멸하다시피 했다. 이러한 대규모 작전상의 실패에 대한 책임도 인민군 최고사령관 김일성에게 있다. 그 아래에도 민족보위상 최용건, 전선사령관 김책, 1군단장 김웅 등 책임질 사람은 많았다. 하지만 유독 무정에게만 책임을 물었다. 정치적·정략적 차원이 아닌 다른 요인으로 설명하기는 매우 어렵다.

4. 정치력 부재

무정이 숙청된 네 번째 원인은 무정 자신이 정치력이 없었다는 것이다. 무

---

6 한국일보 편, 『증언, 김일성을 말한다─유성철·이상조가 밝힌 북한정권의 실체』, 한국일보사, 1991, 96~97쪽.

정은 중국공산당군에서 잔뼈가 굵은 무인이었다. 포병 장교로 자신의 탁월한 포격 능력을 바탕으로 명성을 쌓았다. 이런 명성으로 해방 직후 북한에서 많은 사람들로부터 지지를 받았다. 하지만 당시 북한체제는 명성으로 정치를 하는 시스템은 아니었다. 인민의 지지, 소련과의 관계, 다른 세력과의 권력 투쟁 등에 모두 능한 인물이 득세하도록 되어 있었다. 그런 측면에서 무정은 김일성에게 뒤졌다. 본인 스스로 "이제 군대 가지고만은 되지를 않소. 한때는 군인만 하려 했는데 이제 정치를 해야겠소"라고 말했지만, 의욕만큼 실물정치에 능하지는 못했다.

무정이 정치 게임에 보다 더 큰 능력을 발휘하기 위해서는 우선 연안파를 결집했어야 했다. 하지만 연안파는 하나로 모이지 못했다. 무정을 그들의 지도자로 추대하지 않았다. 그렇다고 김두봉이나 최창익을 최고지도자로 받들지도 않았다. 이는 만주파가 김일성을 단일 최고지도자로 내세운 것과는 대조적이었다. 국내 공산주의자들이 박헌영을 지지하는 것과도 비교되는 부분이었다. 옌안을 출발할 때부터 독립동맹의 간부들은 추후 행동 방향에 대해 공동으로 논의하지도 않았다. 해방된 조국으로 돌아가는 것만을 목표로 했고, 돌아가서 무엇을 어떻게 한다는 계획도 분명한 것이 없었다.[7] 결속력 부재와 계획·전략의 부재가 연안파의 분열을 낳았고, 이는 결국 연안파의 철저한 패배로 연결되었다. 무정으로 관심을 집중시켜 본다면, 이러한 분열상을 장악, 정리해 내지 못한 그의 정치력 부재가 스스로에 대한 숙청을 낳았다고 볼 수 있다.

연안파를 하나로 결속시키고, 그 결속된 힘으로 다른 세력과 연대를 추진할 때 무정의 세력은 더 성장할 수 있는 것이었다. 하지만 무정이 그런 전략적인 접근을 한 흔적은 찾기 어렵다. 조선노동당 부부장 출신의 박병

---

7 중앙일보특별취재반, 『(비록) 조선민주주의인민공화국』, 158쪽.

엽이 증언하는 것처럼 무정은 군사적인 능력은 탁월했지만, 정치적인 전략에는 능숙하지 못했다. 때로는 노선 문제를 두고 정적과 논쟁도 하고, 담판을 짓기도 하고, 때로는 합종연횡도 할 수 있어야 했는데, 무정은 이런 면이 약했다.

다시 말해 무정은 순박하고 단순한 군인이었다. 성실하게 자신의 능력을 갈고닦았고, 그런 것이 바탕이 되어 신기에 가까운 포술을 갖추게 되었으며, 그것을 통해 중공군에서 성장한 무인이었다. 그러다 보니 '남북한 군대는 합쳐야 된다', '소련군은 물러가야 한다'는 등의 지나치게 솔직한 주장도 하게 된 것이다. 이러한 순박하고 단순한 모습은 일반인의 호감을 샀다. 하지만 북한은 일반 주민의 자유로운 투표로 정치가 이루어지는 체제는 아니었다. 오히려 그런 면은 다른 연안파 지도자, 다른 정파, 소련 세력 등을 주위에 모으는 데 장애가 되었고, 결국은 고립무원의 상태가 되었다.

정치력 부재와 연결되어 있는, 무정의 또 다른 문제는 과격한 성격이다. 상해에서 독립운동을 할 당시 '사꾸라 몽둥이'라는 별명이 붙을 만큼 그의 급하고 과격한 성격은 유명했고, 잘 고쳐지지 않았다. 중국공산당의 최고지도자들도 이런 무정의 성격을 알면서 이해해 주었다. 그런 측면은 북한군에서 많은 일화를 낳기도 했다.

북한정부 수립 이후 1949년 8월 15일 첫 해방 경축대회가 평양역 광장에서 열렸다. 북한의 주요 인물들이 참석했다. 1년 반 전 창설한 조선인민군의 위용을 자랑하기 위한 열병식도 열렸다. 보고자는 강건 총참모장이었다. 강건은 지휘도를 높이 들고 "조국 방위의 영예로운 임무를 지닌 우리 조선인민군은 조국과 인민이 부를 때에는 언제든지 총을 들고 일어나서 적을 격멸할 준비가 되어 있습니다"라고 외쳤다. 곧 군악대가 나팔을 불고 큰 북을 힘차게 두드렸다. 그 순간 주석단 앞을 지나던 기병대의 말들이 놀라서 날뛰기 시작했다. 히히잉 소리를 내면서 동서남북으로 뛰었다. 급한 성격의 무정은 참지를 못하고 열병 대열 속에 있는 연대장을 향해 "개새끼" 운운하며 욕을 퍼부었다. 연대장은 마병에게 욕을 해 댔다.[8] 사태는 곧 해결되었지만, 북한의 고위 인사들이 모두 모인 자리에서 무정은 자신의 과격한 성격을 적나라하게 드러내 보이고 말았다.

6·25전쟁 당시 인민군 제2군단 공병참모로 무정을 가까이에서 본 주영복은 "그는 김일성과의 권력다툼에서 밀려난 것이 원통해서인지 그 불만을 항상 부하들에게 발산하는 것 같았다"고 했다. 보고를 위해서 군단장실에 들어서면 "서슬이 푸르고 눈에서는 불이 번쩍하듯 살기가 온 몸에서 풍겨 왔다"고 한다.[9] 무정의 이러한 모습은 같은 연안파인 김웅의 욕설과 함께 북한군 내에 널리 알려져 있었다. 그처럼 절제되지 못한 성격과 행동은 자신의 지지 세력을 모으고 확장하는 데에는 큰 장애가 될 수밖에 없었다.

5. 소련과의 유대 결여

무정이 숙청된 다섯 번째 원인은 그가 소련과의 유대를 형성하지 못했다는 것이다. 정치력 부재와 연결되는 것이지만, 특히 소련과 관계 개선을 하지 못한 점은 그의 성장을 막았고, 결국 숙청을 피할 수 없게 했다. 무정은 성장 배경이 중국공산당이었고, 중국공산당의 주요 인물들과 동지적 관계를 유지했기 때문에 기본적으로 중국과 가까운 관계를 유지하고 있었다. 물론 그것이 숙청을 막아 주지는 못했지만, 무정의 정치적 배경은 어디까지나 중국이었다. 그것이 연안파의 기본적인 바탕이었다.

북한에 들어간 이후 무정은 소련의 영향력을 금방 확인했을 것이고, 정치

---

8 주영복, 『내가 겪은 조선전쟁』, 고려원, 1990, 151쪽.
9 위의 책, 337쪽.

적으로 성장을 추구했다면 소련과의 연계를 적극적으로 추진해야 했다. 연안파 무정에게 쉽게 기대할 수 있는 태도는 아니지만, 정치적 영향력의 확대를 위해서는 그래야 했을 것이다. 하지만 무정은 그런 길을 가지 않았다. 그가 소련과 연계를 형성하기 위해 노력한 흔적은 발견되지 않는다. 그보다는 김일성을 지원하는 소련군정에 불만을 제기했다. 적위대 간부들을 상대로 강연하면서 "나의 경력은 있는 것도 제대로 소개하지 않으면서 누구는 없는 경력까지 만들어서 선전하고 있다"고 말한 것은 김일성을 과대선전하는 소련군정을 비판한 것이었다.

무정은 근본적으로 소련이 북한을 지배하는 것 자체에 대해 불만을 갖고 있었다. 이러한 소련 지배에 대한 반대, 그리고 소련의 김일성 지원에 대한 불만 때문에 무정은 소련과의 연계를 시도하지 않은 것으로 보인다. 소련에 대한 부정적인 인식이 소련을 멀리하도록 한 것이다.

물론 소련에 대한 무정의 이러한 입장은 그의 정치적 영향력을 확대하는 데 결정적인 약점으로 작용했다. 1945~1948년 사이 소련군정 기간에는 물론이고, 1948년 조선민주주의인민공화국이 성립된 이후에도 소련의 영향력은 지대했다. 1950년 4월 24일 미 국무부 정보조사국 극동조사실이 작성한 자료가 이를 잘 보여 준다. 이 자료는 북한에서 남한으로 넘어온 귀순자들에 대한 인터뷰 등을 기반으로 작성된 것인데, 이에 따르면 북한정부 수립 이후에도 4,000~5,000명의 소련 고문단이 남아서 북한의 주요 부문에 관여하고 있었다. 그 중심에 평양 주재 소련 대사가 있었다. 당시 소련 대사는 슈티코프Terenti Stykov였다. 그는 소련군 극동군구 군사회의 군사위원으로 소련군정을 사실상 지휘했고, 평양에 주재하는 초대 대사가 되었다. 평양 주재 소련대사관은 군사, 정치, 문화, 산업, 농업, 임업, 통신, 정보 등을 담당하는 부서를 두고, 군과 행정부 등 곳곳에 파견되어 있는 소련인 고문들을 관리했다. 슈티코프는 당시 수상이던 김일성과 최소 일주일에 한 차

레씩 만나 정책 전반에 대해 협의했다.[10]

특히 소련 고문들은 군에 가장 많이 파견되어 있었다. 모두 3,000~4,000명 정도의 군사고문이 초기에는 중대급까지 파견되어 있었다. 나중에는 중대급 파견 고문은 철수했지만, 초기에는 중대급 부대에까지 배치되어 북한군의 모든 것을 관할했다. 고위급에서는 군 행정과 작전계획을 관장했고, 하위급에서는 군사 훈련과 관련 기술을 전수했다. 북한군에서 필요한 항공기와 대포, 탱크 등 주요 물자들도 모두 소련이 공급하고 있었다. 1949년에는 2억 1,200만 루블의 차관을 제공하기도 했다.[11] 이런 방법을 통해 북한에 영향력을 행사하고 북한사회를 소련식으로 정착시켜 나갔다. 이 같은 환경에서 무정은 소련과의 유대를 형성하지 못했다. 오히려 소련 군사고문들의 지휘를 받지 않으려 했다.

동북조선의용군 출신으로 북한에 들어가 인민군 장교가 된 중국 동포들의 증언에 따르면 무정은 소련 고문의 간여를 받지 않으려 했고, 그들 앞에서 자신의 포격술을 보여 주기를 좋아했다고 한다. 군사고문들이 보고 있는 현장에서 한쪽 눈을 감고 엄지손가락을 펴서 목표물을 겨냥하고 대포를 쏘면 백발백중이었다고 한다.[12] 간섭받는 것을 피하면서 자신의 능력을 보여 줌으로써 자존심을 지키려 했던 것으로 보인다.

---

10 「North Korea: Estimate of the Political and Economic Conditions」, Department of State, Division of Research for Far East Office of Intellectual Research, April 24, 1950, National Archives and Records Administration, RG 59, General Records of the Department of State, pp. 7-8.

11 위의 문서, p.10. 소련 군사고문단은 한국전쟁 당시에도 파견되었다. 1950년에는 246명이 파견되어 있었고, 1952년 2월 당시에는 162명이 있었다. 3월에는 152명으로 줄었다(바르따노브 발레리 니꼴라예비치, "6·25전쟁기 소련 군사고문단장, 북한 주재 소련 대사, 블라지미르 니꼴라예비치 라주바예프(1900~1980)의 생애", 『(소련 군사고문단장) 라주바예프의 6·25전쟁 보고서』 1, 국방부 군사편찬연구소, 2001, 15쪽).

12 이종호(1926년생. 동북조선의용군 제5지대 대원, 인민군 제6사단 대위, 인민군 7군단 112호병원 과장) 인터뷰, 2015년 1월 9일, 중국 옌지.

좀 더 근본적으로는 그의 민족주의적 사고가 소련 군사고문들의 간섭을 매우 부정적으로 생각하게 한 것으로 볼 수 있다. 물론 소련 측도 무정과 김두봉 등 연안파를 적극 도울 생각은 없었을 것이다. 연안파에 대한 지원은 북한에 중국의 영향력을 키우는 것이었기 때문이다. 소련의 이러한 태도와 무정 자신의 부정적인 태도가 복합적으로 작용하면서 무정과 소련은 가까워지기 어렵게 되었고, 이는 무정의 세력을 확장하는 데 큰 장애로 작용했다.

무정의 반소련적 태도는 김일성과는 크게 대조된다. 김일성은 우선 하바롭스크 88여단에서 소련군과 교분을 쌓았고, 입북 당시 소련군 대위이기도 했다. 모스크바 공산청년대학의 한韓막스 교수의 분석에 따르면, 김일성은 소련 극동군사령부 군사위원 슈티코프 중장의 추천으로 북한의 지도자로 선정되었다고 한다. 슈티코프가 당시 소련의 2인자 주다노프를 통해 스탈린에게 김일성을 소개했다는 것이다.[13] 슈티코프는, 박헌영은 "조선혁명의 부르주아민주주의 성격에 대한 목표를 가지고, 유일하게 올바른 입장을 견지하고 있다"고 평가했고, 김일성은 "미래 조선정부 내에서 알맞은 후보"로 보았다.[14] 남한에서는 박헌영이, 북한에서는 김일성이 중요한 역할을 할 것으로 생각하고 있었던 것이다. 김일성은 소련 극동군사령부 소속 88여단에서 대대장을 하면서부터 슈티코프와 알게 되었을 것이다. 당시 관계를 친밀하게 형성해 놓았기 때문에 북한의 지도자로 추천을 받을 수 있었다.

해방 후에도 김일성은 이들 소련군 고위장성들과 친밀도를 높이기 위해 다양한 방안을 강구했다. 우선 김일성은 소련군에 반대하는 입장을 보이지 않으려 노력했다. 김일성은 해방 후 1945년 9월 19일 원산으로 들어갔다. 소련군정 사령관 치스차코프 대장이 21일 원산으로 내려가 김일성과 함께

---

13 한국일보 편, 『증언, 김일성을 말한다─유성철·이상조가 밝힌 북한정권의 실체』, 169쪽.
14 기광서, "대한정책의 집행자 슈티코프 (1)", 2006, 한국역사연구회, http://www.koreanhistory.org (검색일: 2018. 10. 31.)

평양으로 가기로 했다. 소련군정이 이미 김일성을 매우 중요한 인물로 생각하고 있었다. 치스차코프를 기다리다 오지 않자 김일성은 오후 1시쯤 평양으로 출발했다. 기차가 원산역을 나와 산모퉁이를 돌아갈 때 마주 오던 기차와 충돌했다. 치스차코프가 탄 기차였다. 곡선길이어서 속도를 줄이는 바람에 큰 사고가 되지는 않았다. 그런데도 흥분한 치스차코프의 부관이 김일성이 탄 기차의 기관사를 총으로 쏘았다. 살려 달라고 빌었지만 냉혹하게 현장에서 사살했다.[15] 옆에서 보고 있던 김일성은 말리지 않았다. 김일성이 막았다면 충분히 사람을 살릴 수 있었을 텐데도 그러지 않았다. 소련군과 다른 의견을 내는 것을 꺼렸다고 볼 수 있다.

평양에 입성한 후 김일성은 슈티코프와 치스차코프, 군정 정치사령관 레베데프 등과 수시로 접촉했다. 공식적인 자리뿐만 아니라 비공식적인 자리도 자주 마련했다. 주연을 베풀고 향응을 제공한 것이다. 당시 대동강변에 비밀스럽게 운영되던 기생집들이 있었는데, 이런 곳을 주로 이용했다. 평양 기생들, 해방 후 잔류한 일본 여성들이 술자리 시중을 들었다. 이런 자리를 마련하는 실무를 맡아서 한 인물이 이동화였다.[16] 의사 출신으로 88여단의 의무소장이었다. 당시 계급이 소련군 소좌였으니까 김일성보다 한 계급이 높았다. 88여단에 있던 한인 가운데서는 계급이 가장 높았다. 그래서 귀국 후에도 그는 '마이요르 리(이 소령)'라고 불렸다. 이동화는 1945년 10월 출범한 조선공산당 북부조선분국의 간부부장이 되어 김일성의 지근거리에서 그의 활동을 돕고 있었다.[17]

김일성은 심지어 평양에서 연해주 보로쉬로프에 있던 슈티코프를 직접

---

15 유성철, "나의 증언 5", 『한국일보』, 1990. 11. 6.

16 한국일보 편, 『증언, 김일성을 말한다—유성철·이상조가 밝힌 북한정권의 실체』, 61~62쪽.

17 서동만, 『북조선사회주의체제성립사 1945~1961』, 선인, 2005, 169쪽. 조선인민군 작전국장을 지낸 유성철은 이동화가 조직부장을 맡았다고 기록하고 있다(한국일보 편, 『증언, 김일성을 말한다—유성철·이상조가 밝힌 북한정권의 실체』, 62쪽).

찾아가 만나기도 했다. 당시 소련군 체제는 스탈린 최고사령관 아래 극동군 사령부가 있고, 그 아래 연해주군관구 사령부, 또 그 휘하에 북한 주둔 25군 사령부가 자리하고 있는 형태였다. 사령부의 최고 책임자는 사령관이지만 그와 동격의 군사회의위원(군사위원)이 병렬적으로 존재했다. 군사위원은 군에 대한 당의 지도를 확립하기 위한 직책으로, 사령관을 감시하면서 사령부 상황을 스탈린에게 보고하고 작전계획에도 참여하는 자리였다. 슈티코프는 연해주군관구 사령부의 군사위원 자리에 있으면서 북한 주둔 25군 업무에 관여하고 있었다.

슈티코프가 남긴 비망록에 김일성의 연해주 방문 상황이 기록되어 있다. 1947년 1월 3일, 북조선인민위원회 출범을 앞두고 있는 시점이었다. 김일성은 치스차코프 25군 사령관, 로마넨코 25군 민정담당 부사령관과 함께 연해주로 건너갔다. 거기서 나흘을 체류했다. 김일성은 북조선 도·시·군 인민위원 대회 소집 일정과 대회의 보고자, 보고 내용 등에 대해 자세히 전했다. 토지개혁과 노동법 개정을 마무리하고 경제계획을 수립하는 문제도 협의했다. 1946년 9월 월북한 박헌영의 공개적인 활동에 대해서도 협의했다. 슈티코프는 공개 활동을 주장했지만, 김일성은 그렇게 되면 남쪽에서 활동하기 어렵게 된다는 이유로 박헌영의 북한 내 공개 활동을 반대했다.[18] 자신의 권력에 직접적으로 영향을 줄 수 있는 문제였기 때문에 이 문제에 대해서만은 반대 의견을 피력한 것이다.

어쨌든 김일성은 소련군 핵심 인사들과 공식·비공식 접촉을 강화하면서 이들을 우군으로 삼는 작업을 지속적으로 했다. 이러한 김일성의 적극성은 소련을 경원시했던 무정의 입장과는 많이 다른 것이었고, 결국은 이러한 차이가 북한 권력의 향배를 결정하는 데도 많은 영향을 주었다고 할 수 있다.

---

18 중앙일보 현대사연구팀, 『발굴자료로 쓴 한국현대사』, 중앙일보사, 1996, 273~274쪽.

중국의 방관

1. 결코 나서지 않은 중국

일본이 패전한 뒤 중국공산당 지도부는 연안파가 북한에 들어가 정권을 장악하기를 기대했다.[19] 정권을 잡지 못한다면 북한사회에서 주요 세력으로 자리 잡아 친중적이면서 반미적인 정권을 세우는 데 영향력을 행사해 주기를 바랐다.[20] 하지만 해방 직후 김일성 중심의 만주파가 신속하게 북한의 권력을 장악함으로써 중국의 바람은 실현되지 못했다. 1950년 6월 한국전쟁이 시작된 후 10월에 중국은 대규모 병력을 보내 북한을 도왔다.

중국이 6·25전쟁에 참여한 데는 여러 가지 요인이 작용했다. 물론 가장 중요한 요인은 이념적·역사적 유대 관계일 것이다. 하지만 이에 못지않은

---

19 株德, "株德司令最勉朝鮮同志學習怎么样建立民族統一戰線", 『解放日報』 1945. 2. 10., 서상문, 『모택동과 6·25전쟁―파병 결정 과정과 개입 동기』, 국방부 군사편찬연구소, 2006, 278쪽 재인용.

20 서상문, 『모택동과 6·25전쟁―파병 결정 과정과 개입 동기』, 278쪽.

것이 인간적·정서적 요인이다. 중국혁명 과정에서 형성된 중국 지도부와 중국혁명 전쟁에 참여한 한인들 사이의 동지적 유대는 중국의 6·25전쟁 참여 결정에 하나의 주요 요인으로 작용했다.[21] 중국 지도부와 무정을 비롯한 연안파와의 유대는 만주파와의 유대보다 훨씬 강했다. 연안파는 옌안을 근거지로 해서 중국공산당 지도부와 함께 국민당군과 일본군에 대한 전투를 직접 수행한 경험을 보유하고 있었다. 그뿐만 아니라 중국공산당의 장시성江西省 징강산井岡山 토지개혁 현장도 경험했으며, 통일전선을 내용으로 하는 신민주주의 이념도 마오쩌둥으로부터 배웠다. 연안파의 중국 지도부와의 혈맹적 관계가 중국의 한국전쟁 참여에 매우 중요한 요인으로 작용했다고 할 수 있다.

중국은 이러한 연안파와의 연대를 통해 북한정권에 대해서 지속적으로 영향력을 행사하기도 했다. 조선공산당 북부조선분국 시절부터 무정, 박일우, 허정숙, 이상조, 진반수가 연이어 당의 간부부장을 맡고, 김창만과 허정숙이 초기 당의 선전선동 부문을 장악한 것도 중국의 영향력 때문이었다.[22]

그럼에도 불구하고 중국이 무정에 대한 숙청 과정에서 적극적으로 무정을 지원하거나 숙청을 저지한 흔적은 발견되지 않고 있다. 다만 중국 측은 무정이 사형을 당하거나 징역을 사는 것은 바라지 않으면서, 이러한 의사를 김일성에게 전했을 가능성은 있다. 한국전쟁 당시 북한의 문화선전성에서 구라파부장을 맡았던 박갑동의 기록이 이런 점을 시사한다. 박갑동에 의하면 김일성은 무정을 군법회의에 회부하려 했다. 하지만 중국군이 중재에 나서 군법회의에 넘기지 않고 주택에 감금했다는 것이다.[23] 물론 무정 숙청에

---

21 和田春樹, 『朝鮮戰爭』, 東京: 岩波書店, 1995, 38쪽, 이종석, 『북한-중국관계 1945~2000』, 중심, 2000, 159쪽 재인용.

22 서동만, 『북조선사회주의체제성립사 1945~1961』, 257쪽; 정병일, "북·중관계에 미친 연안파의 위상 재조명—정치·군사적 평가를 중심으로", 『사회과학연구』 18-2, 2010, 292쪽.

23 박갑동 저, 구윤서 역, 『한국전쟁과 김일성』, 바람과 물결, 1990, 140쪽.

대해 중국은 불쾌하게 생각했다.[24] 중국인민지원군 사령관 펑더화이는 무정이 숙청 이후 위장병이 악화되자 중국으로 후송해 치료받게 하기도 했다. 하지만 사전에 숙청을 막으려 한 조치는 확인되지 않는다. 한마디로 중국은 무정에 대한 강한 처벌을 반대하는 정도로 옛 혁명동지에 대한 예우를 했을 뿐, 무정의 숙청까지 막으려 하지는 않은 것이다.

무정에 대한 중국의 소극적인 입장은 이후에 발생하는 두 가지 경우와 대조된다. 하나는 박일우의 경우이다. 박일우가 체신상 재직 시 공금 횡령을 했다는 이유로 김일성 세력으로부터 공격을 받았다. 이때 펑더화이가 개입해 숙청을 늦췄다.[25] 1956년 8월 종파사건으로 최창익을 비롯한 연안파, 박창옥을 비롯한 소련파가 대거 숙청되었을 때에는 당시 국방부장 펑더화이가 평양에 파견되었다. 북한은 최창익과 박창옥을 중앙위원에 복직시키고, 출당자들을 복당시킬 수밖에 없었다. 이런 사례와는 다르게 무정의 숙청 당시에는 중국이 이렇다 할 조치를 취하지 않은 것이다.

2. 숙청 당시 중국은 전쟁에 몰두

북한 입장에서는 무정을 숙청함에 있어서 중국의 태도에 관심을 기울이지 않을 수 없었다. 이는 무정 숙청의 시점 결정에서도 여실히 드러난다. 무정에 대한 숙청은 중국이 참전하고(1950년 10월 19일), 전쟁에 필요한 작전권 일원화를 위한 조·중연합사령부 구성도 완료한(1950년 12월 4일) 뒤인 12월 21일이었다. 전쟁이 시작된 지 얼마 안 돼서 중국 참전 문제는 중국과 북

---

24 이종석, 『북한-중국관계 1945~2000』, 209·211쪽.
25 정병일, "북·중관계에 미친 연안파의 위상 재조명─정치·군사적 평가를 중심으로", 293쪽.

한 사이에 중대 사안이 되었다. 참전 이후에는 연합사령부의 구성 문제, 북한의 작전권 이양 문제가 첨예한 의제가 되었다. 이런 문제가 해결된 것이 1950년 12월 초였다. 북한은 이러한 중국과의 논쟁거리를 해결한 뒤, 무정 숙청에 나선 것이다.

물론 조선의용군 출신들이 북한군에 대규모로 자리 잡고 있었고, 무정에 대한 일반 대중의 지지도 상당했기 때문에 무정에 대한 동정심이 확산될 가능성 등도 고려해야 하는 상황이었지만,[26] 더 중요한 것은 중국과의 주요 문제 해결이었다. 주요 현안 해결 이전에 무정에 관한 문제로 북중 관계가 더 복잡해질 경우 전쟁의 승패에 직접 영향을 미칠 수도 있었기 때문에 북한은 12월까지는 기다릴 수밖에 없었다.

또한 1950년 말은 중국이 간섭하기 어려운 시기였다. 중국군은 1950년 10월 19일 압록강을 넘은 뒤 1951년 7월 휴전회담을 시작할 때까지 크게 다섯 번의 전역을 치렀다. 1차 전역은 1950년 10월 25일~11월 8일, 2차 전역은 1950년 11월 25일~12월 24일, 3차 전역은 1950년 12월 31일~1951년 1월 8일, 4차 전역은 1951년 1월 27일~4월 21일, 5차 전역 1단계는 1951년 4월 22일~5월 21일, 2단계는 1951년 5월 22일~6월 10일이었다. 1, 2, 3차 전역은 중국군의 승리였고 4, 5차 전역에서는 중국군이 참패했다.

중국군은 한국의 지리에 익숙하지 못했고, 미군의 대응 능력을 정확히 파악하지 못하고 있었다. 그 때문에 특히 1, 2차 전역은 매우 긴장된 상태에서 치렀다. 별오리회의가 열린 12월 21일은 2차 전역이 성공적으로 마무리되어 가고 유엔군이 38선 이남으로 퇴각하자 후속 공격을 어떻게 할지 작전계획을 세우는 데 여념이 없는 시기였다. 특히 중국군이 38선을 넘어 공격을 계속하는 것은 이후 한국전쟁의 전개에 지대한 영향을 주는 것이었기 때문

---

26 김창순, 『역사의 증인』, 한국아세아반공연맹, 1956, 164쪽.

에 중국 지도부의 고민은 깊을 수밖에 없었다. 펑더화이가 마오쩌둥과 직접 교신하면서 협의를 계속하고 있었다. 12월 21일 전후 중국군의 움직임을 살펴보자.

중국은 10월 19일 압록강을 넘은 뒤 곧 승기를 잡고, 11월 25일 2차 전역을 시작해 남진을 계속한다. 12월 6일 평양에 진입하고, 15일부터는 38선을 넘을 준비에 들어간다. 15일 펑더화이는 각 부대에게 38선 이남으로 진격할 준비 계획을 전달한다. 하지만 펑더화이는 12월 19일 마오쩌둥에게 전문을 보내면서 진격은 신중하게 이루어져야 한다는 입장을 밝힌다.

내 관점에서 볼 때 조선전쟁은 상당히 장기적이며 어려운 전쟁이 될 수 있다. 적군은 공격에서 방어로 전환하였고, 전선은 축소되고 짧아졌으며, 병력은 집중되어 있고, 방어정면이 협소하여, 자연히 종심이 강화되었고 합동작전에 유리하게 되었다. 미군과 남조선군의 사기는 비록 전보다 비교적 저하되었으나, 현재 아직도 260,000여 명의 병력을 보유하고 있다.

정치적으로 볼 때, 적군이 이 시점에서 조선을 포기하게 되면 제국주의에게는 매우 불리할 것이기에, 영국, 프랑스도·미국이 조선을 포기하지 말 것을 요구하고 있다. 적은 다시금 한두 번의 패배를 겪더라도, 또 다시금 2~3개 사단이 섬멸당하더라도 아마 몇 개의 교두보 진지(부산, 인천, 군산)까지 물러나면서 방어할 것이며 결코 조선에서 철수하지는 않을 것이다. 그러기에 아군은 현재 신중한 공격을 취해야 한다. …

의외의 실수를 피하기 위해서, 장차 4개군(50군, 66군은 양익에서 적국을 견제)을 집중하여 우선 남조선 제1사단을 섬멸하고 후에 계속해서 기회를 보아 남조선 제6사단을 공격한다. 만약 이러한 전역의 발전이 순조로울 경우에는 다시 춘천의 남조선 3군단을 공격하며, 만약 순조롭지 못하면 적당한 시기에 병력을 수습한다. 38선을 통제하는 여부는 반드시 당시의 구체적인 상황을

보아 그때 다시 결정을 한다.[27]

펑더화이는 진격에 신중을 기해야 한다면서도 구체적인 작전계획을 세우고 있었다. 이 전문에 대해 마오쩌둥은 동의를 표하면서 12월 21일 펑더화이에게 다음과 같은 전문을 보낸다. 바로 별오리회의가 있던 날이다.

반드시 장기계획을 세워야 되고 신속하게 승리를 쟁취하려는 관점은 매우 해로운 것이다. 미·영국은 현재 38선이 지니는, 사람들에게 남아 있는 오래된 심리적 인상을 이용하여 정치선전을 진행하고 있으며 아울러 우리를 유인해서 정전을 기도하고 있다. 그러므로 아군은 지금 38선을 넘어서 다시 공격한 후 휴식 및 재정비에 들어가야 되며, 이것은 필요한 것이다. 당신의 공격방법에 관한 의견에 완전히 동의하는데, 현재 미·영국군은 서울 지역에 집중되어 있어서 공격하기 불리하며, 따라서 우리는 남조선 군대를 먼저 공격하여야 한다.

전반적인 상황을 보면 우리가 남조선 군대 대부분을 섬멸시킬 수만 있다면 미군은 고립될 것이고, 조선에 장기간 주둔할 수 없게 될 것이다. 이럴 때 다시 미군 몇 개 사단을 섬멸시킨다면, 조선 문제는 매우 순조롭게 해결될 것이다.[28]

마오쩌둥의 12월 21일 전문에는 다음과 같은 내용도 들어 있었다.

이번 전역에 대해 말하자면, 만약 순리대로 이루어져 군량미를 확보할 수 있다면, 춘천, 가평, 홍천 지구에서 비교적 많은 한국군을 찾아 섬멸할 수 있을 것이다.

27 군사과학원 군사역사연구소 편, 한국전략문제연구소 역, 『중공군의 한국전쟁사―항미원조전사』, 세경사, 1991, 80~81쪽.
28 위의 책, 81~82쪽.

전쟁을 시작하기 전에 가능하다면 며칠 휴식을 취하여 피로를 회복한 뒤 전투에 투입하라. 한국군 1사단과 6사단을 공격하기 전과 춘천을 공격하기 전에 모두 이렇게 하라. 결론적으로 주도권은 우리 손에 달려 있으니 서두르지 않고 여유 있게 작전에 임할 수 있다. 부대가 지나치게 피로해지지 않도록 하라.

만약 순조롭지 못하면 적시에 병사를 거두어 적당한 곳에서 휴식과 정돈을 한 뒤 다시 전투에 임한다는 의견도 옳다. 차량을 늘리고 신발, 외투, 담요를 신속히 수송하는 것이 아주 필요하다. 가오강高崗 동지는 해결할 방법을 강구하라.[29]

승기를 잡고 남진을 계속하면서도 신중성을 잃지 않으려 했고, 38선을 넘는 경우 어떤 공격 방법이 가장 좋은 것인지를 중국은 깊이 고민하고 있었다. 참전 두 달이 지나면서 군량미 조달도 힘들어져 중국군은 북한정부로부터 식량을 빌리기 위해 12월 21일 김일성에게 협조 전보를 보내기도 했다. "현재의 양식 곤란을 해결하기 위하여 서부전선 지원군은 양식 2만 톤을 빌리려고 하며, 동부전선 9병단은 2개월 휴식, 정비 기간 중 양식 1만 톤을 빌려야 하는 등 모두 3만 톤을 빌려야 한다. 이 항목의 양식 차용은 중국인민정부에서 상환할 것이다. 지원군은 대규모의 양식 차용 공작조를 조직하고 광범위하게 선전하려고 한다. 이 방법에 대하여 허락해 주기를 바라며, 각지 정부에 연락하여 협조해 주기를 바라며 그것에 대하여 답전을 기다림"이라는 내용의 전보를 김일성에게 보낸 것이다.[30]

중국은 이러한 심층적인 고민과 다각적인 작전계획의 과정을 거쳐 12월 31일 조·중연합군 30만 명으로 대대적인 공격을 전개해 38선을 돌파하고, 1951년 1월 4일에는 서울까지 점령한다. 이렇게 중국의 최고지도부는 전쟁

---

29 『한국전쟁관련 중국자료선집─한국전쟁과 중국』 II, 행정자치부 정부기록보존소, 2002, 105쪽.
30 위의 책, 350쪽.

전략에 매몰되어 있었다. 북한 내부 문제에 직접 개입할 수 있는 여유가 없었다. 별오리회의는 이런 와중에 열렸다.

3. 북·중 가교 역할은 박일우가 담당

한국전쟁을 치르는 동안 중국은 북한과 긴밀한 협력이 필요했다. 그래서 연안파 가운데서도 당시 필요한 인물은 북한정권의 수뇌부와도 가까운 인물이었다. 여기에 적합한 인물이 당시에는 박일우였다. 박일우는 연안 시절 펑더화이와 막역한 사이였으며, 북한에 들어간 이후에는 김일성 세력과 친밀한 관계를 형성했다. 그래서 당과 정부, 군에서 주요 직책을 차지해 나갔다. 1947년 2월 북조선인민위원회 내무국장, 1948년 9월 내무상에 오른 박일우는 6·25전쟁이 발발하면서 북한 권부의 핵심으로 떠올랐다. 1950년 6월 26일 김일성, 박헌영, 홍명희, 김책, 최용건, 정준택과 함께 군사위원회 위원이 되었다. 군사위원회는 일체의 주권을 장악하고 모든 기관과 정당, 사회단체, 군사기관을 관할하는 전시 북한의 최고 의사결정기구였다. 12월에 조·중연합사령부가 구성되자 사령부의 부정치위원이 되었다. 정치위원 겸 사령관은 펑더화이였다. 북한 측 부사령관은 연안파의 김웅이었다. 박일우는 연합사령부의 북한 측 최고지휘자로 북중 간의 의사소통의 핵심 역할을 하면서 막강한 힘을 가지게 되었다. 북한은 중국인민지원군 사령부에 상교(중령)급이 조장인 3~4명의 연락조를 파견해 중국군의 의견을 전달받았다. 연합사의 결정 사항은 북한 측에는 연합사 명의로 전해졌고, 중국군에게는 지원군 사령부 명의로 전달되었다.[31]

---

31 洪學智,『抗美援朝戰爭回憶』, 北京: 解放軍文藝出版社, 1990, 157쪽.

북한 측에서 연합사령부에 두 명이 들어갔지만, 김웅은 북한군을 직접 지휘하고 있었기 때문에 전선을 따라 이동하고 있었고, 연합사령부에는 박일우가 머물면서 실질적으로 중국과 작전을 조율하는 역할을 했다. 박일우 한 사람에게 힘이 몰려 있었던 것이다. 중국으로선 김일성 세력과 불편한 관계에 있는 무정을 지지하는 것보다는 박일우라는 대안이 있어 그를 통해 북한 정권과 의사소통을 충분히 할 수 있었다.

4. 중·소 관계 관리에 집중

소련과의 관계도 중국이 무정을 돕지 못하는 데 중요한 요소로 작용했다. 제2차 세계대전 당시 소련이 독일의 공격을 받고 있을 때 중국공산당은 소련을 적극 돕지 않았다. 중국공산당이 일본과 국민당이라는 이중의 적과 상대하고 있었기 때문이기도 하지만, 마오쩌둥은 소련을 돕는 데 소극적이었다. 포병단장 무정을 보내 달라는 소련의 요청도 들어주지 않았다. 따라서 제2차 세계대전이 마무리된 후 마오쩌둥과 스탈린의 관계가 원만하지는 않았다. 이러한 상황에서 북한에 이미 들어가 있는 소련군의 정책에 중국이 적극적으로 의견을 개진하기는 어려웠다.[32] 1949년 10월 10일까지는 중화인민공화국을 세우기도 전이었기 때문에 소련의 도움이 매우 필요한 상황이었고, 나라를 세운 이후에도 한동안은 소련의 협력과 지원이 필요한 실정이었다.

특히 북한의 지도자를 선택하는 일은 점령군 소련의 입장에서는 자신들의 고유 권한으로 인식하고 있었을 것이다. 여기에 중국이 누구를 지도자로

---

32 시바따 미노루, "김일성의 야망", 고봉기, 『김일성의 비서실장—고봉기의 유서』, 천마, 1989, 130쪽.

하자는 의사 표시를 하는 것은 중소 관계를 악화시키는 요소로 작용할 수도 있었다. 만약 소련이 중국의 의사를 물었다면, 중국은 무정을 선택했을 가능성이 높아 보인다. 중국공산당 내에서의 활동이나 팔로군 포병단장이라는 지위, 조선의용군 사령관으로 그가 가질 수 있는 북한군 건설에서의 주도권, 중국공산당 수뇌부와의 관계 등을 고려해 보면 무정이 선택되었을 가능성이 높은 것이다. 하지만 소련은 그럴 의사가 없었다. 김일성이라는 대안을 가지고 있었다.

무정이 숙청될 당시의 상황은 어떤가? 소련은 이미 김일성을 적극 지지해 그를 중심으로 정권을 세웠다. 한국전쟁 당시에는 전쟁을 효과적으로 치르기 위해서는 중국이 소련과 긴밀한 관계를 유지해야 했다. 중국의 대규모 병력이 참전하는 상황에서 소련의 공군도 참전해 미국이 갖고 있는 제공권을 견제해 줘야 하는 상황이었다. 중국은 그렇게 요청했다. 중국은 공군력이 부족했다. 소련의 무기와 물자가 북한군에 계속 지원되는 것도 필요한 상황이었다. 그런데 무정은 해방 직후부터 소련이 조기에 북한에서 물러나야 한다는 생각을 가지고 있었다. 그래서 소련과 거리가 멀었다. 이러한 상황에서 중국이 소련과 소원한 무정을 지원하기는 어려웠다.

5. 중국인 아내를 버린 무정

중대 요인이라고 할 수는 없겠지만 무정이 중국인 아내 텅치와 결별한 것도 중국과 무정 사이 간격이 벌어진 하나의 요인으로 작용했다고 볼 수 있다. 무정은 북한으로 들어가기 직전 텅치와 이혼했다. 김영숙과 결혼하기 위해서였다. 옌볜대학교 한국역사연구소장 김성호 교수의 증언에 따르면, 조선의용군 출신으로 한국전쟁에 참여했던 군인들은 생존 당시 무정에 대해 이런저런 많은 얘기를 하곤 했다고 한다. 그 가운데 중국인 아내 텅치와 관련된 것도 있는데, 텅치는 무정이 귀국할 당시 압록강 근처까지 따라와 북한에 함께 가려 했다고 한다. 그런데 무정이 땅에 줄을 그어 놓고 여기를 넘어오면 총으로 쏘겠다고 위협해서 하는 수 없이 중국에 남게 되었다고 한다. 그렇게 무정에게서 버림받은 텅치는 중국에 남아 중국공산당 허난성河南省 위원회 비서장까지 지냈다고 한다.[33]

텅치는 펑더화이가 소개해 준 사람이었다. 열렬한 중국공산당의 당원이었다. 그런 아내와 결별한 무정에 대해 중국의 지도부가 섭섭한 감정을 가졌을 가능성은 충분히 있다. 미군 정보보고서도 무정이 중국인 아내와의 이혼으로 중국공산당의 불만을 산 것으로 분석하고 있다.[34] 이러한 상황이 중국의 무정에 대한 정치적 지원에도 영향을 미쳤을 것으로 보인다.

한편 무정은 북한에 들어가 김영숙과 결혼했다. 김영숙은 무정이 1944년 2월부터 타이항산 적구공작반을 꾸려 일본군 점령 지역에 대한 선전 활동을 계속할 때 공작반의 조직과장을 했던 사람이었다. 이렇게 무정과 실제 항일투쟁을 함께하면서 가까워진 것으로 보인다. 옌볜대학교 한국역사역구소장 김성호 교수가 북한의 학자들한테 확인한 바에 의하면 무정이 사망한 뒤 김영숙은 역사 연구의 길에 들어섰다. 베이징대학에 가서 역사를 공부했다. 구체적인 전공 분야는 한국근대사인 것으로 보인다. 평양의 사회과학원 역사연구소에서 1964년에『김옥균』이라는 제목으로 김옥균의 구한말 개화운동에 대한 논문집을 냈는데, 여기에 김영숙의 논문이 실려 있다. 그의 이름 앞에는 '역사학 학사'라는 칭호가 붙어 있다. 학사는 우리의 석사이다. 역사학 석사인 것이다. 역사학 석사학위를 받고 한국근대사에 대한 논

---

33 김성호(옌볜대학교 한국역사연구소장) 인터뷰, 2015년 1월 12일, 중국 옌지.
34 「G-2 Weekly Summary」, HQ, USAFIK, 6 August 1948-13 August 1948, p. 28; 「G-2 Periodic Report」, HQ, USAFIK, 2 February 1949, p. 5.

문을 쓰면서 최소한 1964년까지는 생존해 있었다는 얘기가 된다. 이후 생몰 여부는 파악되지 않고 있다.

김영숙이 쓴 논문의 제목은 "개화파 정강에 대하여"이다. 1884년 갑신정변 당시 개화파의 정강을 김옥균의 저서 『갑신일록』을 중심으로 분석한 논문이다. 김성호 교수의 평가에 따르면 이 논문의 문체가 한족들의 중국어 문장 스타일과 유사한 부분이 많다고 한다.[35] 베이징대학에서 공부를 한 영향으로 추정된다. 그런데 이 논문에서 김영숙은 개화파 정강의 자주적인 측면을 높이 평가했다. 정강의 제1항인 '대원군을 근일 내로 환국시키고, 조공의 허례를 폐지할 것'에 대한 김영숙의 평가를 보자.

조공 형식을 매개로 지속되어 오던 조선 정부와 청 정부 간의 봉건적 의례적 대외관계는 이미 관념적 의례적 형식과 민족적 자부심의 훼손에 관한 문제인 것이 아니라 직접 조선의 정치적 자주권에 대한 심대한 장애로 되고 있었다. 때문에 개화파 정강에서 청국의 간섭을 거부하는 것을 제1차적 투쟁 목표로 정한 것은 민족적 자주를 위한 가장 정당한 조치였다.

수구파 반동 세력의 강력한 지주인 청나라의 정치적 및 군사적 간섭을 청산함이 없이는 나라의 완전한 자주나 근대적인 부강 발전을 론하는 것은 공담에 불과하였다. 때문에 개화파 정부의 이러한 과단성 있는 조치는 근대적인 자주 독립국가의 면모와 자주적인 대외정책을 세상에 공포한 것으로도 된다.

또한 제1항 서두에서 개화파들이 타협할 수 없는 적대적 립장을 취하고 있던 대원군을 근일 내로 환국시킨다고 명문으로 밝힌 것은 결코 대원군의 정치 계급적 립장을 옹호해서가 아니었다. 이것은 오직 당시 사회 조건에서 아직까지는 나라의 주권자로 인정되고 있던 국왕의 생부인 대원군을 청군이 감히 랍

---

35 김성호(옌볜대학교 한국역사연구소장) 인터뷰, 2015년 1월 12일, 중국 옌지.

치하여 갔다는 것은 대원군 일개인에 관한 문제가 아니라 민족적 자주권에 대한 란폭한 유린으로 되는 것이다. 때문에 개화파는 정강에서 이 문제를 자주적인 대외관계를 위한 정치투쟁에서 가장 초미의 문제로 제기하였다.

개화파는 정강에 명문으로 이를 제기함으로써 청나라 매판통치자들로 하여금 조선 인민에 향하여 실지 행동으로 속죄하도록 하게 하는 한편 조선과 청나라 간의 종래의 봉건적 의례적 관계를 영영 단절하며 당시 청국의 내정간섭을 단호히 배격할 것을 기한 것이다. 개화파 정강의 이러한 독립자주를 위한 정당한 방침은 당시 조선 인민으로 하여금 그 어떠한 외부로부터의 부당한 침략행위에 대하여서도 추호의 용허도 하지 않도록 정치적 각성을 가일층 제고시키는 것으로 되였으며 조청 내의 반동집단에 대한 커다란 타격으로 되였다.[36]

청나라와 조공 관계를 폐지하고 청나라에 잡혀가 있던 대원군을 환국시켜야 한다고 주장한 개화파에 대해 김영숙은 "정당한 조치", "과단성 있는 조치" 등으로 표현하면서 매우 긍정적으로 평가했다. 옌안에서 항일투쟁을 전개한 본인의 민족주의적 의식이 다분히 반영된 것으로 보인다. 동시에 철저한 민족주의자 무정과의 유사성이 확인되는 부분이기도 하다. 이런 점으로 미루어 볼 때 김영숙은 독립운동의 과정에서 무정으로부터 많은 영향을 받은 것으로 여겨진다. 무정은 이러한 인식을 가진 김영숙과 결혼하기 위해 중국인 텅치를 버렸고, 이것이 무정과 중국공산당 지도부 사이를 소원하게 하는 데 영향을 미친 것으로 보인다.

---

36 김영숙, "개화파 정강에 대하여", 사회과학원 력사연구소 편, 『김옥균』, 평양: 사회과학원출판사, 1964, 304~305쪽.

제3절
무정 숙청과 김일성 유일체제

1. 무정 이후 연안파 연쇄 숙청

무정은 당의 주요 직책에서 밀려나 군의 직무를 주로 담당하게 되고, 이후 군
에서도 최용건에게 주도권을 잃어 가는 상황이었지만, 전반적인 중국의 입장
은 연안파를 지지하는 것이었다. 하지만 이는 어디까지나 박일우, 김웅 등 북
한정권과 친밀한 연안파에 대한 지지였다. 박일우는 북조선인민위원회 내무
국장, 전시 군사위원, 조·중연합사령부의 부정치위원이 되고, 김웅이 조·중연
합사의 부사령관이 되어 중국의 지지를 받으며 중요한 역할들을 해 나갔다.

그런데 이러한 상황은 김일성으로 하여금 중국−연안파 연대에 대한 우려
를 하게 했고, 자신의 권력을 더욱 공고화하는 작업을 하도록 했다. 다시 말
해 연안파에 대한 중국의 지원이 김일성에게는 유일지도체제 형성의 동기를
더욱 강화시켰다고 할 수 있다.[37] 결국 김일성 세력의 이러한 의식이 무정뿐

---

37 정병일, "북·중관계에 미친 연안파의 위상 재조명−정치·군사적 평가를 중심으로", 293쪽.

만 아니라 박일우도 숙청하도록 했고, 추후 최창익, 김두봉 등 연안파를 순서대로 제거하도록 한 것으로 여겨진다.

박일우는 한국전쟁이 시작되자 중국과 북한 지도부의 가교 역할을 하며 북한 권부의 핵심이 되었지만, 1951년 3월부터는 김일성의 견제를 받기 시작한다. 3월 6일 사회안전성이 설립되었는데, 사회 안전과 질서 유지를 위한 목적이었다(사회안전상은 방학세가 임명되었다). 그런데 이는 본래 당시 내무상이던 박일우의 영역이었다. 사회안전성을 설립한 것은 박일우의 권력을 약화시키는 것이었다. 실제로 박일우가 내무상에서 해임되는 1952년 10월 6일에는 사회안전성이 내무성으로 통합되었다(방학세가 새로 내무상이 되었다).

그 무렵 박일우에 대해서는 중국뿐만 아니라 소련도 긍정적으로 평가하고 있었다. 1952년 6월에 작성된 평양 주재 소련대사관의 보고서를 보면, 소련이 박일우를 어떻게 보고 있었는지 잘 알 수 있다.

박일우는 정치적으로 준비되어 있으며, 자기 완성을 위해 노력한다. 조선의 민주화를 위해 시행되는 조치들을 옳은 것으로 받아들이고 있으며, 실천 활동에서 그 조치들을 실현시키고 있다.

온갖 부류의 반동 및 사기꾼들에 대해서는 비타협적이다. 북조선에서 3년 동안 이루어진 모든 것에 대해 애정을 가지고 있다.

겸손하며 온후하다. 부하에 대해 별로 까다롭게 굴지 않는다. 종종 실천 사업에서 자기 부하들의 업무를 수행한다.

소련 사람들에 대해, 전체적으로는 소련에 대해 커다란 존경의 태도를 가지고 있다. 학업을 위해 소련으로 가려는 희망을 많이 가지고 있다.

삶과 생활 면에서 검소하며 솔직하다. 내무성만이 아니라 조선 주민들 사이에서도 상당한 권위가 있다. 맡은 바 임무를 처리하고 있다.

공산주의운동에 헌신하고 있으며, 조선의 민주화 건설을 위해 적극적으로 투쟁하고, 미국인들의 조선 점령 정책에 적대적인 태도를 보이고 있다.

확고하게 소련을 지향하고 있다.[38]

공산주의 의식이나 도덕성, 조직 통솔력 등에서 높은 평가를 받고 있다는 얘기이다. 소련 측이 이 보고서를 작성한 시점이 사회안전성 설립으로 박일우가 맡고 있던 내무성의 권한이 약화되고 있는 시점이었는데, 당시 박일우도 숙청의 분위기를 감지했을 것이다. 그래서 소련 유학을 희망했던 것으로 보인다. "학업을 위해 소련으로 가려는 희망을 많이 가지고 있다"는 보고서의 내용은 당시 그러한 박일우의 처지와 심정을 잘 나타내고 있다.

전쟁 막바지에 이르러 박일우는 급속히 내리막길을 걷게 된다. 1953년 3월 체신상으로 좌천됐다. 당시 북한에서 내무상과 국가보위상은 형님상, 체신상은 막내상 또는 조카상으로 불리는 자리였다.[39] 박일우는 형님상에서 막내상으로 떨어진 것이다. 이후 박일우는 1955년 박헌영의 숙청 과정에서 함께 숙청되었다. 내무상에 있으면서 자파 세력을 배치했고, 군 요직에도 방호산을 비롯한 자신의 사람들을 기용한 것이 견제와 숙청의 결정적인 이유가 된 것으로 보인다.[40] 물론 자신들과는 출신 배경이 다른 연안파 자체에 대한 제거라는 만주파의 큰 그림에서 나온 조치이기도 하다.

북한은 박일우의 숙청에 대해 여러 가지 이유를 말하고 있다. 첫째는 당과 국가 비밀을 외부에 누설하고, 당 정책에 대해 정면에서 찬성하고 뒤에서 비방하는 반당적 행위를 계속했다는 것이다. 둘째는 당과 국가의 지도간부들을 중상하고, 자신의 주위에 아첨분자, 불평분자를 규합하여 자기의

38 국방부 군사편찬연구소, 『(소련 군사고문단장) 라주바예프의 6·25전쟁 보고서』 1, 국방부 군사편찬연구소, 2001, 41쪽.
39 여정, 『붉게 물든 대동강―전 인민군 사단 정치위원의 수기』, 동아일보사, 1991, 55쪽.
40 정병일, "북·중관계에 미친 연안파의 위상 재조명―정치·군사적 평가를 중심으로", 292쪽.

세력을 확대하려 했다는 것이다. 셋째는 소련파와 연안파 사이의 대립을 조장했다는 것이다. 넷째는 박헌영, 이승엽, 장시우 등과 결탁해 당을 반대하는 반혁명적 음모를 꾸몄다는 것이다. 다섯째는 마르크스-레닌주의 학습을 태공하고 개인생활에서 부화방탕하며 당원으로서의 도덕적 면모를 상실했다는 것이다.[41]

　이러한 북한의 공식적인 설명에도 불구하고, 북한에서 인민군 보병사단의 정치위원(1959년)을 지낸 여정의 증언에 의하면, 김일성은 박일우가 중국 인민지원군 사령관 펑더화이와 함께 일을 잘해 나가는 것을 고깝게 생각했고, 박일우의 이름이 높아지는 것을 싫어했다고 한다. 박일우가 이론적 수준이 높고 능력도 뛰어난 것에 대해 김일성이 겁을 먹고 있었다는 것이다.[42] 박일우가 중국의 지원으로 성장하고, 게다가 주변에 사람이 모이자 김일성 세력은 이에 위기의식을 느끼고 그를 숙청한 것이다. 북한이 두 번째 숙청의 이유로 거론한 '자기 세력 확대'는 이런 것을 얘기한 것이고, 숙청 단행의 가장 중요한 이유가 된 것으로 보인다. 실제로 박일우가 숙청된 것은 그와 친한 펑더화이가 중국으로 돌아가고, 덩화鄧華에 이어 1953년 양더즈楊得志가 중국 인민지원군 사령관이 되면서 본격화되었다. 펑더화이라는 강력한 박일우 지원 세력이 중국으로 복귀한 후 김일성에게 부담이 되는 박일우가 제거된 것이다.

　김일성이 패전의 책임을 박헌영과 무정, 방호산 등에게 지게 하려는 것에 대해서도 박일우는 불만을 가지고 있었다. 전쟁 전 김일성파가 국내파의 대표적 인물인 오기섭을 숙청하려 할 때도 신중론을 제기한 적이 있었다. 북한이 숙청의 첫 번째 이유로 내세운 '반당적 행위'는 이런 것들을 모두 얘기

---

41 「박일우의 반당적 종파 행위에 대하여(12월 전원회의 결정서 1955년 12월 2~3일)」,『북한관계 사료집』30, 국사편찬위원회, 1998, 662~665쪽.

42 여정,『붉게 물든 대동강―전 인민군 사단정치위원의 수기』, 55쪽.

하고 있는 것이다.

다섯 번째로 거론된 '방탕한 생활'은 같은 시기 숙청당한 소련파 김열에 대한 숙청 이유로도 거론되었다.[43] 북한 당국이 어떤 인물을 숙청할 때 여러 가지 이유 가운데 하나로 으레 지적해 온 것이다. 이러한 경향은 최근까지도 이어지고 있다. 북한은 2013년 12월 장성택 국방위 부위원장의 숙청을 발표하면서 그 이유에 대해 양봉음위의 종파적 행위를 했을 뿐만 아니라 "여러 여성들과 부당한 관계를 갖고 고급 식당 뒷방에서 술놀이와 먹자판을 벌이는 등 타락한 생활을 했다"고 밝혔다. 이처럼 숙청 이유로 타락한 개인 생활을 전통적으로 거론하는 것은 숙청 대상자를 도덕적으로 매장해 동정의 여지를 없애려는 의도이다. 무정의 경우는 '방탕한 생활'이라고 얘기할 만한 근거가 전혀 없었기 때문에 거론을 못했던 것으로 보인다. 어쨌든 박일우는 1955년 12월 당중앙위 전원회의에서 위에서 언급한 5가지 이유로 비판받고 권력의 전면에서 사라졌다.

최창익은 전쟁 중이던 1952년 부수상이 되고, 1954년 재정상, 1955년 국가검열상 등을 맡았지만, 1956년 이른바 '8월 종파사건'에 연루되어 숙청되었다. 김두봉도 8월 종파사건 이후 최고인민회의 상임위원장에서 물러나고, 1958년 조선노동당 대표자회에서 제명당했다. 이후 평남 순안의 농장으로 쫓겨나 연명하다가 1960년 사망했다.

2. 허가이·박헌영도 제거

김일성이 정치적 환경을 자신에게 유리하게 활용하는 수완가임을 가장 잘

---

43 「김열의 반당적 범죄 행위에 대하여(12월 전원회의 결정서 1955년 12월 2~3일)」, 『북한관계사료집』 30, 국사편찬위원회, 1998, 668쪽.

보여 준 시기가 한국전쟁 때이다. 중국이 참전하고, 조·중연합사령부가 마련된 뒤 전쟁은 중국에 맡겨졌다. 김일성은 오히려 국내정치 전략에 몰두할 수 있는 여유를 가지게 되었다. 정적을 제거하고 자신의 권력 기반을 강화하려는 시도는 이런 상황에서 나올 수 있었다. 무정을 제거한 뒤, 자신의 경쟁 상대가 될 만한 인물들에 대한 연쇄 숙청에 나섰다. 소련파의 허가이, 국내파의 박헌영이 직접적인 표적이 되었다.

허가이는 전쟁 당시 당중앙위원회 제1비서로 당의 조직을 책임지고 있었다. 당을 장악하면서 제2인자로 여겨지고 있었다. 그런데 김일성이 1951년부터 당 조직에 관심을 기울이기 시작했다. 1950년 12월 4일 조·중연합사령부가 구성되고 중국이 작전권을 가져간 이후 전개된 상황이다. 전쟁이 시작된 후 초반 공세에서 후퇴로 돌아선 이후 당의 조직은 크게 붕괴되었다. 특히 기층 당 조직이 와해되었다. 허가이는 이를 복원하는 과정에서 책벌 위주의 정책을 채택했다. 책임자 처벌 위주의 대응책을 택한 것이다. 또, 노동자 위주로 당원을 확충하려 했다. 그러다 보니 당 조직을 제대로 복구하지 못하고 있었다.

이 문제에 대해서는 전쟁 전부터 김일성과 허가이가 의견 차이를 보였다. 김일성은 아직 북한은 농업국가이기 때문에 농민을 대거 입당시켜 당의 기반으로 삼아야 한다는 생각이었다. "근로농민을 널리 당에 받아들인다면 우리 당(조선노동당)이 농민당으로 될 것이라고 우려하는 교조주의적 견해"를 신랄히 비판하고, "농민 성분이 많아진다고 하여 우리 당의 성격이 결코 변할 수 없다"고 강조했다.[44] 이에 반해 허가이는 정통 마르크스 이론에 따라 혁명의 주체는 산업노동자가 되어야 하며, 이를 위해서는 노동자를 많이 입당시켜 당의 주축으로 삼아야 한다는 생각을 가지고 있었다.

---

44 사회과학원 력사연구소 편,『조선전사』27, 평양: 과학·백과사전출판사, 1982, 80쪽.

김일성은 전쟁으로 산업이 무너진 상태에서 노동자 위주로 당원을 확대하려는 허가이를 비판했다. 1951년 9월 당중앙위 조직위원회 회의를 개최해 이미 처벌을 받은 당원들의 처벌 수위를 완화하는 조치를 내렸다. 하지만 허가이는 이를 제대로 시행하지 않았다. 자신의 생각과 다른 조치여서 시행을 게을리한 것이다. 11월 당중앙위원회 제4차 전원회의에서 허가이는 집중 비판을 받았다. 결국 당 제1비서를 내놓고 농업 담당 부수상으로 내려앉았다.

김일성은 그런 그에게 미군의 공격으로 부서진 순안 지역의 석암저수지 수리 현장을 지휘하라고 지시했다. 허가이는 이를 자신에 대한 더없는 모욕으로 생각했는지 김일성의 명령을 따르지 않았다. 그 결과 1953년 6월 당 정치위원회에서 다시 비판받았다. "적들의 폭격에 의하여 파괴된 자산·건룡·임원 등 저수지 복구 사업 지도에 대한 중요한 임무를 맡고도 그것을 조속한 시일에 복구 완성할 하등의 구체적 계획과 조직적 대책을 취하지 않았으며 그 진행정형을 지도 검열하지 않음으로써 이 사업은 완전히 태공하였다"는 것이었다.[45] 그리고 1953년 7월 2일 소집된 당 정치위원회 직전에 스스로 목숨을 끊었다.

이런 내용은 북한의 공식 발표이다. 사망 이후에도 북한은 "조국의 가장 준엄한 시기에 자살한 허가이의 행위는 정당한 투쟁의 길에서 물러서는 비겁자의 행동이며 당 내부를 혼란시키는 시도이며 당과 조국과 인민에 대한 변절적 행동이다"라고 비판했지만,[46] 석연치 않은 점이 많이 남아 있다. 허가이는 숨지기 전날 자신의 장인 최표덕(당시 인민군 중장으로 기계화부대 사

---

45 「박헌영의 비호하에서 리승엽 도당들이 감행한 반당적 반국가적 범죄적 행위와 허가이의 자살 사건에 관하여(전원회의 제6차 회의 결정서 1953년 8월 5일~9일)」, 『북한관계사료집』 30, 『국사편찬위원회』 30, 1998, 391쪽.

46 위의 문서, 393쪽.

령관)과 저녁을 함께 먹고 체스를 두었는데, 평소와 다른 기색이 전혀 없었다고 한다.[47]

나중에 소련으로 나간 허가이의 딸 허마야도 아버지의 죽음에 의문을 제기했다. 허마야의 남편이 인민군 장교였는데, 허가이가 죽은 뒤 역시 인민군 장교인 남편의 친구가 찾아와 "허가이 알렉세이 이바노비치[허가이의 소련 이름]는 자살한 것이 아니고 비밀 정치장교들에 의해 암살됐으니 가족들도 빨리 북조선을 떠나는 것이 현명할 것"이라고 말해 줬다고 한다. 그래서 그의 가족은 소련으로 나가 타슈켄트에서 살게 되었다.[48] 북한정치사의 많은 부분이 그런 것처럼, 허가이의 경우도 자살인지 암살인지는 여전히 분명치 않은 상태로 남아 있다.

허가이는 남로당 인물들을 유능하고 신뢰할 만하다고 생각했는데, 이는 김일성에게는 거슬리는 일이었다. 허가이가 남로당계를 견제해 줘야 하는데 오히려 이들과 합세하는 양상이 김일성을 불안하게 한 것이다.[49] 허가이는 평양의 소련대사관에 자주 드나들었고, 외무상인 박헌영도 소련대사관을 자주 방문해 만나는 경우가 많았다. 그러면서 허가이는 남한에서 지하투쟁을 오래 한 박헌영을 존경하게 되었고, 이를 김일성도 감지하고 있었다.[50] 허가이가 소련파의 선두로 승승장구하면서 동시에 남로당과 가까워지는 것은 김일성에게는 더없이 불리한 상황이었다. 김일성은 이에 대한 대책이 필요했고, 그것이 허가이 숙청으로 나타난 것이다.

박헌영은 1953년 7월 반국가·반혁명 간첩 혐의로 체포되었다. 1953년 초 당 비서 겸 검열위원장 이승엽, 문화선전성 부상 조일명, 조·소문화협회

---

47 강상호, "내가 치른 북한 숙청 (2)", 『중앙일보』, 1993. 1. 18.
48 강상호, "내가 치른 북한 숙청 (3)", 『중앙일보』, 1993. 1. 25.
49 스칼라피노·이정식 저, 한홍구 역, 『한국공산주의운동사』 2, 돌베개, 1986, 517쪽.
50 강상호, "내가 치른 북한 숙청 (4)", 『중앙일보』, 1993. 2. 1.

부위원장 임화 등 남로당 핵심 간부 12명이 체포된 뒤 같은 혐의로 박헌영도 체포된 것이다. 이승엽 등에 대해서는 휴전 직후 1953년 8월 3~6일 재판이 진행되었다. 이승엽 외 9명은 사형, 윤순달은 징역 15년, 이원조는 징역 12년이 선고되었다. 이들에 대한 처벌은 박헌영을 겨냥한 것이었다.

박헌영에 대한 재판은 1955년 12월 15일 최고재판소에서 열렸다. 재판장은 최용건, 배심원은 내무상 방학세와 최고검찰소장 이송운이었다. 노동당의 중앙위원과 중앙당의 부장을 비롯해 내각의 부상 이상 간부, 시도 당위원장, 사회단체의 주요 간부 등 모두 천여 명이 당의 지시에 따라 재판을 지켜보았다. 사형과 함께 전 재산 몰수형을 선고했다. 하지만 바로 처형하지는 못했다. 간첩죄에 대한 분명한 증거가 없는 상태에서 처형할 경우, 소련과 중국의 반발이 예상되었기 때문이다.[51]

실제로 소련은 조사단을 보내 박헌영 사건에 대한 북한의 입장을 확인하기도 했고, 사형이 확정된 이후에도 당시 이와노프 평양 주재 대사를 통해 '박헌영을 죽이지 말고 소련으로 보내 달라'고 여러 차례 요청했다. 하지만 1956년 소련파와 연안파가 김일성의 개인 숭배에 대한 반대 움직임을 보이자 위기의식을 갖게 된 북한은 그해 7월 박헌영을 처형했다.

북한 외무성 부상을 지낸 박길룡의 증언이 1956년 7월에 처형했다는 것이다. 동유럽과 소련, 몽골을 방문하고 돌아온 김일성이 7월 19일 내무상 방학세에게 "그 이론가 어떻게 됐어?"라고 묻더니 바로 그날 중으로 처형하라는 명령을 내렸다는 것이다. 처형 직전 박헌영은 '부인 윤레나와 두 자식을 외국으로 보내겠다는 약속을 지키라'는 말을 김일성에게 남겨 놓았다고 전해진다.[52]

1956년 12월쯤 박헌영이 처형됐다는 증언도 있다. 북한 내무성의 부상을

---

51 강상호, "내가 치른 북한 숙청 (34)", 『중앙일보』, 1993. 8. 30.
52 임경석, 『이정 박헌영 일대기』, 역사비평사, 2004, 476~477쪽.

지낸 강상호의 얘기다. 1956년 12월 어느 날 김영철 내무성 중앙부장이 밤에 박헌영을 지프에 싣고 평양의 교외 야산으로 가 총살했다는 것이다. 내무상 방학세가 지켜보고 있었다고 한다.[53] 남로당 간부 출신 박갑동은 처형직전 박헌영이 "역사의 날조자, 혁명의 찬탈자, 민족의 반역자, 인민의 원수 김일성을 타도하라"라고 외쳤다고 전한다.[54]

　그런데 좀 더 따져 보면, 1956년 7월에 처형되었다는 주장이 옳은 것으로 보인다. 1956년 연안파·소련파 숙청 사건인 1956년의 '8월 종파사건' 이후 마오쩌둥이 개입했다. 마오쩌둥은 베이징에서 미코얀을 단장으로 한 소련 대표단과 최용건을 단장으로 한 북한 대표단을 차례로 만났다. 1956년 9월 18일 최용건을 만난 자리에서 마오쩌둥은 박헌영 사건에 대해 언급하면서 "당신들은 과거에 박헌영을 죽였다. 그는 남조선 인민의 지도자로서 절대로 죽여서는 안 되는 간부였다"라고 말했다.[55] 1956년 9월 18일 이전에 박헌영은 이미 처형된 것이다. 따라서 1956년 7월에 처형되었다는 박길룡의 증언이 맞다고 보아야 할 것이다.

3. 김일성 유일체제 확립 전략의 시발점

실제 김일성 세력은 한국전쟁 이전부터 숙청을 진행해 왔다. 1946년 초부터 진행된 오기섭 중심의 국내 공산 세력에 대한 견제와 숙청이 대표적이다. 이러한 숙청 작업은 1950년대 말까지 계속된다. 물론 김일성의 권력 기

53　강상호, "내가 치른 북한 숙청 (35)", 『중앙일보』, 1993. 9. 6.
54　박갑동, 『박헌영—그 일대기를 통한 현대사의 재조명』, 인간사, 1983, 279쪽.
55　「毛主席接見朝鮮代表團談話紀要」, 北京: 中南海頤年堂, 中國外交部案館 文書番號未附與, 1956年 9月 18日 22時 30分~24時, 백학순, 『북한 권력의 역사』, 한울, 2010, 177쪽 재인용.

반을 강화하기 위한 것이었다. 주한미국대사관의 보고서가 분석하고 있는 것처럼 투쟁의 장은 주로 당이었다. 당에서 핵심적 역할을 하는 세력을 형성하고 이에 방해가 되는 세력은 제거하고, 당의 이 핵심 세력이 다른 모든 세력을 휘하에 두고 다스리는 체제를 만들려는 것이었다.[56] 말할 것도 없이 그 핵심 세력은 김일성을 중심으로 하는 만주파였다.

이러한 장기 전략의 연속선상에서 추진된 것이 무정 숙청이었기 때문에, 무정 숙청은 김일성 세력에게 중대사였고, 따라서 그 시기도 중요할 수밖에 없었다. 최적의 시기에 추진해 효과적으로 마무리를 해야 하는 작업이었다. 그래서 한국전에 참전한 중국군에게 작전권을 넘겨준 뒤 곧바로 숙청 작업을 진행했다. 북한으로부터 작전권을 넘겨받은 중국이 남진 전략에 매진하고 있을 때 김일성은 정적 숙청을 단행한 것이다.

무정을 숙청한 이후 북한은 곧바로 사회 전체에 대한 혁명적 규율 강화 작업에 나섰다. 1950년 12월 21일의 조선노동당 중앙위원회 제3차 전원회의 직후 북한은 조선노동당 중앙위 조직위원회 제38차 회의(12월 23일)를 열고, 1951년 1~2월 사이 각급 당 단체 열성자회의와 초급 당 단체 당원총회를 대대적으로 진행했다. 이들 회의에서는 3차 전원회의에서 김일성이 내린 지시를 철저히 관철하기 위한 방안들이 논의되었다. 또 모든 분야에서 혁명적 규율을 보다 분명하게 하기 위한 결의들이 새삼스럽게 다져졌다. 3차 전원회의에서 김일성이 무정을 숙청하고 내린 지시가 "당 규률을 약화시키는 온갖 경향들과 무자비한 투쟁을 전개하며 당내에서 불순분자, 비겁분자, 이색분자들을 내쫓고 당을 강화하여야 한다"는 것, 모든 부문에서 당과

---

56 「Current Conditions and Trends within the North Korea Labor Party」, Foreign Service of the United States of America (from Seoul, Jan 7, 1950), The US Department of State Relating to the Internal Affairs of Korea, p. 7.

정부의 결정이 제때 집행되도록 하는 것이었다.[57] 결국은 무정 숙청 이후 김일성 세력을 중심으로 북한사회를 결속하는 작업이 1950년 말~1951년 초 사이에 전 사회적으로 진행된 것이다.

무정을 제거한 북한은 허가이, 박일우, 박헌영를 잇따라 숙청했고, 그 연장선상에서 최창익, 김두봉 등도 1950년대 중·후반까지 모두 제거했다. 1956년 '8월 종파사건'으로 연안파와 소련파를 제거함으로써 해방 직후 만주파와 함께 북한의 국가 건설 과정에서 주역 경쟁을 벌이던 연안파와 소련파, 국내파를 모두 북한정치의 주요 무대에서 퇴출시켰다. 이러한 과정을 거쳐 북한은 1961년 9월 조선노동당 제4차 대회를 '승리자대회'로 이름 붙이면서 반종파투쟁의 완결을 선언할 수 있었다.

김일성의 유일지도체제 수립은 정치, 경제, 사회, 사상 등 많은 영역에서 동시에 진행되었지만, 그 과정에서 김일성의 경쟁 상대가 될 만한 거물 정적과 그의 세력에 대한 숙청 작업도 중요한 역할을 했다. 순서상으로 본다면 가장 먼저 오기섭을 권력 중심에서 몰아내고, 무정을 숙청한 다음, 박일우·허가이를 제거했고, 이후 박헌영을 위시한 남로당파를 제거한 뒤, 1956년 8월 종파사건으로 연안파와 소련파를 대거 숙청했으며, 1967년에는 박금철 중심의 갑산파에 대한 숙청을 단행했다. 따라서 무정 숙청은 지금까지도 그 골격을 유지하고 있는 김일성 유일체제 수립의 중요한 시발점이 되었다고 할 수 있다.

한국전쟁의 한가운데서 실시된 무정에 대한 숙청은 장기적 관점에서 진행된 김일성 유일체제 확립 전략이 출발하는 지점이었다고 할 수 있다. 결국 무정의 숙청은 지금까지 계속되고 있는 북한의 유일지도체제를 형성하는 데 있어서 초기의 중요한 동력을 제공한 북한정치사의 주요 사건이라고

---

57 사회과학원 력사연구소 편, 『조선전사』 26, 평양: 과학·백과사전출판사, 1981, 239·242쪽; 『조선전사』 27, 79쪽.

할 수 있다. 다른 측면에서 보면, 무정을 숙청하는 데 실패했더라면 이후 이어지는 연안파의 또 다른 리더 박일우, 소련파의 수뇌 허가이, 남로당의 지도자 박헌영 등에 대한 숙청을 단행하는 데 큰 어려움을 겪었을 것으로 보인다. 이런 상황은 김일성의 유일지도체제 형성에도 커다란 영향을 주었을 것으로 여겨진다.

제6장

무정의 정치 노선

해방 정국 이북 지역 정치의 중심에 있었고, 초기 북한 군부의 핵심 인물이었던 만큼 무정은 국가 건설 전략, 분단의 극복 등에 대한 다양한 생각을 가지고 있었다. 무정이 김일성과 갈등, 반목하게 된 데에는 그들 사이의 이념과 노선 차이도 중요하게 작용했다.[1]

무정은 기본적으로 누구보다 철저한 민족주의자였고 좌우익을 막론하고 완전한 독립을 위해서는 공동전선을 형성해야 한다는 민족통일전선론을 주장했다. 제국주의의 침략을 극복하기 위해서는 약소국이 힘을 합쳐야 한다는 국제연대주의자였고, 직업과 신분 등에 따른 차별은 전혀 인정하지 않는 절대적 평등주의 노선을 견지했고, 대화를 통한 평화통일론을 주장하기도 했다.

---

1 이 장의 내용은 필자의 논문 "무정의 정치노선 연구"(『통일정책연구』 24-2, 2015) 제3장의 내용을 수정, 보완한 것이다.

1. 철저한 민족주의

무정은 철저한 공산주의자라기보다는 철저한 민족주의자였다. 김일성도 민족주의적인 요소를 가지고 있었지만 무정이 훨씬 강한 민족주의 성향을 보였다. 해방 후 귀국해 북한 지역을 순회하면서 '독립을 방해하는 자는 대포를 쏘아 없애겠다'는 과격한 표현까지 사용하며 연설한 데에서 그의 철저한 민족주의 의식은 단적으로 표현되었다. 조국의 완전한 독립보다 앞서는 가치가 무정에게는 없었고, 민족의 독립과 완전한 자치가 무정의 이념과 정치 노선의 기본 바탕을 이루고 있었던 것이다.

해방 직후 조선의용군을 서울까지 진주시켜 시가행진을 벌일 계획을 세우기도 했고, 남북한이 각각 군대 건설에 나설 때에는 '국방군이건 인민군이건 다 민족의 군대이기 때문에 서로 합쳐야 한다'고 주장하기도 했다.[2] 남북한은 한 민족이고 서로를 구분하는 것은 무의미하다는 주장을 하고 있었던 것이다. 이러한 단순하면서도 근본적이고 철저한 민족주의가 무정의 기본적인 노선이었다.

무정은 한국에서 공산주의를 실현하고 싶어 했지만 '한국만의 공산주의(communism for Korea only)'를 갈망했다. 해방 직후 북한에서 활동하면서 그가 가지게 된 불만은 두 가지였다. 하나는 소련의 점령, 다른 하나는 성에 차지 않는 직책이었다.[3] 소련이나 다른 나라에 의해 이식되고 지원되는 형태의 공산주의는 원하지 않았다. 그런 점 때문에 그는 스탈린의 내정 간섭에 반대하며 독자적 사회주의를 추구한 유고슬라비아의 티토와 유사한 것

---

2 최태환·박혜강, 『젊은 혁명가의 초상—인민군 장교 최태환 중좌의 한국전쟁 참전기』, 공동체, 1989, 50쪽.
3 「G-2 Weekly Summary」, HQ, USAFIK, 6 August 1948-13 August 1948, p. 33.

으로 분석되기도 했다.[4] 직책과 관련해서 무정은 스스로가 북한의 인민위원장이나 군의 최고사령관은 되어야 한다고 생각했다.[5] 하지만 소련은 김일성을 선택했고, 무정을 지지하지 않았다. 이러한 이유들 때문에 소련을 등에 업고 자신의 지배 체제를 공고화해 갔던 김일성과 무정의 갈등은 심화될 수밖에 없었다.

그가 소련 철수 이후에 북한정부 전복을 시도하려 했다고 하는 것도[6] 소련에 의해 이식된 공산주의체제 척결 차원으로 이해할 수 있다. 물론 김일성과의 경쟁의식에 기반한 그의 집권 욕구도 작용했겠지만, 보다 근본적으로는 이러한 민족주의적 인식이 근저에 있었던 것으로 보인다. 무정은 귀국 직후 조선공산당 북부조선분국의 간부부장이 되면서 북한 지역에서 본격적인 공산주의 활동을 하면서도 남한에서 결성된 '신탁통치 반대 국민총동원위원회'의 중앙위원이 되었는데, 이 또한 자주와 독립을 최우선적 가치로 생각했기 때문에 나온 결정으로 보인다. 모스크바3국외상회의에서 신탁통치가 결정되었다는 소식이 외신으로 서울에 전해진 것은 1945년 12월 27일, 다음 날인 28일 남한의 대한민국임시정부는 국무회의를 열고 반탁운동에 들어갔다. 이날 밤 정당과 사회단체들의 의견을 모아 '신탁통치 반대 국민총동원위원회'의 구성을 결의했다. 29일에는 위원회의 조직이 구성되고, 30일에는 위원장과 부위원장, 76인의 중앙위원이 선정됐다. 당시 위원회의 지도부는 아래와 같이 구성되었다.

---

4 「G-2 Periodic Report」, HQ, USAFIK, 2 February 1949. p. 4.

5 「G-2 Weekly Summary」, HQ, USAFIK, 6 August 1948-13 August 1948, p. 13.

6 「G-2 Weekly Summary」, HQ, USAFIK, 6 August 1948-13 August 1948, p. 33. 이 내용에 대해서는 4장 3절에 자세히 설명되어 있다.

위 원 장: 권동진

부위원장: 안재홍, 김준연

비 서 장: 서충세

중앙위원: 오세창, 권동진, 김창숙, 오하영, 홍명희, 조만식, 김동원, 김성수,
　　　　　강기덕, 양근환, 박열, 함태영, 이종욱, 정광조, 김호, 김선양, 김석황,
　　　　　서충세, 연동호, 이규채, 한남수, 정영택, 이득계, 손후익, 김양수,
　　　　　백인제, 안재홍, 백남훈, 원세훈, 명제세, 이규갑, 김려식, 홍남표,
　　　　　박헌영, 한일, 김세용, 이을규, 박현호, 김기유, 백세명, 김두봉,
　　　　　김무정, 김진호, 이동산, 소완규, 김창수, 김상근, 신백우, 임영신,
　　　　　한강현, 박용희, 김인식, 김법린, 최준모, 이군오, 이인숙, 정인회,
　　　　　김승학, 김예진, 노기남, 박한영, 정인권, 김활란, 최규동, 주각경,
　　　　　이극로, 정인보, 김상필, 방응모, 이종영, 김과백, 김준연, 김약수,
　　　　　서정희, 박완, 이강훈[7]

　북한에 있는 좌익 계열의 인물을 포함해 76명이 중앙위원으로 선정된 것
인데, 무정은 김무정이라는 이름으로 42번째 순서에 올라 있다. 북한의 조
선공산당 북조선분국은 12월 30일쯤 찬탁으로 돌아섰고, 남한의 좌익 인사
들도 1946년 1월 2일부터는 찬탁 입장이 되었다. 소련으로부터 찬탁 지령이
내려졌기 때문이라는 것이 정설이다.[8] 무정도 북한에 있었던 만큼 실제로
반탁운동을 하지는 못했다. 하지만 많은 좌익 인사들처럼 무정도 해방된 조
국이 다시 다른 나라의 신탁통치를 받는 것에 대해 애초에는 반대했음을 '신
탁통치 반대 국민총동원위원회' 중앙위원 선정을 통해 분명히 알 수 있다.

7　『서울신문』, 1946. 1. 1., 경교장복원범민족추진위원회 엮음, 『비운의 역사현장 아! 경교장』, 백
　　범사상실천운동연합, 2003, 255쪽 재인용.
8　서중석, 『한국현대민족운동연구』, 역사비평사, 1991, 266·318쪽.

소련군정하의 북한에서 민족주의적 성향을 지니는 것은 매우 어려운 것이었다. 1947년 인민군의 초기 형태인 보안간부훈련대대부 간부로 근무하던 최태환(한국전쟁 당시 인민군 제6사단 정치보위부 책임장교)이 경험한 일이다. '토요강좌'라고 해서 간부들이 당에서 나온 고위급 강사들의 강의를 들어야 했다. 하루는 나남시 당위원장 김일규가 강의를 했다. 소련군이 해방의 은인이라는 내용이었다. 최태환은 손을 들고 우리 민족의 독립운동을 너무 과소평가하는 것 아니냐, 소련은 미국을 견제하기 위해 북한에 들어온 것 아니냐고 물었다. 장내가 갑자기 싸늘해졌다. 이후 많은 비판을 받아야 했다.[9]

당시의 분위기가 이런 것이었다. 조선의 발전보다는 국제주의적 관점에서 세계 사회주의혁명의 완성이 우선시되었다. 이를 위해서 미국의 식민주의를 몰아내야 하고, 그러기 위해서는 소련을 지지해야 한다는 것이 당시 북한사회를 지배하는 노선이었다. 소련과 스탈린에 대해 경의를 표하지 않는 것은 불온시되었다. 이런 상황에서 무정은 소련 지배를 반대하고 있었다. 그것이 얼마나 공개적으로 표현되었는지는 분명치 않지만, 미군정이 파악하고 있을 만큼 그의 반소련 입장은 알려져 있었다.

무정은 중공군 휘하에서 조선의용군을 운용하면서도 중공의 도움에만 의지하지 않고 식량과 생필품 등 필요한 것을 스스로 생산해 사용했다. 이러한 무정의 방침은 생산 활동보다는 군사 훈련과 정치 학습에 시간을 써야한다는 최창익의 노선과 충돌하기도 했다. 먹고 쓰는 것을 스스로 해결하려는 무정의 생각은 자력갱생의 정신에서 온 것이었다. 민족 독립을 실현하기 위해서는 자력갱생을 우선 실행해야 한다는 인식이었다.[10] 이러한 의식은 타국에 조금도 의존하지 않고 완전한 민족의 독립과 자립을 실현하려는 철

---

9 한상구, "한국현대사의 증언—6·25와 빨치산: 팔로군 출신 방호산 사단 정치보위부 최태환의 증언", 『역사비평』 4, 1988, 376쪽.
10 염인호, 『조선의용대·조선의용군』, 독립기념관 한국독립운동사연구소, 2009, 221쪽.

저한 민족주의와 연결되어 있다고 하겠다.

1941년 화북조선청년연합회 창설 당시의 강령도 "일본제국주의하의 조선통치를 전복하고 조선 민족의 독립된 자주공화국을 건설할 것"이라며 독립과 민족 자주를 강조했을 뿐 사회주의나 공산주의를 언급하지는 않았다. 실제로 당시 연합회는 이념적 지향을 불문하고 중국 화북지방에 있는 한인 청년들을 한데로 모아 조선의 독립을 위한 운동을 본격화하는 것을 가장 중요한 목표로 삼고 있었다.[11]

무정이 6인 중앙상임위원 가운데 한 사람으로 참여한 화북조선독립동맹도 '전 국민의 보통선거에 의한 민주 정권의 수립', '언론, 출판, 집회, 결사, 신앙, 사상, 파업의 자유 확보' 등을 핵심 강령으로 내세우면서 부르주아민주공화국 수립을 제1목표로 삼고 있었다. 또한 이를 위한 전 조선 민중의 반일투쟁을 주요 행동 강령으로 가지고 있었다.[12]

김두봉도 해방 후 조선독립동맹 활동을 회고하면서 "세인들은 말하기를 중국공산당 구역에서 성립한 조선독립동맹 맹원들은 물론 다 공산당원이 되었을 것이다 하지마는 이것은 그 진상을 모르고 하는 말이다"라고 말했다.[13] 독립동맹이 공산당 조직이 아니며, 중국공산당의 도움을 받고 항일활동을 했지만 그 속에는 비공산당원들이 포함되어 있음을 분명히 밝힌 것이다.

최창익은 독립동맹의 성격을 한 계급의 기초 위에 건설된 계급정당이나 한 계급의 이익만을 위해서 생긴 존재가 아니라 "조선 민족의 해방과 독립을 위하야 조직된" "반일민족통일전선의 성질을 갖는 군중적 혁명단체"라고 설명했다.[14] 화북조선독립동맹의 구성원들은 공산주의자들이 중심을 이

---

11 김준엽·김창순, 『한국공산주의운동사』 5, 청계연구소, 1986, 104쪽.
12 위의 책, 130쪽.
13 김두봉, "조선독립동맹의 회고와 전망", 『북한관계사료집』 31, 국사편찬위원회, 1999, 257쪽.
14 최창익, "연안시대의 독립동맹", 『독립신보』, 1946. 5. 25.

루고 있었지만 공산당 조직은 아니었고, 그 지향점도 공산주의와는 구분되는 민족의 자주독립을 목표로 한 통일전선조직이었다.

실제로 무정은 화북조선독립동맹이 결성되기 훨씬 전부터 조국의 자주독립을 위한 활동을 생각하고 있었다. 홍군과 팔로군에서 정열을 바쳐 항일투쟁을 한 것도 중국 독립을 거쳐 조선의 독립을 이룰 수 있다는 생각을 가졌기 때문이다. 이러한 생각은 1937년 1월 서휘를 만났을 때 분명하게 피력되었다. 서휘는 1936년 중국공산당에 가입한 뒤 시안西安의 장쉐량張學良 부대로 파견되었다가 시안사변에 가담한 뒤 1937년 1월 옌안으로 들어갔다. 거기서 먼저 와 있던 무정을 만났는데, 그 자리에서 두 사람은 당시의 정세와 조선의 앞날에 대한 의견을 나누게 되었다. 무정은 이렇게 말했다.

우리는 많은 조선족 청년을 홍군 근거지로 끌어들여야 하오. 홍군은 하나의 혁명대학이요. 그들은 이 혁명대학에 와서 혁명리론을 배우고 군사리론과 군사기술을 배워야 하오. 우리는 화북에서 류랑하고 있는 조선족 청년들을 여기에 불러들여야 하고 동북과 화중, 화남에서 방황하는 조선족 청년들을 여기에 불러들여야 하오. 그러자면 우리는 중국공산당의 령도를 받아야 하고 홍군과 어깨 겯고 싸워야 하오. 중국 사람들은 꼭 중국을 일본 침략자의 마수에서 구해 내고야 말 것이요.[15]

중국공산당과 홍군에서 싸우지만 추후에는 홍군에서 배운 것을 조선 독립에 활용할 것이며 이를 위해서는 많은 한인 청년들을 홍군으로 끌어들여야 한다는 얘기였다. 실제로 당시 중국에 건너간 많은 한인 청년들은 여러 지역에 흩어져 살면서 행동의 방향을 설정하지 못하고 갈 곳을 몰라 방황하

---

15 김순기, "조선의용군 사령 무정 장군", 김양 주편, 『항일투쟁 반세기』, 선양: 료녕민족출판사, 1995, 454쪽.

고 있었다. 그래서 무정은 서휘, 진광화, 성치백 등과 함께 신문에 글을 발표해 조선 청년들에게 항일을 호소하고, 홍군 근거지로 찾아와 혁명과 군사를 배울 것을 역설하기도 했다.[16] 궁극적인 목표 지점인 조선 독립을 향하고 있는 그의 민족주의적 성향이 1940년대 구체적으로 한인단체 활동을 하기 이전부터 분명했음을 여실히 알 수 있다.

무정은 해방 후 북한에 들어가 활동하면서 가까운 사람에게는 자신이 원래는 공산주의자가 아니라고 말했다고 한다. 평양에서 무정의 친조카 김의식과 같은 하숙집에서 살던 이경남이 전하는 바에 의하면 무정은 원래 공산주의자가 아닌데 독립운동 하러 중국에 들어갔다가 어떻게 옌안까지 들어가는 바람에 공산주의자가 되었다고 말했다고 한다.[17] 그의 중국 망명 과정과 망명 이후의 활동을 보아도 무정이 공산주의 이론에 대한 공부를 심층적으로 해서 공산주의자가 되고 그에 따라 중국공산당을 찾아간 것은 아니다. 중국으로 망명해서 일제와 싸우는 길을 찾았고, 그 과정에서 국민당보다는 중국공산당에 끌려 그쪽에 참여한 경우이다. 실제 그의 발언에서도 그러한 면을 확인할 수 있다. 1944년 8월 1일 중국공산당군의 창설 17주년을 기념하는 행사에서 무정은 다음과 같이 말했다.

조선은 나라를 잃은 지 이미 30여 년이 되었다. 조선 인민들은 일본의 야만적 통치자에 의해 일체의 자유를 박탈당하고 자신의 문자를 배울 수 없고 사용할 수도 없으며 어떠한 말할 권리도 없다. 그러나 오늘날 우리는 중국공산당이 영도하는 항일민주근거지에서 오히려 중국 인민과 같은 민주 자유를 얻고, 우리를 도와 조선독립동맹을 건립했으며, 우리에게 많은 귀한 적과의 투쟁 경험을 알려 주었다. 중국공산당과 팔로군, 신사군은 그들 자신의 민족해방을 위해

---

16 위의 글, 455쪽.
17 조규하 외, 『남북의 대화』, 고려원, 1987, 173쪽.

분투할 뿐 아니라 일체의 역량을 이용하여 조선의 독립운동을 도와주고 있다. 나는 국민당이 통치하는 지역도 지나왔는데, 그곳은 완전히 다르다. 국민당은 조선 혁명가와 혁명전사를 옥에 가두고, 고춧가루물을 강제로 부었다. 우리는 일본제국주의의 잔혹한 폭정통치를 지긋지긋하게 겪었다. 우리를 감옥에 가두고, 고춧가루물을 마시게 했다. 국민당도 또한 똑같은 방법으로 우리를 대했다. 이 몇 가지 차이점으로 비교할 때, 중국공산당, 팔로군, 신사군, 항일민주정부만이 진정한 마음으로 조선의 독립에 관심을 가진다는 사실을 우리로 하여금 확실하게 인식하게 한다. 그러므로 우리는 중국 백성과 마찬가지로 중국공산당, 팔로군, 신사군, 항일민주정부를 결연히 지지해야 한다.[18]

실제로 무정은 국공합작 시기였던 1926년 국민당군에 참여했었는데, 이당시 국민당의 행태에 회의를 느끼고 1927년부터 공산당 활동에 적극 참가했다. 이념보다는 한인들에 대한 태도, 조선 독립에 대한 관심 측면에서 공산당이 낫다고 판단해 중국공산당에 몸담게 된 것이다. 이후 전투 능력을 인정받아 중국공산당군에서 중요한 위치를 차지하게 되고, 그러면서 자연스럽게 공산주의자가 된 것이다.

전 세계 공산주의혁명 활동을 지도하던 코민테른은 1943년 해체되었다. 이 즈음인 1943년 6월 옌안의 『해방일보解放日報』 기자가 무정을 인터뷰했다. 당시 무정은 "어떤 사람들은 국제공산당이 해산된 후부터 각국의 혁명은 본국 공산당의 령도를 받아야 하는데 조선에는 공산당이 없으니 조선의 해방운동이 희망이 없게 되었다고 여긴다. 이런 견해는 옳지 않다. … 금후의 조선해방투쟁에서 조선혁명단체는 단결을 가일층 강화해야 한다. 단체끼리 단결하여 전 민족의 단결을 이룩함으로써 조선민족해방의 승리의 날

---

18 『晉察冀日報』 1944. 8. 8., 우병국 외, 『북한체제 형성과 발전과정 문헌자료—중국·미국·일본』, 선인, 2006, 75쪽 재인용.

을 앞당겨야 한다"라고 말했다.[19] 해방운동은 민족의식을 분명하게 가지고 있는 단체들이 결속해 이룩할 수 있는 것이고, 공산당 조직이 반드시 필요한 것은 아니라는 인식을 확연하게 보여 주고 있는 것이다.

조선공산당은 1925년 창당된 뒤 1928년 7월 간부들이 대부분 체포되어 해체된 상태였다. 다만 박헌영이 지도하는 서울콤그룹만이 지하에서 활동하고 있었다. 이러한 상황을 무정도 인지하고 있었을 것으로 보인다. 그런 상황에서 무정은 비록 조선에 공산당 조직이 없더라도 독립과 해방을 위해 투쟁하는 단체들이 하나로 뭉쳐 대일투쟁을 강화하면 독립을 반드시 이룰 수 있을 것이라는 확신을 가지고 있었던 것이다.

조선독립동맹에서 윤함구공작위원회 책임자로 활동하던 무정은 1945년 4월 국내로 공작원을 파견해 여운형과 연락을 취했는데, 여기서도 공산주의보다는 진보적 민주주의를 강조했다. 당시 무정은 "조선에는 무산계급혁명 단계가 아니고 공산당의 명칭을 가지고 나갈 단계가 아니기로 조직을 독립동맹이라 하고 진보적인 민주주의 강령을 제거提擧하였으니 앞으로 입국하여서도 건국동맹이라는 이념과 실천이 모든 점에서 완전히 합류된 것"이라는 내용을 여운형에게 전달했다.[20] 역시 공산주의라는 이념을 내세우는 것보다는 국내의 세력과 합세해 민주적 국가를 건설하는 것이 가장 중요한 과제라는 메시지였다.

해방 후 1945년 12월 13일 북한으로 돌아온 조선독립동맹의 주역들은 한 달 정도 정세를 관망한 다음 자신들의 입장을 처음으로 밝혔다. 이때까지만 해도 조선신민당이 창당되기 전이었고, 무정도 조선독립동맹의 집행위원으로 있었다. 1946년 1월 발표한 첫 성명서에서 조선독립동맹은 "우리는

---

19 『解放日報』, 1943. 6. 16., 림선옥, "전설적 영웅 무정 장군", 김호웅·강순화, 『중국에서 활동한 조선-한국 명인 연구』, 옌지: 연변인민출판사, 2007, 537쪽 재인용.
20 『조선인민보』, 1946. 8. 12., 심지연, 『조선신민당 연구』, 동녘, 1988, 40쪽 재인용.

일개인의 이익을 집단적 이익에 종속시키고 집단적 이익은 민족적 이익에 종속시켜야 할 것이다. 또 그리하는 한에 있어서만 각 개인의 이익은 단체의 이익과 일치할 것이며 각 단체의 이익은 민족의 이익과 부합될 것이다"라고 강조하고 있다.[21] 개인도 단체도 민족의 이익 앞에서는 양보하고 희생해야 함을 역설한 것이다.

무정은 김일성이 북한 사회주의 건설의 중요한 단계로 1946년 3월 전격 단행한 '무상몰수 무상분배' 원칙의 토지개혁에 대해서도 전적으로 찬성하지는 않은 것으로 보인다. 무정이 처음으로 공식 석상에서 비판을 받은 것이 1948년 3월 북조선노동당 제2차 당대회에서였는데, 이유가 황해도 토지개혁을 책임지고 있을 당시 지도를 제대로 못해서 지주들이 계속 농촌에 남아서 농민을 억압하고 농민들의 근로의욕을 떨어뜨렸다는 것이었다.

북한의 토지개혁은 크게 다섯 가지 내용으로 되어 있었다. 첫째, 무상몰수 무상분배의 원칙 아래 시행되었다. 둘째, 몰수 대상은 5정보(15,000평) 이상의 지주 소유지였다. 5정보 이상은 땅을 직접 자기 힘으로 경작하는 사람이 거의 없다는 현실을 반영한 결정이었는데, 당시 5정보 이상을 소유한 지주는 44,000호에 이르렀다. 5정보가 안 되더라도 전부 소작을 주는 토지와 계속 소작을 주는 토지도 몰수 대상이었다. 물론 일본인이나 민족반역자 소유의 토지도 몰수되었다. 셋째, 분배의 대상은 토지가 없거나 적은 농민이었다. 넷째, 분배의 기준은 농가별 가족 노동력이었다. 가족의 수와 연령을 고려해 분배한 것이다. 18~60세 남자는 1점, 18~50세 여자도 1점, 10~14세 소아는 0.4점 등으로 점수를 매겨 그 점수에 따라 토지를 나누어 주었다. 다섯째, 토지를 몰수당한 지주는 다른 지역으로 이주하도록 했다.

이와 같은 내용의 토지개혁은 1946년 3월 8일~30일 3주간의 짧은 기간

21 「조선동포에 고함—독립동맹 귀국 제1성」, 『북한관계사료집』 31, 국사편찬위원회, 1999, 135쪽.

에 완료되었다. 그 결과 지주들의 토지 100만 325정보가 몰수되어 토지가 없거나 적은 72만 4,522호의 농민에게 분배되었다. 지주들의 반발이 없지 않았다. 지주들이 인민위원회를 습격하기도 하고, 함흥 등에서는 토지개혁 반대시위도 발생했다. 지주를 이주시킨 것은 지주들의 불만이 고조되어 있는 상황에서 농민들과의 충돌을 사전에 예방하기 위한 것이었다.

이처럼 전격적으로 시행된 북한 토지개혁의 성공을 위해서는 지주의 이전도 중요한 부분이었다. 이 부분이 제대로 이행되지 않으면 무상몰수 무상분배 원칙하의 북한 토지개혁에 상당한 문제를 유발하는 것이었다. 그런데 무정은 이런 부분에 대해 철저하게 지도하지 않은 것으로 보인다. 그래서 비판을 받은 것이다. 당시 토지개혁은 '민주개혁'의 가장 중요한 부분이었고, 북한이 사회주의로 나아가는 데 있어서 중요한 변곡점이었다. 무정의 토지개혁에 대한 소극적인 태도는, 그의 관심이 사회주의 건설보다는 다른 이슈, 즉 완전한 독립과 같은 데에 있었음을 말해 주는 것이기도 하다.

무정과는 다른 길을 택한 김두봉과 최창익 등은 1946년 2월 조선신민당을 창당하고, 이후에 북조선공산당과 합당하는데, 조선신민당이 내세운 이념은 연합성 신민주주의였다. 공산주의와 민족주의를 융합한 형태였다.[22] 공산주의자이면서 철저한 민족주의의 노선을 견지한 무정과 유사한 이념 지향을 가지고 있던 것이다. 조선신민당의 이념을 정리하는 데 주도적인 역할을 한 사람은 최창익이었다. 그런데 최창익은 당초 중국에서 혁명운동을 할 당시 계급전선을 고집하던 인물이었다. 민족을 초월한 무산자계급의 연합과 공동투쟁이 혁명의 중심 노선이 되어야 한다는 것이었다. 하지만 이러한 노선이 항일운동의 과정에서 민족주의를 수용하는 노선으로 수정되었다. 이러한 변화에 무정도 일정 부분 역할을 한 것으로 보인다.[23] 둘 사이

---

22 백남운, 『조선민족의 진로』, 신건사, 1946, 24쪽.
23 조동걸, "조선의용군 유적지 태항산·연안을 찾아서", 『역사비평』 20, 1992, 400쪽.

가 좋지는 않았지만, 무정의 강한 민족주의 입장이 최창익의 노선에 무언중 영향을 주었을 가능성이 있는 것이다.

2. 민족통일전선론

무정이 공산주의보다 민족을 앞세운 것은 독립에 대한 열망 때문이었다. 이 러한 독립에 대한 열망은 독립을 위한 항일전선의 통일에 대한 강조로도 표 출되었다. 무정이 1941년 화북조선청년연합회를 구성한 것도, 화북조선 독립동맹 결성에 적극 참여한 것도, 이러한 통일전선 구축의 일환이었다. 1941년 7월 화북조선청년연합회 옌안 지부를 구성하는 자리에서 무정은 그 동안의 민족해방운동이 단결 정신을 발휘하지 못하고 의견 차이에 따라 무 원칙하게 파벌 투쟁을 해서 적을 돕게 되었다고 말했다.[24] 이러한 비판의식 에서 민족통일전선을 추진한 것이다. 연합회라는 이름을 붙인 것 자체가 이 념과 노선이 다른 세력이 하나의 단체를 구성했다는 의미이기도 했다. 연합 회의 주요 참여자 가운데 윤세주, 박효삼 등은 공산주의자가 아니었다. 물론 중국공산당원도 아니었다. 이런 세력들을 모두 한데 모아 한인단체를 형성 할 필요성에 따라 청년연합회라는 포괄적 성격의 명칭을 사용한 것이다.

화북조선독립동맹이 결성된 이후 실제로 통일전선 구축을 위한 여러 시 도들이 관찰된다. 우선 독립동맹은 통일전선의 구체적인 대상으로 충칭의 대한민국임시정부와 만주에서 항일 빨치산 활동을 하고 있는 조선 의용군, 한반도 내의 지하혁명조직을 상정하고 있었다.[25] 여기서의 조선 의용군은

---

24 鐸木昌之, "잊혀진 공산주의자들—화북조선독립동맹을 중심으로", 이정식·한홍구 엮음, 『(조 선독립동맹 자료 I) 항전별곡』, 거름, 1986, 82쪽.
25 위의 논문, 82쪽.

옌안 지역의 조선의용군과는 무관한 것으로, 김일성이 이끄는 무장투쟁 조직을 이르는 것이었다. 고유명사가 아니라 보통명사로 조선인 의용군이라는 의미이다. 미美 전략정보국(OSS)도 독립동맹이 지하공작을 광범위하게 벌이면서 국내와 만주의 혁명 그룹과 연계를 유지하고 있었던 것으로 파악하고 있었다.[26]

특히 대한민국임시정부와의 연대가 우선적으로 추진되었던 것으로 보이는데, 예컨대 1941년 10월 옌안에서 개최된 '아시아 각 민족 반파쇼 대표대회'에서는 임시정부 김구 주석의 자리가 명예주석단에 마련되어 있었다. 여기에 화북조선청년연합회 대표로 무정이 참석했다. 중국공산당이 마련한 행사지만, 당시 중국공산당의 일차적인 협의 대상이 무정이었음을 감안하면, 김구 주석의 자리 마련과 같은 문제도 무정과 충분히 협의되었을 것으로 보인다. 독립동맹 진시베이晉西北 지부 창립대회에는 쑨원과 장제스, 마오쩌둥, 일본의 공산주의 지도자 카타야마 센片山潛과 함께 김구의 초상화도 걸려 있었다.[27] 독립동맹이 우파인 대한민국임시정부의 입지를 인정하고 대화와 연대의 대상으로 여겼음을 분명히 보여 주는 것이다. 여기에 대한 화답으로 임시정부 국무위원 장건상이 옌안으로 가서 임정과 조선독립동맹 사이의 통일전선 형성에 합의를 했고, 다시 이를 완결하기 위해 김두봉 독립동맹 주석이 충칭으로 가기로 합의하기도 했다.

하지만 1943년부터는 임정과 독립동맹·조선의용군 사이에 독립운동의 주도권 장악을 위한 줄다리기가 시작됐다. 1943년 3월 광복군 부사령관 김원봉은 독립동맹을 조선민족혁명당으로 복원하고, 조선의용군은 광복군

---

26 「Background for PW Against Koreans in Manchuria and North China」, National Archives and Records Administration, RG 226, Records of Major Field Offices and Bases of Operation 1940-49, Washington Registry SI Intelligence Field Files, Entry 108, Wash-Reg-Int-36, Box 163.

27 鐸木昌之, "잊혀진 공산주의자들―화북조선독립동맹을 중심으로", 83쪽.

제1지대로 개편하라고 명령했다. 1945년 1월에는 김원봉이 독립동맹 주석 김두봉에게 편지를 보내 독립동맹을 조선민족혁명당 화북 지부로 개편하라고 요청했다. 1945년 4월 임시의정원 회의에서 독립동맹에 임정의 대표를 파견해야 한다고 주장하기도 했다. 이에 대해 조선의용군과 독립동맹 측에서는 무정이 김원봉에게 답장을 보내 "만약 혁명을 영도하고 싶으면 연안으로 오라. 그렇지 않으면 영도를 받을 사람이 없다"고 반박했다.[28]

독립동맹과 조선의용군이 임시정부를 중앙조직으로 인정하지 않게 된 것인데, 이러한 현상은 차츰 더 분명해졌다. 임정을 많은 독립운동단체 가운데 하나로 본 것이다. 그 연장선상에서 임정과 연대를 하는 경우에도 대등한 입장에서 통일전선을 구축하려 했고, 통일전선 구축 과정에서 독립동맹은 주도적 역할을 하려 했다.[29] 연대의 가능성을 열어 놓긴 했지만 독립동맹과 임정의 관계는 소원해질 수밖에 없었다. 이러한 독립동맹의 입장은 해방 후인 1946년 1월 『조선인민보』와의 회견에서 밝힌 무정의 의견으로 여실히 드러났다. 그는 아래와 같이 직설적으로 임정을 평가했다.

문: 임시정부에 대해서는 어떻게 보나.

답: 그 명사名詞를 보면 정부이나 본질은 정부가 못 된다. 정확히 규정하면 임시정부라는 것은 하나의 고유명사밖에 안 되는 망명정객에 의한 집단이다. 첫째로 3·1운동 당시 오늘과는 4반세기의 시간이 지났다. 이것을 덮퍼놓는다 치드라도 오늘까지 국내 국외의 혁명집단에 대해서 정권으로서의 보장 역할을 하지 못하였다. 간판을 중요시하는 것은 사대사상이다. 둘째로 정권이란 민족의 대표일 것인데 일본제국주의 반대투쟁에 민족을 대표해서 실천한 것이 없

---

28 추헌수 편, 『(자료) 한국독립운동』 2, 연세대출판부, 1972, 81쪽.
29 정병준, "해방 직전 임시정부의 민족통일전선운동", 한국근현대사학회 편, 『대한민국임시정부 수립 80주년 기념논문집』 (하), 국가보훈처, 1999, 581쪽.

다. 테러리즘인 윤봉길 사건 하나뿐이다. … 본질적으로 내용을 갖지 못하였으니 정부도 될 수 없고, 또 정부라고 자칭하니 단체로 보기도 어렵다. 결국 죽도 밥도 아니다. 객관적으로 보면 앞에 말한 바와 같이 기개인의 망명가 집단인 것이다.[30]

조선의용대 화북지대가 결성된 이후 만주에 있는 김일성 항일조직과도 연대를 시도했다. 일제의 경찰 자료를 북한의 자료가 인용하면서 그런 내용을 밝히고 있는데, 구체적인 내용은 이렇다.

—조선의용군 화북지대의 동정—

… 1941년 5월, 6월경에 새로 조선의용군 화북지대를 편성하였다. …

그 후 경한선 일대의 우리가 점령한 지역을 목표로 하여 동지 획득, 각종 모략 선전에 광분하는 것과 함께 재만 불령선인 김일성과의 제휴, 선내 동지와의 련락 등 공작 중인바… "우리들은 내부의 단결을 굳게 하고 화북조선동포 20만, 동북(만주), 국내(조선)의 혁명인사 및 혁명단체, 무장대오를 련합하여 조선민족해방을 위하여 시종일관하게 반일투쟁을 견지한다" 운운의 선언 발표… (황해도 경찰부 고등경찰과, 1943년 2월)[31]

여기서 말하는 조선의용군 화북지대는 1941년 7월 출범한 조선의용대 화북지대일 것이다. 구체적인 내용을 밝히지 않고 있지만, 조선의용대 화북지대가 김일성과 협력을 도모했음을 말하고 있다. 이러한 관계는 조선의용대 화북지대의 후신인 조선의용군 시대에도 지속되었을 것으로 추정해 볼

---

30 "무정 장군 회견담", 『조선인민보』, 1946. 1. 14.
31 김일성, 『세기와 더불어』 8, 평양: 조선로동당출판사, 1998, 413~414쪽.

수 있다.

한편, 무정의 딸(중국인 처 텅치藤綺와의 사이에서 태어난 딸) 텅옌리藤延麗
는 1943년에 최용건이 옌안에 직접 왔었다고 증언했는데, 이것이 보완 자
료를 통해 확인된다면 1940년대 무정과 김일성의 협력 관계를 구체적으로
보여 줄 수 있을 것으로 보인다. 텅옌리의 증언은 아주 구체적인데, 옌안延
安의 고려인高麗人이라는 뜻으로 최용건이 자신의 이름을 옌리延麗로 지었
다고 한다. 또, 자신의 남동생 이름은 옌안이 진동하도록 하라는 의미에서
텅옌젠藤延震으로 지었다고 한다.[32] 최용건은 당시 소련의 하바롭스크에 있
는 88여단의 정치위원이었는데, 옌안까지 갔었다면 김일성과 무정 사이에
상당한 연대 합의가 이뤄졌을 가능성도 있다.

독립동맹의 국내 지하운동 세력과의 연대는 다각도로 시도되었다. 1944
년 12월 독립동맹은 베이징에서 여운형의 국내지하조직인 건국동맹의 연
락원 김영선과 접촉했고, 1945년 4월 건국동맹의 박승환이 여운형의 서한
을 가지고 옌안을 방문하기도 했다.[33] 박승환을 옌안에 보낸 것은 조선의용
군의 국내 진입을 논의하기 위해서였다. 여운형은 박승환과 함께 만주에서
군대를 양성해 백두산을 넘어 국내에 진입할 계획을 세우고 있었다. 여기
에 옌안의 조선의용군도 참여시켜 함께 국내 진공하는 방안을 논의한 것이
다.[34] 여운형은 1945년 5월에는 함경북도 종성읍의 최주봉을 만나 옌안과
만주에서 동지들이 국경을 넘어 들어오면 숙소와 연락처를 정해 주도록 하
기도 했다.[35] 물론 실행에 옮겨지지는 못했지만 무정과 여운형이 협력해 조
선인의 군대를 국내에 바로 진입시키려는 계획을 세운 것이다.

---

32 중앙일보특별취재반, 『(비록) 조선민주주의인민공화국』, 중앙일보사, 1992, 142~143쪽.
33 鐸木昌之, "잊혀진 공산주의자들―화북조선독립동맹을 중심으로", 83쪽.
34 이만규, 『여운형 선생 투쟁사』, 민주문화사, 1946, 171~172쪽.
35 위의 책, 173쪽.

무정은 또 김명시를 통해서 여운형과 연락을 취하기도 했고, 박헌영의 콤그룹과도 연락책을 통해 연계를 추진했다.[36]

이러한 제휴에 대해서 무정과 독립동맹 입장은 자신들이 중국에서 왕성하게 활동하면서 국내의 독립운동 세력과 연대를 통해 독립운동의 활성화를 꾀한 것으로 보고 있었다. 하지만 국내 세력 입장은 자신들이 주도권을 쥐고 해외운동 세력과 연대를 추진한 것으로 인식하고 있었다. 해방 후 1945년 11월 20일 전국인민위원회 대표자대회가 열렸다. 여운형이 이끌던 조선인민공화국의 각 지역조직 대표들이 참석한 대회였다. 여운형은 이 자리에서 조선인민공화국 설립에 대해 경과 보고를 하도록 되어 있었는데, 몸이 좋지 않아 참석하지 못했다. 대신 여운형의 원고를 조두원이 읽었다. 여기서 여운형은 "만주침략, 중일전쟁, 후 2차전쟁 기간 중에 있어서는 직접 무력으로써 일본에 반항하야 투쟁한 김일성 장군을 중심으로 한 의병운동과 북지北支전선에서 활약한 최무정 장군의 부대와 중지中支전선에서 이청천, 김원봉 장군을 중심으로 한 항일무력투쟁이 그 대표라 아니 할 수 없다. 이리하야 3·1운동으로부터 8월 15일까지의 시기에 해외운동의 그 적극파는 주로 만주를 중심으로 하야 항상 국내운동의 지도 혹은 연락하에 있었다"고 주장하고 있다.[37] 최무정은 물론 무정을 이르는 것이다. 독립동맹과 국내 독립운동 세력이 연계를 형성하고 있었지만 국내가 독립운동을 주도하고 있었다는 것이다. 연안파의 입장과는 다르지만 어쨌든 독립동맹과 국내 세력의 연계는 여운형도 인정하고 있는 것이다.

무정은 실제 통일전선을 실현하려는 활동을 전개하면서, 기회 있을 때마다 통일전선을 강조했다. 1944년 8월 29일 국치일에 한 연설에서는 그동안

---

36 중앙일보특별취재반, 『(비록) 조선민주주의인민공화국』, 141쪽.

37 「전국인민위원회 대표자대회 의사록」, 김남식·이정식·한홍구 엮음, 『한국현대사 자료 총서』
   12, 돌베개, 1986, 460쪽.

의 독립운동의 잘못을 조목조목 지적하면서 한인들의 분열을 가장 큰 과오로 지적했다. 일제강점기 시작 이래 진행된 독립운동은 크게 두 가지 잘못된 점이 있는데, 첫째는 인민을 단결시키지 못하고 국내의 노동자와 농민, 도시 소자본가계급의 역량에 주의하지 못한 점이라고 그는 지적했다. 둘째는 광범위한 군중에 대한 선전교육을 제대로 하지 못한 점을 잘못으로 꼽았다. 테러 위주로 독립운동을 했을 뿐 인민들에게 독립의 당위성과 필요성을 선전하고 인민들을 조직화하는 데는 관심을 쏟지 못했다는 지적이었다.[38]

해방 후 조선독립동맹과 조선의용군에 대해 설명하는 자리에서도 이 단체들이 이념과 관계없이 여러 세력이 모여 있는 조직이라고 강조했다. 통일전선을 실천하고 있음을 말한 것이다. 무정은 해방 후 1946년 1월 『조선인민보』와의 인터뷰에서 그런 내용을 비교적 소상히 밝혔다.

문: 조선의용군과 조선공산당과의 관련은 여하.

답: 독립동맹은 조선민족을 해방시키겠다는 정치적 기초강령 우에서 널이널리 민중을 토대로 하고 민중을 포섭 조직한 정치적 대중단체이다. 그것은 공산당은 아니다. 우에 말한 민족사업을 위하야 뜻을 가치한 계급 단체를 모도 내포하고 있다. 공산주의자와 함께 불교신자, 천도교신자 등등이 있다. 의용군도 한가지로 대중적 무장 세력이다.[39]

무정은 토지개혁도 통일전선 차원에서 이해했다. 1946년 3·1절을 기념하는 『정로』 기고문에 그는 "토지 문제의 정확한 해결은 통일전선에 있어 정확한 정책이 되며 조선 사회 정치 경제 문화 건설에 민주적 발전을 촉진

38 『진찰기일보』, 1944. 9. 8., 우병국 외, 『북한체제 형성과 발전과정 문헌자료—중국·미국·일본』, 77쪽 재인용
39 "무정 장군 회견담", 『조선인민보』, 1946. 1. 14.

하는 관건이다. 암흑 참담한 36년이 지나가고 제1차로 마지하는 3·1기념을 구체적 실천에서 마지하려면 민주주의 조선 건립에 충실한 백성이 되기를 결심하고 맹서함에 있으며 당전의 중요한 과업 실행에 전력만 집중하여야 할 것이다"라고 썼다.[40] 토지개혁이 제대로 될 때 북한 주민의 대다수를 차지하는 농민들을 국가 건설 과정에 적극 참여시킬 수 있으며, 반대로 토지개혁이 제대로 되지 않을 때에는 이들을 정치·경제·사회 건설에 대한 적극적 참여 세력으로 끌어들이기 힘들 것이라는 얘기였다. 토지개혁을 농민들이 국가 건설 과정에 적극 참여하도록 할 수 있는 민족통일전선의 중요한 계기로 본 것이다.

무정과 독립동맹의 통일전선론은 신민주주의론에 기초한 연합정부론을 내세운 중국공산당의 영향을 많이 받았다. 신민주주의론은 제국주의와 투쟁하는 단계에서는 자산계급을 포함한 여러 계급이 연합을 형성해 독재를 실현해야 한다는 주장이다. 이 신민주주의에 기반을 둔 국가 형태가 연합정부이다. 다시 말하면 반민족적 세력을 제외한 여러 세력이 한데 모여 통일전선을 이루고 이 세력이 연합정부를 형성해야 한다는 연합정부론이 항일투쟁 당시 중국공산당과 마오쩌둥 주장의 핵심이었다. 이 연합정부론은 먼저 일본을 타도하고 이후 전국의 절대 다수 인민을 기초로 하여 민주적이고 통일전선적인 동맹에 의해 국가를 건설한다는 구체적인 구상을 가지고 있었다. 결국 제국주의에 반대하는 여러 계급이 연합하여 공동으로 통치를 한다는 것이었다. 이러한 내용에 영향을 받아 무정과 독립동맹은 항일투쟁 단계에서부터 노선과 계급 구분 없이 모든 반일본 세력이 모여 함께 항일운동을 전개해야 한다는 기본 노선을 가지고 있었다.

---

40 무정, "3·1을 기념하면서 노동자 농민에게", 『북한관계사료집』 31, 국사편찬위원회, 1999, 304쪽.

3. 국제연대주의

무정은 혁명의 과정에서 국제연대의 필요성을 실감하고 실제로 실행했다. 중국공산당과 팔로군에 참여한 것부터가 국제연대라고 할 수 있다. 조선의 용군이 창설된 이후에도 독자적으로 움직이지 않고 팔로군 체계 속에서 운영했다. 당시 식민지 조선의 혁명가로 독자적인 행보보다는 강대한 세력의 도움을 업고 혁명을 하는 것이 효과적이라고 판단했기 때문일 것이다. 실제로 1941년 무정의 주도로 창립된 화북조선청년연합회는 창립 선언에서 "중국이 항전에 의하여 승리를 획득하게 되는 날이면 조선 민족이 희구하는 해방도 획득되는 것이다"라고 조·중연대를 강조했다. 무정은 1944년 8월 8일 진찰기변구 당정군민 8·1기념대회에서 기념사를 통해 조선혁명과 중화민국의 해방은 불가분의 관계라고 역설하는 등 기회 있을 때마다 조·중연대를 역설했다.[41]

무정의 이러한 연대주의는 몽양 여운형의 영향이 컸을 것으로 여겨진다. 여운형은 중국혁명과 조선해방을 다르게 보지 않았다. 중국혁명이 이루어지면 조선해방이 달성될 수 있다고 보았다.[42] 그가 생각하는 중국혁명은 공산혁명이었다. 마오쩌둥을 신뢰했다. 특히 농민의 지지에 기초한 마오쩌둥의 혁명 전략에 대해 성공을 확신하고 있었다. 해방 후 여운형이 서울에서 활동할 당시 나온 그에 대한 전기는 이렇게 쓰고 있다.

몽양은 모택동과 몇 번 만났었다. 모택동의 혁명이 반드시 성공하리라고 믿는다.

---

41 『晉察冀日報』, 1944. 8. 8.
42 이항숙, "무정의 중·한연대 항일혁명 활동에 관한 연구", 한국근현대사학회 월례발표회, 2007. 5. 12., 11쪽.

"중국은 주대周代 8백 년간에 원시공산주의의 유속으로 정전법井田法을 써서 농민의 생활을 풍유豐裕케 하였다. 진秦이 흥하여 전환하여 정전법을 폐하고 가세苛稅를 많이 받아 농민생활에 위협을 주다가 2세에 망하고 동한東漢에 와서 유수劉秀[후한 광무제의 본명]가 농민의 아들로 농민의 인심을 얻어 혁명을 하고 주원장朱元璋이 또한 농민의 아들로 농민의 마음을 얻어 혁명을 하였으니 지방의 혁명은 농민의 마음을 잃고는 성공하지 못한다. 이제 모 씨의 혁명이 그 기초가 농민에 있으니, 반드시 성공할 것이다."

이것이 몽양의 모씨혁명관이다.[43]

중국 역사에서 안정된 나라는 모두 농민 중심의 정책을 채택했고, 농민을 기반으로 한 혁명은 성공했기 때문에 농민을 기초로 한 마오쩌둥의 혁명은 성공할 것으로 생각했다는 것이다. 여운형은 실제로 중국공산당을 위해 중국 각지를 돌며 유세 활동을 하기도 했다. 이를 보고 1927년 중국공산당 총서기에 올랐던 취추바이瞿秋白는 여운형에게 "그대를 중국공산당 당원으로 대우하겠노라"고 말하기도 했다.[44] 여운형은 장제스에 대해서는 심한 불신감을 가지고 있었다. "장개석은 가식인이며 위선자로서 중국을 통치할 인물이 못 된다"라고 판단했다.[45] 장제스가 1927년 국민당 좌파정부를 무너뜨리기 위해 쿠데타도 서슴지 않으면서 분열을 꾀하는 모습을 보고 실망하게 된 것이다.

친공 노선과 '중국혁명=조선혁명' 노선을 가진 여운형을 무정은 믿고 따랐다. 나이가 19살이나 많고 식견과 경륜을 갖춘 여운형에게 무정은 1920년대 초 서울에서 학교를 다니고 청년운동을 할 때부터 조언을 구했던 것으

43 이만규, 『여운형 선생 투쟁사』, 81~82쪽.
44 이기형, 『여운형 평전』, 실천문학사, 2004, 175쪽.
45 위의 책, 176~177쪽.

로 보인다. 무정이 1944년경에 국내에 있던 여운형에게 연락을 취할 때 이런 내용의 편지도 보냈다고 한다.

선생이 국내에서 혁명운동을 하기 위해서는 회색도 좋고 흑색도 좋다. 우리는 신뢰한다. 선생이 만일 혁명을 하다가 죽는다면 조선이 독립한 후 내가 귀국하여 시체라도 지고 3천리 강산을 돌아다니며 선전하겠노라.[46]

무정이 여운형을 얼마나 존경했는지를 잘 알 수 있다. 이러한 관계로 미루어 볼 때 무정의 조·중연대 노선은 '중국혁명은 곧 조선혁명'이라는 여운형의 인식에서 많은 영향을 받았음이 틀림없어 보인다.

무정은 중국과의 연대뿐만 아니라 아시아의 피압박 민족의 전반적인 연대활동에도 적극적이었다. 1927년 우한에서 열린 '반일대동맹회의'에 조선 대표로 참가하기도 했고, 1929년에는 중국본부 조선청년동맹 상해 지부에서 재정부장으로 활동하면서 중국, 한국, 대만으로 구성된 상해반제동맹과 상해청년반제동맹에 적극 참여했다. 이들 단체활동을 통해 아시아 국가들이 연대해서 일본의 제국주의적 침략을 몰아내기 위한 방안을 모색한 것이다.

1940년대 초반에는 항일독립운동과 함께 반파시스트 국제공조 활동에도 열성적이었다. 무정은 '동방민족 반파시스트동맹' 결성에 초기 단계부터 적극 참여했다. 1941년 10월 '동방민족 반파시스트동맹'이 '아시아 각 민족 반파쇼 대표대회'를 옌안에서 열었을 때, 무정은 주더 등과 함께 주석단에 선출되고 조선의 혁명투쟁에 대한 보고도 했다. 이 대회는 무정과 주더뿐만 아니라 일본, 인도 등 각 나라의 대표 130여 명이 참석한 반제국주의 대

---

46 이만규, 『여운형 선생 투쟁사』, 121쪽.

회였다. 대회에서는 일본에 대해 공동으로 투쟁할 것과 동방각민족학원을 설립해 반파시스트 간부를 양성할 것을 결의했다. 12월 이 동맹의 집행위원회가 열렸는데, 여기서는 반파시스트 통일전선 수립을 강화할 것을 결의했고, 무정은 집행위원회 상무위원에 선출되었다. 파시스트와 제국주의에 저항하는 운동을 전개함에 있어 각 민족 연대의 중요성을 인식하고, 연대를 통한 세력의 강화를 적극 꾀한 것이다.

무정의 국제연대주의는 1942년 스탈린에게 보낸 편지에도 잘 나타나 있다. 조선의용군의 항일투쟁이 전 세계 반침략전선 형성에 기여하기를 희망하면서 소련군의 대독일 전쟁 승전을 기원하고 있다.

우리 부대[조선의용군]는 창군 때부터 4년 동안 중국 민중 그리고 그들의 부대와 어깨를 나란히 하여 적들과의 싸움에 참가하고 있습니다. 우리 부대는 조선 민중들을 혁명투쟁으로 끌어내기 위해 전력을 다하고 있습니다. 우리는 일본 침략자들에 대항해서, 그리고 각하의 나라를 침략하려는 일본의 모든 기도에 대항해서 싸우고 있습니다. 우리는 조선 민중의 자유와 해방을 위해서, 그리고 전 세계 반침략전선의 승리를 촉진하기 위해서 싸우고 있습니다.

우리는 각하의 영웅적인 적군赤軍이 전 인류의 자유와 행복의 이름으로 그들을 단호하게 분쇄하고 박멸함으로써 멀지 않은 장래에 강도 히틀러뿐 아니라 히틀러를 돕는 모든 파시스트 국가들을 전멸시킬 것이라고 굳게 믿습니다.[47]

국제연대의 지평은 일본의 반제국주의 세력까지 포함하는 것이었다. 이미 1941년 화북조선청년연합회 강령에 "대만 민족해방운동을 찬조하고 일본 인민의 반전운동을 찬성하며, 그로써 조선·대만·일본 인민의 반일연합

---

47 러시아대외정책문서보관소 자료, 이향숙, "무정의 중·한연대 항일혁명 활동에 관한 연구", 23쪽 재인용.

전선을 결성할 것"을 포함하고 있었다.[48] 국가와 국가의 입장에서는 적대 관계지만, 일본의 양심 세력이나 반파시즘 세력과는 얼마든지 연대를 할 수 있다는 것이었다. 실제로 조선의용군은 팔로군이 일본군 포로들을 교육시켜 구성한 일본인반전동맹 대원들과 함께 일본군을 상대로 반전활동을 전개하기도 했다. 선전 전단을 같이 만들고, 석판 등 사용지를 함께 긁기도 했으며,[49] 일본군을 상대로 염전사상厭戰思想을 퍼뜨리는 대적 심리전, 부상병 치료활동, 위문활동도 함께했다.[50] 일본제국주의를 타파하기 위해 일본의 일부 세력과의 연합도 적극 시도한 것이다.

무정의 노선은 결국 중국혁명을 돕고, 소련과의 협력을 도모하면서, 여러 나라의 다양한 세력과 공동전선을 형성해 일본제국주의 세력을 타파해 최종적으로는 조선의 해방을 이룬다는 것이었다.

4. 절대적 평등주의

무정은 해방 후 북한에서 당과 군에서 일을 하는 과정에서 구체적인 문제에 대한 자신의 의견을 피력함으로써 일정한 성향을 드러내기도 했다. 식량배급 문제에 대해 그는 배급이 직업에 따라 차별적으로 이루어지는 상황에 대해 이의를 제기하면서 모든 사람이 동일한 기준으로 식량을 배급받아야 한다고 주장했다. 그러면서 소련의 북한 식량 반출에 대해서도 반대했다.[51] 기본적으로 북한의 모든 사람들이 동일한 기준으로 식량을 배급받아야 한다

48 金正明 編,『朝鮮獨立運動』5, 東京: 原書房, 1967, 994쪽.
49 和田眞一, "生死岐路",『從帝國軍人到反戰勇士』, 67쪽, 한상도, "조선의용군과 일본인 반전운동집단의 관계",『한국근현대사연구』42, 2007, 27쪽 재인용.
50 한상도, "조선의용군과 일본인 반전운동집단의 관계", 27쪽.
51 「G-2 Periodic Report」, HQ, USAFIK, 2 February 1949, p. 4.

고 주장한 것이다. 소련의 식량 반출을 반대한 것은 소련 점령 자체에 대한 반감, 북한의 자산을 무단 반출하는 소련 행위의 부당성에 대한 지적, 식량의 평등 분배를 위한 자원의 확보 등 다양한 의미를 내포하고 있는 것으로 보인다.

북한은 1946년 12월 북조선임시인민위원회의 결정 「식량배급에 관한 건」에 따라 식량배급을 실시했다. 노동자와 사무원 및 그 가족들이 대상이었다. 그런데 배급은 일률적으로 이루어진 것이 아니라 직업과 직종에 따라 1급에서 4급으로 나뉘어 차등 지급되었다. 1급은 하루 700g의 식량을 받았는데 쌀이 420g, 잡곡이 280g이었다. 배급 대상은 탄광과 특수광산, 화학공장, 유색금속공장, 흑색금속공장, 시멘트공장, 조선소, 제염소, 기계제작소, 목재산업, 해상운송, 철도운송(기관사, 조수, 화부, 급수부, 전철수, 연락수), 보선구선로공부, 기관차수리공장의 기술자와 중노동자 등이었다. 2급은 하루 600g의 식량을 배급받았는데, 쌀 360g, 잡곡 240g이었다. 1급 중노동에 해당하지 않는 일반적 노동자와 기술자들이 2급으로 분류되었다. 3급은 하루 500g(쌀 300, 잡곡 200g)을 받았다. 국가행정기관, 정당, 회사, 소비단체, 대학, 중학교 등의 사무원과 교원, 학생이 여기에 해당되었다. 4급은 하루 180g의 쌀과 120g의 잡곡 등 모두 300g의 식량을 받았다. 여기에는 1, 2, 3급 노동자와 사무원들의 부양가족이 해당되었다.[52]

이렇게 하는 일의 종류에 따라 식량을 차등 지급하는 제도에 대해 무정은 부정적인 생각을 가지고 있었던 것이다. 이는 무정이 노동의 형태나 직위와 관계없이 분배를 실시하는 절대적 평등주의에 경도된 것이라 할 수 있고, 이러한 그의 주장은 중국에서 항일활동 당시의 경험에서 형성된 민중지향적 성향을 보여 주는 것이다. 무정은 중국 타이항산 지구에서 조선의용군

---

52 「식량배급에 관한 건」, 『북한관계사료집』 5, 국사편찬위원회, 1987, 360~361쪽.

을 이끌고 대일본 투쟁을 하면서 대원들과 동고동락한 경험을 갖고 있었다. 당시 조선의용군은 자급자족의 원칙 아래 농사뿐만 아니라 일상생활을 함께했다. 지위의 상하 구별 없이 누구든지 노동을 해야 했다. 토굴에서 공동생활을 하면서 산을 개간해 작물을 심어서 먹는 문제를 해결했다. 수수밥이나 옥수수죽에다가 반찬으로는 산채를 소금에 찍어 먹는 경우가 대부분이었다. 그러한 공동생활의 경험이 민중지향적 성향과 기본적인 생활 조건에 대한 차별 금지 의식을 갖게 한 것으로 보인다.

이러한 민중적 경험은 무정으로 하여금 북한 국가 건설 과정에서 노동자와 농민의 생활 향상에 대한 주장을 적극적으로 제기하도록 했다. 무정은 북조선임시인민위원회 출범을 계기로 임시인민위원으로서 밝힌 포부에서도 민주주의와 함께 노동자·농민의 생활 향상을 강조했다. 당시 무정이 밝힌 포부의 전문은 아래와 같다.

민주주의를 실시, 북조선 인민의 생활 적극 향상
—북조선임시인민위원회 무정 동지 담—

모스크바3국외상회의의 조선문제□ 기타 동방문제에 관한 결정은 스딸린 대원수의 동방민족해방의 위대한 이념의 구체적 실증이라 여기에 싸라 금차 북조선임시인민위원회의 탄생은 조선의 민주적 임시정부의 수립을 촉진하고 조선이 완전한 민주주의 국가로 발전할 것을 보장하며 더 나아가 동방 피압박 민족의 선열에 서서 민주적 역할을 다하는 것으로 그 의의가 참으로 말할 수 없이 중대하다.

인민위원회의 당면 과업은 이미 대회에서 일치 통과되어 전체 인민 앞에 공포하였으니 다시 중복할 필요는 없다. 한마디로 말하면 인민위원회의 주요 임무는 철저한 민주주의를 실시하야 북조선 인민의 정치 경제 문화 등 각 방면의 생활을 적극 향상하야 전국적 정권 건설의 모범이 되는 것이다. 그중에도 우리는 특별히 노동자 농민의 생활을 적극 향상해야 한다. 그것은 그들이 전 인구의 백분지 구십 이상이라는 절대다수를 점하고 또 그들의 생활이 말할 수 없이 곤란한 만큼 우리가 민족의 이익, 인민의 이익을 위해서 일한다면 먼저 이것을 염두에 두어야 한다.

끝으로 인민위원회는 그 진영 내에 있는 반동분자, 기회주의자를 청산해야 할 것이다. 예를 들면 평남인민위원회 내의 일부 조만식파의 반동□공으로 말미아마 정권 행사에 많은 지장을 주었고 또 일부 교육자 학생들에게 악영향을 주어 그들로 하여금 신정권 건설을 몰이해하게 하고 심지어 이것을 반대하게 한다. 그럼으로 우리는 그들로 하여금 정확한 민족의식을 제고하고 현실을 똑바로 인식하게 하는 동시에 의식적으로 반동 작용을 계속하는 자는 용서 없이 숙청해야 한다. 이렇게 하는 데서만 우리의 정권도 공고해지고 또 각 계급 각 계층 정파 종교 신앙 재산 여하를 물론하고 애국심이 잇고 진보적 민주주의 국가를 건설하랴는 사람들과 총단결할 수 잇는 것이다.[53]

민주주의와 노동자·농민 생활 향상, 기회주의자 청산 등을 북조선임시인민위원회가 핵심적으로 추진해야 할 임무로 지적하고 있는 것이다. 이처럼 무정은 사회의 기층을 형성하고 있는 노동자·농민에 대한 관심을 통해 모두가 공평하게 대우받는 평등사회가 실현될 수 있다고 믿었던 것으로 보인다.

---

53 무정, "민주주의를 실시, 북조선 인민의 생활 적극 향상─북조선임시인민위원회 무정 동지 담", 『북한관계사료집』 31, 국사편찬위원회, 1999, 280~281쪽.

5. 평화통일론

통일 문제와 관련해서 무정은 남북한 정부 수립 이전에는 다양한 세력이 연대해 조속한 남과 북의 민족통일을 이루어야 한다고 역설했다. 이후에는 전쟁을 피하면서 대화와 평화의 방법으로 통일을 이루는 것이 바람직하다고 생각했다.

남북한 정부 수립 전 통일 문제에 대해서는 간단하나마 분명하게 입장을 밝힌 것이 있다. 1946년 1월 『조선인민보』와의 회견이 그것이다. 민족통일을 원하고, 이를 위해서는 여러 세력이 연대해 민중이 원하는 방향으로 추진하는 것이 중요하다는 입장이었다. 당시 회견 내용을 자세히 보면 다음과 같다.

문: 민족통일에 대한 견해 여하.

답: 전적으로 찬성하고 또 이것을 옹호할 것이다. 우리의 강령도 이것의 촉진을 그 정신으로 하고 있다.

문: 민족통일전선에 직접 참여할 의사는 없는가.

답: 우리 국내에서 운동한 혁명 투사들을 몹시 존중하고 그들을 도와서 완전독립과 민주정권 수립에 매진하려고 생각하고 있다. 통일에 의용군 또는 독립동맹이 주체 될려는 것이 아니고 고국 내의 혁명 세력이 현 단계의 민족 문제에 있어서 옳은 길을 밟고 있으면 우리는 그것 따라서 광범한 민중을 전취戰取하기에 노력한다. 이것이 조선 독립과 민주주의국가 건설에 대한 우리들의 노력이며 또 민족통일에 노력하는 길이다.[54]

간략하지만 민족통일에 전적으로 찬동하고, 특히 해외 독립운동 세력과 국

---

[54] "무정 장군 회견담", 『조선인민보』, 1946. 1. 14.

내 독립운동 세력의 통일을 강조하는 그의 생각은 분명하게 표현되어 있다.

무정은 당초 조선의용군 8만 명을 이끌고 서울로 들어와 시가행진을 할 계획이었다고 전해진다.[55] 8만이라는 숫자는 과장된 것으로 보이지만, 해방된 조국의 수도에서 군사적 시위를 벌여 완전한 독립을 대외에 보여 주고 싶은 욕구의 표현이었던 것으로 보인다. 조선의용군 입국에 대해 소련군이 저지하는 바람에 맨몸으로 입국한 이후에도 무정은 이런 욕구는 버리지 못했던 것 같다. 이와 관련해서 무정이 1945년 말 서울 종로에서 말을 타고 행진을 했다는 증언이 있다. 남조선노동당 출신으로 한국전쟁 전에 입산한 빨치산 출신 스님의 증언이다.

무정이 장군과 그 부관인 김명시 장군이 뒷다리 쭉 빠지고 훨씬 키 높은 호마[중국 동북지방에서 나는 말] 타고 종로통 거리를 지나가는데 모두들 손바닥이 터지라고 손뼉을 쳤어요. 그러면서 목이 터지라고 외쳤지. 무정 장군 만세! 김명시 장군 만세![56]

당시 종로통에 사람들이 몰려들어 사람으로 백차일을 칠 정도였다고 한다. 무정과 김명시는 조선의용군의 대일투쟁을 그린 연극 〈호접〉을 본 후 다시 행진했고, 시민들은 "조선의용군 총사령 무정 장군 만세!", "조선의용군 김명시 여장군 만세!"를 외쳤다고 한다. 증언이 꽤 구체적이다. 보다 구체적인 자료가 보완되어야 하겠지만, 무정이 서울에서 이러한 행사를 가졌다면, 이는 남북한의 분단 상황을 극복해 보려는 그 나름의 행동이었던 것으로 보인다.

『해방일보』 1945년 12월 21일 자에 〈호접〉 상연에 대한 기사가 실린 것

---

55 김성동, 『현대사 아리랑─꽃다발도 무덤도 없는 혁명가들』, 녹색평론사, 2010, 240쪽.
56 위의 책, 171쪽.

으로 보아 무정의 종로 행진이 있었다면 이즈음이었을 것으로 추정된다. 12월 13일 무정이 평양에 들어왔으니까 입국 후 일주일 남짓 지나 서울까지 내려왔다는 얘기가 된다. 당시 북한에서는 조선공산당 북부조선분국 내의 주요 지위를 두고 파벌 간 경쟁이 매우 심했고, 무정도 그 경쟁에서 초연할 수 없는 상황이었는데도 서울에 왔다면, 분단 상황에 대해 그가 가진 문제의식은 매우 높았다고 볼 수 있다.

남북한의 정부 수립 이전에 이러한 원칙적인 입장을 강조했던 무정은 남북한이 각각의 정부를 세운 이후에는 전쟁을 막고 대화의 방법으로 평화적 통일을 이루는 것이 가장 중요한 것으로 보았다. 주한미군의 정보보고서에 이와 관련한 부분이 발견된다. 남북한 분쟁을 평화적으로 해결하기 위한 회담에 대해 무정은 긍정적 입장을 취했다. 이러한 무정의 입장은 전쟁이 아닌 방법으로 통일되기를 원하는 대다수 북한 사람들의 희망을 반영한 것이라고 미군보고서는 기록해 놓았다. 1949년 2월에 작성한 이 보고서는 당시 북한에는 크게 3개의 정파, 즉 김일성파와 박헌영파, 무정파가 존재하는 것으로 보면서, 통일론과 관련해서는 김일성은 무력통일론, 박헌영과 무정은 평화통일론을 지향하고 있는 것으로 파악하고 있다.

북한이 정부 수립 이후 국토완정론을 내세워 남한에 대한 사회주의화를 추구했기 때문에 김일성은 무력통일론자로 본 것 같다. 박헌영에 대해서는 유엔한국위원회나 이승만 측과의 합의를 통해 통일을 이룰 수 있을 것으로 생각했다고 보고서는 분석하고 있는데, 이는 설득력이 부족해 보인다. 박헌영이 우익 세력과 합의를 통해 사회주의 정부를 세울 수 있다고 생각했는지 의문이다. 무정에 대해서는, 남북 분단의 평화적 해결을 위한 회담에 긍정적인 입장을 취하고 있다는 점에서 평화통일론자로 평가하고 있다.[57]

---

57 「G-2 Periodic Report」, HQ, USAFIK, 2 February 1949, p. 4.

당시만 해도 남북의 분단이 오래 지속될 것이라고 전망하는 사람은 많지 않았다. 분단은 일시적인 현상으로 여겨졌다. 이러한 상황에서 무정은 남북한은 전쟁이 아닌 대화와 협상으로 통일을 이루어야 한다는 의견을 가지고 있었던 것으로 보인다. 남북한의 이념적 대립의 소용돌이 속에서 그 또한 전쟁에 참여하는 것을 피할 수는 없었지만, 기본적으로는 평화통일이라는 지향점을 가지고 있었던 것으로 여겨진다.

이와 같은 무정의 정치적 견해가 깊이 있게 표현된 자료들은 많지 않다. 김일성과의 경쟁 과정에서 숙청되어 복권이 될 때까지 40년 이상 북한역사에서 사라졌기 때문에 그의 노선을 담은 자료는 북한에서도 나오지 않았다. 한국에서도 공산주의자요 한국전쟁 당시 북한군 고위장성이었던 그에 대한 관심은 적었다. 그의 정치 노선과 관련한 부분은 추후 더 많은 자료로 더 많은 연구가 진행되어야 할 것이다.

에필로그

이 책의 저술 목적은 무정의 활동을 보다 깊이 파악하고, 무정 숙청의 근본 원인과 그에 대한 무정과 중국의 대응, 그리고 숙청이 북한체제 형성에 끼친 영향 등을 분석하는 것이었다. 이를 위해 남북한은 물론 미국, 중국, 일본 등의 자료를 다양하게 활용하고, 동북조선의용군 출신 인물들에 대한 인터뷰도 진행했다. 그에 따라 새로운 내용들을 많이 기술할 수 있었다. 이 책에서 서술된 내용의 중요한 부분을 요약하면 다음과 같다.

첫째, 연안파 분열의 원인을 깊이 조명했다. 1945년 12월 13일 입국 이후 무정은 조선공산당 북조선분국에 참여했다. 박일우, 김창만, 허정숙, 윤공흠, 서휘, 이상조와 함께였다. 반면에 김두봉과 최창익, 한빈 등은 조선신민당을 창당했다. 이렇게 다른 길을 가게 된 데에는 연안 시절부터의 갈등이 깊게 작용했다. 무정은 연안 시절 박일우, 최창익 등과 갈등 관계였다. 박일우와는 정풍운동 과정에서 세력 싸움의 경향이 있었고, 최창익과는 노선상의 차이로 인한 알력이 있었다. 무정은 실천을, 최창익은 이론을 중시하는 경향이 있었는데, 이런 것이 갈등의 원인이 되었다.

해방 후 북한에서 경쟁했던 만주파와 연안파, 소련파, 국내파, 민족주의 세력 등 다양한 분파 가운데서 내부 분열을 겪었던 파벌은 곧 힘을 잃었다. 반대로 강한 결속력을 갖고 있던 세력은 권력을 장악했다. 만주파는 김일성을 중심으로 하나의 융합체로 활동해 정국을 주도했다. 연안파는 무정을 포함한 핵심 인물 사이의 갈등과 분열로 강한 힘을 보여 주지 못했다. 특히 연안파는 수적인 우위, 높은 수준의 교육을 통한 지적 수준의 상대적 우위, 풍부한 항일투쟁의 경험이라는 매우 유리한 자원을 갖고 있었음에도 내부 분열 때문에 이를 활용하지 못하고 만주파와의 권력 투쟁에서 패하는 결과를 얻게 되었다.

둘째, 무정과 김일성과의 경쟁, 김일성의 무정에 대한 견제의 구체적인 내용에 대해서도 다양한 자료를 통해 새롭게 규명했다. 무정은 1946년 초까지만 해도 북한에서 많은 지지 세력을 확보하고 있었다. 특히 황해도에서는 '위대한 아버지'로까지 불리며 추앙받았다. 1945년 9월 6일 발표된 조선인민공화국 내각 명단에도 들어가는 등 남한 지역에서도 그의 지명도는 매우 높았다. 그에 따라 김일성 세력의 견제는 심했다. 소련군정도 김일성 띄우기에 적극 나서면서 무정을 홀대했다. 이에 대해 무정은 노골적으로 불만을 표시하기도 했다. 연안파 내부의 분열과 갈등은 김일성에 의해 조장되기도 했다. 김일성은 무정의 부하였던 인물로 하여금 무정을 비판하게 하고, 주요 직책에 과거 무정이 거느리고 있던 인물들을 기용하면서 무정과 이들 사이의 갈등·분열을 조장하는 역할을 했다. 박일우를 중용하고 박훈일로 하여금 무정을 비판하도록 한 것이다. 물론 그런 과정을 통해 김일성과 무정의 갈등 관계는 더욱 깊어질 수밖에 없었다.

셋째, 북한군 창설 과정에서의 무정의 역할에 대해 여러 가지 자료를 활용해 심층 분석했고, 무정이 지금까지 알려진 것보다 훨씬 중요한 역할을 했음을 밝혔다. 1946년 상반기 무정은 당내에서 실권을 잃게 된다. 북한 지역 권력의 핵심인 당에서 김일성의 만주파가 그를 밀어낸 것이다. 이후 무정은 북한군을 창설하는 데 있어서 핵심 역할을 하게 된다. 1946년 7월 설립된 장교 양성기관 보안간부학교의 심사위원장이 되었다. 부위원장이 최용건, 김책이었다. 이후 1946년 8월 보안간부훈련소라는 사실상의 정규군이 설립되었을 때는 최용건이 사령관, 무정은 포병 부사령관을 맡았다. 하지만 미군의 정보보고서에는 무정이 사령관으로 기록되어 있다. 오류일 가능성이 있긴 하지만, 무정이 북한군 내에서 차지하는 위상이 매우 높았음을 짐작하게 해 주는 자료라고 할 수 있겠다. 물론 최용건을 비롯한 만주파의 견제 때문에 군 내에서도 차츰 세력을 잃어 가긴 하지만, 초기 북한군 건설 당시에는 무정의 영향력이 매우 컸음은 분명하다.

넷째, 무정이 숙청된 실제적 원인에 대해 심층적으로 분석했다. 김일성 세력의 무정 숙청을 위한 예비 작업은 일찌감치 1948년 3월부터 시작되었다고 할 수 있다. 3월 27~30일 열린 북조선노동당 제2차 당대회에서 무정은 공개적으로 비판을 받는다. 토지개혁을 제대로 지도하지 못했다는 것이었다. 1948년 8월 구성된 초대 최고인민회의 대의원에서도 무정은 탈락했다. 6·25전쟁을 위한 계획에서도 배제되었다. 만주파와 소련파만 참여했고, 연안파는 비밀 누설의 염려 때문에 참여하지 못했다. 1950년 6월 20일쯤 구성된 전선사령부에도 무정은 들어가지 못했다. 무정과 연안파는 당시 북한의 가장 중대 사안인 6·25전쟁과 관련해서 중요한 직책과 임무에서 제외되었던 것이다.

6·25전쟁 초기 북한의 작전은 1군단이 서쪽으로 가서 서울을 점령하고, 2군단은 동쪽으로 진군해 수원을 점령해 서울을 완전 장악한다는 것이었다. 이 작전은 1950년 6월 28일까지 완료하기로 되어 있었다. 1군단은 28일 서울을 점령했다. 그런데 2군단의 진군은 늦어져 27일에야 춘천을 점령했다. 그 바람에 수원으로 가지 않고 홍천 방향으로 남진하게 되었다. 초기

작전의 실패였다. 2군단장 김광협이 해임되고 그 자리에 무정이 임명되었다. 이후 북한의 초기 공세가 역전되고 대대적인 후퇴 작전이 시작된 다음인 1950년 10월 13일 김일성은 평양방어사령부를 설치하고 무정을 사령관에 임명했다. 당시 유엔군과 한국군의 파죽지세는 북한군이 막기 어려운 것이었다. 그런 상황에서 무정을 평양방어사령관에 앉힌 것이다. 무정은 10월 18일 부하들을 이끌고 밀려오는 유엔군과 한국군을 막다가 중과부적으로 19일 후퇴하고 말았다.

무정은 1950년 12월 21일 조선노동당 중앙위원회 제3차 전원회의에서 숙청되었다. 첫 번째 이유는 명령 불복종이었다. 평양방어작전을 제대로 수행하지 못하고 후퇴했다는 것이다. 하지만 이는 무정에게 묻기 어려운 책임이었다. 병력이 태부족한 상태였고, 강한 유엔군의 공격에 밀려 후퇴하는 상황에서 어느 것 하나 제대로 통제되는 것이 없었다. 예하 사단 간부와 연대장까지 앞다투어 달아났다. 한국군과 미군은 대규모 보병과 전차부대로 항공 지원까지 받으면서 평양을 공격했다. 이런 상황에서 무정은 어쩔 수 없이 평양을 내주고 후퇴하게 된 것이다. 북한이 내세운 숙청의 두 번째 이유는 후퇴하는 과정에서 법적 절차 없이 사람을 총살하고 봉건시대의 제왕과도 같은 무법천지의 군벌주의적 만행을 저질렀다는 것이다. 하지만 당시 군사동원을 기피한 자, 대열 이탈자에 대해서는 즉결처분하라는 김일성의 명령이 하달되어 있었다. 실제로 이 명령에 따라 후퇴 시기에 많은 사람들이 총살을 당했다. 무정도 그 이상이었다고 보기 어려운 측면이 있다. 그런데도 김일성 세력은 이러한 이유를 들어 무정을 숙청했다.

김일성 세력이 무정의 숙청 이유로 거론한 내용이 설득력이 떨어진다는 것은 숙청의 실제 이유가 따로 있음을 말하는 것이다. 실제로 그가 숙청된 첫 번째 이유는 그의 높은 명성이라고 할 수 있다. 해방 직후 북한에서 만세를 받은 사람이 넷 있었다. 김일성과 무정, 박헌영, 김두봉이었다. 1946년 4

월까지 평안북도 지역에는 "김일성, 박헌영, 무정 동무 만세"의 구호가 걸려 있었다. 이러한 무정의 명성은 김일성에게 부담이었다. 무정이 숙청된 두 번째 이유는 김일성 세력의 연안파에 대한 견제이다. 연안파는 수적으로 많 았고, 교육수준이 높았다. 게다가 중국에 있던 동북조선의용군 6만여 명이 대거 북한에 들어옴으로써 군 내부에서 연안파는 매우 강력한 세력이 되었 다. 만주파에게는 가장 강력한 라이벌일 수밖에 없었다. 세 번째 이유는 패 전 책임의 전가이다. 패전의 상황은 인민군 최고사령관 김일성에게 매우 불 리한 정치적 지형이었다. 하지만 김일성은 오히려 이를 권력 강화의 기회로 활용했다. 그런 것이 김일성의 정치적 수완이었고, 무정·오기섭·조만식과 구분되는 점이었다. 네 번째는 무정 자신이 정치력이 없었다는 것이다. 무 정은 중국공산당군에서 잔뼈가 굵은 무인이었다. 하지만 당시 북한체제는 명성으로 정치를 하는 시스템은 아니었다. 인민의 지지, 소련과의 관계, 다 른 세력과의 권력 투쟁 등에 모두 능한 인물이 득세할 수 있었다. 그런 측면 에서 무정은 김일성에게 뒤졌다. 다섯 번째는 그가 소련과의 유대를 형성하 지 못했다는 것이다. 무정은 성장 배경이 중국공산당이었고, 중국공산당의 주요 인물들과 동지적 관계를 유지했기 때문에 기본적으로 중국과 가까운 관계를 유지하고 있었다. 북한에 들어간 이후 무정이 정치적으로 성장을 추 구했다면 소련과의 연계를 적극적으로 추진해야 했을 것이다. 하지만 무정 은 그런 길을 가지 않았다. 이런 것들이 종합적으로 무정이 숙청되는 원인 으로 작용했다.

이 책의 다섯 번째 초점은 무정의 대응이다. 숙청에 대해 무정이 왜 사전 에 효과적으로 대응하지 못했나 하는 점이다. 김일성과의 불화가 계속되었 던 만큼 1948년 7월 즈음 무정도 나름대로 권력 투쟁에 대한 대응책을 강구 했던 것으로 보인다. 그 내용이 미군정 정보보고서에 비교적 상세히 나타나 있다. 무정이 우선 인민군 내에 지지 세력을 은밀하게 모으는 작업을 진행했다는 것이다. 심지어는 김일성이 주도하는 북한체제를 전복하려는 생각까지 하고 있었다고 한다. 다만 전복의 시점은 소련군이 물러가는 시점으로 계획하고 있었다는 것이다. 소련이 김일성을 지원하면서 버티고 있는 한 정부 전복이 어려운 만큼, 김일성의 후원 세력인 소련이 철수한 이후에나 전복의 시도가 의미 있다고 보았다는 것이다.

이 정보의 제공자는 인민군 중좌(중령) 출신으로 어느 정도 고급정보를 다룰 수 있는 계급이었다. 이 정보 제공자가 남쪽으로 내려온 직후 북한은 군 전역자에 대한 통제를 강화하고, 38선 통제도 강화했다. 북한이 이 예비역 중좌의 남하에 민감하게 반응한 것이라고 볼 수 있고, 그의 증언이 무시할 만한 것은 아니라는 의미도 된다고 하겠다. 하지만 이 정보는 한 사람의 증언이어서 그대로 믿기는 어렵다. 또, 1948년 중반 즈음에는 최용건이 북한군의 실권을 쥐고 무정을 집중 견제했기 때문에 무정이 구체적으로 쿠데타 계획을 성안하기는 어려웠을 것으로 보인다. 또 다른 미국 측 보고서인 주한미군사령부 무관사무소의 합동주간보고서Joint Weekly Analyses는 무정이 정부전복계획을 세우고 있다는 첩보가 있지만, 실제로 민간이나 군에서 소요나 반란이 일어날 가능성은 높지 않다고 보고 있었다. 무정이 김일성에 대한 반감은 가지고 있었지만, 이를 바탕으로 자파 세력을 체계적으로 조직화하는 작업을 했을 가능성은 낮아 보인다.

무정은 조선의용군 총사령관으로 연안에서 활동하면서 독립운동 세력 가운데서도 높은 권위를 확보하고 있었지만, 귀국 과정에서 국민당군의 급습을 받았을 때의 이기적인 행동으로 인망을 잃기도 했다. 연안파의 깊은 내부 분열은 무정에게 만주파와 대결할 수 있는 힘을 만들어 주지 못했다. 무정은 전투에 능한 무인이었지만, 정치적인 전략에 능하지는 못했다. 세력을 결집하고 이를 공고화해서 권력을 장악해 나가는 능력이 무정에게는 부족했다. 이러한 점들이 종합적으로 작용해 그로 하여금 김일성 세력에 강력하게 대응하지 못하도록 한 것으로 보인다.

이 책의 여섯 번째 초점은 중국의 방관이다. 중국이 무정 숙청 과정에서 적극적으로 무정을 지원하거나 숙청을 저지한 흔적은 발견되지 않고 있다. 다만 중국 측은 무정이 사형을 당하거나 징역에 처해지는 것은 바라지 않으면서, 이러한 의사를 김일성에게 전했을 가능성은 있다. 한국전쟁 당시 북한의 문화선전성에서 구라파부장을 했던 박갑동은 김일성이 무정을 군법회의에 회부하려 할 때 중국군이 중재에 나서 군법회의에 넘기지 않고 주택에 감금했다고 증언하고 있다. 중국은 그 정도의 역할만 한 것으로 보인다. 대신 중국은 전쟁 중인 북한을 돕는 데 집중했다. 1950년 10월 19일 중국군 지원을 시작한 뒤 1951년 7월 휴전회담을 시작할 때까지 크게 다섯 번의 전역을 치르면서 북한 대신 전쟁을 담당하고 있었다. 중국과 북한 사이의 가교 역할은 박일우가 맡아서 했다.

당시 중국과 소련의 미묘한 관계는 중국으로 하여금 무정을 돕기 어렵게 했다. 제2차 세계대전 당시 소련이 독일의 공격을 받고 있을 때 중국공산당은 소련을 적극 돕지 않았다. 일본과 싸우면서 국민당군과도 내전을 하고 있었기 때문이다. 포병단장 무정을 보내 달라는 소련의 요청도 들어주지 않았다. 이러한 과거 때문에 제2차 세계대전이 마무리된 후 마오쩌둥과 스탈린의 관계가 원만하지는 않았다. 그 상황에서 북한에 이미 들어가 있는 소련의 정책에 중국이 적극적으로 의견을 개진하기는 어려웠다. 소련은 김일성을 지원하고 있었고, 무정은 김일성의 정적이었다. 그러니 중국은 무정을 적극 지원하기는 어려웠던 것이다. 중대 요인이라고 할 수는 없겠지만 무정이 중국인 아내 텅치와 결별한 것도 중국과 무정 사이 간격이 벌어진 하나의 요인으로 작용했다고 볼 수 있다. 무정은 북한으로 들어가기 직전 중국인 텅치와 이혼했다. 항일투쟁을 함께하던 김영숙과 결혼하기 위해서였다. 중국공산당의 지도부가 나서서 중매해 준 중국인 공산당원과 결별한 무정에 대해 중국 지도부가 어느 정도 섭섭한 감정을 가졌던 것으로 보이고, 이런 부분도 중국의 무정에 대한 대응에 영향을 미쳤을 것으로 여겨진다.

일곱 번째로 이 책은 무정 숙청이 북한체제 형성에 미친 영향에 대해서도 깊이 조명했다. 무정 숙청은 이후 계속되는 연안파와 소련파, 남로당 세력 등에 대한 연속적인 권력 투쟁의 서막이었다고 할 수 있다. 1951년 3월부터는 박일우가 김일성의 견제를 받기 시작해 차츰 권좌에서 멀어졌고, 1950년대 후반에는 최창익, 김두봉 등 연안파 지도자들이 순서대로 제거되었다. 소련파의 핵심 인물 허가이는 1951년 11월 당 제1비서에서 농업 담당 부수상이 되면서 내리막길을 걷다가 1953년 7월 스스로 목숨을 끊었다. 남로당의 지도자 박헌영은 1953년 7월 반국가·반혁명 간첩혐의로 체포돼 1956년 7월 처형되었다. 이와 같은 숙청 작업은 실은 한국전쟁 이전부터 진행되었는데, 1946년 초부터 진행된 오기섭 중심의 국내 공산 세력에 대한 견제와 숙청이 그 시작이라고 할 수 있다. 그것이 1950년대 말까지 계속된 것이다.

이러한 과정을 거쳐 북한은 1961년 9월 조선노동당 제4차 대회를 '승리자대회'로 이름 붙이고 반종파투쟁의 완결을 선언할 수 있었다. 김일성의 유일지도체제 수립 작업은 정치, 경제, 사회, 사상 등 많은 영역에서 동시에 진행되었지만, 김일성의 경쟁 상대가 될 만한 거물 정적과 그의 세력에 대한 숙청은 그 가운데서도 중요한 부분이었다. 특히 한국전쟁의 한가운데에서 실시된 무정에 대한 숙청은 장기적 관점에서 진행된 김일성 유일체제 확립 전략이 출발하는 중요한 지점이었다고 할 수 있다.

여덟 번째로 이 책이 역점을 둔 부분은 무정의 정치 노선 조명이다. 그의 발언과 활동 내용을 탐구하고, 주변 인물들의 관찰기를 검토해 그의 노선을 깊이 분석했다. 무정은 우선 철저한 공산주의자라기보다는 철저한 민족주의자였다. 해방 후 귀국해 북한 지역을 순회하면서 "이 조국의 독립을 침해하고 간섭하는 자가 있으면 나는 대포를 쏘아 묵사발을 만들 것이다. 그것이 설사 공산주의 국가일지라도 말이다"라고 연설한 데에서 그의 철저한 민족주의 의식은 단적으로 표현되었다. 무정은 또한 민족통일전선론을 지향했다. 1941년 화북조선청년연합회를 구성한 것도, 화북조선독립동맹 결성에 적극 참여한 것도, 통일전선 구축의 일환이었다. 여기에 참여한 윤세주, 박효삼 등은 공산주의자가 아니었다. 다양한 세력의 한인을 모아 독립운동 세력을 강화하려 한 것이다. 무정은 또한 여운형의 영향을 받아 조·중연대를 중시했고, 중국혁명을 조선혁명과 같은 것으로 인식했다. 중국뿐만 아니라 아시아 피압박 민족과의 전반적인 연대 활동에도 적극적이었다. 1941년 10월 '동방민족 반파시스트동맹'이 '아시아 각 민족 반파쇼 대표대회'를 옌안에서 열었을 때 무정은 주더 등과 함께 주석단에 선출되고 조선의 혁명투쟁에 대한 보고도 했다. 이러한 활동에는 일본의 반제국주의 세력, 대만의 반일 세력과의 연대까지도 포함하고 있었다.

무정은 평등주의를 지향했는데, 그가 강조한 평등은 절대적 평등이었다. 식량배급이 차별적으로 이루어지는 상황에 대해 이의를 제기하면서 모든 사람이 동일한 기준으로 식량을 배급받아야 한다고 주장했다. 일의 종류에 따라 식량을 차등 지급하는 방식에 대해 부정적인 생각을 가지고 있었던 것이다. 이는 무정이 노동의 형태나 직위와 관계없이 분배를 실시하는 절대적 평등주의에 경도된 것이라 할 수 있고, 이러한 그의 주장은 중국에서 항일 활동 당시의 경험에서 형성된 민중지향적 성향을 보여 주는 것이라 하겠다. 무정은 중국 타이항산 지구에서 조선의용군을 이끌고 대일본투쟁을 하면서 대원들과 동고동락한 경험을 갖고 있었다. 그러한 공동생활의 경험이 민중지향적 성향과 기본적인 생활조건에 대한 차별 금지 의식을 갖게 했을 것이다. 통일 문제와 관련해서 무정은 남북한 정부 수립 이전에는 다양한 세력이 연대해 조속히 남과 북의 민족통일을 이루어야 한다는 주장을 가지고 있었다. 이후에는 전쟁을 피하면서 대화와 평화의 방법으로 통일을 이루는 것이 바람직하다고 생각했다.

요컨대, 무정은 이념적으로 철저한 공산주의자라기보다는 철저한 민족주의자였다. 공산주의를 실현하는 것보다는 민족의 완전한 독립이 우선이라고 생각했다. 이를 위해서는 모든 세력 모든 계급이 하나로 뭉치는 것이 중요하고, 국제사회와의 연대도 꼭 필요하다고 보았다. 정서적으로는 민중지향적이었고, 이는 식량의 균등분배와 같은 절대적 평등주의로 표출되기도 했다. 분단의 상황과 관련해서는, 전쟁은 피해야 하고 대화를 통해 평화적으로 남과 북이 통일해야 한다는 생각을 가지고 있었다.

큰 틀에서 위에서 설명한 8가지 문제에 초점을 두면서 저술이 이루어졌다. 전반적으로 새롭고 깊이 있는 내용으로 이루어져 있다. 이러한 연구과정에서 중요한 사실 관계들을 밝혀 내기도 했다. 무정이 북한 군부의 주요 인물이었음에도 6·25전쟁 개시 시점에는 이렇다 할 역할이 없었음을 밝혀냈다. 무정의 사망 원인과 장소도 분명하게 확인했다. 사망 원인과 장소 등에 대해 그동안 여러 설이 존재해 왔다. '심장병을 앓다가 사망했다', '압록강변 모처에서 숨졌다' 등등의 설이 있었다. 하지만, 중국 베이징대 한반도연구센터가 소장한 조선인민군 8호후방병원 군사지도원 출신 윤재인의 증언 자료에 따르면, 평양의 인민군 39호병원에서 위암 수술을 받던 중 사망했다.

또한 6·25전쟁 당시의 미군 노획문서에서 확인되는 무정의 보안간부학교 심사위원장 직위 보유, 미군정 보고서가 기록하고 있는 '보안간부훈련소 사령관 무정' 등은 무정이 북한군 건설 과정에서 매우 중요한 역할을 했음을 보여 준다. 무정의 친필 평가서를 미美 문서기록보관청(NARA)에서 발굴해 낸 것도 상당한 성과라고 하겠다. 무정이 숙청된 인물이기 때문에 그에 대한 자료는 남아 있는 것이 드문데, 특히 친필 자료는 찾아보기 어렵다. 타이핑된 그의 명령서 등이 발견되었을 뿐이다. 연구과정에서 찾아낸 무정의 인민군 제17포병연대장 강병찬에 대한 평가서는 매우 희귀한 무정의 친필 자료라고 하겠다.

이 책의 학술적 기여는 북한체제의 형성 논의와 관련해 내부요인론에 무게를 보태는 것이라고 하겠다. 소련의 기획과 실행에 따라 북한에 소련식 공산주의가 이식되었다고 보는 소비에트화론보다는 북한 내부에서의 정치·사회적 모순과 이를 해결하려는 움직임이 북한체제의 형성에 많은 영향을 주었다고 보는 쪽에 무게를 더해 주는 것이다. 소련이 자기식의 공산주의 틀을 북한에 규정하고 김일성을 그 지도자로 지명해 일사분란하게 체제를 형성했다기보다는 북한 내에 다양한 정치세력들이 존재했고, 그들 사이 권력 투쟁, 국가 건설 전략 경쟁, 정치 노선 다툼 등이 치열하게 전개되었으며, 그것들이 소련이라는 외부 요인과 중첩적으로 작용하면서 북한체제가 형성되었음에 이 책의 연구 내용은 무게를 두고 있다. 북한 내 다양한 정치세력 가운데 무정과 연안파를 조명함으로써 북한 내부의 요인들이 스스로의 모순 해결 과정에 보다 깊이 관여했음을 보여 주고 있는 것이다.

정책적 측면에서는 오늘의 북한 내부 상황과 대외 정책의 정향을 파악하기 위한 역사적 이해에 기여한다고 하겠다. 한 국가의 국내외 정책은 오랜 역사를 통해 형성된 이념과 정치 노선, 체제의 성격에 따라 결정되는데, 북한도 예외일 수 없다. 북한의 경우 김일성 시대에 이루어 놓은 유일지도체제의 연속선상에서 체제와 정권의 생존을 보장하는 데에 일차적인 정책 목표를 두고 있다고 할 수 있다. 특히 1990년대 소련의 붕괴와 고난의 행군을 거치면서 남한의 사회주의화라는 목표는 형해화되어 가는 모습을 보였고, 그보다는 체제와 정권의 생존, 즉 안보security가 다른 어떤 정책 목표보다 앞서는 모습을 보여 왔다. 이러한 정책 정향의 바탕은 유일사상과 유일지도체제이고, 이의 형성에는 1940~1950년대 만주파의 다른 정치세력과의 노선 투쟁이 중요한 역할을 했다. 이 책은 그러한 노선 투쟁의 심층적인 부분을 밝혀 줌으로써 현재 북한체제와 정책을 보다 깊이 이해하는 데 일정한 기여를 하고 있다고 하겠다.

북한에 대한 연구는 어느 부분이든 미흡한 점이 많지만, 특히 1940~1950년대 주요 정치세력 간의 국가 건설 전략 경쟁, 노선 투쟁 등과 관련해서는 여전히 미진한 부분이 많다. 이 같은 현상은 만주파의 승리에 따른 타 세력에 대한 일방적 비판과 자료의 파기, 외부 연구자들의 패배 세력에 대한 관심 부족 등에 기인한다. 북한의 비밀자료 공개는 기대하기 어려운 상황에서 러시아, 중국, 미국, 일본 등에 보존되어 있는 보다 많은 자료의 발굴은 추후 보다 활발하게 지속되어야 하는 부분이다. 이를 통해 보다 역동적인 북한의 체제형성사가 구성될 때 지금의 북한은 보다 입체적으로, 보다 정확하게 이해될 수 있을 것이다.

저술을 마무리하면서 문득 이런 기대를 가져본다. 남북의 관계가 좋아지고 교류가 활성화돼서 해방 직후 무정이 북한에서 고민했던 내용이 담긴 글들이 사회과학원 역사연구소 한구석에서 먼지를 잔뜩 뒤집어쓴 채 성큼성큼 걸어 나오는…, 그런 날이 올 수 있을까?

무정 연보

연도	나이	주요 활동	주변 정세
1904		5. 16. 함북 경성군 용성면 근동리 출생	8. 제1차 한일협약(대한제국 재정·외교권 박탈)
1919	15	3·1운동 참여	제1차 세계대전(1914~1918) 후 민족자결주의 확산
1920	16	나남공립보통학교 졸업 서울 중앙고보 입학	
1922	18	3. 중앙고보 퇴학 4. 경성기독청년회관 입학	
1923	19	2. 서울청년회 가입 3. 전조선청년당대회 개최 작업 참여 4. 경성기독청년회관 졸업 경성여자강습학교 교사 조선청년연합회·동아일보 반대 투쟁 9. 조선노동대회 개최 준비 작업 참여 10. 중국 망명	9. 1. 간토대지진 발생(일제, 한국인 학살)
1924	20	바오딩保定군관학교 포병과 입학·졸업	1. 제1차 국공합작(1924. 1. ~ 1927. 7.)
1925	21	6. 중국공산당 가입	4. 조선공산당 창당
1926	22	난커우南口 전투 참전 산시성山西省 군벌 옌시산閻錫山 부대 포병 소위	4. 25. 순종 사망 6. 10. 6·10 만세 운동
1927	23	옌시산閻錫山 부대 포병 중위 우한武漢으로 이동, 본격 공산당 활동 장제스군에 체포되었다가 석방된 후 상하이로 이동 11. 중국본부 조선청년동맹 상해 지부 결성 참여	2. 신간회 출범

연도	나이	월일	활동	월일	주요 사건
1928	24	7.	상하이에서 중국공산당 장쑤성江蘇省위원회 쟈난도法南 지부 소속의 조선인 지부(서기: 조봉암) 위원 활동 / 중국본부 조선청년동맹 상해 지부 재정부장		
1929	25	10. 12.	유호留滬(상하이)한국독립운동자동맹 결성에 참여, 활동 / 상하이폭동 참여, 체포되어 2개월 투옥 / 장제스군 비 디 피해 홍콩으로 도피		
1930	26	6. 7.	장시소비에트 지역으로 이동 / 소비에트 지역대표대회 참여(상하이에서 개최) / 홍군 제5군 입대(군장: 펑더화이. 후베이성湖北省 양신陽新 소재) / 웨저우岳州 전투 참여 / 홍군 산포대대 대대장		
1931	27	5.	홍군 포병연대장	9. 18.	만주사변 발발
1933	29	10.	홍군특무학교 교장		
1934	30	10. 15.	대장정 참여		
1935	31	10. 19.	대장정 완료(중공군 산시성陝西 우즈吳起 도착)		
1936	32	6.	중국인항일홍군대학(중국인민항일군정대학)에서 수학		
1937	33	8. 25.	팔로군 작전과장	7. 7. 8. 22.	중일전쟁 시작 / 홍군, 제2차 국공합작(1937. 9. 22.) 논의 진전에 따라 국민혁명군(중국국민당·국민당 연합군) 산하 제8로군 및 신4군으로 개편
1938	34	1. 28.	팔로군 포병단 직할대 지도원 덩지藤綺의 결혼 / 팔로군 포병단장	10. 10.	조선의용대 창설(대장: 김원봉)
1939	35	1.	섬북조선청년연명편지 작성, 발표	1.	국민당, 반공노선·일본에 대한 소극적 항전 결정
1940	36			3. 10.	중공군, 일본군과 백단대전(1940. 8.~1941. 1.) / 조선의용대 각 지대, 화북 이동 시작

연도	나이	주요 활동	주변 정세
1941	37	1. 화북조선청년연합회 창립(회장) 10. 26. '아시아 각 민족 반파쇼 대표대회' 참석(대회 집행위원)	7. 10. 조선의용대 화북지대 출범(지대장: 박효삼) 8. 16. 조선의용대 화북지대 간부훈련반 개설 12. 주자좡胡家莊 전투(조선의용대 대원 5명 전사)
1942	38	7. 10. 화북조선청년연합회 제2차 대표대회(7. 10.~7. 14.) – 화북조선청년연합회를 화북조선독립동맹으로 개편 – 조선의용대 화북지대를 화북조선의용군으로 개편 (사령관: 무정) 11. 옌안에서 정율성 접촉 주선	5. 조선의용대 화북지대, 본부와 결별 일본군, 대가무 소탕전 전개 11. 화북조선의용군 간부훈련교 개교 (조선의용군 간부훈련소에서 개편) 12. 화북조선의용군사학교 설립
1943	39	딸 딩옌리(丁延麗) 출생	1. 조선의용군 팔로군에 편입 9. 조선혁명군정학교 개교(조선청년혁명학교에서 개편) 11. 27. 카이로 선언(한국 독립 결의) 12. 조선의용군 옌안으로 이동(1943. 12.~1944. 3.)
1944	40	아들 딩엔제(藤延齋) 출생 2. 적구공작반 구성, 일본 점령 지역에 대한 공작 강화	12. 조선혁명군정학교 옌안으로 이동
1945	41	7. 타이항산에서 옌안으로 이동 8. 11. 팔로군 사령관 주더, 제6호 명령 하달 (무정은 조선의용군 이끌고 만주로 가라)	2. 5. 조선혁명군정학교 개교 3. 1. 타이항산 조선군정학교 개교 4. 전구동맹 박승환, 여운형 사한 무정에게 전달 (조선의용군 국내 진입 논의) 7. 26 포츠담 선언(한국 독립 확인) 8. 9. 소련군, 대일전쟁 참전 10. 소련군, 함북 웅기 진주 15. 해방 16. 평안남도 건국준비위원회 결성 17. 조선공산당 평남 지구위원회 결성 황해도 인민위원회 준비위원회 결성

20. 소련군, 원산 상륙	
25. 전국준비위원회 황해도 지부 결성	
26. 소련군, 강원도 양양, 황해도 해주·금천 등 진주	
27. 소련군 신의주, 평양 입성	
29. 평남 인민정치위원회 조직	9. 5. 옌안에서 만주로 출발
31. 소련군, 평북 신의주 진주	6. 서울에서 조선인민공화국 구성(무정, 각료 선임)
9. 1. 평남 임시인민위원회 결성	11. 서울에서 조선공산당 재건, 중앙위원회 구성
2. 함남 인민위원회 결성	(무정, 중앙위원 선임)
15. 황해도 인민위원회 결성	
19. 강원도 인민위원회 결성	
22. 김일성 원산 입국	10. 랴오닝성 진저우錦州 도착
10. 김일성 평양 입성	
10. 10. 조선의용군 선견종대 입국 실패	
조선공산당 서북5도 당책임자 및 열성자대회	
(10. 10.~10. 13. 조선공산당 북부조선분국 창설.	
제1비서 김용범, 제2비서 오기섭)	
14. 김일성, 평양시 군중대회 등장	11. 랴오닝성 선양瀋陽 도착
26. 함북 인민위원회 결성	노사카 신조野坂參三를 통해 소련 측에 조선의용군의
11. 3. 조선민주당 창당	입북 요청
(위원장: 조만식, 부위원장: 최용건·이윤영, 정치부장: 김책)	20. 안둥安東 도착
7. 조선의용군 군인대회	12. 13. 입북
(간부들 압록, 동북조선의용군 3개 지대 편성 결정)	17. 조선공산당 북부조선분국 제3차 확대집행위원회
12. 8. 서울에서 전국농민조합총연맹 전국대회로 개최	(12. 17.~12. 18.)
(김일성·무정 동시 환영 준비위원회기로 결정)	- 책임비서: 김일성
27. 모스크바 3국외상회의, 한국 신탁통치 결정	- 간부부장: 무정
28. 신탁통치 반대 국민총동원위원회 출범	30. 신탁통치 반대 국민총동원위원회 중앙위원 선정

연도	나이	주요 활동	주변 정세
1946	42	2. 8. 북조선임시인민위원 임명 3. 황해도에서 토지개혁 지도	1. 1. 철도보안대 창설 5. 평양학원 개교 6. 조선민주당 위원장 조만식, 소련군에 연행돼 그려호텔 연금 2. 8. 북조선임시인민위원회 출범 16. 조선신민당 창당(위원장: 김두봉) 보안대대부 발족(사령관: 최용건, 구체적 시점 미상) 3. 암록강지대(2천여 명) 입북, 보안간부훈련소 배치 춘준보안단(2천여 명) 입북, 철도보안대 배치 4. 조선공산당 북조선분국, 북조선공산당으로 당명 변경 4. 17. 익온향 평양 방문(4. 17.~4. 25.), 김일성·최용건·김제 면담, 무정 면담 실패 6. 차오양췐朝陽川 교도대(5백 명) 입북 룽징龍井 군정대학 20여 명 입북 7. 북조선보안간부학교 개교 8. 29. 북조선노동당 창당(북조선공산당+조선신민당) 9. 23. 익온향 네 번째 방북(9. 23.~9. 30.) 김일성·김두봉 면담, 무정 면담 실패
1947	43	2. 20. 조대 인민회의 출범(무정: 대의원 선출) 5. 17. 보안간부훈련대대부(보안간부훈련소), 북조선인민집단군 사령부로 개칭(사령관: 최용건, 포병 부사령관: 무정)	2. 22. 북조선인민위원회 출범(위원장: 김일성, 부위원장: 김책)
1948	44	2. 8. 조선인민군 창설(포병 부사령관: 무정) 3. 27. 북조선노동당 제2차 당대회(3. 27.~3. 30.) - 박훈일, 토지개혁 당시 철저하게 지도하지 못했다고 비판 - 오기섭, 황해도의 '위대한 아버지'라고 불린 데 대해 자아비판 주문	

연도	나이		
1949	45	8. 25. 조대 최고인민회의 대의원 선거(무정, 대의원에서 탈락) 9. 9. 조선민주주의인민공화국 출범 민족보위성 발족(민족보위상: 최용건, 포병 부사령관: 무정)	12. 모스크바에서 북·중·소, 조선인부대 북한 귀환 합의 북조선보안간부학교, 인민군 제2군관학교로 개편 (현재는 강건종합군관학교)
1950	46	1. 하얼빈 회의 참석(북·중, 조선인 부대 귀환 구체적 사항 결정) 5. 인민군, 남침계획 작성(무정에 배제). 만주파·소련파 가세) 5. 10. 1950년도 하기 전투훈련 철저 대비 각 사단에 지시 31. 포병 전투훈련 교체 · 포병 중대장 수첩 각 사단에 배포 6. 10. 6·25전쟁 대비 비밀군사작전회의(포병사령관 무정 참석) 15. "포탄을 신관에 결함" 명명 17. 포탄인전운송 및 관리 철저 지시 20. 전선사령부 구성(무정 배제) 7. 3. 제2군단장 임명 10. 13. 인민군, 평양방어사령부 설치(사령관: 무정) 10. 무정, 7군단장 임명(중국 선양에서 패잔병 재조직)	1. 평양학원, 인민군 제2군관학교로 개편 6. 30. 조선노동당 창당(북조선노동당 + 남조선노동당) 7. 조선인부대인 중국군 166사단 북한 귀환, 인민군 6사단 편성 8. 중국군 164사단 북한 귀환, 인민군 5사단 편성 5. 중국군 20사단 북한 귀환, 인민군 12사단 편성 6. 28. 북한군, 서울 점령 9. 15. 인천상륙작전 박일우, 홍베즈 회동(중국군 지원 요청) 28. 서울 수복 10. 1. 북한 조선노동당 정치국 회의(중국·소련에 지원 요청) (중국과 먼저 상의하라) 8. 박헌영, 마오쩌둥 면담(지원 요청) 12. 박일우, 펑더화이 면담(지원 요청) 19. 박일우, 펑더화이 면담(지원 요청) 21. 중국군, 한국전쟁 참전 조선인민군 문화훈련단, 총정치국으로 개편 (초대 총정치국장: 박헌영)

연도	나이	주요 활동	주변 정세
		11. 24. 조선인민군 전체 군관회의에서 김광협·오백룡·박금철 등이 무정 비판(이유: 평양에서 조기 후퇴) 12. 21. 조선노동당 중앙위원회 제3차 전원회의(별오리회의)에서 김일성이 무정 비판 (이유: 명령불복종, 군벌주의적 만행)	12. 4. 조·중연합사령부 구성(사령관·정치위원: 펑더화이, 부정치위원: 박일우, 부사령관: 검웅) 6. 중공군, 평양 탈환 31. 중공군, 38선 돌파
1951	47	8. 9. 무정 사망	1. 4. 중공군, 서울 점령
1953			3. 박헌영 간첩 혐의로 체포 박일우 제신상으로 좌천 6. 조선노동당 정치위원회에서 허가이 비판(저수지 수리 태만) 7. 2. 허가이 자살
1955			12. 15. 박헌영 사형 선고
1956			7. 박헌영 처형 8. 8월 종파사건(연안파, 소련파 숙청)
1994		복권	

384

참고문헌

1. 국문 자료

• 신문
『獨立新報』, 서울, 1946년.
『서울신문』, 서울, 1946년.
『朝鮮人民報』, 서울, 1946년.
『조선일보』, 서울, 1989년 9월 19일·11월 5일.
『中央新聞』, 서울, 1945년 12월 10일.
『중앙일보』, 서울, 1993년 1~10월·2002년 2월.
『한국일보』 서울, 1990년 11월 6일·2008년 7월 28일.
『해방일보』, 서울, 1946년.

• 잡지
『군사』 제44호(2001), 서울: 국방부 전사편찬위원회.
『근현대사강좌』 4(1994), 서울: 한국현대사연구회.
『북한』 194·195(1988), 226(1990), 서울: 북한연구소.
『사학연구』 84(2006), 과천: 한국사학회.
『사회과학연구』 18-2(2010), 서울: 서강대학교 사회과학연구소.
『신동아』, 1993년 3월호, 서울: 동아일보사.
『신천지』 1946년 3월호, 서울: 서울신문사.
『역사비평』 4(1988), 12(1990), 16(1991), 20(1992), 26(1994), 서울: 역사비평사.

『역사와 현실』 48(2003), 서울: 한국역사연구회.

『주간경향』 799(2008. 11. 11), 서울: 경향신문사.

『통일한국』 8-1(1990), 서울: 평화문제연구소.

『한국근현대사연구』 42(2007), 서울: 한국근현대사학회.

• 도서

강만길·성대경 편, 『한국사회주의운동 인명사전』, 서울: 창작과비평사, 1996.

경교장복원범민족추진위원회 엮음, 『비운의 역사현장 아! 경교장』, 서울: 백범사상실천 운동연합, 2003.

고봉기, 『김일성의 비서실장—고봉기의 유서』, 서울: 천마, 1989.

고영민, 『해방 정국의 증언—어느 혁명가의 수기』, 광주: 사계절, 1987.

국방부 군사편찬연구소 편, 『(소련 군사고문단장) 라주바예프의 6·25전쟁 보고서』 1, 서울: 국방부 군사편찬연구소, 2001.

_____, 『한국전쟁사의 새로운 연구』 2, 서울: 국방부 군사편찬연구소, 2002.

국방부 전사편찬위원회 편, 『한국전쟁사』 제1권, 서울: 국방부 전사편찬위원회, 1977.

국사편찬위원회 편, 『북한관계사료집』 1·5~8·21·22·25~27·30·31·35·60, 서울·과천: 국사편찬위원회, 1982~2008.

_____, 『한국독립운동사 자료』 22, 과천: 국사편찬위원회 1993.

군사과학원 군사역사연구소 편, 한국전략문제연구소 역, 『중공군의 한국전쟁사—항미 원조전사』, 서울: 세경사, 1991.

김광운, 『북한 정치사 연구 I—건당·건국·건군의 역사』, 서울: 선인, 2003.

김남식, 『남로당연구』, 서울: 돌베개, 1984.

김남식·이정식·한홍구 엮음, 『한국현대사 자료 총서』 12, 서울: 돌베개, 1986.

김성동, 『현대사 아리랑—꽃다발도 무덤도 없는 혁명가들』, 서울: 녹색평론사, 2010.

김성룡, 『불멸의 발자취』, 베이징: 민족출판사, 2005.

김양 주편, 『항일투쟁 반세기』, 선양: 료녕민족출판사, 1995.

김오성, 『지도자군상』, 서울: 대성출판사, 1946

김일성, 『김일성 전집』 91, 평양: 조선로동당출판사, 2010.

_____, 『세기와 더불어』 8, 평양: 조선로동당출판사, 1998.

김준엽·김창순, 『한국공산주의운동사』 5, 서울: 청계연구소, 1986.

김중생, 『조선의용군의 밀입국과 6·25전쟁』, 서울: 명지출판사, 2000.

김진계 구술·기록, 김응교 보고문학, 『조국—어느 북조선 인민의 수기』 (상), 서울: 현장 문학사, 1990.

김창순, 『북한15년사』, 서울: 지문각, 1961.

_____, 『역사의 증인』, 서울: 한국아세아반공연맹, 1956.

김호웅·강순화, 『중국에서 활동한 조선-한국 명인 연구』, 옌지: 연변인민출판사, 2007.

남도현, 『끝나지 않은 전쟁 6·25』, 서울: 플래닛미디어, 2010.

님 웨일즈·김산 저, 송영인 역, 『아리랑』, 파주: 동녘, 2005.

마오쩌둥, 『모택동선집』, 베이징: 민족출판사, 1992.

민주주의민족전선 편, 『朝鮮解放年報』, 서울: 문우인서관, 1946.

박갑동 저, 구윤서 역, 『한국전쟁과 김일성』, 서울: 바람과 물결, 1990.

박갑동, 『박헌영—그 일대기를 통한 현대사의 재조명』, 서울: 인간사, 1983.

_____, 『통곡의 언덕에서—남로당 총책 박갑동의 증언』, 서울: 서당, 1991.

박명림, 『한국전쟁의 발발과 기원』 II, 파주: 나남, 1996.

박병엽 구술, 유영구·정창현 엮음, 『조선민주주의인민공화국의 탄생』, 서울: 선인, 2010.

백남운, 『조선민족의 진로』, 서울: 신건사, 1946.

백학순, 『북한 권력의 역사』, 파주: 한울, 2010.

사사키 하루타카(佐佐木春隆) 저, 강창구 편역, 『한국전 비사 (중권)—기나긴 4일간』, 서울: 병학사, 1977.

사회과학원 력사연구소 편, 『김옥균』, 평양: 사회과학원출판사, 1964.

_____, 『조선전사』 23·24·26·27, 평양: 과학·백과사전출판사, 1981·1982.

서대숙 저, 서주석 역, 『북한의 지도자 김일성』, 서울: 청계연구소, 1989.

서대숙 저, 현대사연구회 역, 『한국 공산주의 운동사 연구』, 대구: 화다출판사, 1985.

서동만, 『북조선사회주의체제성립사 1945~1961』, 서울: 선인, 2005.

서상문, 『모택동과 6·25전쟁—파병 결정 과정과 개입 동기』, 서울: 국방부 군사편찬연구소, 2006.

서중석, 『한국현대민족운동연구』, 서울: 역사비평사, 1991.

스칼라피노·이정식 저, 한홍구 역, 『한국공산주의운동사』 1·2, 서울: 돌베개, 1986.

심지연, 『조선신민당 연구』, 서울: 동녘, 1988.

안병웅, 『혁명의 용광로 속에서—한 해방군 로전사의 추억의 편린』, 옌지: 연변인민출판사, 2009.

여정, 『붉게 물든 대동강—전 인민군 사단 정치위원의 수기』, 서울: 동아일보사, 1991.

염인호, 『조선의용군의 독립운동』, 서울: 나남, 2001.

_____, 『조선의용대·조선의용군』, 천안: 독립기념관 한국독립운동사연구소, 2009.

우병국 외, 『북한체제 형성과 발전과정 문헌자료—중국·미국·일본』, 서울: 선인, 2006.

이기형, 『여운형 평전』, 서울: 실천문학사, 2004.

이만규, 『여운형 선생 투쟁사』, 서울: 민주문화사, 1946.

이정 박헌영 전집 편집위원회, 『이정 박헌영 전집』 제2권, 역사비평사, 2004.

이정식·한홍구 엮음, 『(조선독립동맹 자료 I) 항전별곡』, 거름, 1986.

이종석, 『북한-중국관계 1945~2000』, 서울: 중심, 2000.

_____, 『새로 쓴 현대북한의 이해』, 서울: 역사비평사, 2000.

임경석, 『이정 박헌영 일대기』, 서울: 역사비평사, 2004.

임은, 『김일성정전』, 서울: 옥촌문화사, 1989.

장준익, 『북한인민군대사』, 서울: 서문당, 1991.

장학봉 외, 『북조선을 만든 고려인 이야기』, 서울: 경인문화사, 2006.

정병일, 『북조선 체제 성립과 연안파 역할』, 서울: 선인, 2012.

정현수 외, 『중국 조선족 증언으로 본 한국전쟁』, 서울: 선인, 2006.

조규하 외, 『남북의 대화』, 서울: 고려원, 1987.

조선로동당 중앙위원회 편, 『김일성 선집』 3, 평양: 조선로동당출판사, 1954.

조선로동당출판사 편, 『중국 동북해방전쟁 참가자들의 회상기』 1·2, 평양: 조선로동당
출판사, 2011·2012.

조선의용군발자취 집필조, 『중국의 광활한 대지 우에서』, 옌지: 연변인민출판사, 1987.

『조선인민군』, 평양: 조선인민출판사, 1948.

주영복, 『내가 겪은 조선전쟁』, 서울: 고려원, 1990.

중앙일보 현대사연구팀, 『발굴자료로 쓴 한국현대사』, 서울: 중앙일보사, 1996.

중앙일보특별취재반, 『(비록) 조선민주주의인민공화국』, 서울: 중앙일보사, 1992.

_____, 『(비록) 조선민주주의인민공화국』 하, 서울: 중앙일보사, 1993.

최강, 『조선의용군사』, 옌지: 연변인민출판사, 2006.

최태환·박혜강, 『젊은 혁명가의 초상―인민군 장교 최태환 중좌의 한국전쟁 참전기』,
서울: 공동체, 1989.

추헌수 편, 『(자료) 한국독립운동』 2, 서울: 연세대출판부, 1972.

하기와라 료 저, 최태순 역, 『한국전쟁―김일성과 스탈린의 음모』, 서울: 한국논단,
1995.

한국근현대사학회 편, 『대한민국임시정부수립 80주년 기념논문집』 (하), 서울: 국가보
훈처, 1999.

한국일보 편, 『증언, 김일성을 말한다―유성철·이상조가 밝힌 북한정권의 실체』, 서울:
한국일보사, 1991.

한재덕, 『김일성을 고발한다』, 서울: 내외문화사, 1965.

행정자치부 정부기록보존소 편, 『한국전쟁관련 중국자료선집―한국전쟁과 중국』 II, 대
전: 행정자치부 정부기록보존소, 2002.

홍학지 저, 홍인표 역, 『중국이 본 한국전쟁』, 파주: 한국학술정보, 2008.

• 논문 및 기타 자료

기광서, "대한정책의 집행자 슈티코프 (1)", 2006, 한국역사연구회, http://www.koreanhistory.
org

김성룡, "홍군 장정에 참가한 조선혁명가들 ①", http://cafe.naver.com/xc zhongxue/673.

김용현, "북한 인민군대의 형성과정에 관한 연구―만주사변~한국전쟁 이전을 중심으
로", 동국대학교 대학원 정치학과 석사학위논문, 1994.

염인호, "조선의용군 연구―민족운동을 중심으로", 국민대학교 대학원 박사학위논문,
1992.

이향숙, "무정의 중·한연대 항일혁명 활동에 관한 연구", 한국근현대사학회 월례발표회, 2007. 5. 12., 서울.

한홍구, "화북조선독립동맹의 조직과 활동", 서울대학교 대학원 석사학위논문, 1988.

「명령」(무정이 인민군 제2군단장 시절에 내린 명령서). National Archives and Records Administration, RG 242, Records Seized by U.S. Military Forces During the Korean War, 1950-1954, Entry UD 300C, Container 22, Item 200933.

「평정서」(인민군 제17포병연대 연대장 강병찬에 대한 무정의 평가서). National Archives and Records Administration, RG 242, Records Seized by U.S. Military Forces During the Korean War, 1950-1954, Entry 2990, Container 818, Shipping Advice 2009, Box 10, Item 22.17.

「의용군 동무들에게 고함!!」. National Archives and Records Administration, RG 226, Records of Major Field Offices and Bases of Operation 1940-49, Washington Registry SI Intelligence Field Files, Entry 108A, Box 92.

2. 영문 자료

• 도서

Isaac Deutscher, *Marxism, Wars and Revolutions: Essays from Four Decades*, London: Verso, 1984.

Roy E. Appleman, *United States Army in the Korean War: South to the Naktong, North to the Yalu*, Department of the Army, Washington, D.C.: GPO, 1961.

• 보고서

「Background for PW Against Koreans in Manchuria and North China」, National Archives and Records Administration, RG 226, Records of Major Field Offices and Bases of Operation 1940-49, Washington Registry SI Intelligence Field Files, Entry 108, Wash-Reg-Int-36, Box 163.

「Communist Military Information: An-Tung Area」, National Archives and Records Administration, RG 226, Records of Major Field Offices and Bases of Operation 1940-49, Washington Registry SI Intelligence Field Files, Entry 108A, Box 107.

「Current Conditions and Trends within the North Korea Labor Party」, Foreign Service of the United States of America (from Seoul, Jan 7, 1950), The US Department of State Relating to the Internal Affairs of Korea.

「Current Information from the Korean Independence League」, National Archives and Records Administration, RG 226, Records of Major Offices and Bases of Operation 1940-49, Washington Registry SI Intelligence, Field Files, Entry

108, Wash–Reg–Int–36, Box 163.

「G–2 Periodic Report」, HQ, USAFIK, 2 February 1949.

「G–2 Weekly Summary」, HQ, USAFIK, 12 March 1948–19 March 1948.

「G–2 Weekly Summary」, HQ, USAFIK, 19 March 1948–26 March 1948.

「G–2 Weekly Summary」, HQ, USAFIK, 7 May 1948–14 May 1948.

「G–2 Weekly Summary」, HQ, USAFIK, 30 July 1948–6 August 1948.

「G–2 Weekly Summary」, HQ, USAFIK, 6 August 1948–13 August 1948.

「G–2 Weekly Summary」, HQ, USAFIK, 27 August 1948–3 September 1948.

「G–2 Weekly Summary」, HQ, USAFIK, 17 September 1948–24 September 1948.

「Intelligence Summary Northern Korea」, HQ, USAFIK, 5 February 1946.

「Intelligence Summary Northern Korea (for Period 15 February 1947 to 28 February 1947)」, HQ, USAFIK, 1 March 1947.

「Intelligence Summary Northern Korea Personality Files–North Korean Armed Forces」, HQ, USAFIK, 31 March 1947.

「Intelligence Summary Northern Korea, North Korea–Soviet Military Activities」, HQ, USAFIK, 30 September 1947.

「Intelligence Summary Northern Korea, The Evolution of The Armed Forces of The North Korean People's Committee, August 1945–June 1947」, HQ, USAFIK, 30 June 1947.

「Joint Weekly Analyses」, Department of the Army, Staff Message Center, Incoming Classified Message, 14 February 1948.

「Joint Weekly Analyses」, Department of the Army, Staff Message Center, Incoming Classified Message, 20 March 1948.

「Joint Weekly Analyses」, Department of the Army, Staff Message Center, Incoming Classified Message, 15 August 1948.

「Joint Weekly Analyses」, Department of the Army, Staff Message Center, Incoming Classified Message, 11 September 1948.

「Joint Weekly Analyses」, Department of the Army, Staff Message Center, Incoming Classified Message, 18 September 1948.

「North Korea: Estimate of the Political and Economic Conditions」, Department of State, Division of Research for Far East Office of Intellectual Research, April 24, 1950, National Archives and Records Administration, RG 59, General Records of the Department of State.

「Survey of Japanese Assets in Soviet–occupied Korea」, National Archives and Records Administration, RG 59, General Records of the Department of State, Pauley Reparations Missions; Recording Relating to Soviet Occupied Korea, 1946.

3. 중문 자료

• 신문 및 기타 자료

『人民日報』, 중국 延安, 1948년 2월 20일·4월 12일.

『中央日報』, 중국 南京, 1947년.

『晉察冀日報』, 중국 晉察冀邊區, 1944년.

『解放日報』, 중국 延安, 1941년~1945년.

幹部履歷表(武亭), 중국 중앙당안관 자료, 연도 미상.

• 도서

『建國以來毛澤東文稿』第1冊, 北京: 中央文獻出版社, 1987.

王焰 主編, 『彭德懷年譜』, 北京: 人民出版社, 1998.

『中國人民志願軍抗美援朝戰爭政治工作總結』, 北京: 解放軍出版社, 1985.

中國人民解放軍 軍事科學院 編, 『毛澤東軍事文選』第6卷, 北京: 軍事科學院出版社·中
　　央文獻出版社, 1993.

彭德懷, 『彭德懷自述』, 北京: 解放軍文藝出版社, 2002.

洪學智, 『抗美援朝戰爭回憶』, 北京: 解放軍文藝出版社, 1990.

4. 일문 자료

『倭政時代人物史料』2, 서울: 국회도서관, 1983.

金正明 編, 『朝鮮獨立運動』5, 東京: 原書房, 1967.

民族問題硏究會 編, 『朝鮮戰爭史―現代史の再發堀』東京: コリア評論社, 1967.

林隱, 『北朝鮮王朝成立秘史』, 東京: 自由社, 1982년.

朝鮮歷史編纂委員會 編, 朝鮮歷史硏究會 譯, 『朝鮮民族解放鬪爭史』, 東京: 三一書房,
　　1952.

和田春樹, 『朝鮮戰爭』, 東京: 岩波書店, 1995.

찾아보기

무정 武亭評傳
평전

비운의 혁명가
무정의 삶 그리고 생각

1판 1쇄 펴낸날 2019년 2월 25일

지은이 | 안문석
펴낸이 | 김시연

펴낸곳 | (주)일조각
등록 | 1953년 9월 3일 제300-1953-1호(구 : 제1-298호)
주소 | 03176 서울시 종로구 경희궁길 39
전화 | 02-734-3545 / 02-733-8811(편집부)
　　　 02-733-5430 / 02-733-5431(영업부)
팩스 | 02-735-9994(편집부) / 02-738-5857(영업부)
이메일 | ilchokak@hanmail.net
홈페이지 | www.ilchokak.co.kr

ISBN 978-89-337-0755-5 93340
값 25,000원

* 지은이와 협의하여 인지를 생략합니다.

* 이 도서의 국립중앙도서관 출판예정도서목록(CIP)은 서지정보유통지원시스템 홈페이지(http://seoji.nl.go.kr)와
　국가자료공동목록시스템(http://www.nl.go.kr/kolisnet)에서 이용하실 수 있습니다.
　(CIP제어번호 : CIP2019004517)